TCG TRADING CARD GAME
일러스트 작법서 기본편

| 만든 사람들 |

기획 IT·CG기획부 | **진행** 유명한·양종엽 | **집필** 노진·이민규
편집·표지디자인 D.J.I books design studio 김진

| 책 내용 문의 |

도서 내용에 대해 궁금한 사항이 있으시면
저자의 홈페이지나 디지털북스 홈페이지의 게시판을 통해서 해결하실 수 있습니다.
디지털북스 홈페이지 www.digitalbooks.co.kr
디지털북스 페이스북 www.facebook.com/ithinkbook
디지털북스 카페 cafe.naver.com/digitalbooks1999
디지털북스 이메일 digital@digitalbooks.co.kr

| 각종 문의 |

영업관련 hi@digitalbooks.co.kr
기획관련 digital@digitalbooks.co.kr
전화번호 (02) 447-3157~8

※ 잘못된 책은 구입하신 서점에서 교환해 드립니다.
※ 이 책의 일부 혹은 전체 내용에 대한 무단 복사, 복제, 전재는 저작권법에 저촉됩니다.
※ 디지털북스가 창립 20주년을 맞아 현대적인 감각의 새로운 로고 DIGITAL BOOKS를 선보입니다.
　지나온 20년보다 더 나은 앞으로의 20년을 기대합니다.

PROFILE

노 진 (JNAME)

현 에이트스튜디오 대표
현 NEOGAMEART 디렉터
전 GA ACADEMY 강사
전 RHAON Entertainment 컨셉 디자이너
(JP) Cygames.inc '神撃の バハムート'
(JP) SEGA.inc 'Chain Chronicle'
(JP) Crooz.inc 'ラグナブレイクー' 외 다수
네오아카데미 원장

Neo Academy Homepage
　　http://cafe.naver.com/neoaca

Personal Homepage
　　http://blog.naver.com/mrn5374

Mail
　　mrn5374@naver.com
　　jname@eightstudio.co.kr

이 민규 (WANKE)

현 에이트스튜디오 아트디렉터
현 NEOGAMEART 일러스트레이터
(JP) Square enix.inc 'STAR GALAXY'
(JP) Crooz.inc 'ラグナブレイクー'
(JP) Exquad.inc 'Dragons Shadow' 외 다수
네오아카데미 대표 강사

Personal Homepage
　　http://blog.naver.com/wan_ke

Mail
　　wan_ke@naver.com
　　wan_ke@eightstudio.co.kr

PREFACE

　게임 일러스트레이터는 스케치와 컬러링뿐 아니라 디자인과 형태에 대한 세부적인 사항 등 많은 범위를 보며 꾸준히 지식을 습득해야 합니다. 아트 지식의 다채로움은 그려지는 그림에 선명하고 섬세한 느낌과 함께 눈으로 즐겨 볼만한 매력적인 요소를 만들어 낼 수 있습니다.

　습득한 지식에 대해서 캔버스에 표현할 때도 스타일과 해석 방식의 트렌드가 존재합니다. 같은 상이라도 표현 방식에 따라 더 많은 이에게 신선한 느낌과 더불어 좋은 인상을 줄 수도 있는데, 예로 동일한 소녀라는 주제라도 몇 년 전에 그려진 그림과 최근에 그려진 그림은 큰 인상 차이를 주게 됩니다.

　무수한 일러스트에서 눈에 띄기 위해선 그간 전해 내려온 아트 방식과 스타일에 더해 트렌드를 반드시 고려해야 합니다. 일러스트에서 트렌드는 작가와 독자 간의 공통적인 교감을 어디서부터 끌어올려 어떤 부분까지 맞춰가냐에 대한 부분입니다. 표현의 방식과 느낌이 뒤처지지 않기 위해서는 현재 소비되는 많은 사진과 그림의 동향을 보며 캔버스에 표현하는 방법을 추가하거나 바꿔보기도 하고 흐름을 파악하여 앞으로의 방향을 먼저 예상하고 도전해보아야 합니다.

　주관적인 부분이 많이 포함되어 상당히 어려운 부분으로 다가오지만, 정해진 답이 없는 곳에서 답을 찾는다는 것은 잘 알지 못하는 미지의 세계를 탐험하는 것과 같이 굉장히 매력적인 일입니다. 본 책을 통해 그림을 생각하는 방법의 한 종류를 추가하면 좋겠습니다.

이 책은 입문편에 이은 기본편으로 매력적으로 그리기 위한 이론들과 해설, 실무에서 경험한 내용을 그대로 담은 튜토리얼로 구성되어 있습니다. 파트 1의 스케치에서 매력적으로 스케치하는 방법과 파트 2의 컬러링의 기본은 색의 좌표를 통해 필자와 같은 색을 선택할 수 있게 하였습니다. 또한 파트 3과 4의 실무 튜토리얼은 실제 아트워크의 방법을 그대로 재현하여 실무에서 어떤 방법으로 일러스트를 제작하고 피드백이 오가는지를 직접적으로 작성하였습니다. 마지막 파트 5에는 일러스트레이터가 알아야 될 기본적인 업무와 계약서를 보는 방법 등 프로 입문으로써 도움이 될 수 있는 부록을 추가하였습니다.

이전 집필한 입문편에서는 일러스트의 전체적인 틀과 과정에 대한 기초 내용을 해설하였다면, 이번 기본편에서는 그림의 기본기를 설명하면서도 캔버스에 미를 표현하는 입장에서의 '보이는 요소'를 어떤 식으로 세련되고 매력적으로 표현하냐에 대한 해설에 초점을 두었습니다. 본 책에서 제시되는 그림의 기본이란 것은 단순히 '그리는 방법'이라기보단 그림의 원천적인 목적인 '대상의 표현'을 매력적으로 하기 위한 방법입니다.

자신의 그림에 맞는 아트 방식을 찾아 스타일을 만들고 트렌드를 찾아 표현하다 보면 매력적인 그림을 그리는 방법에 대한 일부의 답을 찾을 수 있습니다. 항상 바뀌는 트렌드 그 이상의 표현을 바라보며 공부할 내용들을 스스로 찾고 많은 지식을 익혀 표현에 대한 즐거운 고민을 해보면 좋겠습니다.

JNAME (노진), WANKE (이민규)
ms@eightstudio.co.kr

CONTENTS

Part 01 스케치

스케치
- 01 스케치 — 010
- 02 스케치 브러시 설정하기 — 012
- 03 스케치의 종류 — 014
- 04 인체 스케치 — 018
- 05 의상 스케치 — 026

스케치의 매력
- 01 음영과 입체감의 표현 — 041
- 02 선의 리듬과 강약 — 043
- 03 선의 강약을 살린 스케치 튜토리얼 — 046
- 04 실루엣 — 055
- 05 SD 캐릭터 스케치 튜토리얼 — 056
- 06 입체적인 스케치 표현 — 059

실전 튜토리얼
- 01 재질감 표현 스케치 — 064
- 02 시대별 디자인 스케치 — 076
- 03 종족별 디자인 스케치 — 097

Part 02 컬러링

- 01 컬러링 — 140
- 02 컬러링 브러시 설정하기 — 142
- 03 컬러링의 종류 — 145
- 04 얼굴 컬러링 — 152
- 05 인체 컬러링 — 168
- 06 의상 컬러링 — 192
- 07 디테일 컬러링 튜토리얼 — 242

Part 03
TCG 일러스트 제작 바리에이션 일러스트

TCG 일러스트 제작 과정
- 01 일러스트 발주 과정 — 278
- 02 일러스트 제작 과정 — 280
- 03 속성별 카드 표현 — 281

TCG 일러스트 제작
- 01 설정 — 283
- 02 일러스트 제작 — 285
- 03 러프 피드백 대응 — 305
- 03 바리에이션 제작 — 344
- 04 중간 피드백 대응 — 350
- 05 최종 피드백 대응 — 354
- 06 납품하기 — 359

Part 04
실무 TCG 일러스트 제작 동세 변경 일러스트 / 일러스트레이터 소야

- 01 설정 — 363
- 02 1단계 일러스트 제작 — 365
- 03 1단계 러프 피드백 대응 — 373
- 04 1단계 중간 피드백 대응 — 383
- 05 1단계 최종 피드백 대응 — 393
- 06 2단계 동세 변경 제작 — 395
- 07 2단계 러프 피드백 대응 — 402
- 08 2단계 중간 피드백 대응 — 408
- 09 2단계 최종 피드백 대응 — 414
- 10 납품하기 — 416

Part 05
일러스트레이터의 업무

- 01 일러스트레이터의 업무 — 420
- 02 회사 의뢰 수주하기 — 422
- 03 프리랜서의 계약서 보는 법과 작성 요령 — 424
- 04 프리랜서 일러스트레이터 세금 — 432

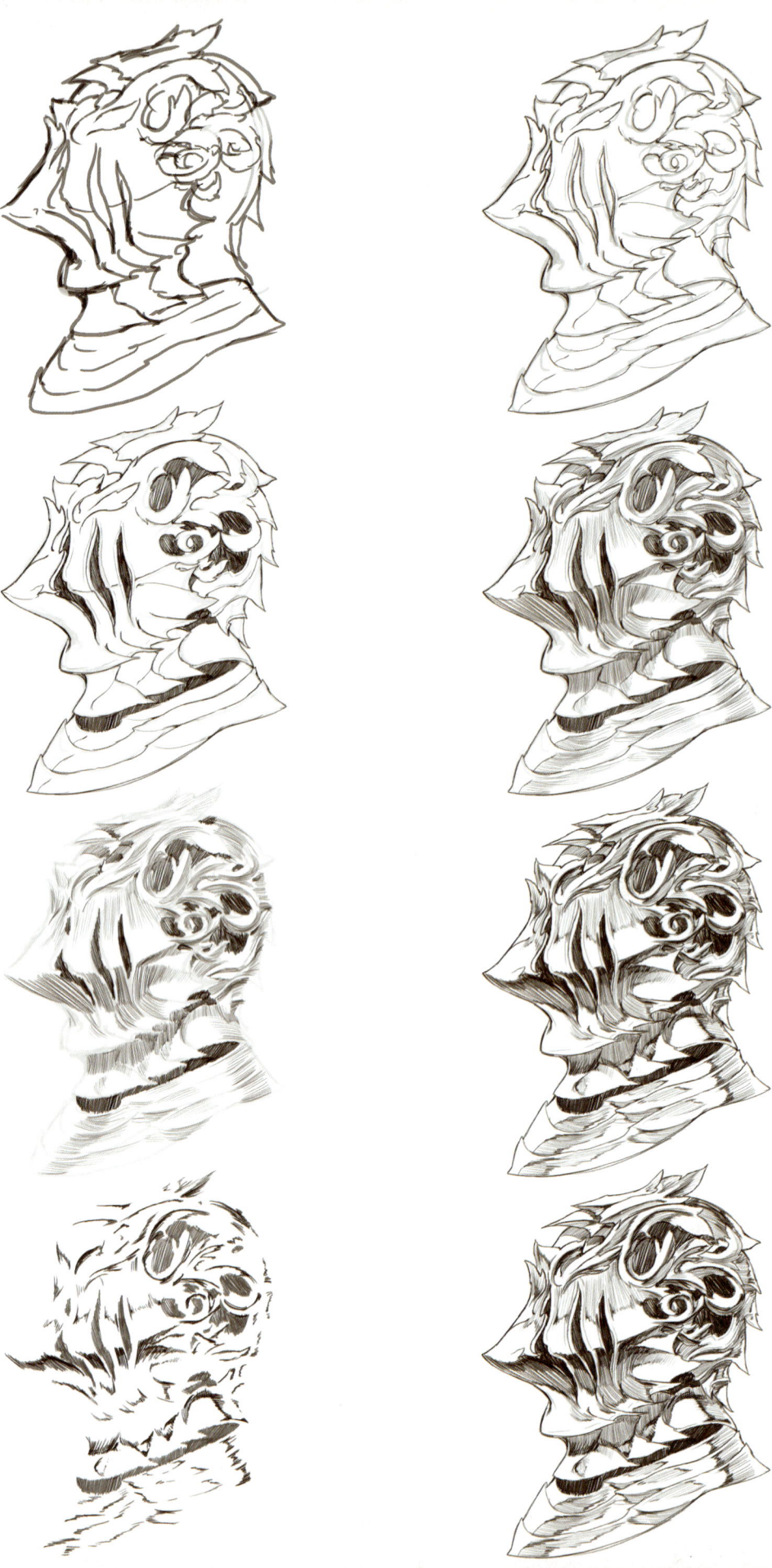

PART 1

스케치 :

스케치
스케치
스케치 브러시 설정하기
스케치의 종류
인체 스케치
의상 스케치

스케치의 매력
음영과 입체감의 표현
선의 리듬과 강약
선의 강약을 살린
스케치 튜토리얼
실루엣
SD 캐릭터
스케치 튜토리얼
입체적인 스케치 표현

실전 튜토리얼
재질감 표현 스케치
시대별 디자인 스케치
클래스별 디자인 스케치

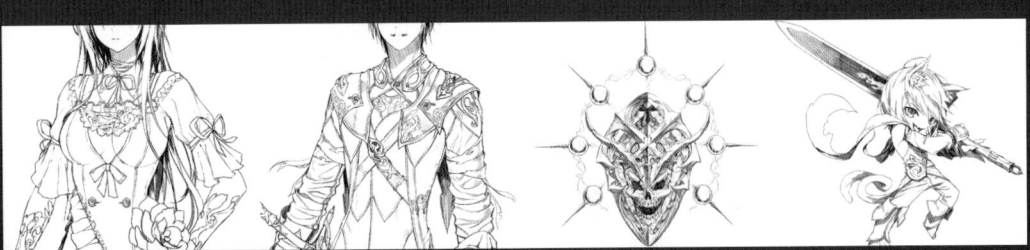

스케치

생각하고 있는 것을 캔버스 등에 시각적인 선으로 표현한 것. 또는 밑그림.
선이나 형태 등으로 정밀하게 또는 간결하게 이미지의 형태와 구도 등을 설계하거나 그려내는 기초 단계 작업입니다. 또 모든 시각적 이미지 작업의 초안 등도 스케치라고 할 수 있습니다.

일러스트에서의 스케치

최종적으로 그려질 일러스트의 초안을 그려내는 작업.

초안을 선이나 면, 형태 등으로 그려내는 모든 것을 포괄합니다. 일러스트에서는 그 외에도 러프, 초안, 시안까지도 스케치의 개념에 포함되는 경우가 많습니다.

스케치는 선으로만 표현하는 경우도 있고, 경우에 따라 형태나 실루엣으로 그려내는 경우도 있습니다. 구체화시킬 상에 대한 목적에 맞도록 스케치를 해나가는 것이 보다 효율적이고 최종적으로 표현될 상에 더욱 근접하게 접근할 수 있습니다. 스케치에서 구도나 투시, 인체 등을 잘 설계하고 간다면, 다음 단계에 나아갈 때 보다 정밀하게 그려나갈 수 있습니다. 그렇기에 그림 과정에서 스케치는 가장 베이스가 되는 요소라고 할 수 있습니다.

기본적으로 초안을 스케치하는 것은 그림을 그리는 작가의 역량을 상당히 많이 끼쳐지는 부분이기에 입문부터 숙련까지 꾸준한 연습이 필요합니다. 숙련자라도 최종적으로 그려질 결과물에 대한 상을 아주 정밀하게 잡는 것은 어렵기에, 그림을 그리는 사람이라면 최종적으로 표현될 상에 근접할 수 있도록 자신만의 노하우를 반드시 가져야 될 것입니다.

스케치의 필요성

캐릭터의 디자인에 관한 부분에서도 본인이 가진 머릿속의 흐릿한 이미지를 계속 선명하게 다듬어 가기 위해 필요합니다. 흐릿한 이미지에서 점점 더 선명한 이미지로 스케치를 진행하며 전체적인 디자인과 실루엣을 다듬어내어 이미지를 최대한 구체화시켜 줍니다.

스케치는 일러스트를 제작하기 위해 필수적인 작업입니다. 최종적인 완성 단계의 상을 어느 정도 미리 표현해 볼 수 있을 뿐만 아니라, 베이스 스케치 작업으로 진행 때의 시행착오를 줄일 수 있습니다. 만약 스케치 없이 컬러와 설정까지 겸하며 이미지를 그리다 보면 시행착오의 수가 많아지기에 스케치는 꼭 해두는 것이 좋습니다.

스케치 브러시 설정하기

스케치는 기본 브러시 도구로 할 수 있습니다. 그리는 작가마다 다양한 느낌을 추구하기 때문에 기본 브러시에서 다양한 설정을 조절하여 사용하거나 여러 가지의 브러시를 혼합하여 사용하기도 합니다. 포토샵 CC의 여러 설정을 사용하여 연필 느낌이 나는 브러시를 만드는 등 자신에게 맞는 브러시를 찾아 스케치하면 좋습니다.

가장 기본이 되는 브러시 설정입니다. 실무에서 가장 많이 쓰이는 방법으로 기본 설정에서 여러 가지의 조절을 하여 사용합니다.

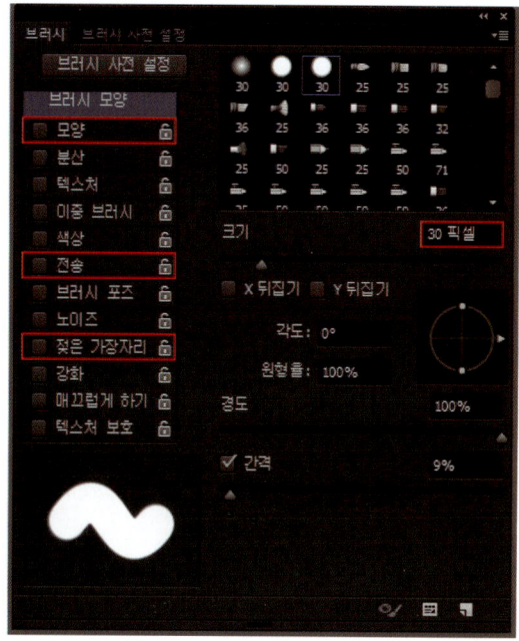

포토샵 CC를 실행하여 캔버스를 생성한 뒤 브러시 설정 (F5)을 불러옵니다.

스케치에는 브러시 설정 창에서 브러시 모양, 전송, 젖은 가장자리와 크기 변경을 사용합니다.

브러시 설정 창

크기 : 브러시의 크기를 조절합니다. 단축키 '[', ']' 으로 조절 가능합니다. 매우 자주 사용하므로 손에 익히는 것이 좋습니다.

모양 : 브러시 시작과 끝에 필압에 따른 굵기를 적용할 수 있습니다.

전송 : 브러시 시작과 끝에 필압에 따른 농도를 적용할 수 있습니다.

젖은 가장자리 : 브러시의 외곽 표면이 강조되고 안쪽은 연해집니다. 크기가 작은 브러시에서 체크하면 선명하고 필압이 약간 쎄게 들어가는 느낌으로 강한 선을 그어줄 때에 사용합니다. 이 부분은 단순히 덧그리는 것으로 대체가 가능하므로 사용하지 않아도 무방합니다.

일반 브러시 / 모양 적용 / 모양과 전송 적용

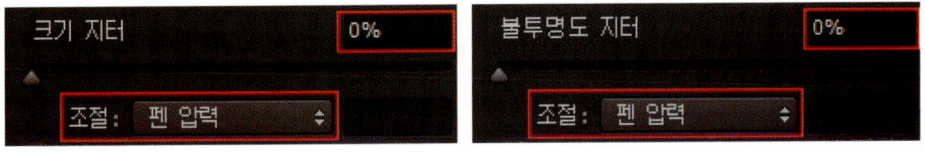

'일반 브러시', '모양 적용', '모양과 전송'이 적용된 각 브러시

스케치는 '모양과 전송'이 적용된 브러시로 진행합니다.

모양, 전송 탭에서 조절을 펜 압력으로 두어야 태블릿 필압이 적용됩니다.
크기, 불투명도 지터와 최소는 모두 0%로 두어야 일정하고 부드럽게 적용됩니다.

스케치
스케치의 종류

스케치는 목적에 따라 종류를 나눌 수 있습니다. 선을 쓰는 같은 스케치라고 생각할 수도 있는 부분이지만, 목적에 맞게 스케치를 접근한다면 보다 효율적인 그림 작업을 이끌어낼 수 있습니다. 실전 작업을 위해서는 아래의 러프 스케치, 선 스케치, 면 스케치로 이해하시는 것이 실전 업무에 접근하기 좋으므로 각 장단점을 알아두는 것이 좋겠습니다.

러프 스케치

가장 기초적인 스케치 방식입니다. 러프 스케치는 기본 브러시를 사용하여 선과 선을 겹치면서 농도를 올려 나가며 전체적인 실루엣 등을 의식하여 그려나가는 것이 일반적입니다. 전체적인 형태를 빠르게 잡기 위해 선의 굵기는 다소 굵게 사용합니다.

러프 스케치

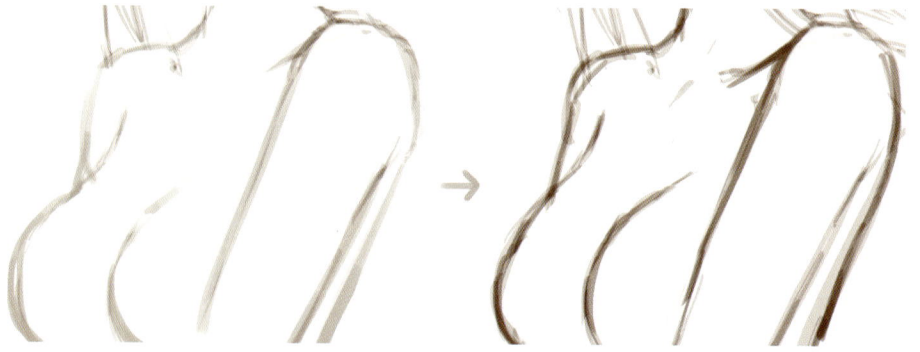

러프 스케치의 접근 예시

일반적으로 연하게 형태를 그리고 난 뒤 브러시의 농도를 올리면서 그 형태를 계속적으로 구체화시켜 나갑니다. 처음부터 진하게 그려 나간다면 강한 실루엣에 시선이 익숙해져 보다 디테일한 스케치를 할 때 방해가 될 수 있습니다.

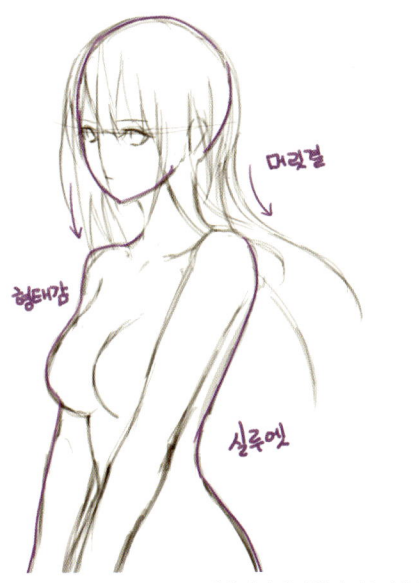

러프 스케치에서는 전체적인 캐릭터의 형태감, 머릿결, 실루엣 등을 설정해야 합니다. 스케치 자체가 다음 단계로 가기 위한 기초 구상으로써 이런 구상이 없는 스케치를 그리고 다음 단계를 진행하게 된다면, 흔히 그림에서 말하는 '삽질'이라는 '그렸다 지웠다'의 반복을 하게 됩니다.

러프 스케치는 선 스케치와 면 스케치의 전 단계로써 러프 스케치만 진행하고 컬러링을 진행하는 경우도 있습니다.

스케치에서 설정해야 되는 부분

선 스케치

러프 스케치보다 뚜렷하고 가는 선으로 작업한 스케치입니다. 보통 '선을 딴다'라는 말로 표현을 하는데, 선 스케치를 살리면서 그 안에 색을 채워 넣어 컬러링을 진행하는 방식인 셀식입니다. 선에서 완성도를 주는 방법으로 컬러링을 가장 쉽게 끝마칠 수 있습니다.

선 스케치는 러프 스케치의 농도를 낮추고 그 위에 선을 작업하는 경우가 일반적입니다. 완성 때에 선의 느낌까지 포함되는 경우가 많으므로 형태와 실루엣, 결과 인체 등 완성형으로 그려주어야 합니다. 그렇지 않으면 후에 수정하는 경우가 생깁니다. 선을 그리는 데

선 스케치

에 많은 작업 시간을 사용한 상태에서 수정까지 포함되면, 작업에 상당히 비효율적입니다. 따라서 컬러링 직전에 최종 단계의 스케치를 그려내는 것이 중요합니다.

면 스케치

면 스케치

러프 스케치에서 양감을 의식하며 머리카락이나 인체 등을 브라운이나 그레이 계통으로 음영을 채워 넣으면서 스케치하는 방식입니다. 음영을 표현하며 스케치하기에 최종적으로 색상만 입혀주면 되는 '글레이징' 방식이 대표적입니다. 최근에는 면 스케치 단계에서 색감을 어느 정도 입혀나가는 '반 글레이징', 혹은 '무테'라고 불리는 방식으로도 접근 가능합니다. 컬러링이 들어갔을 때의 실루엣이나 색의 강하기 등을 알 수 있어서 스케치와 완성의 위화감이 가장 적습니다.

면 스케치는 실루엣과 양감을 직접 그리면서 조절할 수 있기에 형태력이 부족한 사람에게 더 좋은 퍼포먼스가 나오기에 유리합니다. 예로 스케치에서 밑색을 입혔을 때 서로 너무 다른 느낌이 나온다면 면 스케치로 접근하는 방법이 좋겠습니다.

스케치 과정

필자 JNAME은 러프 스케치 이후 컬러링을 바로 진행하거나 러프 스케치 이후 면 스케치를 진행하고 컬러링을 하며, 필자 WANKE는 러프 스케치 이후 선 스케치를 거쳐 컬러링을 진행합니다.

*러프 스케치 -> 컬러링

초안을 작성할 때 가장 빠른 시간에 진행할 수 있습니다. 또한 수정이 필요할 때 언제든지 올가미 도구로 쉽게 수정이 가능하므로 실무에서 상당히 많이 쓰이는 방식입니다. 단점으로는 러프 스케치가 단순하거나 짧은 시간에 그려졌기 때문에 디테일 작업과 마무리에 시간 소비가 많습니다. 숙련자가 아니라면 컬러링 시에 상당히 시간을 소비할 뿐 아니라 완성이 나지 않을 수 있으므로 많은 연습이 필요합니다.

*러프 스케치 -> 선 스케치 -> 컬러링

많은 작가들이 가장 많이 선호하는 방식입니다. 형태와 실루엣, 디자인 등을 구체화시킨 선 스케치를 기조로 컬러링을 하게 되므로 완성도면에서 가장 효율적입니다. 단점으로는 드로잉이 약한 작가는 선에 굉장한 시간을 소비하게 되는 것과 수정이 필요할 때 수정하기가 까다롭습니다.

선 스케치 단계에서 컬러링의 느낌을 모두 예상할 수는 없기에 러프 스케치에서 간단히 밑색을 적용해 보고 선 스케치를 시작하는 경우도 있습니다.

*러프 스케치 -> 면 스케치 -> 컬러링

입체감이나 공간감의 연출이 많이 필요할 때 사용하는 방식입니다. 선으로는 입체감을 표현하는데 한계가 있기에 입체감을 먼저 잡으면서 진행할 수 있다는 장점이 있습니다. 그림을 끝마치거나 완성하기가 선 스케치보다는 어렵다는 단점이 있습니다.

'반 글레이징'과 '무테'의 방식이 아닌 '글레이징'의 경우엔 미소녀계 일러스트에서는 거의 사용하지 않는 방법입니다. 면 스케치로 진행을 원한다면 '반 글레이징', '무테' 방식으로 면 스케치 단계에서부터 베이스 컬러 정도는 넣고 진행하면 좋습니다.

대체적으로 실무를 진행하는 정도의 수준이라면 스케치를 디테일하게 하지 않고도 마무리까지 가능하기에 중간 과정이 생략되는 경우가 많습니다. 이 경우는 셀식으로 작업하는 경우는 예외입니다. 처음에는 과정을 많이 거치면서 꼼꼼히 그리다가, 익숙해질수록 그리는 단계를 줄이면서 작업 시간을 단축해본다면 효과적이라고 생각합니다. 모두 장단점이 있는 방법으로 각자에 맞는 방식을 찾을 수 있도록 시도해보시면 좋겠습니다.

스케치
인체 스케치

캐릭터 일러스트에서 인체는 보여줄 대상의 기본이 됩니다. 인체가 있어야 포즈가 나오고 의상이 입혀질 수 있고 얼굴이 생길 수 있으며 그에 맞는 캐릭터가 생성됩니다. 해부학이 아닌 비례적인 측면으로 분석하여 이해한다면 기본적인 인체 비율에 보다 쉽게 접근할 수 있습니다. 여기에 주요 관절과 중요 부분의 위치 정도만 안다면 사람들이 보기에 무리 없는 인체를 그리기에 충분합니다.

그림의 인체 스케치는 인체 해부학으로 공부하는 것이 가장 정석적인 방법으로 자리 잡고 있지만 사람의 인체가 모두 다르듯이 사실 공부하는 방법에는 정석적인 방법이 없습니다. 해부학이 좋은 공부 법인 것은 확실하지만 접근하는 것은 상당히 어렵습니다. 잘못 공부하면 자칫 잘못된 인체가 머리에 각인되어 오랜 기간 고생할 수 있기에 초반에는 전체적인 비례와 실루엣을 위주로 공부한 뒤 해부학까지 나아가면 좋겠습니다.

그림에서 인체는 정확하게 그리는 것이 아닌 매력적으로 그리는 것에 초점을 두어야 합니다.

소녀 인체 스케치

현재 캐릭터 일러스트에서 가장 많이 설정되는 소녀입니다. 10살~13살 정도의 앳된 느낌의 캐릭터로 여성에 비해 인체 굴곡을 적게 주고, 눈을 크게 표현하여 귀여움을 어필하는 경우가 많습니다.

소녀 얼굴 스케치 클로즈업

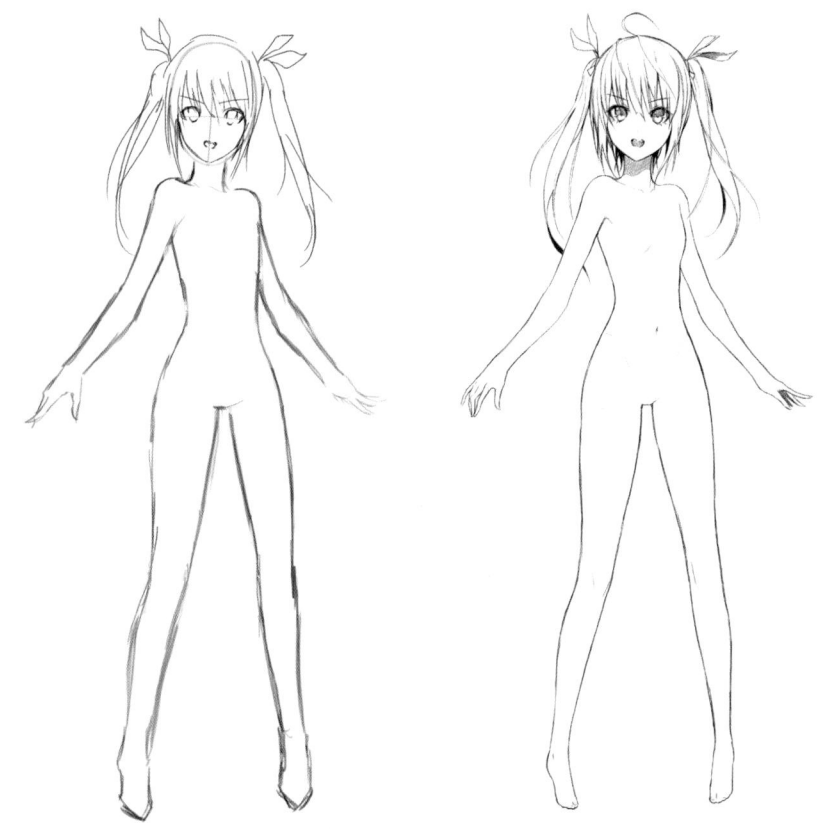

소녀 인체 스케치

스케치 그림은 나이나 성별마다의 성장에서 나오는 매력 부분을 실제보다 강조하는 것이 좋습니다. 강조라고 모든 부분을 보다 과하게 그리는 것이 아닙니다. 가는 부분이나 없는 부분이라면 더욱 가늘고 없도록 그려주고, 큰 부분이면 더욱 크게 그려주어야 한다는 뜻입니다. 실제 사진만큼의 묘사까지 그리는 것은 한계가 있기에 스케치를 강조하여 특징을 뚜렷하게 보이게 하기 위함입니다.

소녀의 기본적인 특징으로는 팔 다리를 가늘게, 허리를 잘록하게 표현하는 것으로 여성인 성별을 알 수 있도록 해주고 약간의 골반과 가슴을 추가해주는 것으로 여성적 매력을 표현합니다. 이때 굴곡은 아주 완만하게 표현해주어야 어린 느낌의 소녀가 됩니다.

반대로 소년이라면 팔 다리를 굵게, 허리를 완만하게, 가슴과 골반은 거의 없는 느낌으로 표현합니다. 소년과 소녀의 차이는 얼굴 외에 이 부분 등에서 줄 수 있습니다.

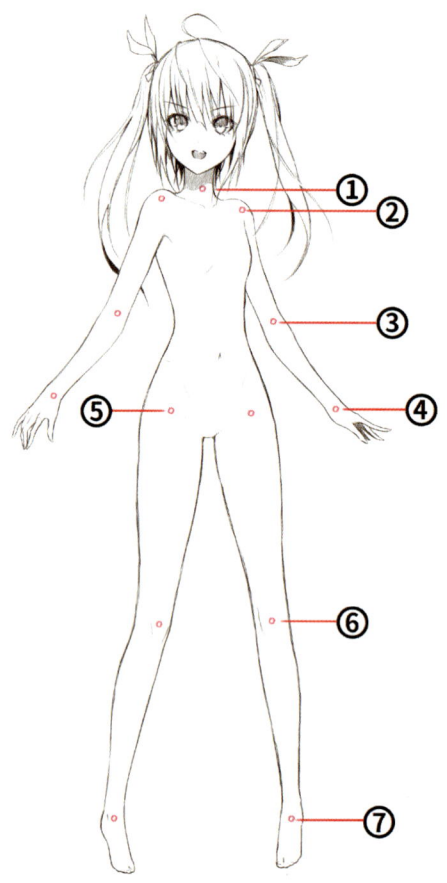

캐릭터에겐 주요 관절이 있습니다. 이 주요 관절의 위치만 파악해도 기본형의 인체를 그리는 것에는 문제가 없습니다.

세세하게 들어간다면 실제의 관절과 근육 등 신경을 써야 될 부분이 아주 많지만 일러스트와 만화 느낌의 캐릭터에선 주로 간소화하여 표현합니다.

1번부터 차례대로 목, 어깨, 팔, 손목, 골반, 무릎, 발목의 관절로써 크게 인체를 굽히거나 필 수 있는 부분입니다. 캐릭터의 동세를 준다거나 제스처를 줄 때 반드시 해당 관절에서 꺾이는 느낌으로 그려주어야 합니다.

관절의 위치

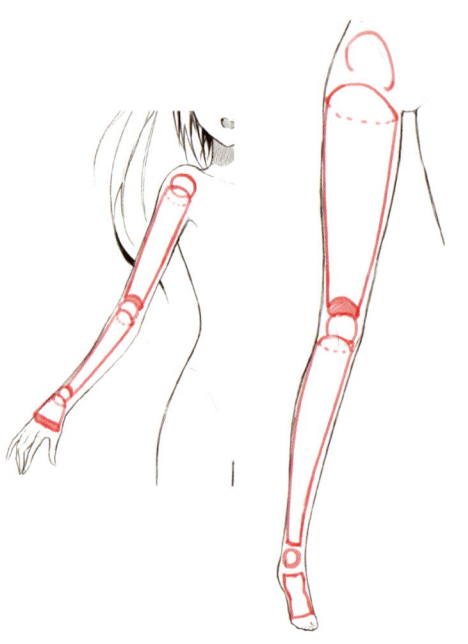

캐릭터의 팔과 다리는 원통형으로 생각하며 중앙에 관절이란 공이 들어있다고 느끼면 좋습니다.

굽히거나 필 때에 공의 크기만큼 굽히거나 핀 부분이 피부가 늘어나거나 관절이 튀어나와 보이게 된다고 느끼고 있으면 됩니다. 이 정도로만 느끼고 있어도 후에 해부학 공부할 때 상당한 도움이 됩니다.

관절의 이해

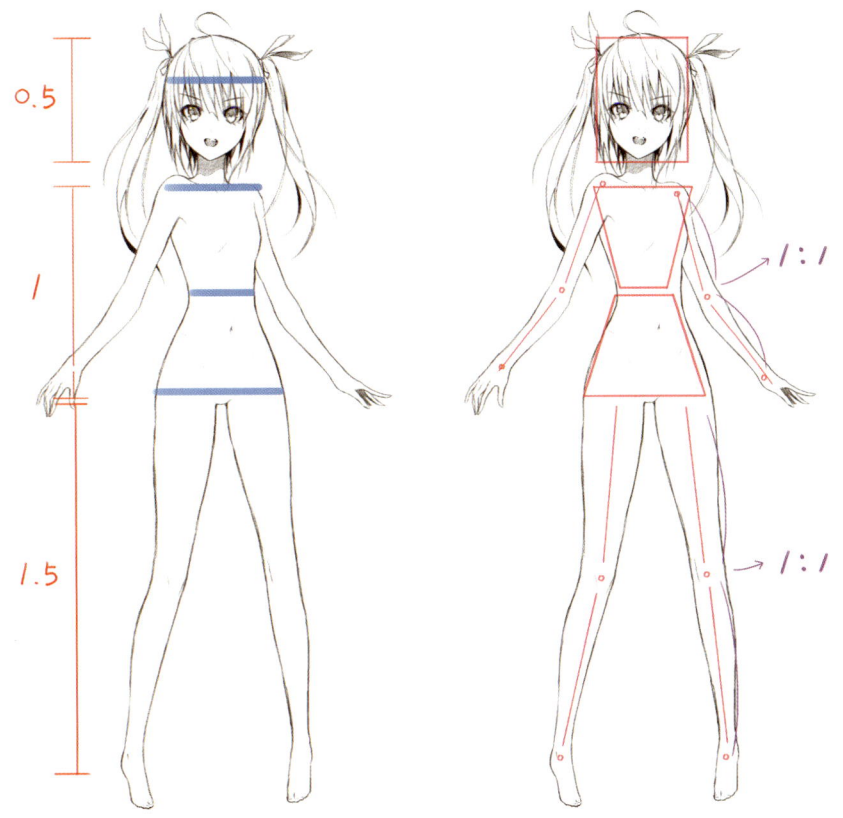

소녀의 인체 비례

소녀의 상체를 1로 잡았을 때 머리는 0.5, 하체는 1.5 정도의 비율이 오면 좋습니다. 절대적인 비율은 아니기에 여기에서 조금씩 조율하는 것으로 키가 큰 소녀, 키가 작은 소녀 등 인체 비를 접근하여 그려내면 효율적입니다.

어깨 넓이는 골반 넓이보다 살짝 가늘게 하여 아직 어린 소녀의 성장이 덜 된 느낌을 강조할 수 있습니다. 머리 크기를 일반적인 여성보다는 크게 혹은 어깨와 엇비슷하게 하여 어린 소녀의 느낌을 강조할 수 있습니다. 반대로 머리 크기가 작아지면 어른스러운 느낌이 나게 됩니다.

팔의 위아래 부분 (전완근, 상완근)과 허벅지 종아리의 비율은 각각 1:1이 기본입니다. 소녀 캐릭터이므로 굽이 있는 구두나 힐을 신었을 때는 종아리를 더 길게 그려주면 짧아 보이지 않습니다.

여성 인체 스케치

여성은 소녀의 특징에서 여성성을 보다 강조해주는 것으로 표현합니다. 17살~20살 정도의 여성으로 캐릭터 일러스트에서 소녀 다음으로 많이 채택됩니다.

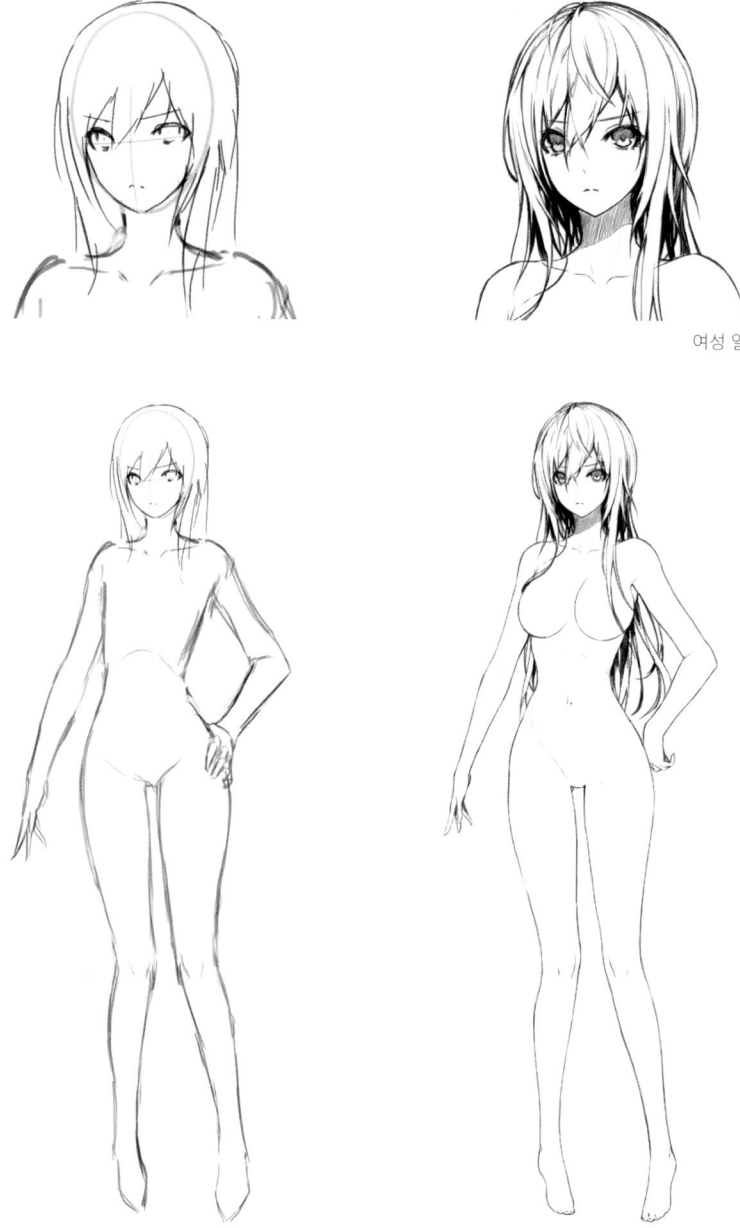

여성 얼굴 클로즈업

여성 인체 스케치

여성은 인체의 전체적인 굴곡을 곡선으로 표현해주며 여성성을 강조할 수 있는 허리와 골반, 가슴을 강조합니다. 팔목이나 발목, 목의 굵기 등을 가늘게 하여 보다 여성스러움을 줄 수 있습니다.

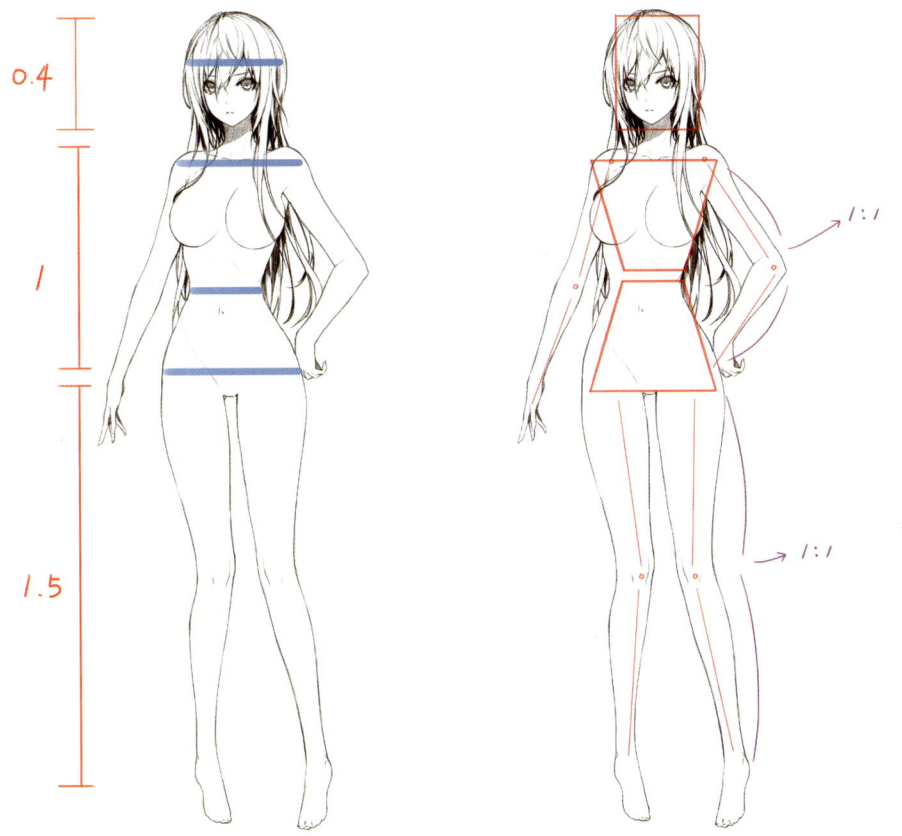

여성의 인체 비례

여성의 상체를 1로 잡았을 때 머리는 0.4, 하체는 1.5 정도의 비율이 오면 좋습니다. 약 7등신 정도의 느낌으로 6등신인 소녀보다 어른스러운 여성임을 알 수 있습니다. 한 장면에 여러 캐릭터가 등장하는 경우 주변 캐릭터와 비교하여 등신대를 조절할 수 있습니다.

어깨 넓이만큼 골반 넓이를 주어 완전히 성장한 여성의 인체의 매력을 더합니다. 머리 크기가 어깨보다 확연히 작은 것으로 어느 정도 나이가 있는 여성임을 표현하고, 골반의 가늘기와 가슴의 크기 등으로 여성적인 매력을 더합니다.

전완근과 상완근, 허벅지와 종아리의 비율은 소녀와 같이 1:1을 유지합니다. 다리를 길어 보이게 하고 싶다면 허벅지와 종아리의 비율을 조절하는 것이 아니라 다리 자체를 늘려주어야 어색해 보이지 않습니다. 마찬가지로 구두나 힐을 신었을 때는 발을 살짝 들게 되므로 종아리 길이를 길게 해주면 좋습니다.

남성 인체 스케치

남성은 여성보다 그리기가 까다롭습니다. 여성이나 소녀, 소년 등은 굴곡이 부드럽고 근육이나 실루엣의 표현이 완만한데 비해, 남성은 여성보다 골격 등이 부각되어야 남성미를 줄 수 있기에 많은 공부가 필요합니다. 그런 까닭 등으로 캐릭터 일러스트에서는 소녀와 여성보다는 보기 힘듭니다.

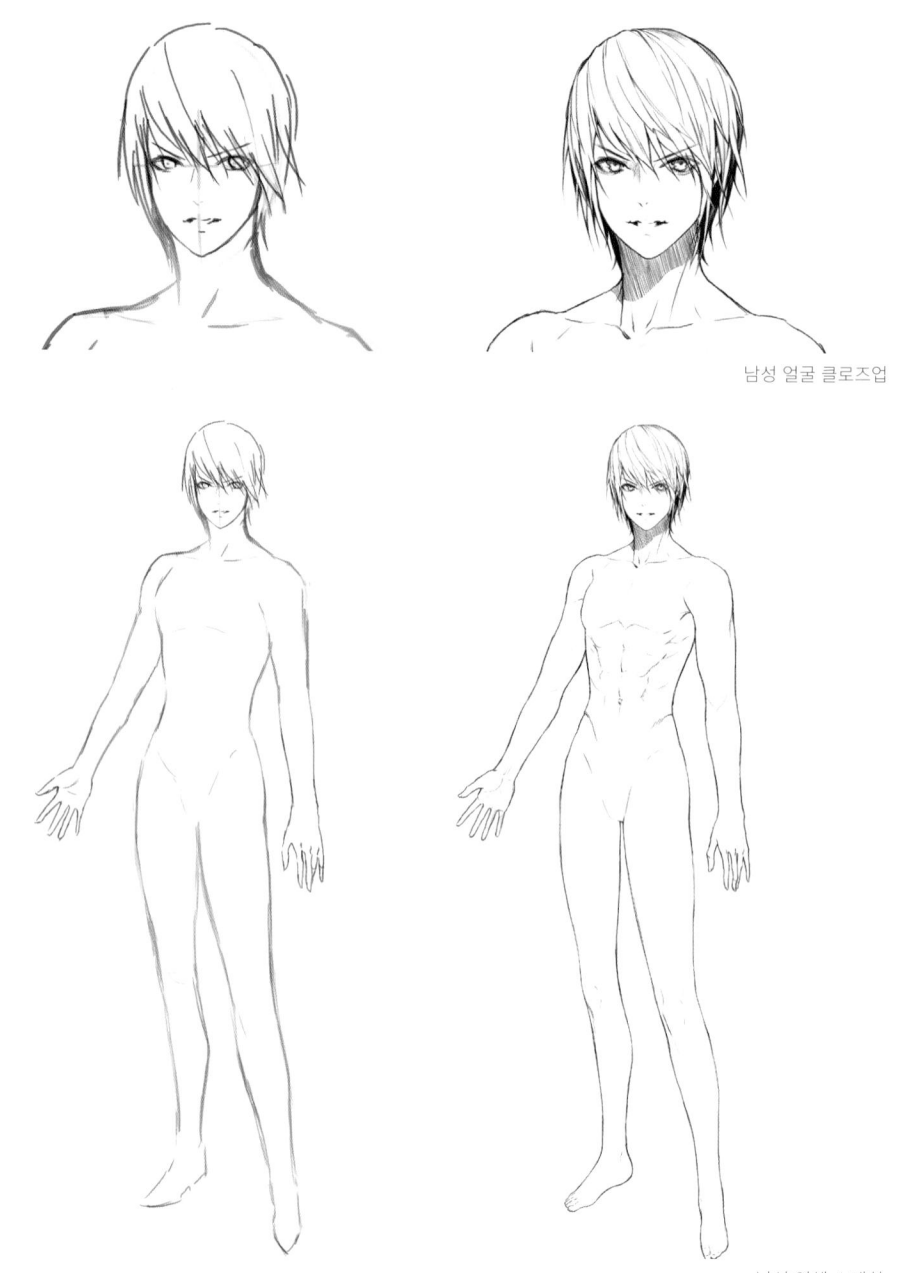

남성 얼굴 클로즈업

남성 인체 스케치

남성은 전체적인 굴곡을 직선으로 표현해줍니다. 가슴과 복근, 팔 등에 근육을 강조해주는 것으로 남성성을 강조해줄 수 있으며, 넓은 어깨와 큰 손으로 남성미를 줄 수 있습니다.

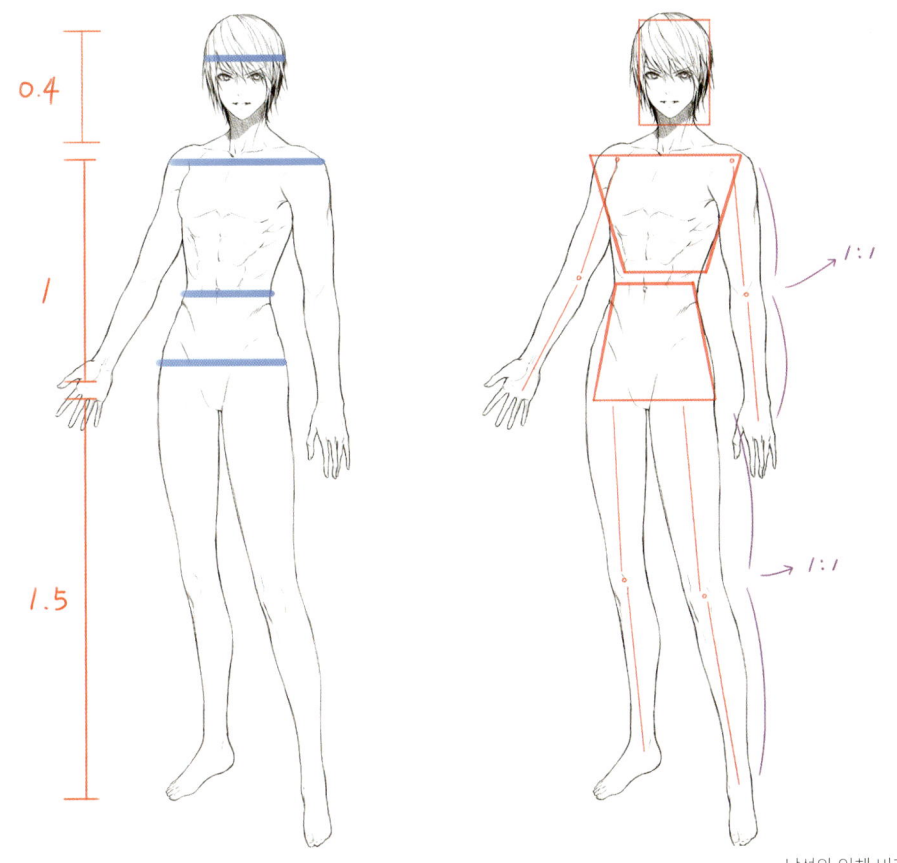

남성의 인체 비례

남성의 상체를 1로 잡았을 때 머리는 0.3~0.4, 하체는 1.5 정도의 비율이 오면 좋습니다. 약 7~8등신 정도의 느낌으로 7등신인 여성보다 키가 큰 남성임을 알 수 있습니다. 이때 여성과 비교해서 머리 크기가 작지 않도록 하여야 키가 작은 느낌이 들지 않습니다.

어깨 넓이를 충분히 넓게 그려서 남성적인 매력을 더합니다. 복근이나 가슴 근육, 팔 근육 등 여성보다는 직선으로 표현하여 남성의 단단한 근육의 특징을 보여줍니다. 손과 팔목, 발목 등은 여성보다 확연히 크게 그려주어 기본적인 뼈대가 굵은 느낌을 표현합니다.

전완근과 상완근, 허벅지와 종아리의 비율은 여성과 같이 1:1을 유지합니다.

의상을 스케치할 때에는 캐릭터의 인체의 굴곡이나 부피감에 신경을 써줍니다. 의상이 인체의 주요 실루엣인 어깨와 가슴, 허리 등을 너무 가리지 않도록 그려서 캐릭터의 인체의 매력을 해치지 않게 주의해야 하며, 본질적으로 의상이 실제로 입을 수 있는 느낌을 만들어 주어야 리얼하고 좋은 느낌의 의상이 됩니다.

의상은 실제로 존재하는 의상에서 파생하여 그려주는 것이 일반적이며, 내의와 겉옷, 장식 등으로 파츠를 분리하여 그려준다면 보다 설득력이 있는 의상이 됩니다.

의상 스케치에서는 디자인과 느낌 등을 알 수 있는 독자에게 직접적으로 보이는 부분을 가리지 않고 표현하는 것이 중요합니다. 예로 가방을 착용한 소녀라면 가방이 캐릭터 뒤로 너무 가려지지 않게 하는 것이 중요하며, 무기를 착용한 기사라면 무기를 빼 들었을 때 역시 무기가 캐릭터에 가려지지 않게, 또 캐릭터가 무기에 너무 가려지지 않게 조율하는 것이 필요합니다. 예로 학교 가방을 착용한 소녀의 하굣길을 그리는데, 가방을 뒤로 매어 안 보이게 해두었다면 설득력이 줄어들 수밖에 없습니다. 의상 스케치부터는 스케치가 인체 스케치만 할 때 보다 복잡해지기에 보이는 부분에 대한 표현이 굉장히 중요하게 됩니다.

보이지 않는 부분 역시 중요합니다. 보이는 부분이 그림의 직접적인 설명이라면 보이지 않는 부분은 간접적인 설명이 됩니다. 의상을 어떻게 입었는지, 실제로 제작하거나 구할 수 있는 옷 같은 리얼리티가 있는지, 형식이나 구조는 어떻게 되었는지를 작가는 알고 있어야 디자인에 완성도를 더할 수 있습니다.

좋은 의상 디자인을 이루어 내기 위해서는 의상의 겉모습의 디자인뿐 아니라 옷과 장식의 구조적인 측면도 이해하고 있어야 보다 디테일한 표현이 가능합니다. 캐릭터 디자인을 하는 그림 그리는 사람이라면 반드시 익혀야 되는 부분이라고 생각합니다.

소녀 의상 스케치 (교복)

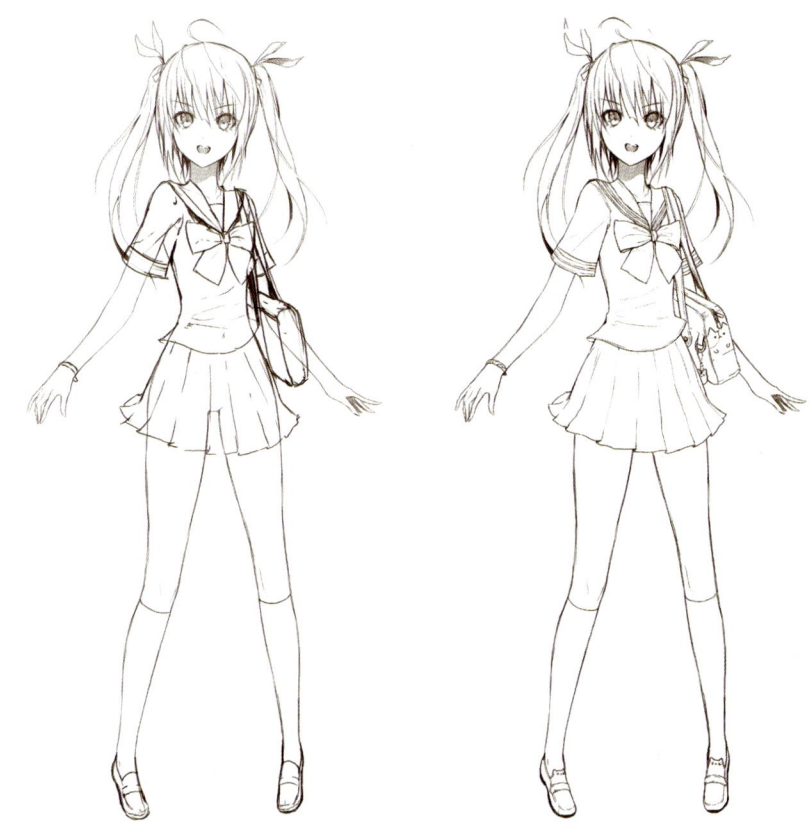

소녀 의상 스케치

소녀의 의상은 교복으로 귀여운 느낌을 어필하였습니다. 소녀의 다리가 길어 보일 수 있도록 치마를 약간 올려 입혀주는 세련된 포인트를 더했습니다.

내의 - 블라우스

교복마다 다른 디자인으로 파란색 영역이 정갈한 교복을 추구하는 학교인 경우 상의에 붙어있는 경우도 있습니다. 혹은 파란색 영역에 블라우스나 내의가 보이는 경우도 있습니다. 그런 경우 파란색 영역을 조금 아래로 내려서 그려주게 됩니다.

겉으로 보이지 않는 내의라도 겉옷을 더 자연스레 그리기 위해 착용된 느낌을 간단히 그려놓거나 생각해둡니다.

교복 상의와 겉옷 등의 주름은 팔의 동작으로 인해 박음질 선이나 단이 있는 부분에 맺힙니다.

배 부분의 주름은 사실, 아래로 흐트러지는 것이 사실이지만 허리와 골반의 굴곡을 강조해주기 위해 주름을 맺히게 해준다면 인체 라인이 잘 보이게 됩니다. 사실적인 부분도 중요하지만 인체 라인 등 중요한 실루엣 등은 일부러 강조해주면 더 좋은 느낌이 들 수 있습니다.

겉옷 - 교복 상의

파란색 영역은 많은 교복 디자인의 포인트가 포함되는 부분입니다. 교복 외에도 여러 옷에 끄트머리 부분에 박음질 선이나 디자인 포인트를 넣는다면 실제로 재단되어 만들어진 옷의 느낌이 들어 보다 좋은 디자인으로 보일 수 있습니다.

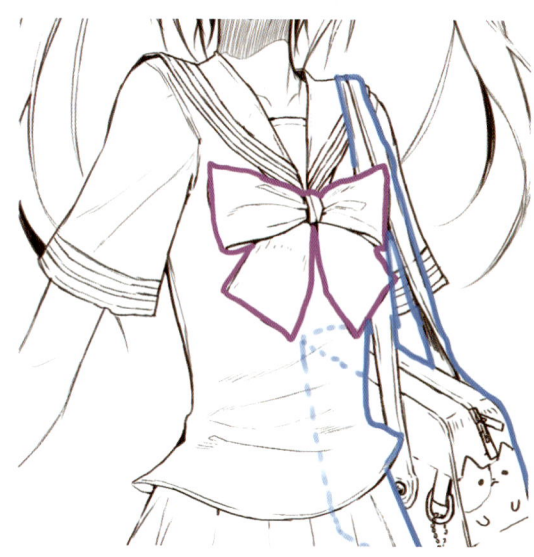

그림에서 장식은 보여주기 위한 부분이므로 특별한 경우가 아니라면 겉으로 드러내는 것이 좋습니다. 소녀의 귀여운 인상을 강조하기 위해 일반적인 교복보다 리본을 크게 달아주어 포인트를 줄 수 있습니다.

옆으로 맨 가방은 뒷부분의 부피도 의식하여 약간 대각선으로 매 주어야 어색하지 않습니다.

장식 - 리본과 가방

스케치 | 29

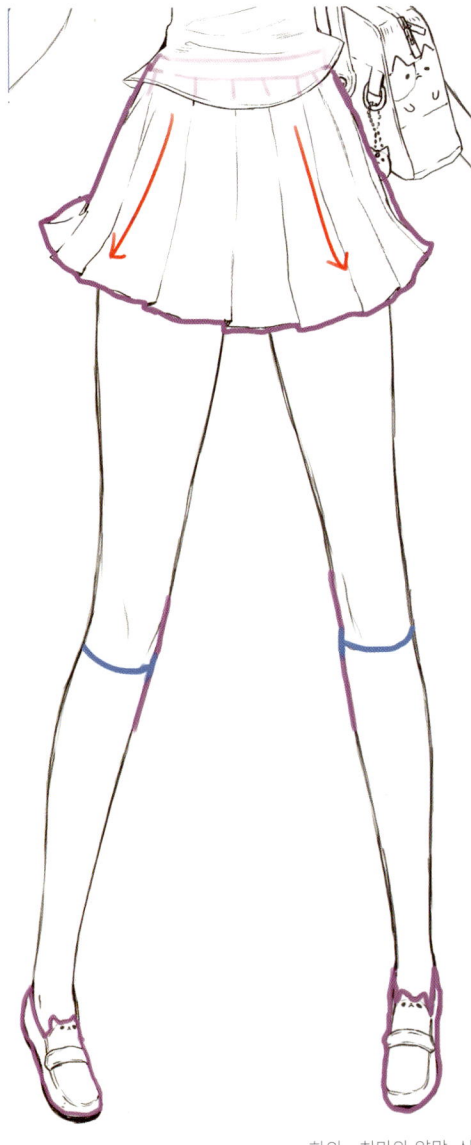

하의도 다른 부분처럼 상의에 가려진 허리춤을 의식하며 그립니다. 보통의 치마는 공통으로 고무줄이나 단추가 포함된 허리에서 내려오므로 위에서 아래로 갈수록 넓어지는 것이 좋습니다.

다리에 입혀진 긴 양말은 다른 부분처럼 펄럭이지 않으므로 거의 피부와 비슷한 실루엣으로 그려줍니다.

신발의 경우 겉 씌워지는 부분이므로 충분히 발보다는 큰 느낌으로 그려주어야 합니다.

하의 - 치마와 양말, 신발

캐릭터의 의상을 디자인할 때는 보이지 않거나 일부만 보이는 기본 내의, 그 위에 걸쳐지는 겉옷, 그리고 장식으로 나누어 생각한다면 인체에서 의상을 덧씌워 나가기 수월합니다. 바로 그리는 것보다는 시간이 오래 걸리게 되지만 보다 높은 섬세함과 디테일을 그려내기가 좋습니다. 비슷한 디자인이거나 익숙해지면 이러한 과정을 생략하고 그려내게 됩니다.

여성 의상 스케치 (파티 드레스)

여성 의상 스케치

여성의 의상은 파티 드레스로 많은 장식으로 화려함을 어필하였습니다. 겹이 많은 드레스임에도 여성스러운 몸매가 가려지지 않도록 라인을 살려주며, 파티에 걸맞도록 여성스러운 구두와 섬세한 장식 등으로 화려한 파티에 어울릴 수 있도록 연출하였습니다. 또, 소녀와는 달리 섹시함을 주기 위해 내의가 거의 없어 보이는 느낌을 주었습니다.

교복과는 달리 장식이나 겹이 상당히 많이 포함되기 때문에 상당히 많은 지식을 필요로 합니다. 복잡한 장식은 파츠 분리를 뚜렷하게 해두어야 확실한 스케치가 됩니다. 파츠 분리를 하지 않는다면 장식이나 레이스 등의 구조의 착시를 불러일으킬 수 있으므로 꼭 분리하여 생각하는 습관을 가져주는 것이 좋습니다.

드레스의 상의 부분은 어떤 부분을 강조하느냐에 따라 유형이 달라집니다. 파티 드레스에선 화려함과 섹시함을 강조하기 위해 가슴과 어깨 부분의 노출을 줍니다. 파란 영역이 피부의 노출 부분인데, 어깨부터 전체가 노출된다면 장식이 다소 적어져 화려함이 부족해집니다. 이 부분은 듬성듬성 노출을 주어 보일 듯 말듯한 섹시함과 화려함을 합칠 수 있습니다.

상의의 아랫단은 언밸런스한 대각선으로 포인트를 주어 단조로울 수 있는 드레스에 변형을 줄 수 있습니다.

겉옷 - 드레스 상의

어깨와 가슴의 곡선을 강조해주기 위한 세로 라인은 심플하지만 효과적인 디자인이 될 수 있습니다. 밋밋했던 상의 라인에 디테일을 더할 수 있을 뿐 아니라 가슴의 라인을 따라 그려주어 가슴에 큰 입체감을 줄 수 있습니다.

겉옷 - 드레스 상의 라인

독자에게 시선이 많이 가는 부분인 노출된 부분에 살짝 빗겨서 디테일한 장식을 달아준다면 다른 곳에 크게 디테일을 넣지 않더라도 전체적으로 디테일한 것 같은 느낌을 자아낼 수 있습니다. 시선이 빨리 가는 곳부터 디테일을 잡아주어야 효과적인 스케치를 할 수 있습니다.

가슴에 직접적으로 장식을 달지 않는 이유는 여성적인 매력을 감할 수 있기 때문에 살짝 빗겨 장식을 해주는 것으로 조율합니다.

장식 - 가슴 포인트와 꽃

캐릭터 일러스트에서 장식은 현시대에 기조로 있는 의상 외에도 표현할 수 있습니다. 장미꽃 등을 형상화한 꽃 형태의 면 장식으로 독특한 느낌과 함께 화려함을 연출할 수 있습니다.

실제론 의상이 아닌 다른 대상인 꽃을 의상 장식처럼 느끼게 하기 위해서는 장미꽃을 너무 리얼하게 그리면 좋지 않습니다. 리얼하게 그리는 경우 의상 장식보다는 실제 꽃을 허리에 달은 느낌이 들기에 조화롭지 못 합니다. 실제 꽃을 허리에 크게 달고 다니면 꽃잎이 떨어진다거나 꽃 색이 번질 수 있기에 부자연스럽다고 할 수 있는데, 이 부분을 의상과 맞추어 디테일을 조절해준다면 실제 꽃이 아닌 다른 재질 (예로 면이나 가죽, 실크 장식)으로 제작된 것 같은 느낌을 줄 수 있습니다. 약간의 박음질을 표현해준다면 보다 장식의 목적으로 제작이나 세공된 느낌을 줄 수 있으므로 표현이 어려울 때 이용합니다.

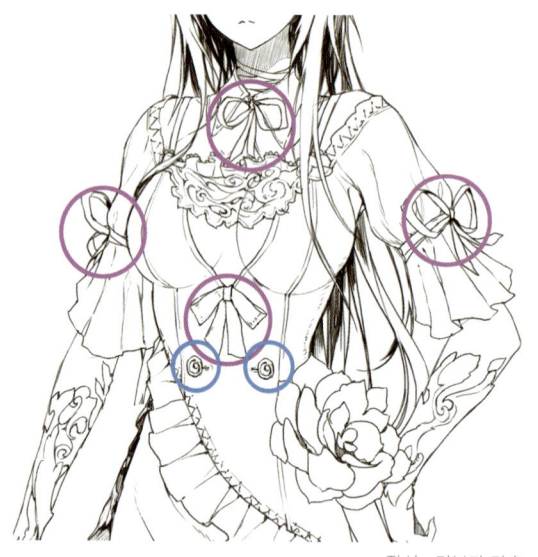

리본과 단추는 쉽게 표현이 가능하면서 여러 방면에 달 수 있는 좋은 장식입니다. 특히 리본은 여성스러운 매력을 해치지 않으면서 자유롭게 장식할 수 있기에 많은 작가들이 채택하는 요소입니다.

단추는 실제 의상을 잠글 때 사용하지만 장식으로도 활용이 가능합니다. 의상에서 아주 흔한 요소이기에 전체적인 컨셉을 해치지 않으면서 여러 곳에 추가할 수 있습니다.

장식 - 리본과 단추

팔에 포인트 리본을 넣음으로써 상의와 리본 사이에 주름을 표현해준다면 의상에 설득력이 더해지게 됩니다. 리본 등으로 팔이나 배를 감싼다면 그 리본을 향해 모여들듯이 주름을 표현해 준다면 자연스러운 주름을 그려낼 수 있습니다.

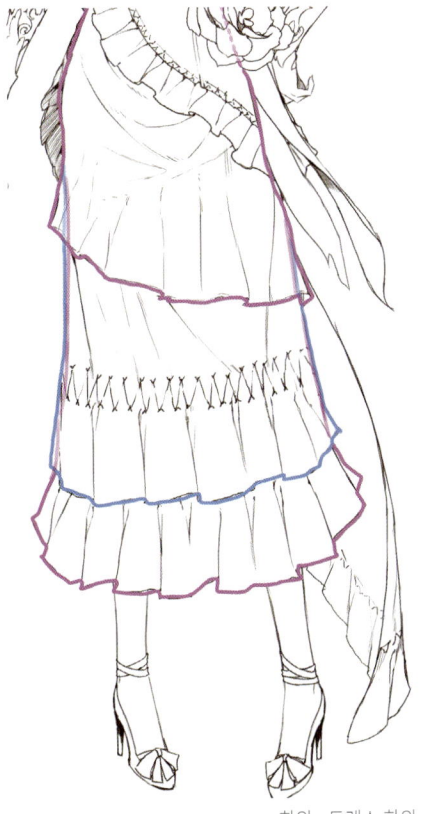

드레스 하의는 허리춤에서 이어지는 드레스와 전신 드레스로 종류가 나뉩니다. 파티 드레스는 상의와 단이 나뉘고 있기 때문에 하의 부분으로 분류합니다. 하의로 분류를 한다면 반드시 허리나 골반 부근에서 하의가 흘러내리지 않게 지탱해주는 부분이 있기에, 의상 주름을 허리에서부터 내려온다는 느낌으로 추가해줍니다.

드레스의 화려함을 연출해주기 위해 하의 단을 나누는 방법도 있습니다. 이 경우 드레스의 모든 단이 허리에서 떨어진다는 느낌으로 스케치해주어야 어색하게 단이 붙어있는 느낌이 나지 않습니다. 특히 돌아가는 부분에 단이 나뉘어 있는 듯이 엇갈리게 그려준다면 효과적입니다.

하의 - 드레스 하의

하의 드레스만으로는 화려함이 부족한 경우 장식 드레스나 레이스, 긴 리본 등을 추가하여 보완할 수 있습니다.

이러한 장식을 추가할 때 반드시 고려가 되어야 하는 부분이 보이지 않는 부분입니다. 어디서부터 어떤 식으로 흘러 내려오는지 생각으로 미리 생각을 해 두어야 선명하게 보이는 부분에서 자연스러운 입체감을 표현해줄 수 있습니다.

장식 - 장식 드레스 추가

허리에 오는 장미에서 뻗어 나오는 리본은 카네이션에서 착안했습니다. 시중에서 파는 카네이션에 달린 잎사귀나 끈 같은 느낌으로 디자인을 달아주었는데, 크게 그려주어 실루엣에 풍부함을 주었습니다.

다른 예로 파티나 행사에 자주 볼 수 있는 축하 화환에 달린 장식의 포인트를 떠올릴 수 있습니다. 공통된 요소가 있는 경우 다른 분야라도 착안해서 디자인한다면 자연스럽게 어울릴 수 있습니다.

기본적인 디자인 형식에서 파생하여 디자인하는 방법도 중요합니다. 의상의 박음질 디자인은 꼭 아랫단에만 달지 않고 중앙에도 표현할 수 있습니다.

이미 전체적으로 장식이 들어간 상황이기에 시선에서 멀어지는 신발이나 끝부분은 간단한 장식으로 치장해주는 것만으로도 충분히 화려함을 표현할 수 있습니다.

장식 - 끈과 박음질, 리본 디자인

남성 의상 스케치 (스타일리쉬 경갑옷)

남성 의상 스케치

남성의 의상은 스타일리쉬한 경갑옷입니다. 현시대의 의상 양식을 따르면서 중세의 문양이나 느낌을 가미하여 세련된 느낌을 주었습니다. 여성과는 달리 인체의 굴곡은 크게 신경을 쓰지 않아도 되기에 투박한 느낌의 부츠 등 디자인과 디테일로써 보여줄 수 있는 부분을 전체적으로 추가하였습니다.

소녀의 교복과 여성의 드레스와는 달리 전투복으로 실전에서 사용할 수 있는 파츠도 디자인에 포함이 되어있습니다. 퓨전 의상은 현시대 의복뿐 아니라 중세 전투복이나 기사복 등의 양식과 구조도 알고 있어야 디자인에 어색함이 생기지 않으므로 많은 공부를 필요로 합니다.

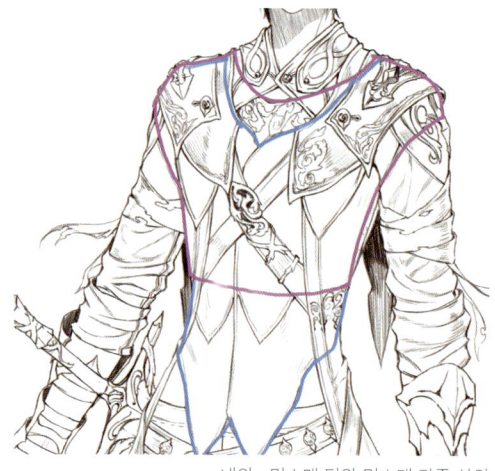

내의 - 민소매 티와 민소매 가죽 상의

보통 전투복의 내의는 전투 중 불편함을 최소화하기 위한 무겁지 않은 재질로, 길지 않은 상의를 입습니다.

내의 위에 민소매 허리가 긴 가죽 상의를 입혀서 아랫단이 보이게 만들어 상의의 실루엣을 표현해주었습니다. 상의를 표현할 때에는 내의가 잘 보이지 않는다면 아랫단이나 목 부분을 드러내는 것으로 무난하게 보여줄 수 있습니다.

겉옷 - 코트 상의

멋스러운 느낌을 주기 위해 겉옷은 코트를 사용할 수 있습니다. 여러 만화나 게임의 전투하는 주인공에서 채택되는 스타일인데, 코트 아랫단을 펄럭이는 느낌을 주어 실루엣의 큰 변화와 다채로운 느낌을 내기 용이합니다. 코트 디자인 시 아랫단의 뒷부분을 의식하여 그려주는 것이 입체감에 상당히 중요합니다.

전투의 흔적을 알 수 있게 팔에 너덜너덜한 끈 장식을 사용합니다. 그 외에도 약간 너덜너덜한 파츠를 일부 디자인에 넣어준다면 전투복이라는 느낌을 극대화할 수 있습니다. 전체적으로 모두 너덜너덜하게 해버리면 패배한 전사의 느낌이나 굶주린 느낌이 들 수 있으므로 약간의 포인트만 줍니다.

보통 상의는 몸통 부분과 팔 부분을 따로 재단하기에 초록색의 선처럼 팔 안쪽에 길게 선을 주는 것으로 재단의 흔적을 표현해줄 수 있습니다. 주름의 결을 따라 입체를 의식하여 표현한다면 보다 리얼합니다. 주름이 없는 경우는 곧은 선으로 표현합니다.

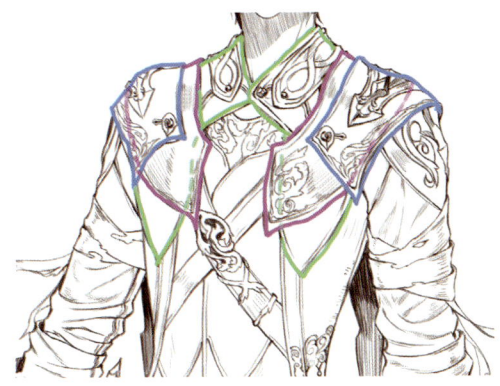

상의 덧댐 장식

전투복을 한 종류의 장식으로만 표현하면 저급 병사의 느낌을 줄 수 있고 많은 덧댐과 무늬로 표현하면 고위급, 사령관의 느낌을 줄 수 있습니다. 보통 전투를 하는 경우 사령관급은 병사들이 잘 알아볼 수 있도록 화려한 장식을 달고, 나라를 표현하는 특수한 문양을 주는 경우가 많습니다.

목 부분으로부터 거쳐 내려오는 초록색 선의 상의 덧댐 장식은 코트와 붙어있는 파츠로 의식하고 파란색과 보라색의 견장은 따로 떨어져 있는 느낌으로 의식합니다. 보통 전투복은 상의와 견장을 따로 착용하는 데에서 착안한 디자인입니다. 따로 떨어진 느낌을 주지 않는다면 의상을 입기에 상당히 난해하기에 자칫 전투복으로 코스프레한 낯선 느낌이 날 수 있으므로 주의합니다.

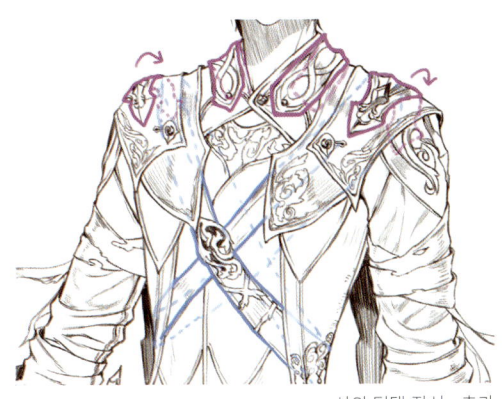

상의 덧댐 장식 - 추가

견장과 목 부분에 세밀한 장식을 추가해주면 고위급의 사령관임을 느끼게 해줍니다. 여러 군복의 사령관의 견장에서도 찾아볼 수 있는 디자인으로써 어깨를 강조해주어 당당한 느낌을 줄 수 있습니다.

가슴을 가로지르는 벨트는 견장을 어떻게 착용하고 고정하는지 알 수 있게 해주는 부분으로써 반드시 추가해 주어야 견장의 리얼리티를 극대화할 수 있습니다. 없는 경우 견장이 흘러내릴 수 있다고 느껴지게 됩니다.

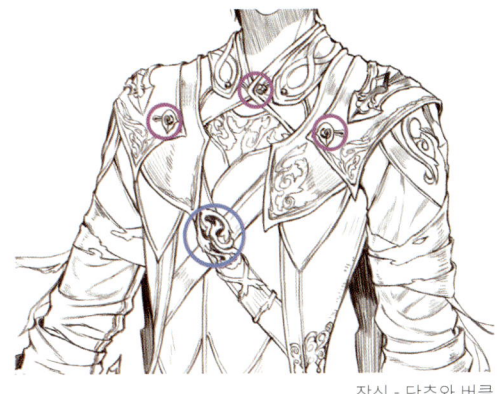

장식 - 단추와 버클

목과 어깨 덧댐 장식이 이중이기에 이어줄 수 있는 단추와 단춧구멍을 추가하여 설득력을 높일 수 있습니다. 가슴에 어깨 덧댐 장식을 잡아주는 벨트가 있기에 단추는 없어도 무방합니다. 만약 벨트가 없다면 단추나 끈을 가로질러 잡아준다는 느낌의 디자인을 진행할 수도 있습니다.

버클은 벨트를 강조시켜 시선을 유도합니다. 어깨 덧댐 장식을 잡아주는 디테일까지 보여주고 싶은 마음에 해당 부분에 디자인을 강조해주었습니다. 만약 견장이나 어깨 덧댐 장식을 강조해주고 싶다면 그 부분에 버클을 추가할 수 있습니다.

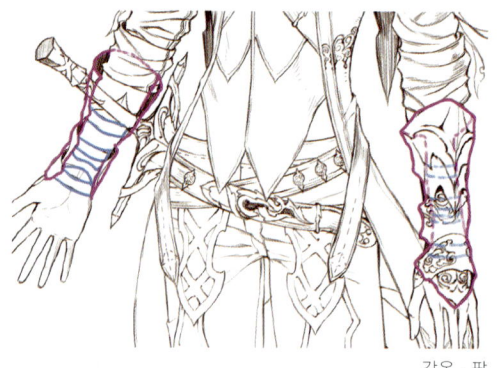

적의 무기를 막을 수 있는 단단한 철 갑옷을 팔에 디자인하였습니다. 전투 중 적의 공격을 막을 수 있는 방패 혹은 팔의 갑옷은 필수라 할 수 있습니다. 팔이나 무릎 등에 갑옷을 달아주면 전투복이라는 느낌이 아주 강하게 느껴집니다. 팔 갑옷에 끈으로 고정하는 것을 표현하여 리얼함을 살릴 수 있습니다.

갑옷 - 팔

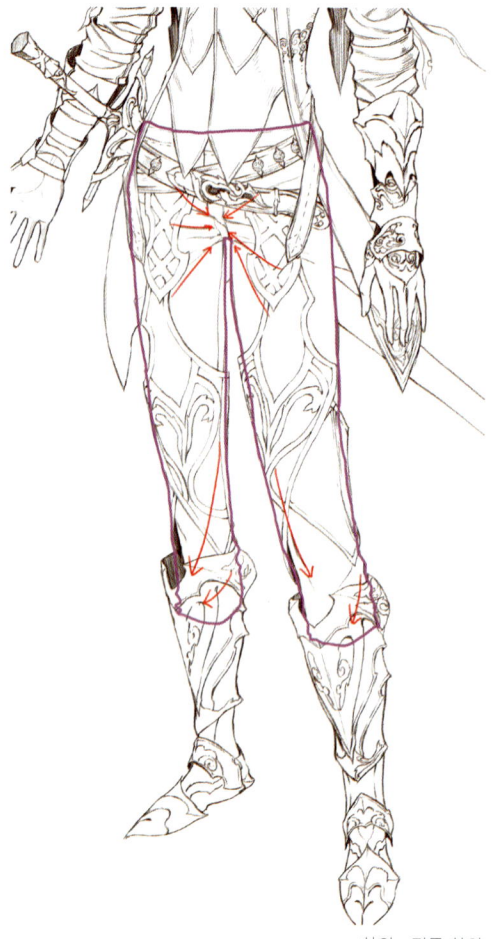

허리 부분의 표현과 주름의 표현이 상당히 중요합니다. 서혜부 부분 하의의 접합부 단에 모여드는 느낌으로 주름을 표현합니다. 다리는 무게로 인한 아래로 떨어지는 느낌의 주름의 표현으로 처리합니다. 다리 부분의 주름은 실루엣을 약간 들쭉날쭉하게 해주면 주름이 진 느낌을 강조할 수 있습니다.

하의 - 전투 하의

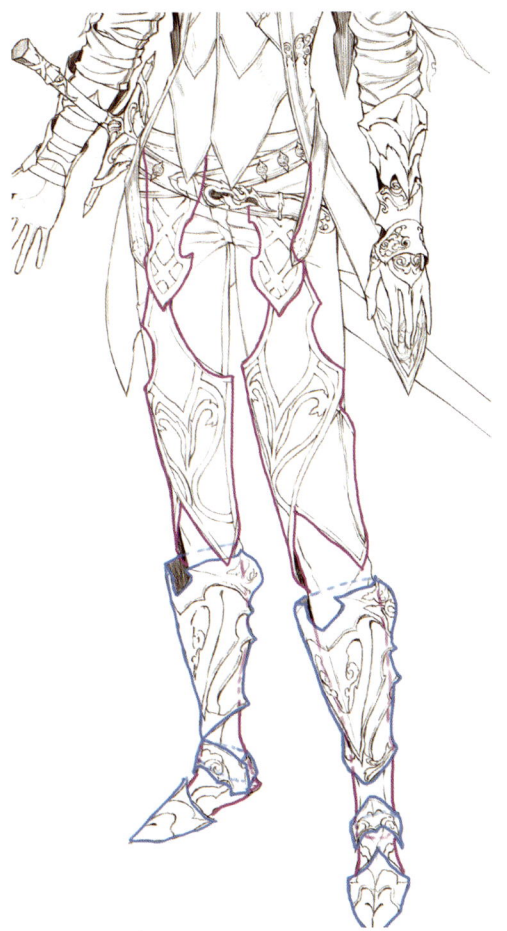

적의 공격을 막아줄 수 있는 질긴 가죽 덧댐 갑옷을 전체적으로 입으면서 부츠를 추가해주었습니다. 전투복에서 무릎 갑옷도 장착할 수 있지만 빠르게 달릴 수 있는 스타일리쉬한 경갑옷으로 무릎 갑옷은 추가하지 않았습니다. 이미 많은 파츠에 전투형 의상으로 보여질 수 있는 부분을 추가했기에 제외할 수 있습니다. 시선이 많이 가는 견장이나 팔 등이 없는 경우엔 제외는 하지 않는 것이 좋습니다.

하의 - 덧댐 갑옷, 부츠

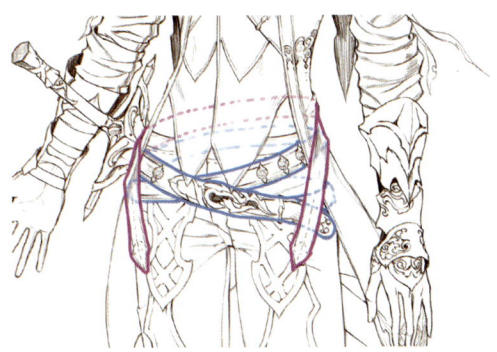

벨트는 코트를 잠글 수 있는 코트용 벨트와 하의용 벨트로 나눌 수 있습니다. 코트용 벨트는 코트에 둘러싸이는 느낌과 더불어 잠기지 않았기에 자연스레 아래로 늘어뜨립니다. 하의용 벨트는 하의 허리춤에서 둘러싸는 느낌을 주는 것이 바람직합니다.

벨트

필자는 스케치에서 그려지는 벨트는 실제 벨트보다 많은 비중과 의미를 준다고 봅니다. 실제 벨트는 의상에 가려지거나 하의 상단에 붙어있는 식이지만, 그림에서 벨트는 붙어있는 식보다는 드러내주는 식이 좋습니다. 벨트는 상의와 하의를 나누어지게 보이도록 하는 요소이기도 하면서 의상의 허전한 허리 부분에 포인트를 줄 수 있기에 드러내는 벨트가 효과적입니다. 늘어뜨리거나 벨트 내부에 포인트 장식을 준다면 개성이 강하면서도 실루엣에도 변화를 주는 매력적인 디자인이 될 수 있습니다.

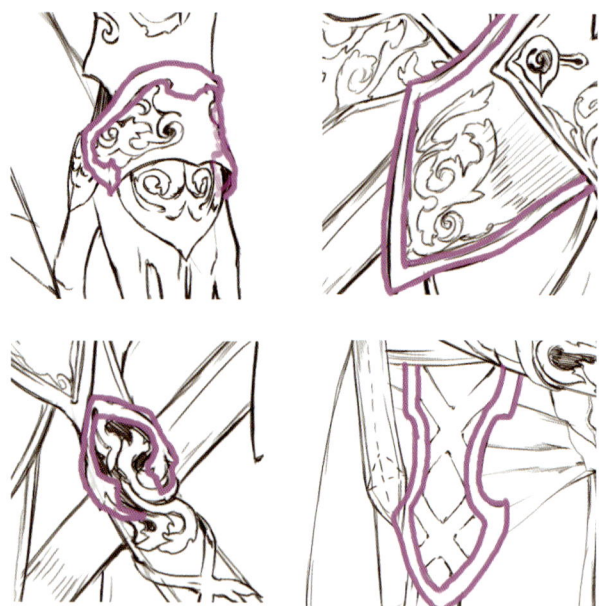

장식 문양은 테두리를 비워두고 내부에 디테일을 입히는 방식이 기본형입니다. 테두리의 존재는 대장장이로부터 세공이 된 견고한 느낌을 줍니다.

장식 문양

스케치의 매력
음영과 입체감의 표현

잘 그려진 스케치와 그렇지 않은 스케치의 차이점이 무엇인지 알아야 합니다. 잘 그려진 느낌이나 시선이 가는 스케치는 여러 가지의 매력을 찾아 적용한 결과물입니다. 여러 종류의 스케치가 많지만 스케치마다 목적이 있듯이 매력 점도 모두 다릅니다. 어떤 스케치는 컬러링을 염두에 두어 형태만 진행이 되었을 수도 있고 어떤 스케치는 컬러링을 진행하지 않고 스케치로서의 매력만 살려두기도 합니다.

같은 스케치라도 선을 처리하는 방식과 농도, 리듬, 실루엣 등으로 확연히 다르게 표현이 가능합니다. 선을 깔끔하게 처리하거나, 약간 터치감이 있도록 처리하는 등 방식을 다르게 둘 수 있고, 선의 농도와 강약으로 존재감을 부각시킬 수 있습니다. 혹은 곡선과 직선을 조화롭게 사용하여 리듬감을 주어 스케치에 매력을 더하기도 합니다. 여러 가지의 스케치의 매력을 주는 방법을 알아두고 실전 스케치에 적용하여 자신에게 맞는 매력을 어필하도록 합니다.

음영과 입체감의 표현

같은 스케치라도 음영과 입체감을 어떻게 표현해주느냐에 따라 매력이 달라집니다. 좌측의 스케치는 깔끔한 느낌이 들고 우측은 무거운 느낌이 듭니다. 각 스케치의 매력을 이해한다면 스케치할 때 보다 확실한 인상을 남겨줄 수 있습니다.

상반신 클로즈업

스케치에서 입체감의 표현 시에는 예제의 보라색 부분의 그림자와 파란색 부분의 고유 명도의 스케치화로 표현 가능합니다. 얼굴의 밑이나 손의 밑부분 등 그림자가 오는 부분에 스케치의 선을 빗금 등으로 넣어 그림자를 표현해줍니다.

스케치에서도 상의와 머리카락 등은 다소 밝은 색, 어깨와 겨드랑이를 잇는 끈 디자인은 상의와 머리카락에 비해 어두운색으로 보이게 됩니다.

스케치에 음영의 표현을 준다면 입체적인 느낌과 함께 눈길을 끄는 부분이 생기게 되어 보다 시선이 가는 스케치를 그려낼 수 있습니다.

스케치의 매력
선의 리듬과 강약

스케치는 선으로 표현을 하는 그림이기 때문에 대상의 이미지뿐 아니라 선의 느낌도 중요합니다. 선의 리듬이나 강약 등이 보기가 좋다면 대상의 이미지를 눈이 받아들이기 쉽습니다. 너무 직선만 있는 그림은 과하게 뻣뻣한 느낌이 들어 거부감이 들 수도 있고 곡선만 있는 그림은 눈에 보이는 선이 맺히는 부분이 적게 되어 시선이 가질 않습니다.

선의 리듬에는 직선과 곡선, 형태의 요소가 존재합니다. 선이 단순하게 완만하게 되어 있다면 리듬감이 적고 복잡하고 많은 형태를 띤다면 리듬감이 많다고 할 수 있는데, 리듬감에서 얼마나 눈에 보이는 요소가 많은지에 대해서 생각해 볼 필요가 있습니다. 리듬을 이해하고 스케치한다면 같은 스케치라도 보다 매력적으로 보일 수 있습니다.

선의 리듬

위에 그려진 선보다 아래쪽 선이 보다 빠르고 복잡하게 보입니다. 선의 느낌으로 보아도 위에 그려진 선보다는 아래쪽 선의 느낌이 좋다고 보여집니다. 위의 선은 곡선과 원형의 단순한 배열이라면, 아래쪽 선은 직선과 곡선뿐 아니라 꼬이는 부분 등을 표현하여 시각적으로 보여지는 형태의 볼거리를 만들어 선의 느낌을 살려주고 있습니다.

일반적인 캔버스에 그림을 그릴 때 대상만 캔버스에 옮겨 담는다고 생각하기보단, 대상을 옮겨 담을 때의 선까지 고려하며 그려준다면 스케치의 느낌을 극대화할 수 있습니다.

직선으로 표현한 스케치 / 곡선으로 표현한 스케치

같은 대상이라도 스케치에 직선을 주로 사용하는지, 곡선을 주로 사용하는지에 따라 시각적으로 닿는 느낌이 변합니다. 위 소녀 이미지에서 좌측은 직선으로 표현하여 딱딱하면서도 냉정한 느낌을, 우측은 곡선으로 표현하여 부드러우면서 온화한 느낌을 담았습니다. 완전히 같은 이미지를 그리더라도 선의 느낌에 따라 시선이 더 가거나 덜 가는 부분이 생겨 느낌이 달라질 수 있게 됩니다.

직선은 강렬한 느낌으로 시선을 사로잡는 역할을 할 수 있지만 과하게 남용하면 딱딱한 느낌으로 실루엣이 단순해 보일 수 있습니다. 곡선은 시선을 사로잡는 느낌은 약하지만 실루엣이 보다 풍성해 보일 수 있습니다. 스케치에는 직선과 곡선을 적절히 사용하여 보여주고자 하는 요소의 매력을 담아낼 수 있게, 그릴 대상과 선의 느낌을 이해하면서 그려주려는 노력이 필요합니다.

선의 강약

선의 형태는 단조롭지 않은 리듬감에 관여하여 매력을 살려준다면, 선의 농도는 특징적인 강약을 주는 것으로 매력을 살려줄 수 있습니다. 위 소녀 이미지에서 좌측은 선의 강약을 주지 않은 스케치이고 우측은 선의 강약을 살려준 이미지입니다. 선의 강약을 주기 전보다 주고 난 다음이 인상이 보다 또렷하고 확실하며 가장 보여주고자 하는 부분인 얼굴에 시선이 정확히 맺힙니다.

강약은 주로 형태가 나뉘는 부분, 형태가 겹치는 부분, 빛이 나뉘는 부분 등에 진한 농도로 그려줍니다. 단조로울 수 있는 부분에 추가적인 빗금이나 농도를 주는 방법도 가능합니다. 그 외 형태가 변하지 않는 선에서 시선의 유도와 형태의 뚜렷함을 살려주기 위해 그리는 사람의 역량으로 자유롭게 표현해줄 수 있습니다.

특히 머리카락마다 덮이는 부분 등 겹치는 부분에 표현하면 효과적입니다.

스케치의 매력
선의 강약을 살린 스케치 튜토리얼

음영의 입체감 표현과 선의 강약을 포함한 스케치의 튜토리얼입니다. 컬러링 없이 스케치로만 보일 수 있는 그림을 그리기 위해 스케치 단계에서 대부분의 설정과 동세를 정하고 진행합니다. 스케치의 디테일을 살려주기 위해서는 초안 러프 단계에서 전체적인 느낌을 잡는 것이 중요합니다.

01

스케치 이전에 자세와 컨셉트를 설정하고 진행합니다. 약 20살의 퓨전 판타지 세계의 남성으로 손을 뻗어 무기를 소환하는 느낌의 동세로 정했습니다. 헤어스타일과 의상은 현대복을 기조로 판타지한 문양을 추가하여 디테일을 살리기로 합니다.

02

의상의 기본 형태를 설정하는 단계입니다. 셔츠와 바지를 기본형으로 현대복이 기본으로 되는 양식을 채택했습니다. 포인트로 셔츠와 무기 등에 판타지스러운 문양을 추가할 예정으로 작업합니다.

스케치 단계에서 컨셉을 정할 때 기본형으로 되는 컨셉과 부가적으로 추가될 컨셉을 나누는 것이 좋습니다. 퓨전판타지를 예시로 들었을 때, 판타지의 디자인과 현대 디자인을 5:5로 작업하기보다는 판타지나 현대식 디자인을 베이스로 다른 요소를 포인트 요소로 주는 것이 조잡한 느낌을 줄일 수 있습니다.

스케치 | 47

 주요 요소가 될 무기의 방향을 스케치합니다. 무기를 살짝 휘도록 그려 공간감을 표현해줍니다.

04 러프했었던 스케치의 레이어의 투명도를 30%~50% 정도로 두고 레이어를 새로 하나 생성하여 스케치를 구체화시켜 나갑니다. 캐릭터의 얼굴의 윤곽을 그려준 뒤 몸의 스케치도 해나갑니다. 러프 단계 이후 스케치는 러프보다 가는 선으로 그려주어야 계속 진행하면서 뚜렷한 상을 만들어 나갈 수 있습니다.

05 의상은 처음 컨셉을 정해놓은 셔츠를 기본으로 디자인합니다. 셔츠에서 포인트를 줄 수 있는 부분은 셔츠 목 부분으로 살짝 펼치는 등으로 실루엣을 풍부하게 조절할 수 있습니다.

캐릭터의 헤어스타일은 현대의 느낌이 가미되도록 부드러운 느낌으로 길게 뻗어줍니다. 현대 느낌의 헤어스타일은 마치 미용 디자이너의 손이 거친 느낌으로 그려주어야 되는데, 앞머리에서 뒷머리까지 어느 정도 일정한 길이만 보여주어도 현대 스타일로 보일 수 있습니다. 길이가 부분마다 확연히 틀리거나 일반적인 가르마를 하지 않으면 현시대의 느낌과 동떨어져 보입니다.

06 뻗은 손을 묘사합니다. 화면으로 뻗고 있는 부분이기에 가까워지는 느낌을 신경 쓰면서 손의 마디와 디자인의 안쪽 부분 등을 그려줍니다. 가까워지는 부분은 단순히 크기만 키울 뿐 아니라, 갑옷의 안쪽 면이나 손 바닥 등 방향을 알 수 있는 부분을 반드시 그려주어야 어색한 느낌을 받지 않습니다.

 실루엣 위주로 바지와 셔츠의 하단 부분도 스케치합니다. 실루엣이 풍부해 보일 수 있도록 셔츠가 살짝 날리도록 해주면 좋습니다. 이때는 흩날리는 셔츠 아랫단의 길이가 너무 달라지지 않도록 주의가 필요합니다.

08 무기는 약간 휘는 느낌으로 스케치합니다. 손잡이와 칼날 부분을 의식하며 그려주어야 하는데, 캐릭터가 칼을 쥐려는 포즈이기 때문에 칼날은 캐릭터에서 밖으로 나가도록 그려줍니다. 칼 손잡이 부분에 흩날리는 천 장식으로 포인트를 주었습니다.

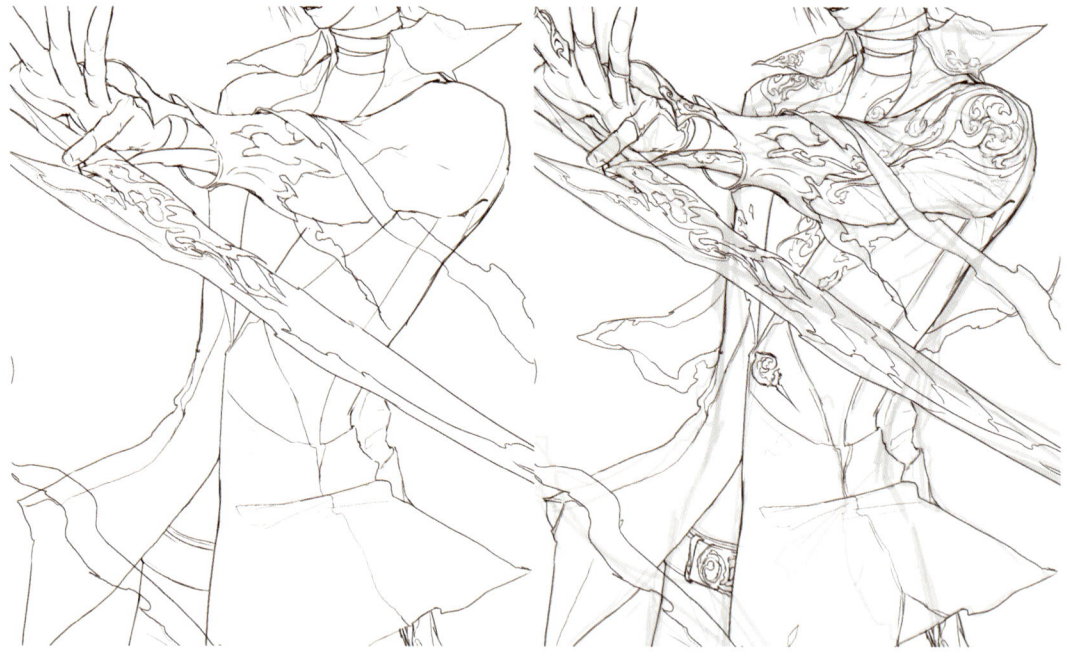

09 진행된 스케치에서 디테일을 더해나갑니다. 최초에는 실루엣을 의식하며 그려주었다면 디테일에서는 내부의 디자인의 형태를 의식하며 그려줍니다. 디자인끼리의 실루엣이 겹쳐 보이지 않도록 그려주어 디자인끼리 착시가 나지 않도록 해주어야 합니다.

10 전체적인 실루엣의 스케치가 완료되면 음영과 선의 강약을 작업합니다. 캐릭터 머리카락의 부분의 실루엣과 머리카락이 겹치는 부분 등 선의 강약을 넣어줍니다. 목과 머리카락 안쪽 부분에 강한 음영을 넣어 존재감을 부각시킵니다. 이때 빗금으로 음영을 넣는다면 방향은 한쪽으로 흐르듯 넣어주어야 지저분한 느낌이 덜 나게 됩니다. 눈 안쪽과 얼굴 주변에 진한 선으로 인상을 강조합니다.

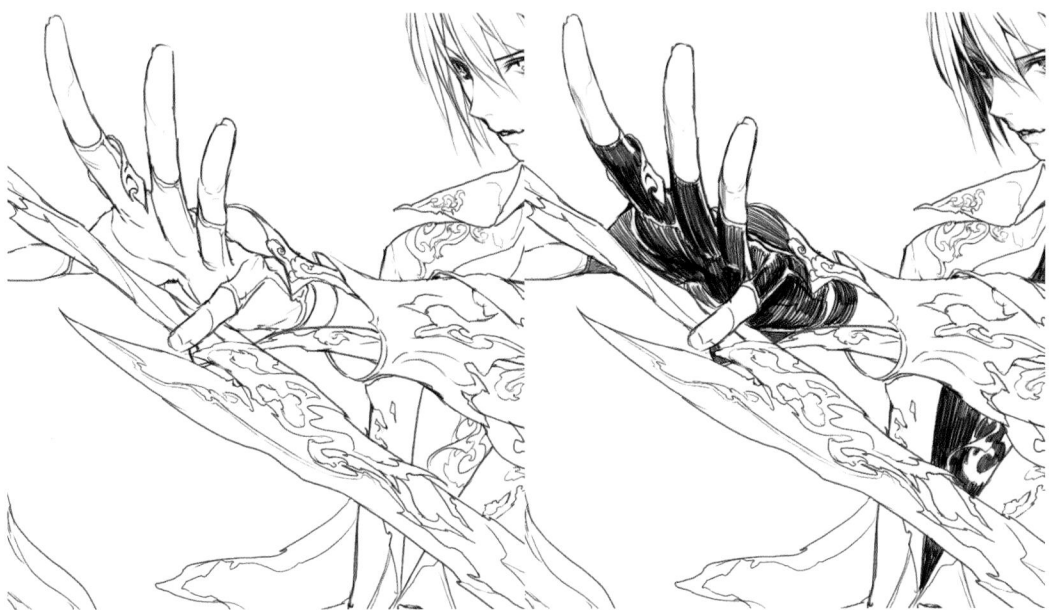

⑪ 의상 안감과 손의 디자인에 검은 부분을 추가하여 포인트를 줍니다. 이 부분은 그림자가 아니더라도 음영을 주어 전체적인 밝기의 강약이 돌도록 해주었습니다.

⑫ 머리카락의 결을 따라 추가적인 스케치를 입혀주고 셔츠에 주름이 지는 느낌을 추가합니다. 빛이 오는 쪽은 따로 들어갈 그림자가 없기에 주름은 약간씩 각이 쪼개지는 부분 위주로 추가해주었습니다.

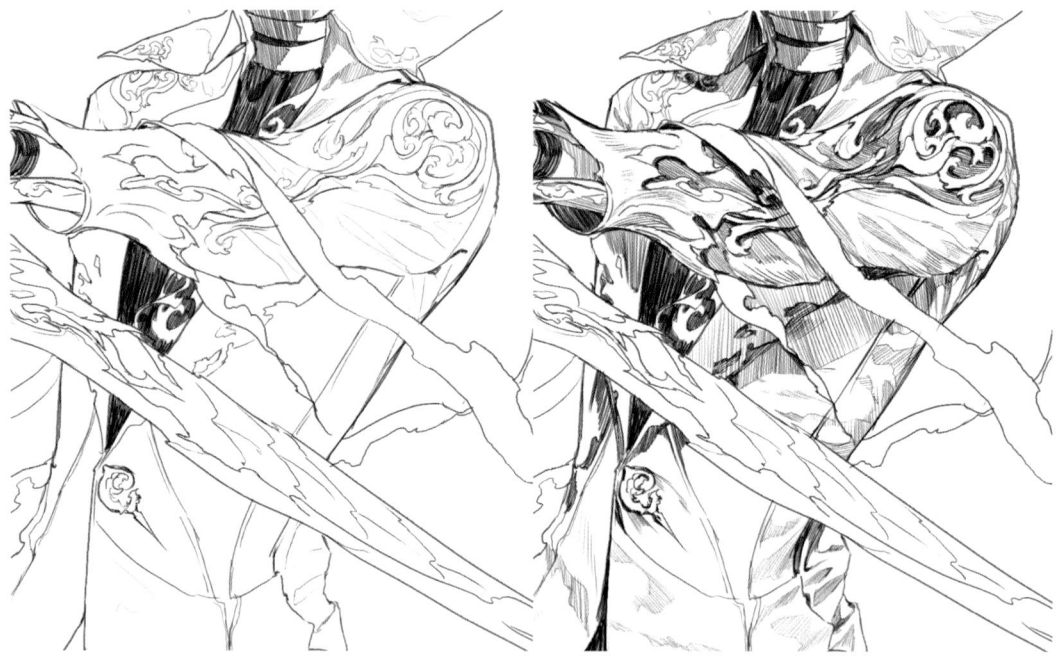

⬡13 의상 디자인의 음영을 작업합니다. 어깨에서 팔까지의 문양 디자인은 디자인 실루엣의 안쪽에 음영을 추가하여 디자인이 돋보이게 해주었습니다. 그 외 셔츠의 주름 부분을 표현하여 밀도를 올려줍니다.

⬡14 바지의 음영은 주름이 시작되는 부분을 따라 빗금을 그려줍니다. 또 셔츠의 그림자를 그려주어 입체감을 표현합니다. 셔츠의 그림자는 약간 둥그렇게 그려주어야 다리의 입체감을 의식할 수 있습니다.

스케치 | 53

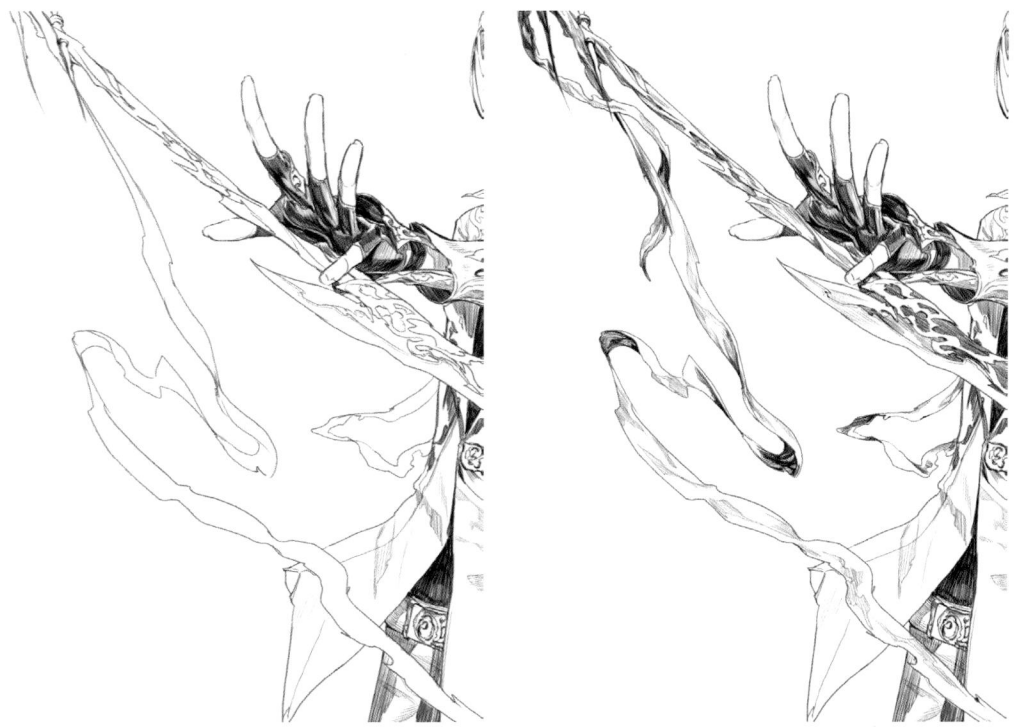

15 손잡이 안쪽 부분에 음영을 추가합니다. 칼의 입체감을 의식할 수 있도록 손잡이의 돌아가는 부분을 그려주면 효과적입니다. 장식 천에도 안쪽 면에 강한 음영을 추가하여 입체감을 추가합니다.

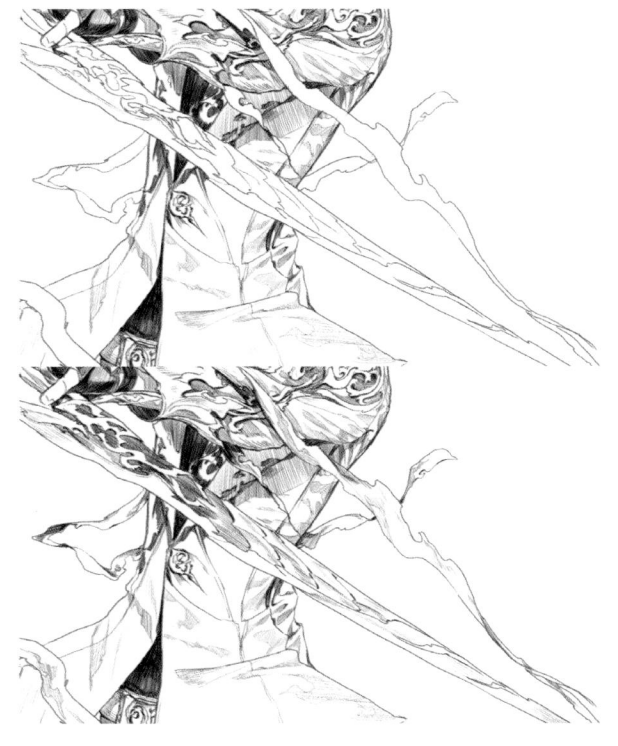

16 칼날 부분의 음영도 어깨 부분처럼 디자인의 안쪽에 추가하여 입체감을 강조시킵니다. 캐릭터의 가까운 부분은 진하게, 먼 쪽의 부분은 보다 연하게 표현합니다. 전체적인 부분을 모두 강조해버리면 오히려 단순한 느낌을 받을 수 있습니다. 캐릭터에서 멀어질수록 그라데이션이 오는 듯 연하게 해준다면 눈이 진한 부분에서 연한 부분으로 흐를 수 있어 효과적입니다.

17 완성이 된 스케치입니다.

음영과 선의 강약을 살려주어 선만 있는 스케치보다 존재감을 부각시킬 수 있습니다. 디자인마다 착시가 나지 않도록 구분을 주는 주선의 느낌은 강하게 살려주고 입체감을 의식할 수 있는 음영에 신경 쓰면서 작업하도록 합니다.

스케치의 매력
실루엣

스케치는 실루엣으로도 각기 매력을 더할 수 있습니다. 같은 캐릭터라도 어디까지 디테일과 실루엣을 나누어 주느냐에 따라 심플하거나 복잡한 고유의 매력을 줄 수 있기에, 형태에 대한 공부가 많이 필요합니다.

심플한 실루엣 / 복잡한 실루엣

3~4 등신의 같은 컨셉의 캐릭터라도 형태와 실루엣으로 다른 느낌을 표현할 수 있습니다. 좌측의 단순한 그림은 아주 극단적인 캐쥬얼 캐릭터의 느낌을, 우측은 캐쥬얼이지만 보다 리얼한 느낌의 뉘앙스를 풍깁니다. 실제 게임에서는 이런 실루엣의 디테일로 게임의 베이스를 정하기도 합니다.

머리카락의 굵기, 바지와 부츠의 양감, 벨트의 디자인, 무기의 크기 등을 조절하여 스케치의 실루엣을 효과적으로 바꿀 수 있습니다. 스케치를 할 때는 실루엣의 디테일의 한도를 정하고 모든 디자인을 해나가야 전체적으로 조화로운 느낌을 줄 수 있습니다. 예로 머리카락은 좌측처럼 단순한데 무기는 우측처럼 디테일하면 밸런스가 맞지 않는 느낌이 들어 머리카락이 덜 작업된 느낌처럼 보이게 됩니다.

스케치의 매력
SD 캐릭터 스케치 튜토리얼

01

실루엣을 위주로 러프를 합니다. 머리의 크기와 팔다리의 각 등 SD 캐릭터에 어울리도록 크게 그려줍니다. SD 캐릭터는 실제보다 간결히 그려주어 매력을 추가하는 것으로 굴곡이나 형태가 너무 복잡해지지 않도록 합니다.

02

러프를 베이스로 머리카락과 의상 등을 스케치합니다. 직관적으로 알 수 있는 큰 형태 위주로 그려줍니다. 너무 작은 디자인은 되도록 피해줍니다.

03
스케치한 레이어의 투명도를 아주 약하게 두고 실루엣 선화를 작업합니다. 이 단계에서 완성형의 실루엣이 되도록 공들여서 작업합니다.

04
스케치 내부에 각 실루엣마다 디자인을 추가합니다. 약간의 단을 추가하고 포인트 허리 디자인을 주는 정도로 마무리합니다.

05 칼과 의상의 뒷부분에 포인트 음영과 그림자를 추가하고 주름의 결 부분을 표현하는 것으로 밀도를 줍니다. SD 캐릭터의 스케치는 이 정도로 마무리 지었습니다.

스케치의 매력
입체적인 스케치 표현

스케치에서 입체를 표현할 때는 투시도 중요하지만 실루엣의 강약과 강조가 중요합니다. 가까운 곳은 진하고 굵게, 먼 곳은 연하고 가늘게 표현하여 원근감을 표현하고 의상이나 인체의 각의 표현을 도드라지게 하고 오브젝트 등으로 구도를 알 수 있게 합니다.

여성 캐릭터를 약간 아래에서 올려다보는 느낌으로 작업할 때에는 얼굴의 아래쪽 턱, 가슴의 밑 부분 등을 보이게 그립니다. 러프 단계에서는 강약 없이 전체적인 실루엣 위주로 작업합니다. 아래에서 올려다보는 느낌이 크게 날 수 있도록 오브젝트를 배치하여 아랫면이 보이도록 해줍니다.

러프의 레이어의 불투명도를 낮추어 실루엣 위주로 형태를 선명하게 그려나갑니다. 아래에서 올려다보는 느낌을 의식하며 손 등, 팔의 팔꿈치 등을 그립니다. 손바닥이나 팔의 안쪽이 전혀 보이지 않게 작업해주는 것이 입체감을 보다 정확히 보여줄 수 있습니다.

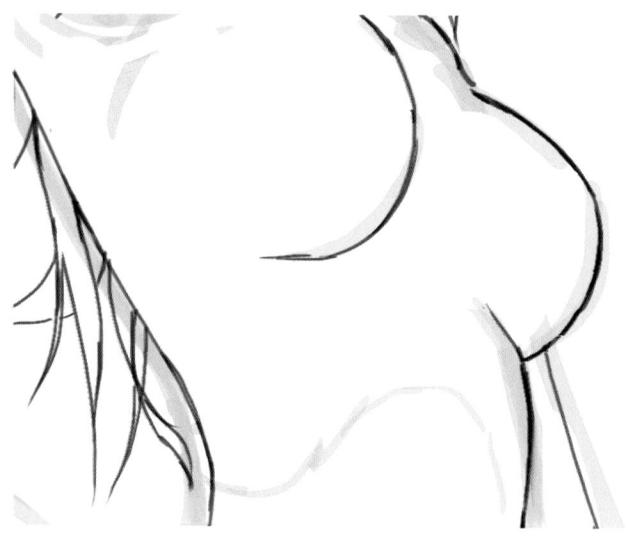

03

가슴은 밑 부분을 보여준다는 느낌으로 작업합니다. 가슴 아래 갈비뼈가 있기에 그 부분이 충분히 보일 수 있게 크게 그립니다. 정면인 경우엔 갈비뼈의 크기를 줄이고 가슴을 동그랗게 해주는 부분이지만 아래에서 올려보는 구도이기에 약간 가슴 아랫부분을 눌러 뜨리는 것으로 표현합니다.

04

실루엣을 위주로 외곽 스케치를 마무리 짓습니다.

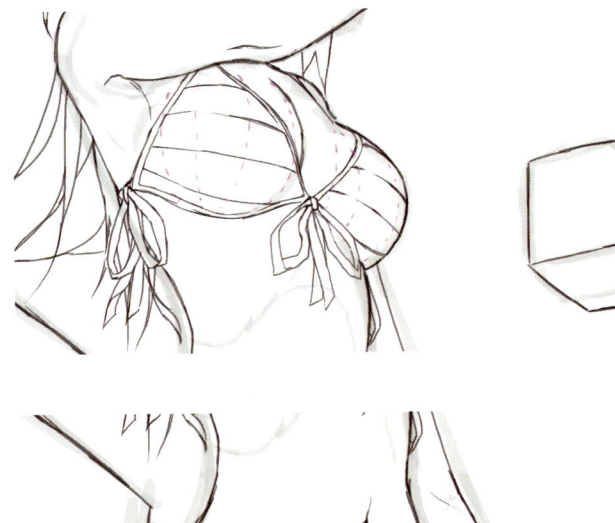

 05

가슴의 입체를 의식한 수영복의 실루엣을 그립니다. 가까운 쪽의 가슴은 약간이 보이지만 먼 쪽의 가슴은 입체를 의식하여 보다 더 드러내게 됩니다. 가슴이나 수영복의 디자인이 너무 일자가 되지 않도록 주의합니다.

 06

수영복 하의의 실루엣은 허벅지의 입체감을 보여주는 부분입니다. 먼 쪽의 실루엣은 골반에서 이어지는 부분으로 골반 아래 뼈의 크기와 허벅지의 볼륨을 의식하여 곡선으로 표현합니다.

 07

손가락이 뻗어 나오는 부분의 입체감을 강조하기 위해 주선을 강하게 넣습니다. 강하고 진한 주선은 보다 눈에 띄게 하여 가까운 느낌을 들게 합니다.

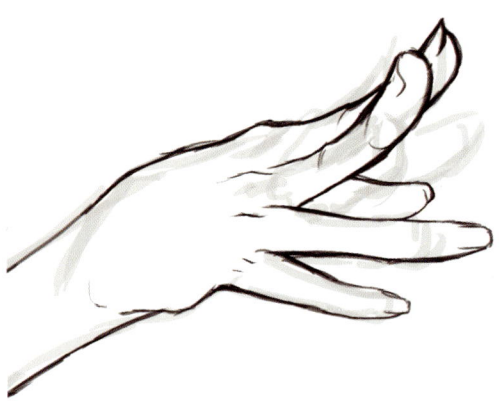

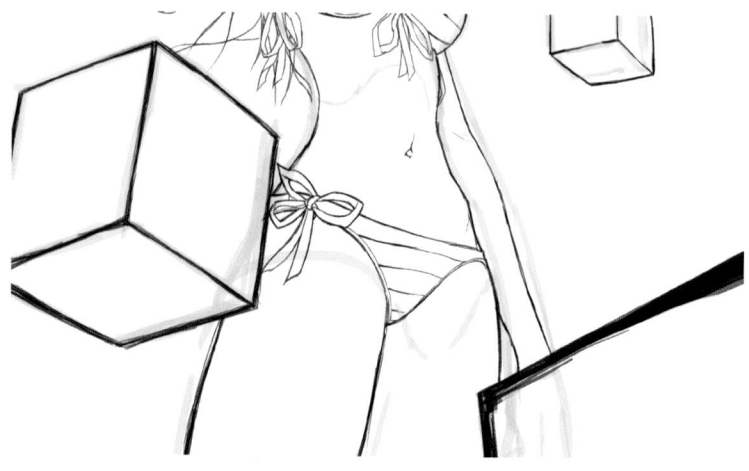

 08

아래에서 올려다보는 구도이기에 아래로 내려갈수록, 화면에서 가까울수록 진하고 선명한 주선을 만들어줍니다. 가까운 쪽의 진하고 선명한 주선은 나머지 부분의 주선이 멀어 보이게 만듭니다. 혹은 먼 쪽의 선을 연하게 하거나 가늘게 하여 멀리 보이게 만들 수 있습니다.

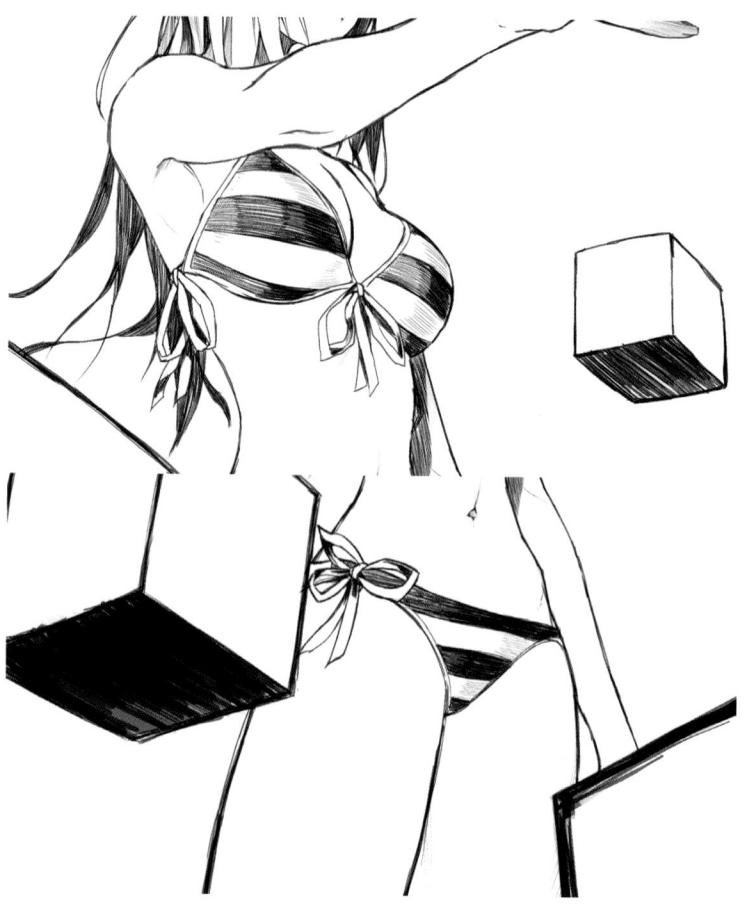

 09

수영복의 지브라 무늬에 선을 채우고 덧그립니다. 가슴 부분은 입체감을 강조해주기 위해 돌아가는 면을 따라 선을 진하게 주어 입체감을 보다 부각시켰습니다. 오브젝트 아랫면에 그림자를 채워 입체감을 보여줍니다.

10 완성된 스케치입니다.

선의 강약 뿐 아니라 실루엣과 형태 등을 고려한 경계면 등으로 입체감을 보다 뛰어나게 표현할 수 있습니다.

실전 튜토리얼
재질감 표현 스케치

철 갑옷 철 재질은 빛이 반사되는 느낌과 묵직한 느낌을 표현해주어야 합니다. 겉의 번들거림과 무게감, 강한 대비는 철의 느낌을 멋들어지게 해줍니다.

철 갑옷 투구의 디자인은 얼굴을 가릴 수 있는 얼굴 보호 갑옷이 특징입니다. 실제로 투구를 쓸 수 있도록 쓰여질 수 있는 형태를 의식하며 러프하였습니다.

러프 레이어의 투명도를 30%까지 낮추고 그 위 레이어를 생성하여 스케치의 실루엣을 명확히 그려줍니다. 철 투구는 대장장이가 직접 재련하여 만든 것처럼 각을 많이 나누어 주면 섬세하고 멋들어진 느낌을 강조할 수 있습니다. 눈이 보이는 구멍 등을 내어준다면 보다 리얼합니다. 재질이 딱딱하므로 각은 거칠게 내어주는 것이 좋습니다.

03
철은 대비를 명확하게 주어 빛이 반사되는 느낌이 포인트이므로 그림자가 지는 부분을 확실하게 어둡게 스케치합니다.

04
형태가 쪼개지는 부분을 위주로 약한 그림자를 넣어줍니다. 이때 결은 실루엣을 따라 그려주어 스케치의 느낌이 지저분해지지 않게 하는 것이 중요합니다. 형태가 나뉘는 부분에는 보다 선명한 그림자를 한 차례 더 넣어줍니다.

05
주선을 깨지 않는 선에서 그림자의 스케치를 그려줍니다. 이미지처럼 실루엣의 결을 따라 스케치해주어야 주선이 없어도 갑옷의 질감으로 깨끗하게 보일 수 있습니다.

그림자 스케치만 추출한 레이어

우측 : 그림자 스케치만 추출한 레이어

06 그림자 부분의 경계선에 질감을 살려줄 수 있는 강조되는 스케치를 넣어줍니다. 이 스케치는 밝은 곳과 어두운 곳의 차이를 명확하게 해주어 철 질감을 확실히 살려줍니다.

07 빛을 받는 부분과 어두운 부분의 강약 차이가 도드라지게 나오도록 마무리 짓습니다. 철의 특징은 빛을 반사하는 것과 어두운 부분의 묵직한 느낌이 중요 부분으로 반드시 강조하여 그려주어야 합니다.

머릿결

머릿결은 머리카락의 가벼운 인상과 함께 찰랑이는 광택의 표현의 특징이 있습니다. 재질의 표현뿐 아니라 머리카락의 섬세한 실루엣과 볼륨감은 재질감의 표현을 더욱 도드라지게 해줍니다.

머릿결이 잘 보일 수 있는 정면 러프를 한 점 진행합니다. 머릿결은 앞머리와 옆머리를 나누어 생각해주는 것이 좋습니다. 앞머리보다 옆머리가 겹쳐 보이는 부분이 많기에 진하고 형태가 굵어 보이게 됩니다.

러프 레이어의 투명도를 낮게 하고 얼굴과 목, 몸의 윤곽을 그립니다. 머리카락이 채워지므로 머리카락이 있는 부분은 그리지 않아도 좋습니다.

얼굴을 그려준 뒤 머리카락의 결을 그립니다. 머릿결은 정수리 쪽의 심지에서 뻗어 나온다는 느낌으로 머리카락을 그려주어야 찰랑이는 결을 의식할 수 있습니다. 일반 스트레이트 스타일이라도 약간씩 꼬아준다면 찰랑이는 표현을 강조할 수 있습니다. 옆머리, 뒷머리는 앞머리보다 겹쳐지는 부분이 많기에 실루엣을 앞머리보다는 크게 그려주면 효과적입니다.

 어두운 부분에 음영을 넣어주고 머리카락의 시작과 끝부분의 실루엣 안에 결을 추가합니다. 머리카락의 광택을 의식할 수 있도록 흘러내려가는 부분의 중앙에 약간의 음영을 추가합니다. 이 음영은 빛이 퍼져 내려오는 느낌을 주어 맑은 찰랑임을 줍니다.

05 밝은 부분과 어두운 부분의 경계면에 약간 어두운 선을 덧그려주어 광택을 강조합니다. 결과 광택 모두 머리카락의 실루엣이 흐르는 방향으로 그려주어야 머리카락이 지저분해 보이지 않으므로 주의합니다.

바위

바위, 돌 등의 질감은 돌의 단면이 깨진 느낌을 강조하여 재질을 표현합니다. 거친 질감과 일정하지 않은 단면 패턴은 막 깨진 것 같은 자연스러운 느낌을 줍니다.

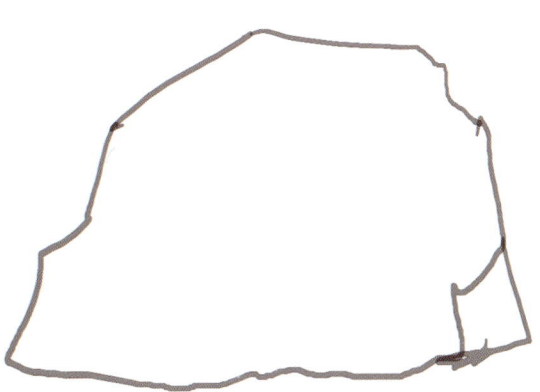

01
바위의 형태를 그려줄 때에는 각이 일정하지 않게 실루엣을 잡아주는 것이 좋습니다.

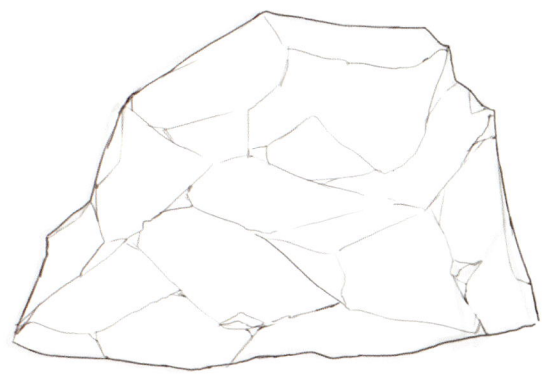

02
러프의 레이어의 투명도를 낮추고 그 위에 실루엣을 선명하게 그려줍니다. 바위의 전체적인 면을 깨진 것 같은 느낌으로 불규칙하게 작업합니다. 이때 면의 각도가 각기 다르다는 느낌을 주어야 자연스럽습니다.

03
깨진 부분의 면에서 아래로 향하는 면에 그림자 처리합니다. 보다 면의 각이 뚜렷하게 보이게 하는 용도로 입체감을 살려줍니다.

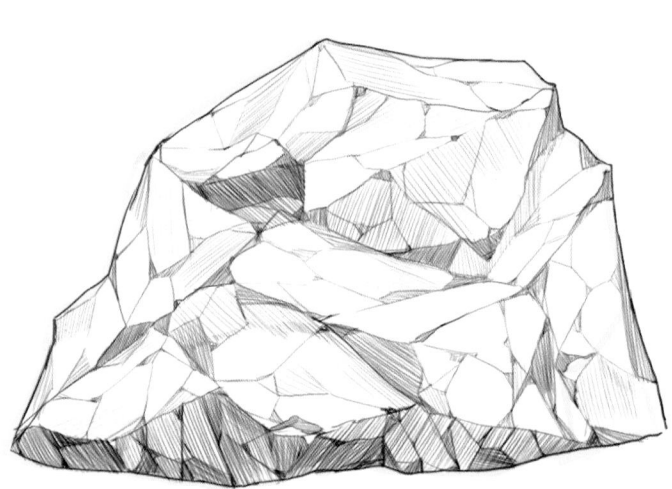

 세부적인 면을 작업합니다. 그려준 면에 각 모서리를 잇는다는 느낌으로 면을 보다 섬세하게 쪼개 나갑니다. 어두운 쪽은 선을 굵게 하여 뚜렷하게 보여줍니다.

세부 면을 그려준 부분만 추출한 레이어

05 실루엣의 주선이 없어도 면의 각이 알 수 있는 정도로 작업해주어야 합니다.

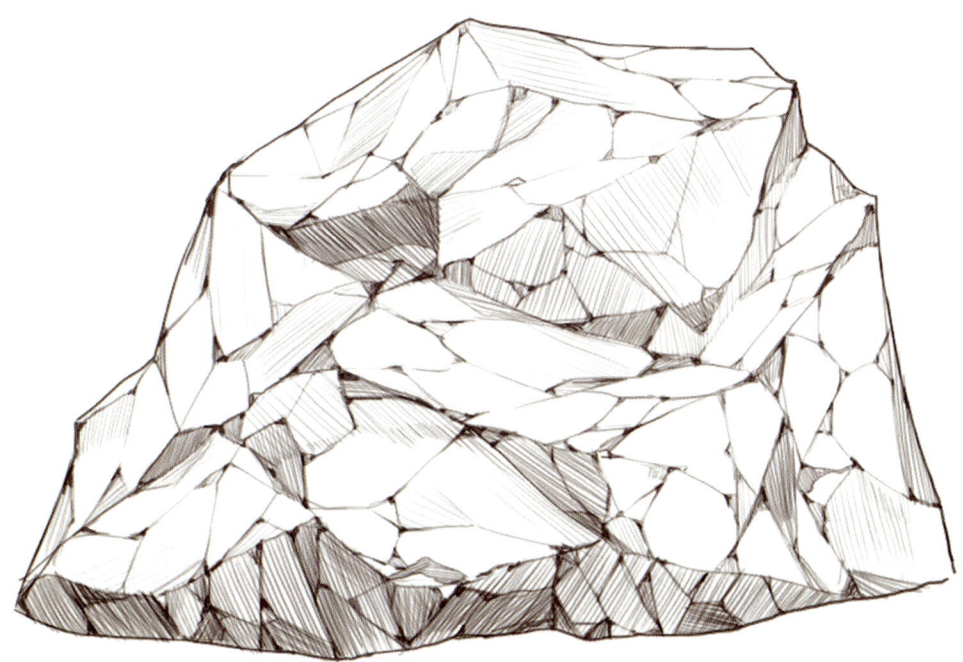

06 외곽과 내부의 선의 강약을 주어 마무리 짓습니다. 단면이 잘 보이도록 외곽선을 넣어주고, 그림자가 지는 부분의 면을 가장 어두운 곳과 덜 어두운 곳 등 어둡기의 차이를 주어 입체감을 보다 살려줍니다. 바위와 돌 등은 면이 불규칙할수록 자연스러운 느낌이 납니다. 규칙적으로 그리게 된다면 누군가의 손길을 거쳐 세공된 느낌이 날 수 있습니다.

나무

나무는 결의 재질의 표현이 가장 중요합니다. 나이테와 줄기, 끝으로 갈수록 가느다란 실루엣은 나무의 존재감을 돋보이게 해줍니다.

01 전체적인 나무의 실루엣을 러프합니다. 위로 가지가 뻗고 있으므로 실루엣이 위로 갈수록 좁아지는 느낌을 내어줍니다. 가지는 큰 가지에서 쪼개져 나간다는 느낌으로 작업합니다.

02

러프 레이어의 투명도를 낮추고 실루엣을 따라 주선을 작업합니다. 나무의 이파리는 자연스러운 느낌을 주기 위해 각 이파리마다 방향과 실루엣을 달리해줍니다.

03

줄기의 결을 그려줍니다. 결은 아래에서 위로 뻗는 느낌으로 같은 패턴이지만 각 실루엣이 조금씩 다르게 표현될 수 있게 그려주어야 합니다.

04

나뭇결은 살짝 위로 퍼져있기에 윗부분을 중심으로 어둡게 스케치를 덧입혀줍니다.

05
결의 덧입혀준 선만 있더라도 나뭇결의 실루 엣과 느낌을 알 수 있도록 그려져야 자연스럽습니다. 덧입혀지지 않은 부분이 결의 실루엣을 살려줍니다.

나뭇결만 추출한 레이어

06 뒤쪽 나뭇가지를 어둡게 스케치를 덧입혀주고 가지의 좌우 부분을 더 진하게 해주어 입체감을 표현하여 마무리 짓습니다. 이파리와 실루엣에 주선을 강조하여 가느다란 실루엣이라도 조잡한 느낌이 덜 들도록 포인트를 줍니다.

천 천은 아주 가벼운 재질로 바람에 나부끼는 느낌과 부드럽게 펼쳐지는 주름이 특징입니다. 스케치에서 이를 표현하려면 곧고 연한 선을 여러 번 겹쳐주는 느낌으로 표현합니다.

01

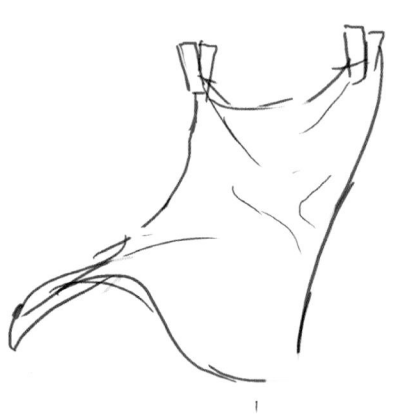

천은 주름을 잘 보여주기 위해 빨랫줄에 넌 느낌으로 스케치하였습니다. 집게에 걸려있는 부분과 바람이 나부끼는 방향을 의식하며 러프합니다.

02

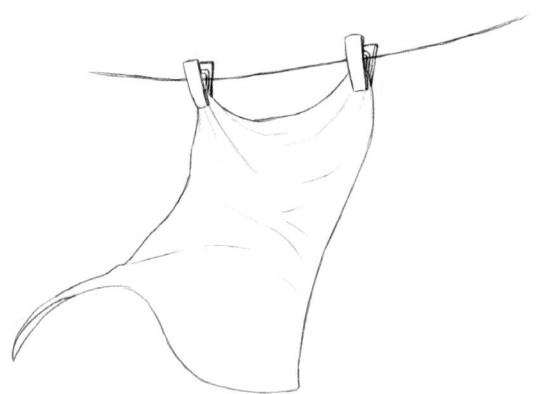

러프 레이어의 투명도를 낮추고 실루엣을 따라 스케치합니다. 뒤에서 바람이 앞으로 오는 듯 느낌을 주기 위해 실루엣을 곡선으로 그리는데, 천의 좌우가 일정해지지 않게 해주어야 주름의 표현이 다채롭게 될 수 있습니다. 의상을 그리거나 레이스를 그릴 때도 실루엣이 일정해지지 않게 해주어야 합니다.

03

집게가 천의 길이보다 좁은 영역에서 집고 있기 때문에 천이 중력과 바람으로 아래로 떨어지며 나부낍니다. 주름은 힘이 들어오는 방향으로 그려주어야 자연스럽게 보일 수 있습니다. 집게가 집혀있는 부분, 바람이 흐르는 부분을 기본으로 주름을 이어주듯 그려줍니다.

04 외곽선을 강조해주고 테두리에 포인트를 넣어 천의 형태가 뚜렷해 보이도록 해줍니다. 주름이 옅기 때문에 주름의 경계면에 약간 덧그려주어 주름의 형태가 선명하게 보이게 합니다.

실전 튜토리얼
시대별 디자인 스케치

그림에서 표현만큼 중요한 부분이 디자인입니다. 시대에 따라 디자인의 구조와 실루엣 등 전체적인 양식도 다르며 포인트를 주는 부분이나 세부적인 장식의 성향도 다릅니다. 앞선 스케치의 표현과 디자인은 별개로 생각해주어야 하는데, 표현이 좋다고 하여 디자인이 좋다고 할 수 없습니다. 표현이 좋아도 보이는 부분에서 선의 느낌이 좋아 보일 수 있을 뿐 구조적인 부분이나 양식과 형태가 변하는 것은 아니기에 좋은 디자인이라고 할 수는 없습니다.

현대와 중세, 판타지의 대표적인 디자인의 양식을 보며 시대별 구조를 비교하는 방식을 파악하고 있다면 디자인 스케치를 할 때 보다 확실한 인상과 더불어 좋은 세계관을 보여줄 수 있습니다.

현대풍 모자

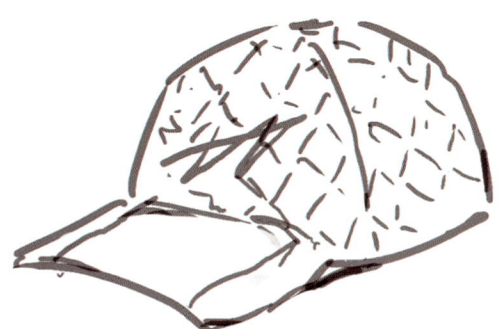

01
현대의 모자는 대표적으로 뒤집어 놓은 국자의 형태를 띠고 있는 캡이 있습니다. 주로 겉에 장식과 문양, 로고 등이 새겨져 디자인을 표현합니다.

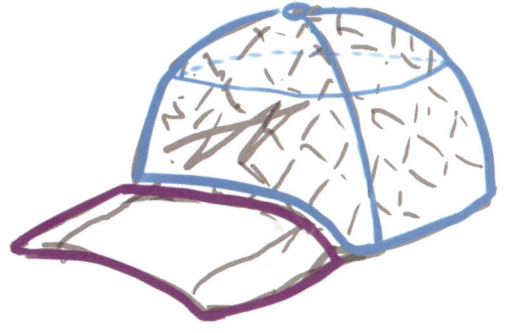

02
캡 형태의 모자는 파란색의 크라운 부분과 보라색의 부분적 브림으로 이루어져 있는데, 중세의 햇의 형태에서 파생이 되었습니다. 브림은 햇빛을 막아주고 모자를 착용했을 때 멋을 표현하는 부분이 되기도 합니다.

스케치 | 77

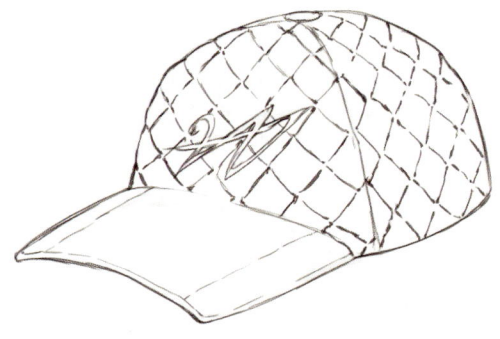

03

러프된 레이어의 투명도를 낮추고 주선을 작업합니다.

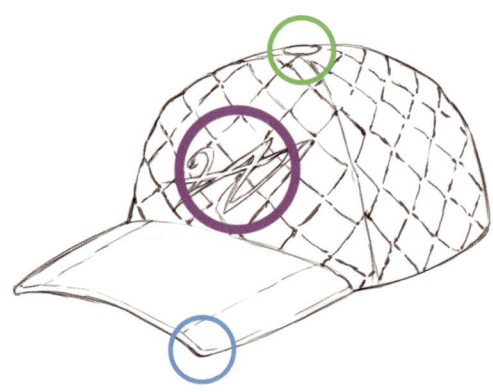

04

현대 모자의 디자인은 모자의 재질, 무늬, 상단의 로고, 브림의 형태로 대부분이 표현 가능합니다. 스트라이프나 포인트 철 재질감 등을 넣어준다면 보다 스타일리쉬한 디자인을 연출할 수도 있습니다. 파란색 원 부분의 재단 자국을 넣어준다면 브림의 두께감과 함께 보다 리얼함을 살릴 수 있습니다.

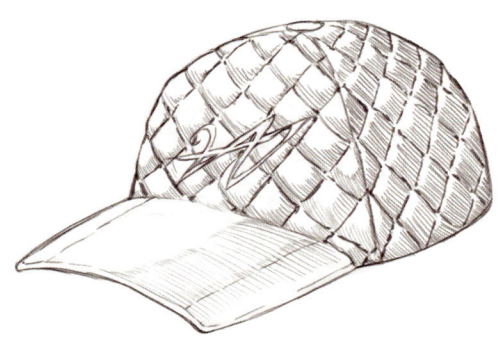

05

모자의 돌아가는 부분 등 양감을 의식하며 스케치를 덧그려나갑니다. 모자의 로고 포인트는 선을 채우거나 혹은 빈 여백으로 두어 포인트감을 살립니다.

06 선의 강약을 넣고 로고 디자인을 부각시켜 마무리 짓습니다. 로고의 형태나 재질감의 느낌 등으로 다양한 모자를 연출할 수 있습니다.

중세풍 모자

01
중세풍의 모자는 햇의 형태를 띠는 디자인이 많았습니다. 햇은 현대의 캡형 모자의 브림 부분이 원형으로 있는 모자입니다. 중세에는 디자인의 화려함으로 신분의 계급을 표현한 경우가 많았기에 모자의 앞이나 옆 쪽에 꽃, 레이스 장식 등으로 중세적인 느낌을 연출할 수 있습니다.

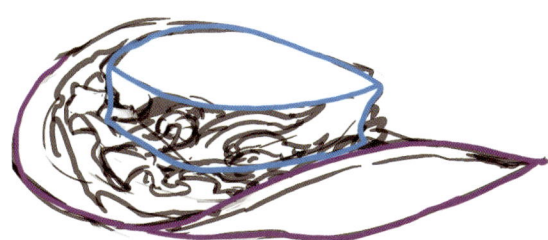

02
파란색의 크라운 부분과 보라색의 브림 부분이 일반적인 캡과 비교하면 실루엣이 넓고 모자의 장식을 보이기 좋은 느낌입니다.

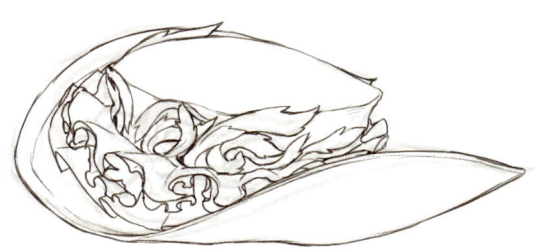

03
러프된 레이어의 투명도를 낮추고 주선을 작업합니다. 크라운 부분에 레이스와 각종 장식을 추가하여 고위급 귀족의 모자로 보이도록 할 수 있습니다. 약간 수수하게 한다면 저급 귀족의 모자의 느낌을 줄 수 있습니다.

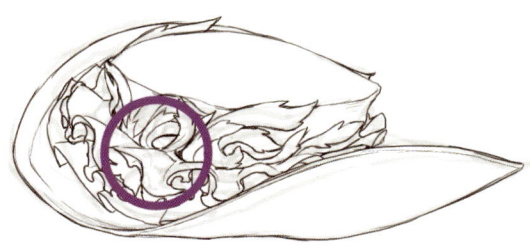

04
앞의 브림을 들어 올리는 형태이기에 포인트나 주 장식이 되는 부분은 옆의 중앙 부분에 달아주는 것이 좋습니다.

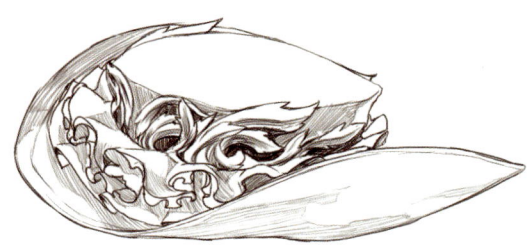

05
레이스와 장식의 아래에 스케치 선을 덧그리고 장식이 돋보일 수 있도록 장식 부분을 어둡게 해줍니다.

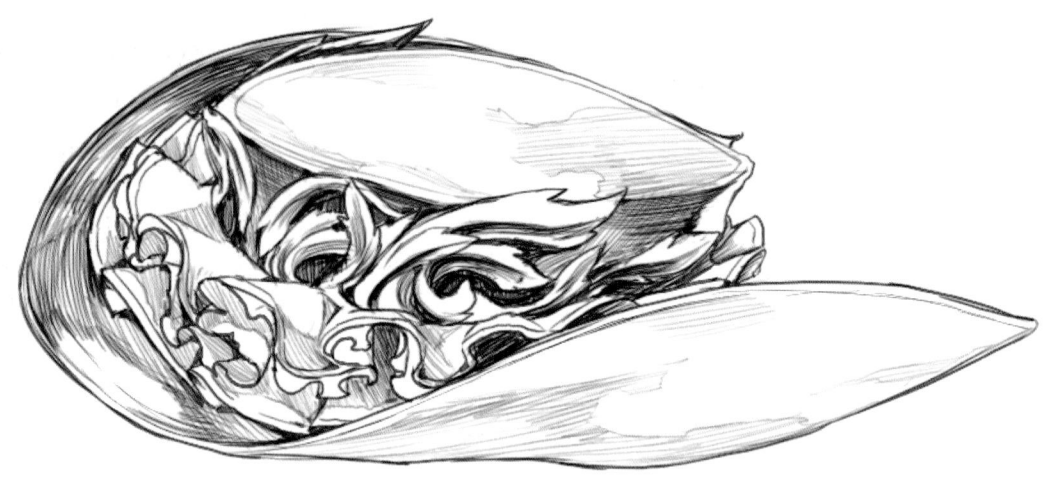

06 선의 강약을 넣고 마무리 짓습니다. 장식이 복잡하게 있는 디자인이기 때문에 눈에 띌 수 있도록 장식 주변 위주로 주선을 강하게 넣어주는 것이 중요합니다.

귀족 모자는 중세, 유럽 등의 파티 모자와 흡사합니다. 철 장식 대신에 꽃이나 리본 등으로 중세 파티 모자를 연출할 수 있습니다.

현대풍 교복

01 현대풍 교복으로는 일본의 교복인 세일러복을 러프하였습니다. 현대의 일본 세일러복은 넓은 깃과 리본 등으로 의상의 포인트를 주는 경우가 많습니다.

02

큰 리본과 깃은 학년을 표현할 때 색상을 바꾸어 사용하기도 합니다. 중앙 부분에 매듭이 포인트입니다.

03

주선을 작업합니다. 매듭지는 부분을 잘 알 수 있도록 섬세히 그려주는 게 좋습니다.

04

주름과 깃의 줄무늬의 디자인을 작업합니다. 세일러복은 줄무늬의 형식이나 챙의 형태 등으로 디자인이 파생되는 경우가 많습니다.

보라색 원 부분의 줄무늬는 학년을 표현할 때 리본과 함께 사용되기도 합니다. 여기에 실내화나 가방 등으로 학년을 표현하기도 하므로 세일러복을 그리며 소지품을 같이 디자인할 때 반영하면 좋습니다.

06

챙과 리본 등이 돋보이도록 선을 덧대어 그려줍니다. 주름은 겨드랑이에서 천의 무게로 인해 아래로 흐르듯 디자인해주는 것이 자연스럽습니다.

07 챙의 아랫부분과 팔 안쪽 등 그림자를 추가하여 입체감을 살려 마무리 짓습니다. 디자인에 따라 챙과 의상 모두 어두운 계열도 있고 리본의 형태가 다른 경우도 있습니다. 기본 형태의 세일러복에서 포인트 요소를 바꾸어준다면 세일러복의 느낌은 살리면서 여러 디자인을 할 수 있습니다.

중세풍 교복

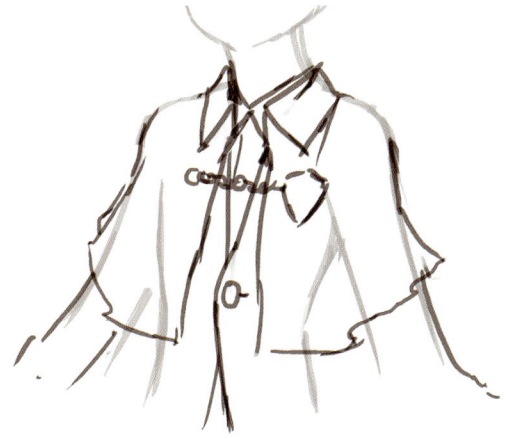

01

중세의 교복은 따로 양식이 없지만 여러 판타지나 영화와 소설 등을 통해 이미지가 전해져 내려왔습니다. 중세 교단의 성직자의 로브처럼 된 디자인이 가장 흔하며 요즘은 현대의 교복과 퓨전하여 짧은 느낌의 숏로브 혹은 케이프의 디자인으로 표현된 경우가 많습니다.

02

로브에서 케이프를 덧입은 디자인으로 현대와는 거리가 있는 형식을 주어 판타지, 중세적인 느낌을 줄 수 있습니다.

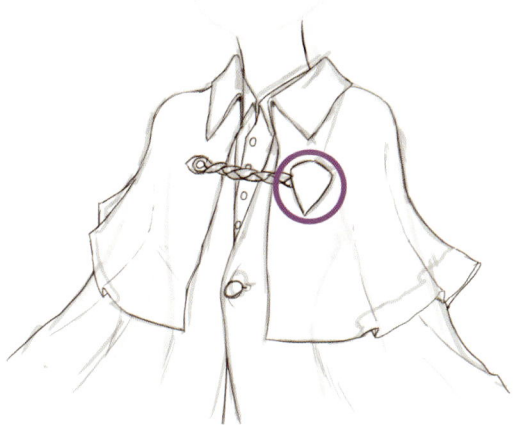

03

보라색 원형 부분의 디자인은 학년을 나타내거나 학교의 상징 디자인을 표현해줄 수 있습니다. 실용성을 더하기 위해 케이프가 흘러내리지 않도록 고정하는 역할을 합니다.

04 케이프의 주름을 표현하고 심볼 디자인을 더해줍니다. 심볼의 디자인도 현대적인 느낌이 들지 않도록 전투 방패를 형상화하여 표현할 수 있습니다. 이런 전투 방패는 전쟁과 수비에 필요한 마법을 배울 수 있는 마법학교의 느낌을 줍니다.

현대풍 전투복

01 현대의 전투복은 총격전의 전투를 하기에 내부에 방탄복을 입고 겉옷을 걸친 뒤 실탄이나 폭탄을 소지할 수 있는 주머니를 덧댑니다. 내의로 방탄복을 입고 그 위 겉옷을 걸친다는 느낌으로 러프합니다.

스케치 | 85

02

내의가 러프되면 그 위에 벨트를 덧대어 줍니다.

03

전투 중 실용적일 수 있도록 주머니의 여는 부분을 앞쪽으로 하여 달아줍니다. 어깨와 가슴에는 소속을 상징하는 심볼의 디자인이 포함될 수 있습니다.

04

실루엣 선을 작업합니다. 주머니는 벨트의 돌아가는 부분을 따라 여는 부분의 방향을 조금씩 바꿉니다. 주름은 다른 현대복과 마찬가지로 어깨 이음 부분에서 흐르도록 그려줍니다.

05 허리 벨트와 심볼이 잘 보일 수 있도록 스케치 선을 덧입힙니다. 스케치선은 포인트가 되는 요소에만 입혀주어야 다른 부분에 가려지지 않습니다.

06 선의 강약을 작업해주고 벨트 등의 입체감을 표현하여 마무리 짓습니다. 현대 전투복은 의상에 군용 무늬 등을 넣을 수도 있습니다.

중세풍 전투복

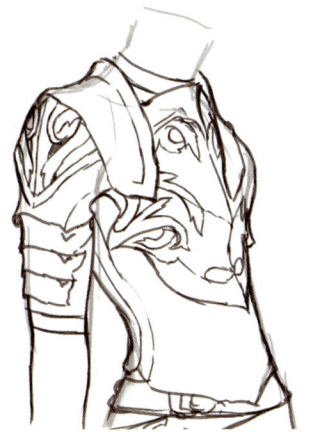

01

중세의 전투복은 주로 칼과 창, 방패를 사용하는 근접전이 많기에 근접전에서 몸을 보호할 수 있는 철 갑옷 등으로 무장합니다. 빠른 공격과 수비를 가능하도록 몸을 돌렸을 때나 팔을 움직일 때 방해가 되지 않도록 디자인합니다.

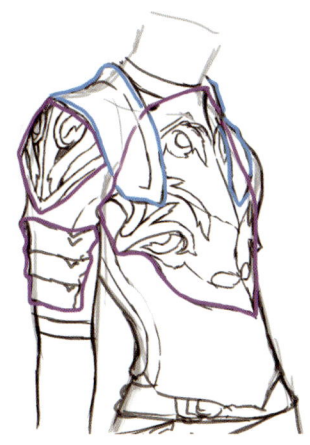

02

가슴과 팔을 보호할 수 있는 철 파츠는 입는 방식이 유추되도록 양 끝부분에 고정용 끈 디자인을 추가한다면, 더욱 리얼리티를 살릴 수 있습니다. 파란색과 보라색 부분 등 각 파츠의 덧대는 순서와 입체감을 의식하여 표현해주는 것이 중요합니다.

03

러프 레이어의 투명도를 낮추고 실루엣 위주로 선을 작업합니다.

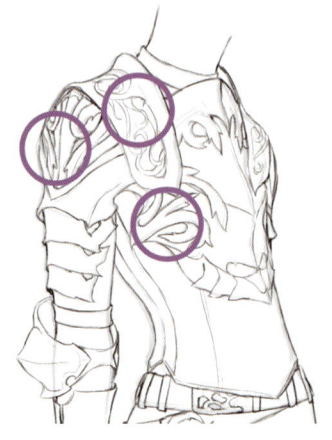

04

견장과 어깨 장식, 상갑에 문양을 넣어 소속의 표현을 할 수 있고 문양의 화려함으로 전투복을 입은 캐릭터의 직위를 보여줄 수 있습니다. 상위 직위를 가지고 있을수록 견장과 장식의 화려함이 더해집니다.

05

갑옷의 밑 부분과 문양 부분을 강조할 수 있도록 선을 덧대어 그려줍니다. 철의 형태와 재질감을 알 수 있도록 형태를 의식하며 돌아가는 면을 표현해줍니다.

06

무거운 파츠는 강한 선을 여러 번 덧대어 그려서 무게감을 표현해줄 수 있습니다.

현대풍 촛대

현대는 기본적으로 전등을 사용하기에 촛대는 보편적으로 장식용으로 사용합니다. 장식용이기에 디자인과 형태가 돋보일 수 있는 엔틱이나 고딕 문양의 형식으로 디자인된 촛대가 많습니다.

현대의 느낌을 강조하기 위해 초의 부분은 전등으로 디자인합니다. 장식용은 시대적인 양식을 구별하지 않기 때문에 과거에는 없는 전등 등의 요소를 넣어주는 것이 현대의 시대를 확실히 보여줄 수 있어서 좋습니다.

러프 레이어의 투명도를 낮추고 실루엣을 작업합니다. 현대의 느낌을 의식시키는 전등의 필라멘트 등 디테일한 표현을 해줍니다.

 전등의 대 부분의 철 질감을 살려줄 수 있도록 형태의 중앙 부분과 가장자리에 진한 선을 덧대어 그려줍니다. 실루엣이 가늘기 때문에 실작업 시 확대하여 섬세히 작업합니다.

05 밝은 부분과 어두운 부분의 경계를 진하게 그려 대비를 강조하여 마무리 짓습니다. 실루엣이 가늘어서 붕 떠 보일 수 있는 부분을 강한 대비로 무게감을 살려주었습니다.

중세풍 촛대

중세의 촛대는 장식용도 있지만 실제로 사용하는 경우도 많았기에, 사용할 수 있을 만한 디자인으로 고안해주는 것이 좋습니다. 초를 놓는 부분의 디자인과 촛농이 흘러내리는 부분의 받침대 등을 디자인에 같이 포함시켜주면 중세 느낌을 내는 리얼한 요소로 사용 가능합니다.

현대의 촛대와는 다르게 전구 대신 녹는 초 등을 디자인에 배치합니다.

장식 용이 아닌 실제 사용하는 용도로 보이기 위해 초의 녹은 부분을 표현해주면 좋습니다. 초 받침대의 바닥에는 녹은 촛농이 고여있는 디테일을 표현할 수 있습니다.

 04
촛대의 철 질감을 살려주어 쓰러지지 않을 것 같은 무게감을 보여줍니다. 실루엣이 작은 편이므로 외곽선끼리 혼동이 오지 않도록 선을 덧그리며 뚜렷하게 표현해주는 것이 중요합니다.

05 밝은 부분과 어두운 부분의 경계를 진하게 그려 대비를 강조하여 마무리 짓습니다. 촛농이 흘러내리는 디테일도 추가하여 막 사용하다 끈 것 같은 느낌을 줄 수 있습니다.

현대식 책장

01

현대의 책장은 용도에 따라 양식이 다양합니다. 현대의 느낌을 살려주려면 중세에는 없던 디자인으로 해두는 것이 좋은데, 대표적으로 심플 모던 양식이 있습니다.

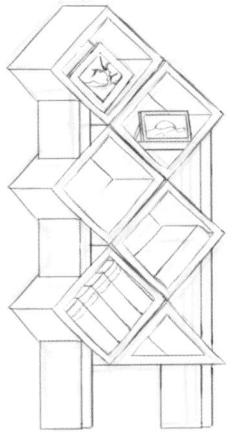

02

러프를 토대로 스케치합니다. 장식에는 현대적인 물건이나 기본형의 책 등을 배치하면 좋습니다.

03

그림자가 지는 부분에 선을 주어 음영을 그립니다. 테두리와 윗면에는 빛을 받는 느낌과 형태를 강조하기 위해 음영을 그려 넣지 않습니다.

04 그림자 음영의 톤을 더해 스케치를 마무리 짓습니다.

중세식 책장

중세식 책장은 현대의 심플보다는 복잡한 장식과 문양이 많습니다. 책장, 장식장 등은 장식의 받침대 용도로, 다양한 장식과 책을 올려두어 과시용으로 사용하는 경우가 많아 그 집안의 계급을 보여주기 편합니다.

러프를 토대로 스케치를 작업합니다. 내외부의 장식품과 형태의 구성으로 집안의 분위기를 여러 가지로 표현할 수 있습니다.

그림자가 지는 부분에 음영을 넣어줍니다. 오브젝트와 모서리는 잘 보일 수 있도록 음영을 넣지 않습니다.

04 그림자 음영의 톤을 더해 스케치를 마무리 짓습니다.

실전 튜토리얼
종족별 디자인 스케치

TCG 일러스트 및 여러 게임 일러스트에서는 종족별 디자인을 다르게 지정하여 종족마다의 특징을 부각시킵니다. 종족에는 보통 인간, 천사, 악마 등으로 나누는 경우가 많습니다. 이들이 가진 특징이 개성이 강하고 직관적으로 보여 독자의 이목을 집중시키기에 적합하며 많은 사람들이 선호하는 판타지에 대표적인 클래스로써 대중적인 어필에도 좋습니다.

중세 및 퓨전 판타지에 많이 등장하는 인간, 천사, 악마의 각 디자인 특징을 파악한다면 아주 좋은 일러스트레이션의 디자인으로 거듭날 수 있습니다. 기본적으로 천사라면 링과 날개 신성한 힘, 악마라면 해골이나 검은 뿔과 어두운 힘 등을 가볍게 연상할 수 있는데 이런 키워드로 하여금 디자인에 적용하여 각 종족의 디자인성을 표현해준다면 보다 확실한 세계관을 보여줄 수 있을 것입니다.

인간 - 검

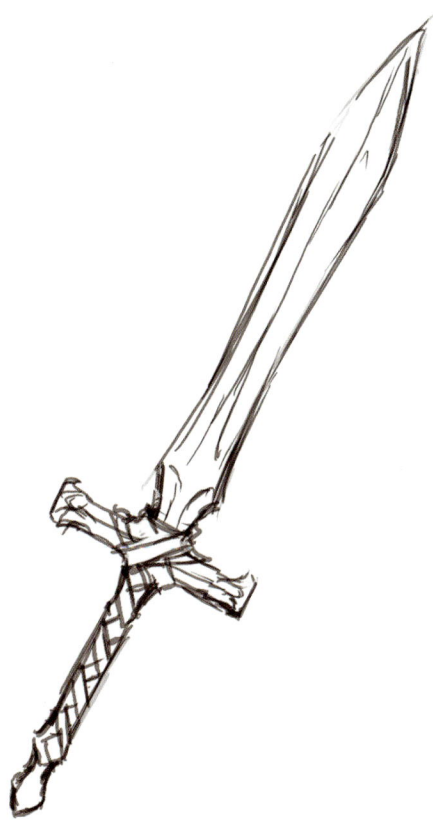

01
인간 종족이 사용하는 검은 정직한 곧은 느낌과 실용적인 느낌이 받쳐줍니다. 검의 사용처에 걸맞게 특별한 장식이 없으며, 단단한 손잡이와 가벼워 보이는 느낌의 형태인 심플한 직선을 알 수 있게 그려주는 것이 좋습니다.

02 러프의 투명도를 낮추고 실루엣 위주로 주선을 작업합니다.

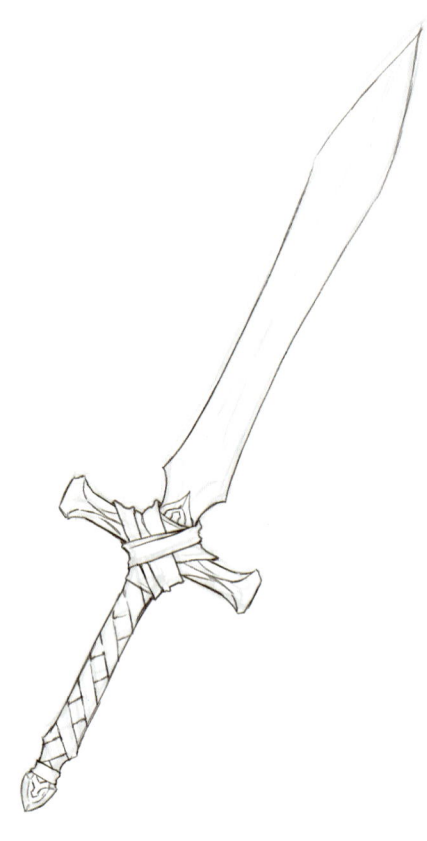

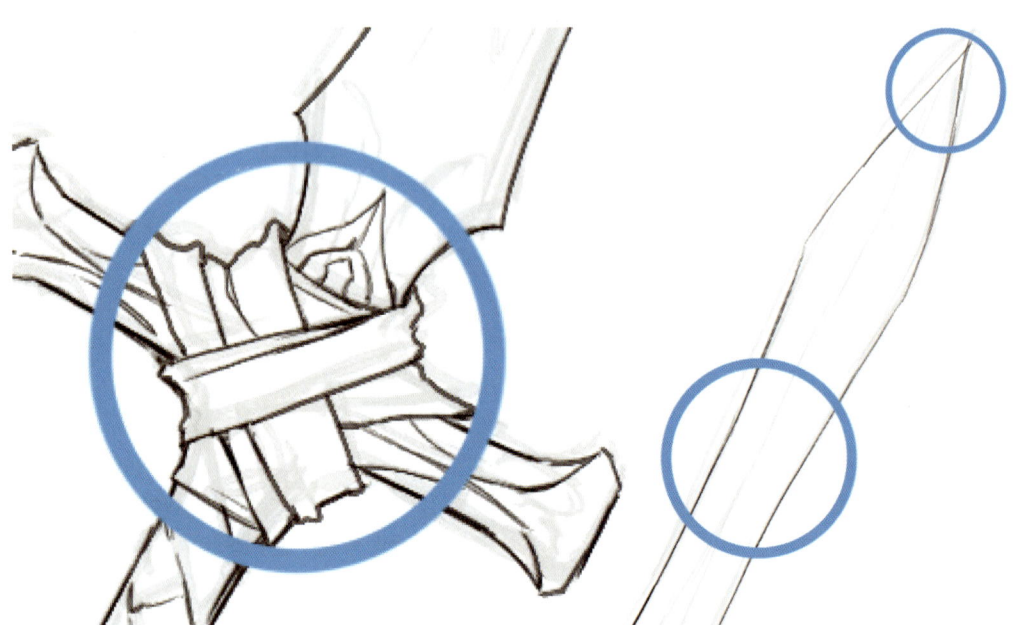

03 손잡이 부분의 끈과 투박한 손잡이는 인간의 곧은 심성을 느낄 수 있게 해줍니다. 칼날과 칼대 부분은 특별한 실루엣 없이 간결하게 작업해줍니다.

04

칼날의 부분은 절반 정도 음영으로 덮어줍니다. 일반적인 전투용 칼은 양 끝을 갈아 날카롭게 만들기 때문에 중앙은 두껍고 겉은 예리한 느낌입니다.

손잡이의 끈 등 질감을 표현해줍니다. 이런 끈 장식은 전투 중 상처를 매듭짓는 느낌을 주어 사람이 사용하는 듯한 느낌을 줍니다.

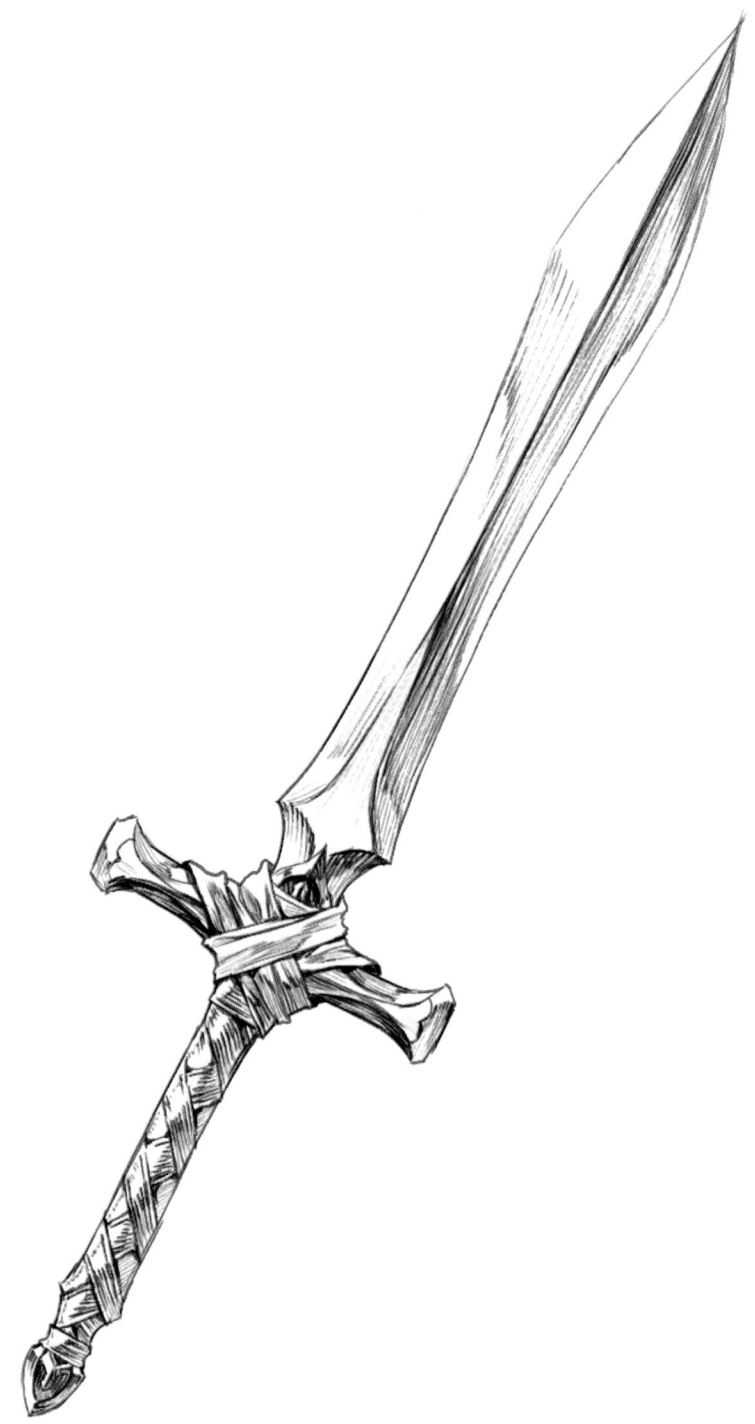

05 전체적인 스케치가 진행되었으면 칼날 중앙의 두께감을 알 수 있도록 음영을 추가합니다. 손잡이의 재질감을 알 수 있게 철 질감을 살려주기 위한 음영을 추가합니다.

칼날에 특별한 문양을 넣는다면 고위직 인간 검사의 느낌이 날 수 있지만, 자칫 문양이 기괴하게 들어가게 되면 마력이 깃든 느낌이 들어 악의적인 느낌이 날 수 있으니 주의합니다.

천사 - 검

01

천사 종족이 사용하는 검은 신성의 힘을 빌려 만들어진 느낌을 자아내 주는 것이 관건입니다. 성스러운 문양과 날개 장식 등이 아주 좋은데, 너무 과하게 들어가면 형태를 잘 알아볼 수 없으므로 주의합니다.

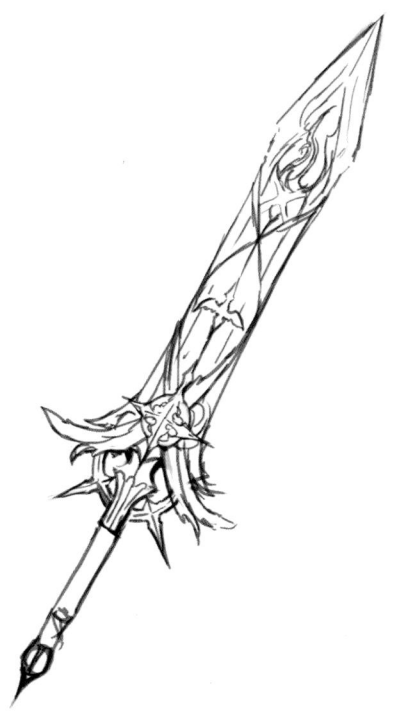

02

천사의 특별한 문양이 잘 보이도록 문양의 실루엣을 살려주면서 주선을 작업합니다.

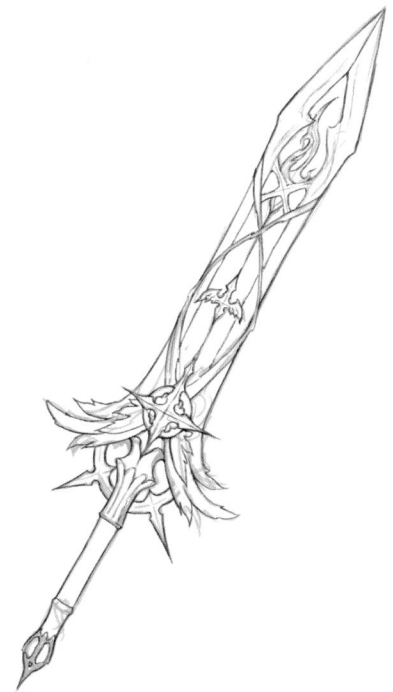

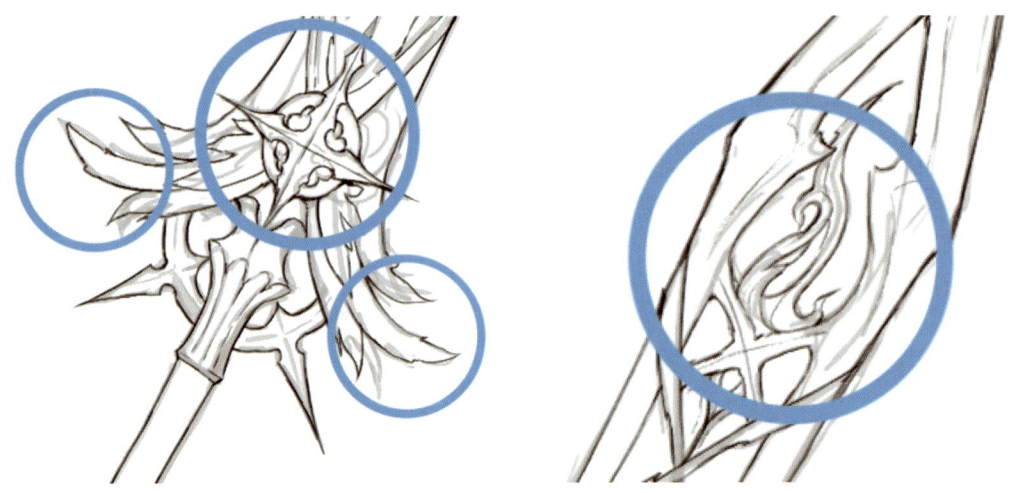

03 날개와 십자가, 그리고 신성한 혼을 연상시키게 하는 실루엣의 디자인은 천사가 사용하는 검의 느낌을 주기에 좋은 요소입니다.

04 문양의 실루엣을 의식할 수 있도록 그 외 부분에 음영을 넣어주고 장식을 강조합니다.

손잡이 중앙에 장식은 신성한 의식의 힘이 깃든 힘의 원천 같은 느낌을 줄 수 있습니다.

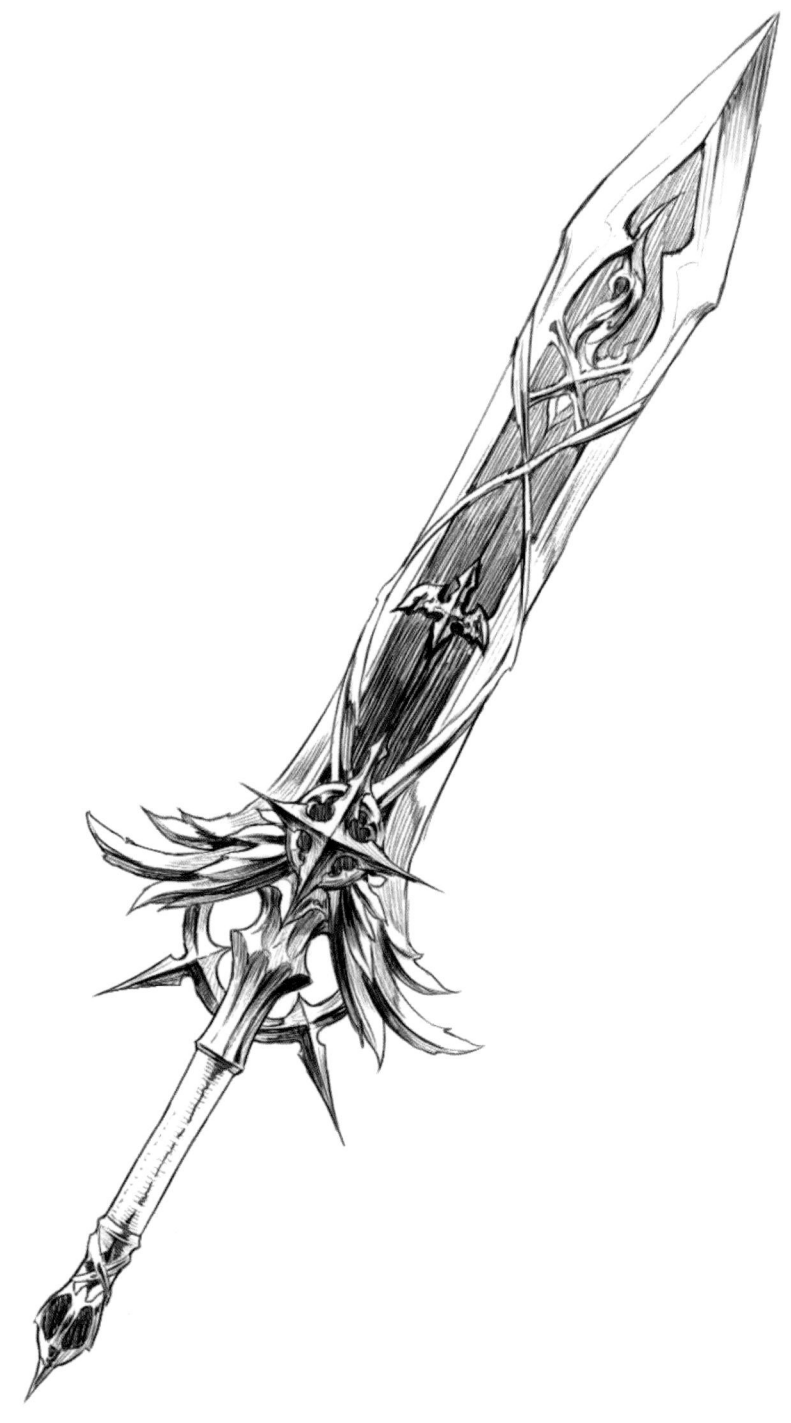

05 질감을 살리기 위한 주선과 음영 작업을 진행합니다. 검의 상단에는 인간의 검과 같이 중앙의 두께감을 알수 있도록 절반 정도만 음영을 추가합니다. 종족이 다르더라도 기본형은 살려주어 검이라는 느낌을 깨뜨리지 않는 것이 좋습니다.

악마 - 검

01
악마 종족의 검은 천사와 반대되는 성향으로 이질적으로 기괴한 실루엣이 많이 포함되어야 합니다. 이질적인 문양과 기괴한 실루엣은 악마 본연의 사악한 느낌을 주기에 상당히 좋습니다. 약간 형태를 잘 알아볼 수 없도록 하는 것도 좋은 방법이 될 수 있습니다.

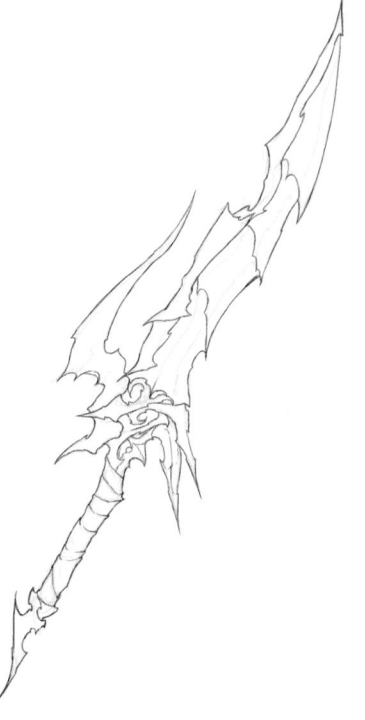

02
이질적인 형태의 전반적인 실루엣을 작업합니다. 부분적으로는 형태를 잘 알아볼 수 없도록 진행하면 좋지만 전체적인 인상은 검의 느낌이 되어야 하기에 칼날과 손잡이의 부분은 항상 포함하도록 합니다.

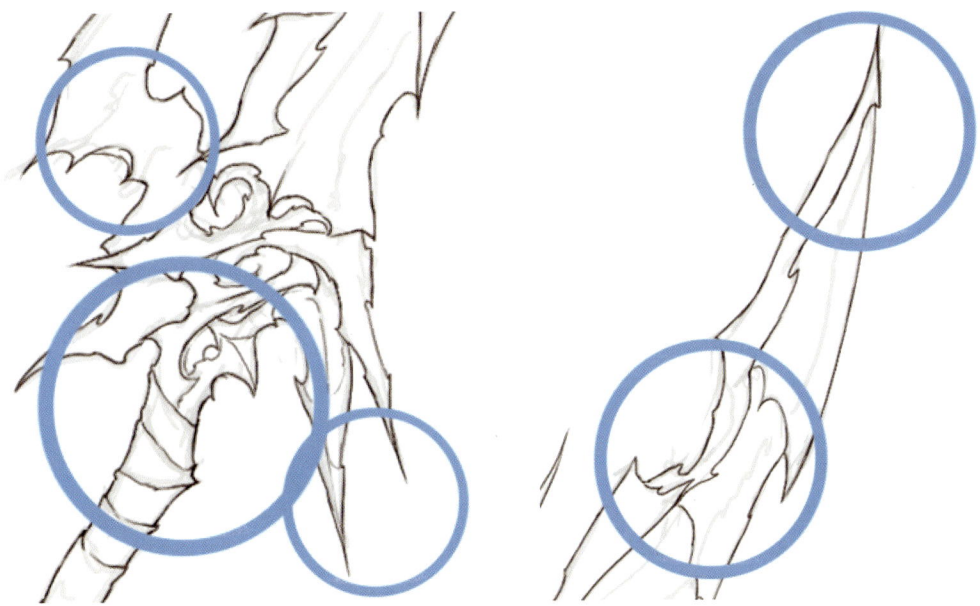

03 손잡이의 꺾이는 부분과 척추뼈를 연상시키게 하는 형태의 단은 악의적인 느낌을 풍기기 좋습니다. 칼날의 형태도 뾰족한 부분을 많이 추가하거나 단조롭지 않은 형태로 그려줍니다.

04
칼의 형태가 단이 많기 때문에 단의 형태를 의식하며 음영을 추가해나갑니다. 면이 나누어지는 부분과 맞닿는 부분에 추가해주면 효과적입니다.

손잡이에 인간의 검과 같이 끈 장식이 있지만, 인간의 단조로운 형태와 다르게 약간씩 엇갈려주어 악마의 디테일을 살려줄 수 있습니다. 약간 닳아진 느낌을 주는 등 다른 방식으로도 표현 가능합니다.

05 면과 면이 나뉘는 부분을 위주로 강한 음영을 추가하여 디테일을 올려줍니다.

손잡이 부분에는 많은 형태가 밀집되어 있기에 가장 위에 나오는 형태만 살려주고 나머지 부분은 음영으로 눌러줍니다.

인간 - 활

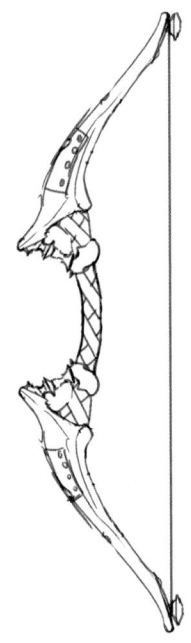

활은 판타지 일러스트 등에서 검과 같이 자주 사용되는 무기로, 궁수들이 원거리 혹은 중거리에서 시위를 당기며 사용하는 무기입니다. 주로 일러스트에서는 중거리에서 시위를 당기며 적을 노려보고 있는 경우가 많아 적에게 빠르게 쏠 수 있는 느낌의 가볍지만 단단한 대를 살려주는 것이 좋습니다.

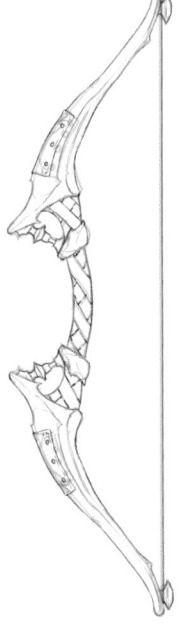

러프의 투명도를 낮추고 실루엣 위주로 주선을 작업합니다.

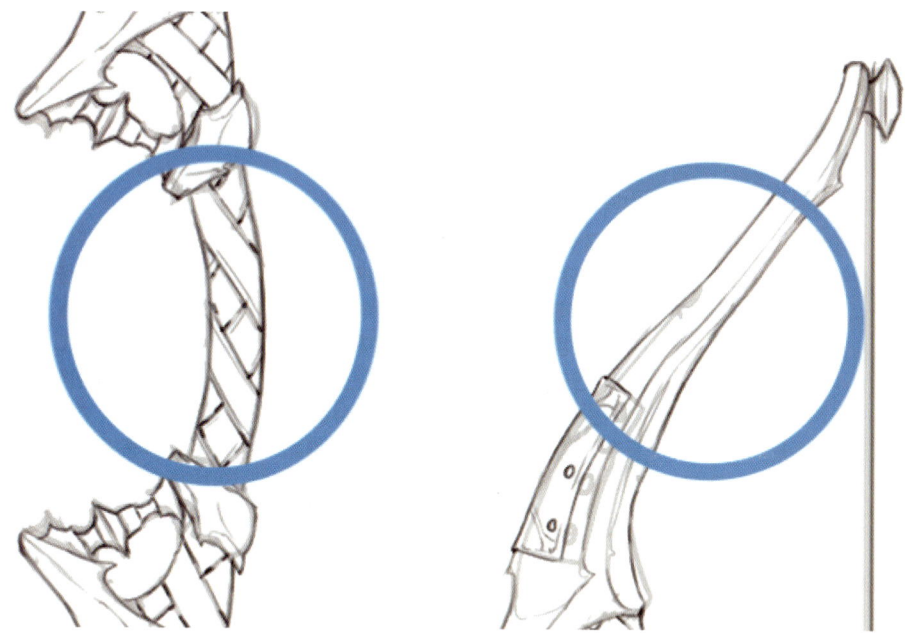

03 중세의 시대에 사용한 활은 탄력성이 좋은 재질을 사용하기에 약간 휘어지는 느낌이 자연스럽습니다. 활대의 상하단 부분은 시위를 걸 수 있도록 곡선으로 표현해주어야 합니다.

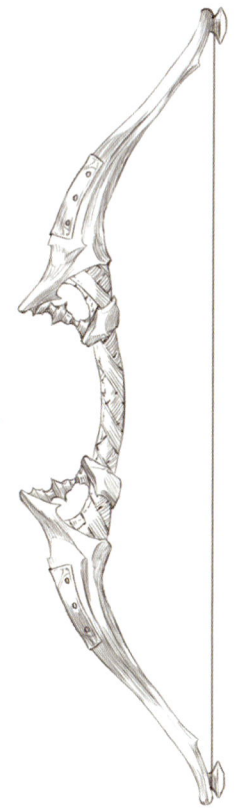

04 휘어지는 부분과 입체감을 알 수 있도록 한 방향으로 음영을 넣어줍니다. 손잡이의 끈과 장식은 정갈한 느낌을 살려주어 인간의 무기라는 느낌을 알 수 있도록 해줍니다.

부분적으로 고정 못이나 고정 철의 디자인을 넣어주면 대장장이에게서 만들어진 장인의 무기 같은 느낌이 납니다.

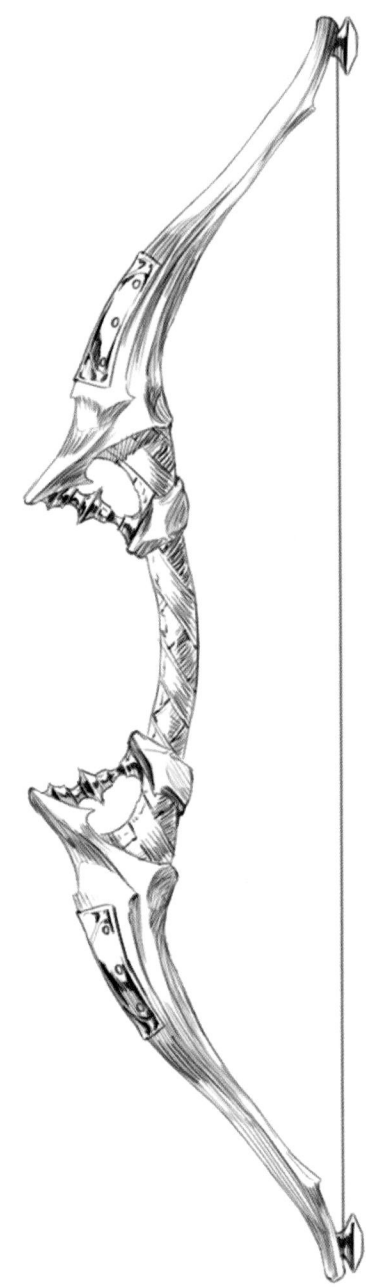

05 면과 면이 나뉘는 부분을 위주로 강한 음영을 추가하여 디테일을 올려줍니다.

손잡이 부분에는 많은 형태가 밀집되어 있기에 가장 위에 나오는 형태만 살려주고 나머지 부분은 음영으로 눌러줍니다.

천사 – 활

01

천사의 활은 깃털 등을 형상화한 디자인으로 신비로운 느낌을 낼 수 있습니다. 그 외 신성의 힘이 깃든 구슬이나 찬란한 장식 등으로 천사의 무기라는 느낌을 줍니다. 신앙이나 신성의 힘을 사용하는 종족으로, 형태가 꼭 맞물려 있는 디자인을 하는 고정관념 없이 자유롭게 디자인할 수 있습니다. 예로 화살의 발사대와 활대가 따로 떨어진 느낌으로 디자인할 수도 있고 상하 부분이 공중에 뜬 느낌으로 디자인할 수도 있습니다.

02

디자인의 형태의 제약이 없으나 활시위와 장식 등과 너무 겹치지 않도록 하여 활의 느낌을 해치지 않도록 합니다.

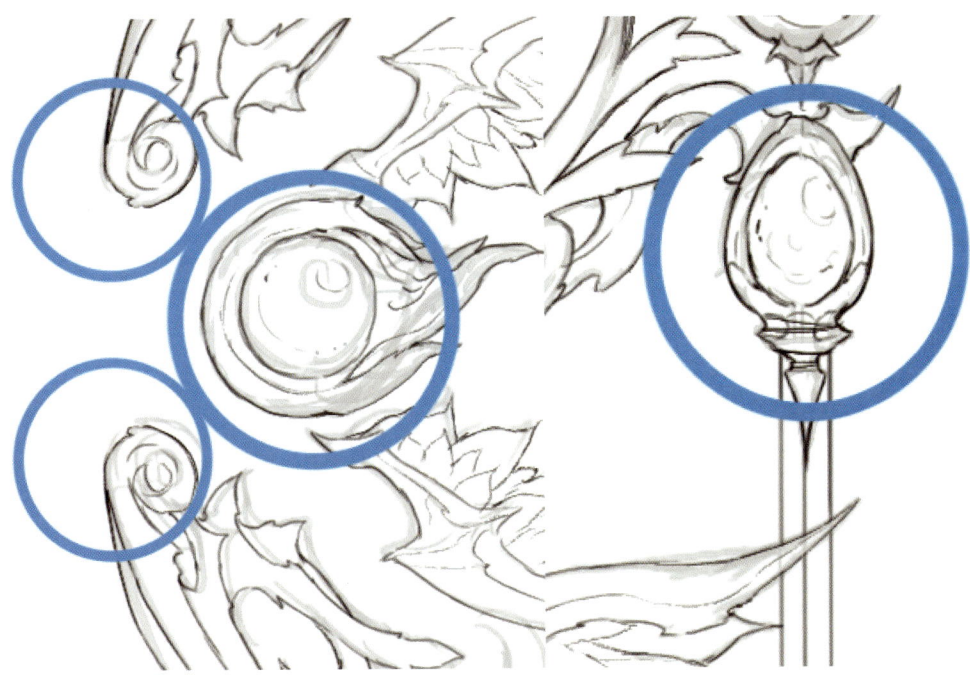

03 활의 상하부를 띄운다거나 중앙에 신성의 보석을 달아주는 것으로 독특한 천사의 무기의 느낌을 냅니다. 그 외 날개 디자인으로 천사의 무기임을 확실하게 알 수 있도록 해주었습니다.

04

위아래의 형태는 같으므로 활의 위 부분만 작업한 뒤 아래는 붙여 넣어주고 나머지 부분은 그려줍니다.

구슬과 날개 장식, 화살대의 재질감을 잘 알 수 있도록 음영을 넣어줍니다. 구슬에는 하이라이트인 동그란 원을 그려주어 빛이 맞닿는 느낌을 줄 수 있습니다.

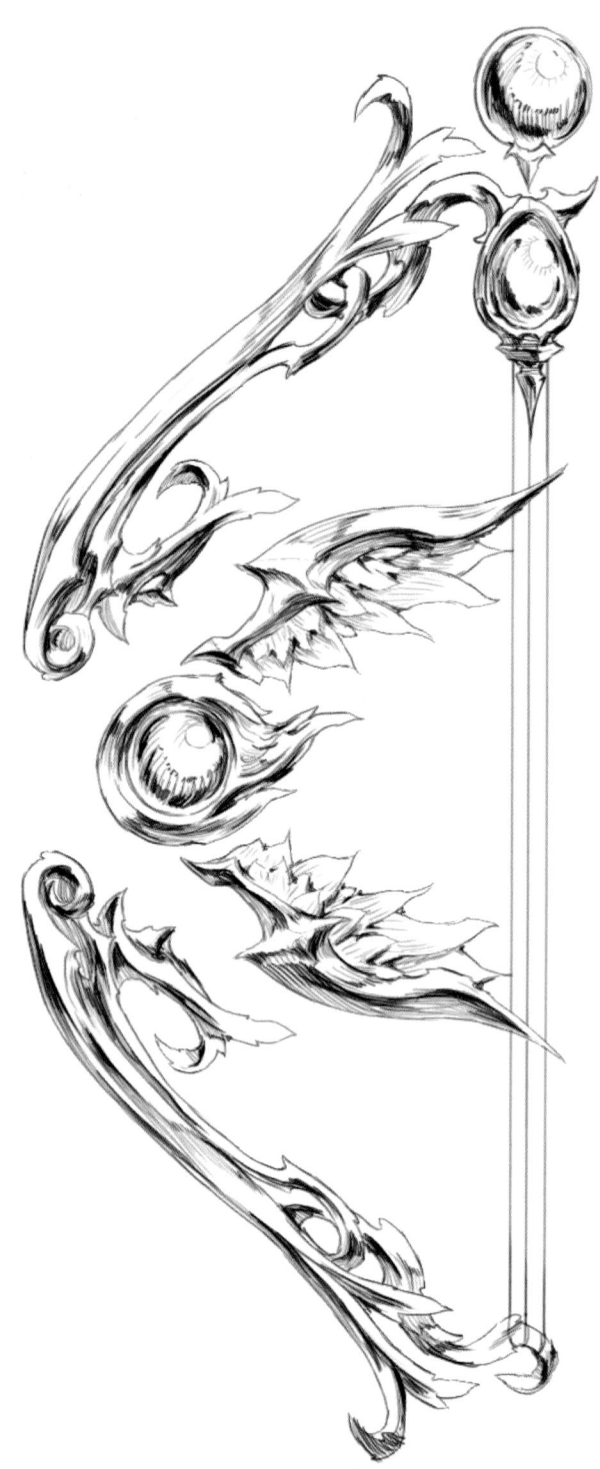

05 철의 질감을 잘 살려줄 수 있도록 경계에 강한 음영을 넣어줍니다. 날개는 부드러운 느낌을 내기 위해 손대지 않고 실루엣만 명확하게 표현해줍니다.

활의 형태를 직선보다는 곡선을 살려주어 천사의 온화한 느낌을 강조할 수 있습니다.

악마 - 활

01
악마의 활은 면을 이질적으로 나누는 것 외에 뼈 장식이나 쇠사슬 등으로 악마의 음산한 느낌과 고립된 분위기를 표현할 수 있습니다. 특히 뼈를 사용한 디자인은 악마 특유의 악하고 잔인한 감성을 담아내기에 상당히 좋습니다.

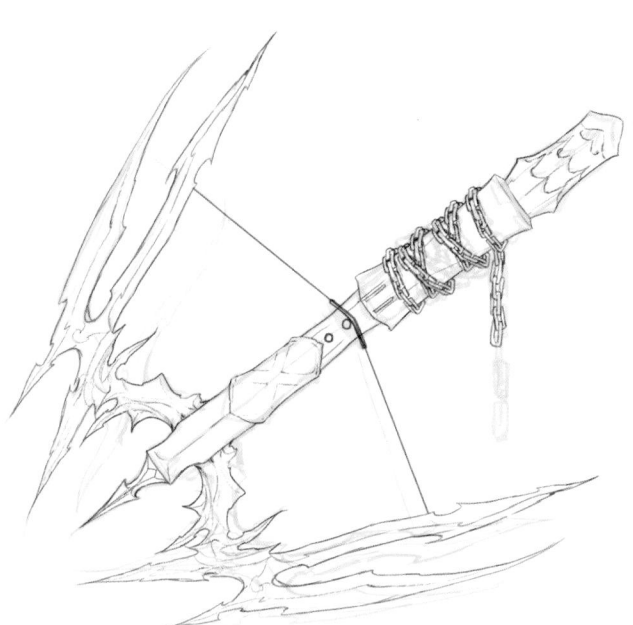

02
진행된 러프를 기본으로 실루엣을 작업합니다. 뼈 장식 부분의 형태가 복잡하기 때문에 안쪽 면과 밖의 면을 나눈다는 느낌으로 의식하며 그려줍니다. 단순히 두 면으로만 파악해도 작은 실루엣에서는 좋은 느낌을 낼 수 있습니다.

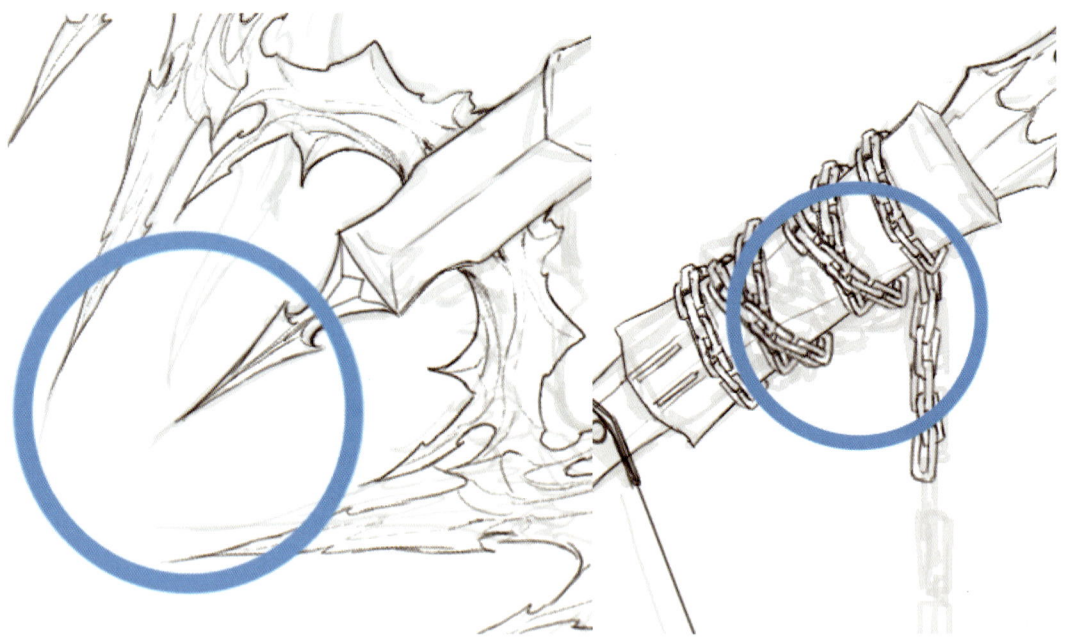

03 활 끝에 아주 날카로운 느낌은 공격성이 짙은 악마의 느낌을 표현하기 좋습니다. 대충 감겨 있는 듯한 쇠사슬로 악질적인 포인트를 주었습니다.

04 실루엣을 작업할 때의 두 면으로 나눈 부분을 기본으로 음영을 작업합니다.

쇠사슬은 작은 실루엣을 표현해주기 위해 선을 많이 사용합니다. 하지만 음영 작업 시에는 손대지 않습니다.

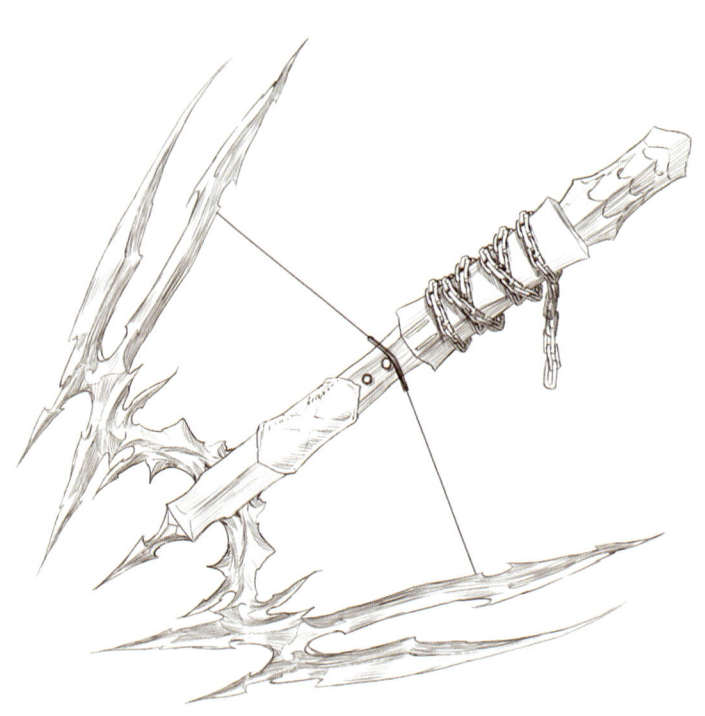

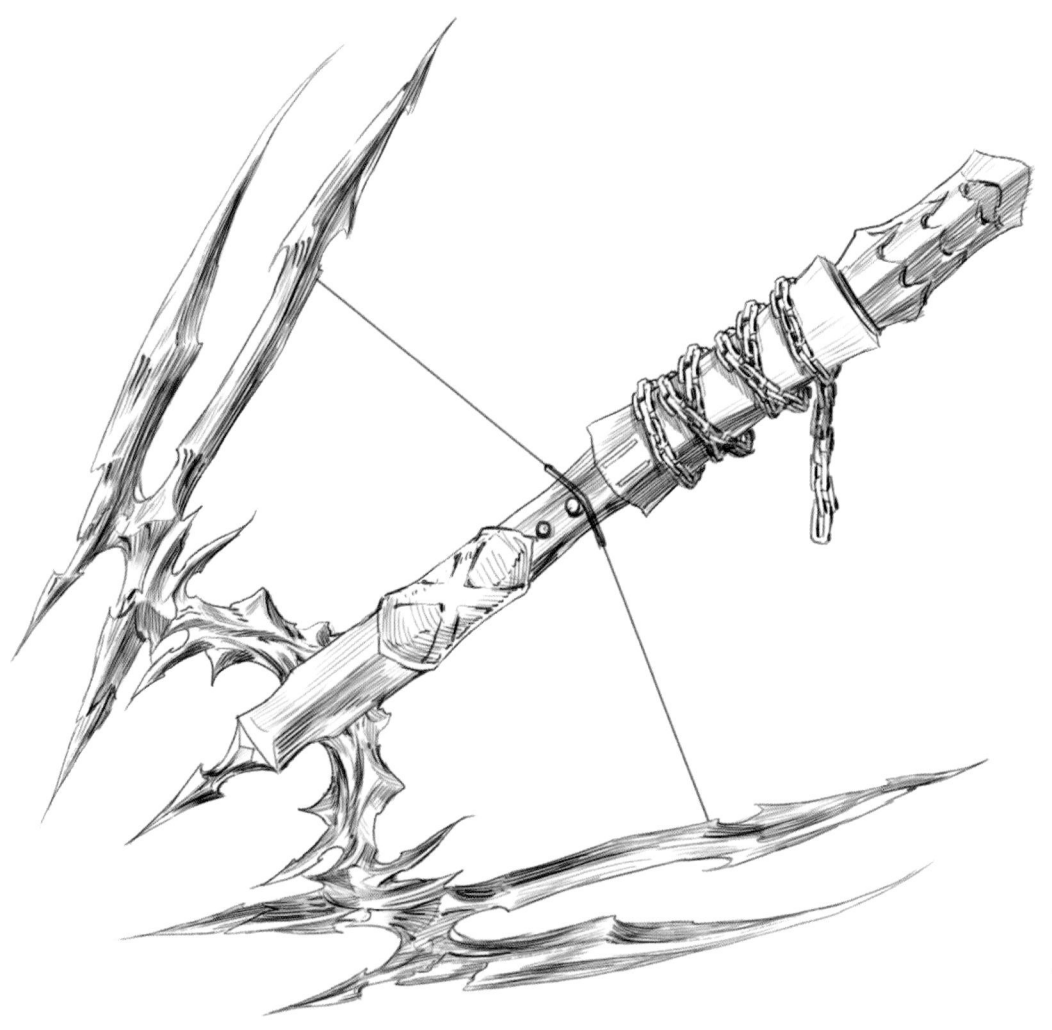

05 쇠와 뼈의 느낌을 강조하는 음영을 그려줍니다. 약간 그을려져 있다는 느낌을 주어 칙칙하고 어두운 느낌을 강조했습니다.

인간 - 스태프

기본적인 인간의 스태프의 디자인은 기다란 봉과 가장 상단에 박혀있는 마력의 돌로 구성됩니다. 혹은 고목 나무 등으로 엮은 디자인이나 짧은 완드 등을 사용할 수 있습니다. 실루엣은 정갈하고 과하지 않으며 실용성이 좋은 단정한 느낌이면 좋습니다.

러프의 투명도를 낮추고 실루엣 위주로 주선을 작업합니다.

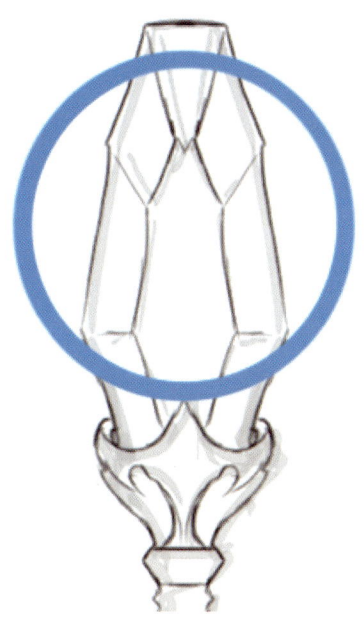 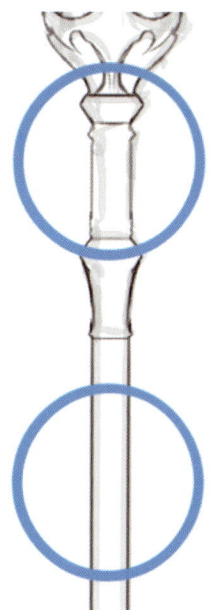

03 상단에 마력을 담는 보석의 형태로 디자인을 많이 파생할 수 있습니다. 단조로움을 피하려면 보석의 형태의 디자인에 각을 주어 입체감을 표현해주면 좋습니다. 손잡이가 될 수 있는 부분은 캐릭터가 잡을 수 있도록 추가적인 형태가 없는 디자인으로 해두는 것이 좋습니다.

04 보석과 철제의 입체감을 음영을 넣어 표현해 줍니다.

05 한 쪽 방향에 음영을 강조해주어 입체감을 극대화합니다. 실루엣이 적은 느낌이기에 그림이 뜨지 않도록 강한 음영을 주어 마무리 짓습니다.

철제 외에도 고목나무나 청동 등 여러 가지의 재질로 스태프를 디자인할 수 있습니다.

천사 - 스태프

01

날개 장식 외에도 월계수가 꼬아 올라가는 느낌의 디자인, 그리고 부적이나 마법 종이가 붙어있는 느낌의 장식으로도 천사의 느낌을 낼 수 있습니다. 월계수는 신성한 신의 느낌을 주고, 마법 종이나 부적 등은 마력을 담는 고서의 일부 같은 느낌으로 줄 수 있습니다.

02

월계수의 디자인과 보석, 날개 등의 실루엣을 위주로 주선을 작업합니다. 신성한 느낌을 주는 포인트인 월계수와, 그를 감고 있는 부분 등을 눈에 띌 수 있도록 선명하게 그려줍니다.

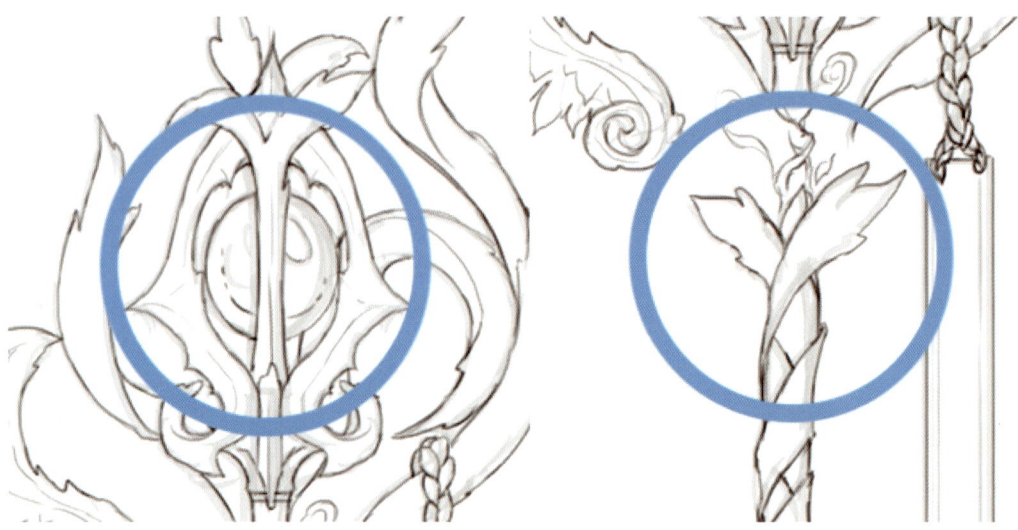

03 구슬 디자인은 장식대에 붙일 수도 있지만 천사 종족의 물건이므로 공중에 뜬 느낌으로도 둘 수 있습니다.

04 비스듬히 돌아가는 디자인의 형태를 잘 알 수 있도록 음영을 넣어주고 천과 철의 재질감이 구별될 수 있도록 합니다.

스태프의 양 테두리의 돌아가는 듯한 형태의 디자인은 전체적인 느낌의 입체감을 불어넣을 수 있으므로 겉과 안쪽이 잘 보이도록 해준다면 훨씬 효과적입니다.

05 어두운 부분의 음영을 강조하고 선의 강약을 넣어 마무리 지어줍니다. 철과 달린 천의 재질감, 날개의 재질감은 확실히 구별할 수 있도록 농도를 달리해주어야 합니다.

전체적인 질감이 통일되면 단조로운 느낌이 납니다. 디자인 시 조금씩 다른 재질감을 첨가해주는 것이 좋습니다.

악마 - 스태프

01

악마의 디자인의 대표적으로 보이는 예시가 해골 디자인입니다. 해골 디자인은 직관적으로 악한 느낌과 무서운 느낌을 보여줄 수 있어 악마 디자인에 아주 흔하게 사용 되어집니다. 인간의 두개골을 기본으로 조금씩 형태를 파생하여 어울릴 수 있게 그려주는 것이 좋습니다.

02

러프의 투명도를 낮추고 실루엣 위주로 주선을 작업합니다.

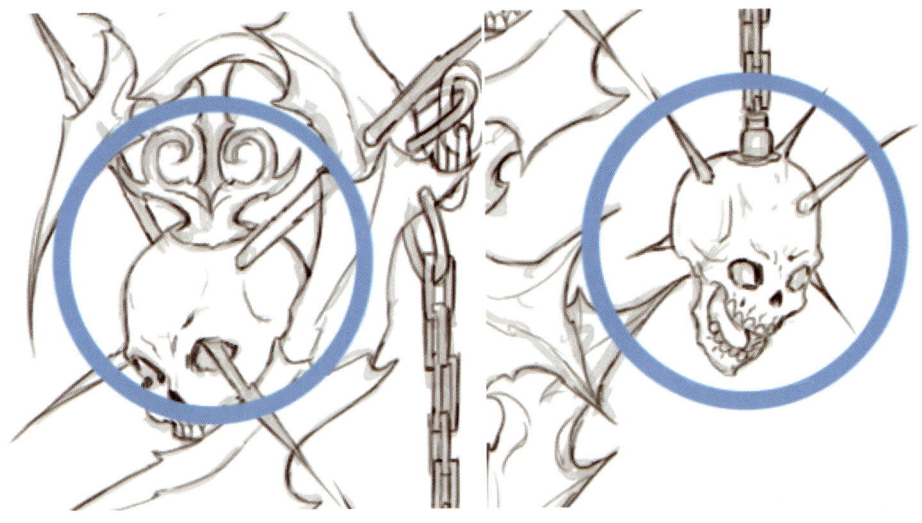

03 해골의 위에 장식 선을 넣거나 해골에 데코레이션을 해서, 죽은 생물의 뼈로 장식을 만드는 악의적인 취향의 존재가 사용하는 물건임을 나타낼 수 있습니다.

04 스태프의 단이 나누어지는 부분은 척추를 연상케 음영을 넣어 사악한 느낌을 강조합니다.

실루엣과 각 부분의 형태는 뾰족하고 강한 느낌을 주면 악마의 스태프의 분위기를 내는데 효과적입니다.

05 전체적인 질감을 위해 음영을 덧그려 주어 마무리합니다.

악마의 스태프이므로 손잡이의 구분 없이 그려주어도 무방합니다. 거친 느낌의 스태프 본체는 강인한 악마가 사용하기에 매력적인 느낌으로 보입니다.

인간 – 방패

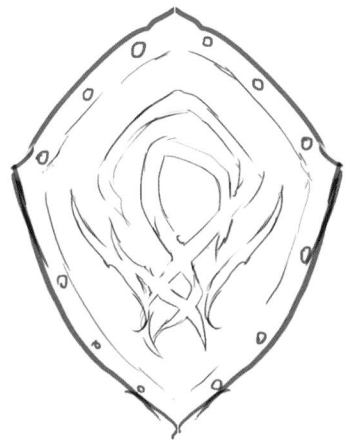

01
인간 종족이 사용하는 방패는 일러스트에서 자주 등장합니다. 대체로 올곧고 강인한 심성의 전사가 방어용으로 사용하는 것으로 곧은 느낌의 문양과 절제되고 정렬된 형태와 디자인, 실용적인 방어를 위한 형태의 심플함을 사용합니다.

02
러프의 투명도를 낮추고 실루엣 위주로 주선을 작업합니다.

03
내부 문양의 디자인을 잘 알 수 있도록 음영을 추가합니다. 보통 문양이나 형태 디자인을 잘 알수 있도록 문양 외 부분에 어두운 음영을 깔아주는데, 지금 같은 경우는 문양보다 그 외 부분이 현저히 많으므로 문양에 음영을 주었습니다. 문양 외에 주게 되면 전체적으로 흑빛이 돌아서 어두운 느낌을 받게 됩니다.

04 형태에 음영을 주고 실루엣을 강조하여 마무리 짓습니다.

방패는 중앙의 문양으로 하여금 여러 세력을 표현할 수 있습니다. 그 외 실루엣의 모양으로 여러 방패를 디자인할 수 있으니 참고합니다.

천사 - 방패

01
천사의 방패는 과감하게 큰 날개로 디자인할 수 있습니다. 중앙에 보석으로 신성한 방어의 힘이 깃든 느낌을 표현할 수도 있습니다. 혹은 인간형 방패에서 문양을 화려하며 고풍스럽게 디자인하기도 합니다.

02
주된 매력이 날개와 중앙의 보석이므로, 두 부분의 실루엣에 신경을 쓰며 주선을 묘사합니다. 평면적인 날개도 좋지만 보다 다채로운 느낌을 위해 날개는 약간 정면으로 솟은 느낌으로 투시에 주의하며 그려줍니다.

03
날개의 안쪽 부분에 음영을 주어 입체감을 확실하게 내어줍니다. 그 외 날개의 결과 중앙 방패 장식의 형태의 디자인의 입체감을 위해 한 쪽으로 음영을 줍니다. 형태가 많으므로 빛이 정면 위인 한 쪽에서 오는 느낌이 들도록 주의합니다.

04 중앙 철 디자인에 음영을 추가하여 하이라이트가 비치는 느낌을 줍니다. 어두운 부분만 강조하는 것으로 효율적으로 표현할 수 있습니다. 날개 안쪽에 음영을 추가하여 중앙 철 부분과 이질감이 들지 않도록 조절해줍니다.

악마 - 방패

01

악마의 방패는 해골을 기조로 디자인을 진행하였습니다. 주변에 떠도는 구체는 억울하게 죽은 자가 지닌 원혼을 압축한 것으로 주변에 조각이나 혼이 튀는 느낌을 주었습니다.

중앙에 해골의 장식은 강한 악마의 느낌을 표현할 수 있도록 표정에 힘을 실어주고 눈썹이나 이마 등 고위 악마 부족의 하나의 느낌으로 치장을 해줍니다. 해골 외에 기괴하고 복잡한 무늬로 악마의 느낌을 낼 수도 있습니다.

02

러프 레이어의 투명도를 낮추고 형태를 작업해주면서 주변 장식의 대칭도 맞추어 줍니다. 좌우 대칭의 디자인이기에 한 쪽의 디자인만 선화를 작업하고 복사 후 붙여 넣어주면 효과적입니다.

03

음영은 방패의 입체감을 알 수 있도록 붙여 넣지 않고 작업합니다. 구슬의 하이라이트는 한 쪽으로 맞춰주어야 빛의 위치가 어긋나 보이지 않습니다.

04 해골의 눈과 코, 입 부분에 음영을 강하게 추가하여 메인이 되는 해골 디자인을 강조해줍니다. 중앙을 기본으로 좌측에만 음영을 조금 더 강하게 주어 방패의 두께감을 표현할 수 있습니다.

문양이 복잡하게 얽힌 모양은, 선의 강약으로 모든 파츠가 잘 보이도록 만들어주는 것이 복잡한 디자인의 디테일을 올리는 중요한 방법이 되겠습니다.

인간 - 의상

01

의상은 현대의 일반적인 의상에서 세부적인 디자인을 파생하며 시작합니다. 허리띠와 어깨의 제단 선, 두 소매와 늘어뜨린 천은 자연스러우면서도 사람이 사용하는 의상임을 확실히 알려줄 수 있습니다.

필자는 디자인의 비교를 위해 인간과 천사, 악마의 의상의 양식을 같은 것으로 제작하였습니다.

02

러프를 기본으로 주선을 작업합니다. 가슴의 인위적인 끈과 심볼 장식은 한 세력에 소속된 인간의 느낌을 깊게 풍겨줍니다. 팔의 주름은 재단선에서 아래로 흐르듯 그려주고, 소매를 줄여줄 수 있는 벨트로 정형화된 의상을 보여줍니다.

03

주름 안쪽을 위주로 음영을 추가합니다. 의류 재질감을 해치지 않도록 연하게 주는 것이 포인트입니다.

04 디테일을 올리고 싶지만 재질감의 문제로 표현이 어려울 때에는 천의 안쪽, 겨드랑이와 목 폴라 쪽 등 의상이 맞물리거나 가려지는 부분을 강하게 강조해주어 존재감을 살려줍니다.

판타지적인 견장이나 심볼, 철 벨트 등을 추가하여 재질감과 함께 살려준다면 보다 매력적인 디자인을 표현할 수 있습니다.

천사 - 의상

01

같은 형태의 의상에서 천사의 느낌을 주기 위해선, 특이한 견장과 날개의 장식으로 분위기를 천사로 전환할 수 있습니다.

02

어깨의 견장은 아름다운 꽃의 장식으로, 어깨에서 늘어뜨린 천은 신부의 느낌처럼 디자인해줄 수 있습니다. 같은 형태의 디자인이라도 추가 장식을 어떤 것을 달아주냐에 따라 분위기를 정할 수 있으니 애용합니다.

03

의상의 재질감을 살려주는 음영을 추가합니다. 늘어뜨린 천을 강조하기 위해서 해당 부분만 재질감의 느낌을 최소화하여 보여줄 수 있습니다.

04 재질감을 해치지 않도록 어깨 장식의 안쪽 면, 천의 뒤쪽 면에 음영을 강하게 추가하여 디테일을 살려줍니다.

천사의 의복은 일반 의상에서 십자가를 떠오르게 하는 신성한 장식이나, 하늘하늘하며 아름다운 여러 겹의 천 덧댐 등을 추가하여 표현하기도 합니다. 천사를 표현할 수 있는 요소가 많으므로 여러 가지 키워드를 참고하며 작업합니다.

악마 - 의상

01

악마는 찢어진 느낌, 원혼의 디자인, 쇠사슬, 불규칙적인 패턴 등으로 악질적인 느낌을 주면 효과적입니다. 찢어진 느낌은 전쟁을 좋아하는 파괴적인 느낌을, 원혼은 영혼을 흡수하는 모습을, 불규칙적인 패턴은 일반적이지 않은 면모를 보여줍니다. 또, 목의 카라를 크게 표현하는 것으로 악마의 권위적인 오만함을 보여줄 수 있습니다.

02

가슴에 포인트로 해골 장식을 추가하여 느낌을 살려줍니다. 해골은 사람의 두개골을 형상화한 느낌 외에도 동물의 두개골을 연상한 느낌을 줄 수도 있습니다. 형태를 의식하며 실루엣의 주선 작업을 진행합니다.

03

의상의 재질감을 살려주기 위한 음영 작업을 해줍니다. 형태가 복잡하게 얽혀있으므로 음영 작업 시 겹쳐지지 않도록 주의합니다.

04 천의 안쪽과 뿔 장식 등 강조하여 전체적인 존재감을 살려줍니다. 뒤쪽에 장식으로 들어간 원혼의 형태도 조금 더 살려주었습니다.

특별한 양식이 아닌 이상 일반적인 의상에서 디자인을 추가하거나 실루엣을 변경하여 각 종족의 특성을 표현해줍니다.

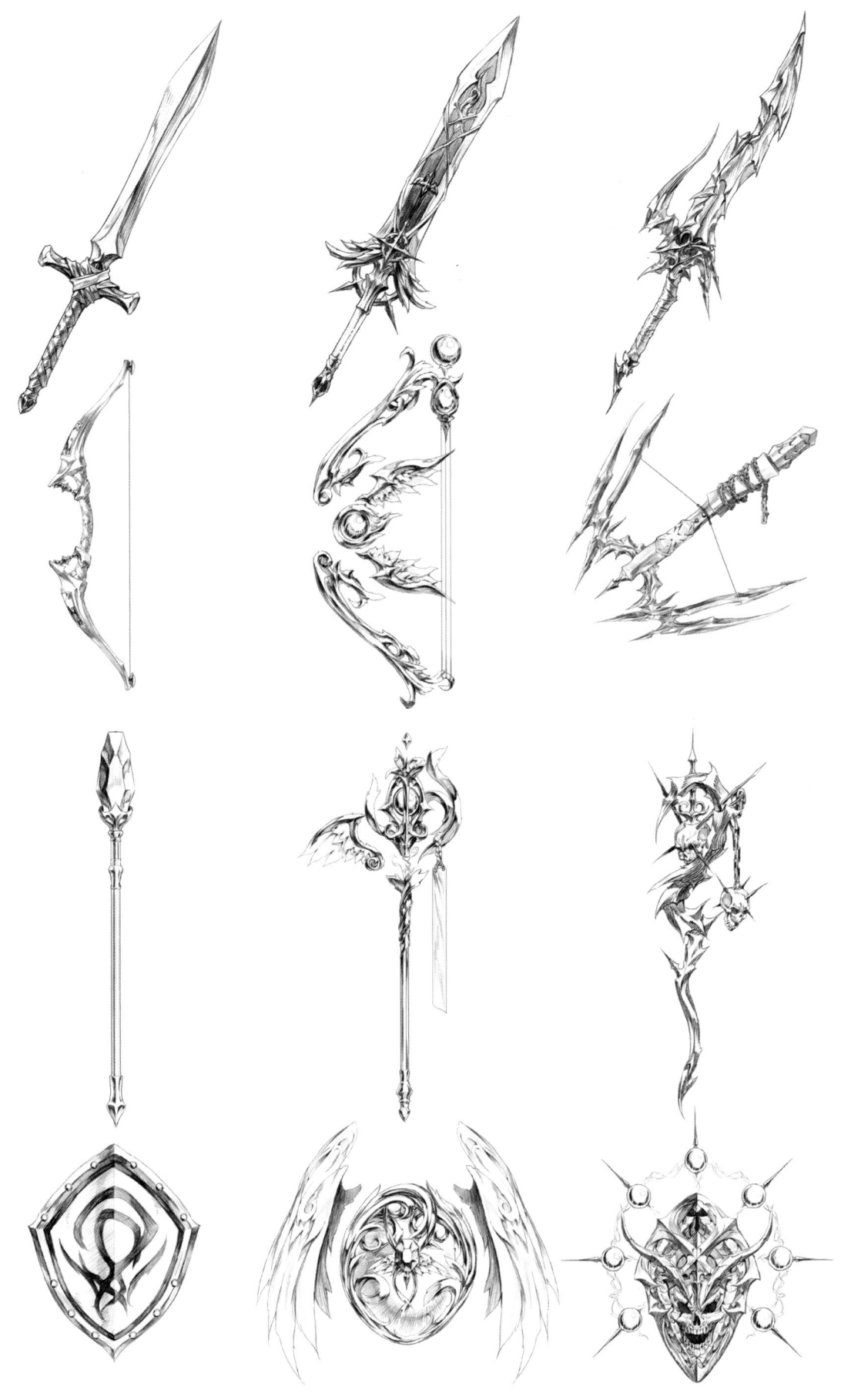

PART 2

컬러링:

컬러링
컬러링 브러시 설정하기
컬러링의 종류
얼굴 컬러링
인체 컬러링
의상 컬러링
디테일 컬러링 튜토리얼

컬러링

색상을 가지고 이미지에 색의 변화를 주는 것. 또는 이미지의 채색.

컬러링은 캔버스 등에 구현할 시각적인 부분에서 색을 채우는 것을 말합니다. 무채색 이외 유채색(채도가 있는 색)을 포함하여 표현하는 방법으로, 색을 입히는 작업입니다.

현대에는 무채색으로만 이미지를 표현해서는 시선을 끄는 데에 한계가 있습니다. 색의 주목성이나 색의 인상 등을 고려했을 때 무채색보다는 색이 있는 유채색이 독자의 눈에 띕니다. 컬러링이 진행된 이미지는 대상의 디테일한 느낌과 색마다의 감각을 전해줄 수 있기에 흑백보다 시감각적인 전달력이 좋다고 할 수 있습니다.

일러스트의 컬러링

스케치와 밑그림 등에 채색을 입히는 것. 또는 색을 덧씌우거나 여러 가지 방식으로 색을 만들어 나가는 모든 방법을 포괄합니다.

일러스트에서 컬러링은 대단히 중요한 역할을 가지고 있는데, 시각적인 감각이나 감성, 대상의 느낌이나 공간과 현장감 등을 전달하려면 흑백보다 컬러가 상당히 유용하기 때문입니다. 흑백에서 표현이 쉽게 되지 않는 햇살이나 노을 빛, 색감이 있는 의상마다의 느낌이나 화사한 꽃들을 검정색과 흰색 등의 무채색으로는 표현하기에 한계가 있기 마련입니다. 스케치에서 미처 표현이 되지 않는 부분을 컬러링에서 표현하거나 스케치에서 표현을 구체화 시키기도 하며, 색을 운용하여 현장감을 만들어 독자에게 보다 생생한 느낌을 전달할 수 있습니다. 또한 색상마다 고유의 느낌으로 감성을 전달하기 용이합니다. 그 모든 부분을 보완할 수 있는 것이 컬러링으로 상당히 중요하다고 할 수 있습니다.

기존 컬러링은 단순히 색만이 추가가 되었다면, 지금의 컬러링은 색과 명암을 기본으로 공간을 표현하는 빛의 위치와 주변을 의식할 수 있게 만드는 환경광뿐만 아니라 표현된 이미지의 느낌을 극대화 해주는 기교적인 채색으로도 발전했습니다. 이런 컬러링의 발전은 2D에 표현되는 이미지들을 3D에선 볼 수 없었던 색감 등으로 2D만의 멋스럽고 매력적인 느낌을 만들기에 보다 적합해졌다고 할 수 있습니다.

컬러링의 필요성

컬러링은 2D의 매력을 끌어올려 주는 역할을 합니다. 스케치와 컬러링이 되지 않은 그림을 보다 매력적이게끔 색으로 의미를 부여하고 현장감을 만들어줍니다. 아주 많은 그림이 쏟아져 나오는 지금, 독자의 눈에 띄는 일러스트를 만들기 위해서 탄탄한 스케치가 기본이라면 컬러링은 필수라고 할 수 있는 정도가 되었습니다

흑백에서는 캐릭터 피부의 색감과 머리의 색, 의상과 배경의 색 등을 절대 밝기(색상 고유의 진한 정도의 차이)만 알뿐 유추할 수 없습니다. 전체적으로 차가운 느낌인지 뜨거운 느낌인지 분위기의 파악이 쉽게 되지 않으며, 캐릭터의 창백한 느낌이나 꽃의 색 등을 알 수 없기에 감성을 담아내기엔 불편합니다.

시각적을 보다 많은 정보와 감성을 전달하기 위해선 컬러링으로 현장감과 표현을 더해주어야 합니다. 같은 형태의 그림이라도 색을 어떻게 표현하고 어느 정도의 밝기로 어떤 색조를 쓰느냐에 따라 주제가 와전되거나 변형될 수 있기에 자신이 생각한 느낌을 보다 정확히 전달하고자 한다면 컬러링은 필수로 진행해주는 것이 좋습니다.

컬러링 브러시 설정하기

컬러링

컬러링의 기법이 다양한 만큼 컬러링에 사용되는 브러시도 다양합니다. 다양한 브러시로 컬러링을 진행하면 일반 브러시만 사용하는 것보다는 다채로운 터치감을 만들 수 있습니다. 하지만 브러시가 많은 만큼 브러시의 느낌을 쫓아 너무 의존하게 되면 기본적인 자신의 터치감을 잃을 수 있으므로 주의가 필요합니다.

브러시의 사용은 컬러링 스타일에 따라 상이하므로 자신에게 맞는 브러시를 찾거나 설정하는 것이 좋습니다. 혹은 그 브러시를 자신의 손처럼 익숙해지는 훈련도 좋습니다. 필자는 브러시를 최소한으로 사용하여 컬러링을 진행하는 것을 즐깁니다. 다양한 브러시를 활용하여 다채로운 터치를 만드는 것도 좋지만, 일반 브러시로 스스로 터치감을 만들어 자신만의 스타일로 승화하는 방법도 좋은 방법입니다.

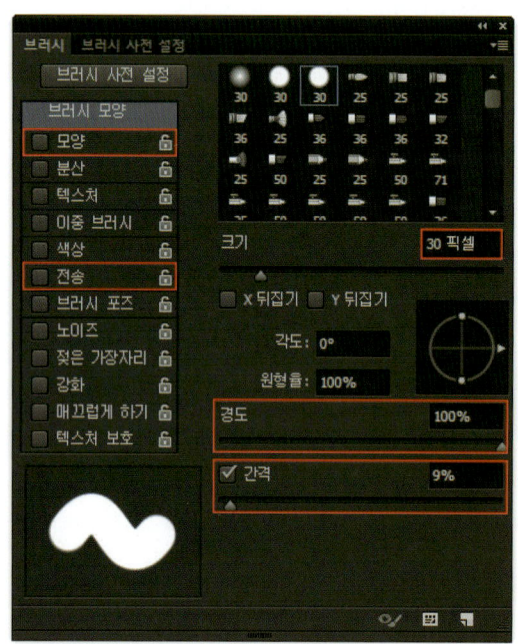

브러시 설정 창

포토샵 CC를 실행하여 캔버스를 생성한 뒤 브러시 설정 (F5) 을 불러옵니다.

컬러링 시에는 브러시 설정 창에서 브러시 모양, 경도, 간격 등을 기본으로 브러시의 형태와 크기도 종종 변경합니다. 필자의 그림의 대부분은 이것만 사용하는데, 이 내용만으로도 충분히 다채로운 터치감과 느낌을 낼 수 있습니다.

크기 : 브러시의 크기를 조절합니다. 단축키 [,] 으로 조절 가능합니다. 컬러링에서도 매우 자주 사용하므로 손에 익히는 것이 좋습니다.

경도 : 브러시의 표면의 선명도입니다. 경도가 0%가 될수록 브러시 표면이 흐려지게 됩니다. 부드럽게 표현하는 곳은 0%로, 강하게 표현하는 곳은 100%로 사용하면 효과적입니다. 기본 원 브러시 외에는 경도 조절이 불가능합니다.

간격 : 브러시의 간격을 조절합니다. 간격이 적을수록 브러시가 연속적으로 찍혀 부드럽게 연

출됩니다. 대체로 1~10%로 둡니다.

모양 : 브러시 시작과 끝에 필압에 따른 굵기를 적용할 수 있습니다. 주로 머리카락, 액세서리 같이 가느다란 부분을 그릴 때 사용하게 됩니다.

전송 : 브러시 시작과 끝에 필압에 따른 농도를 적용할 수 있습니다.

  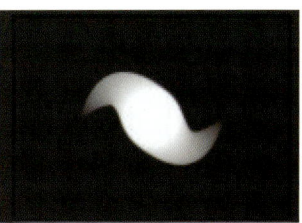

일반 브러시 / 모양 적용 / 모양과 전송 적용

'일반 브러시', '모양 적용', '모양과 전송'이 적용된 각 브러시

일반 브러시 : 비치지 않는 100% 농도의 브러시로 주로 밑색을 채울 때 사용합니다.

'모양 적용' 브러시 : 끝과 끝이 가늘어지는 브러시로 잔 머리카락이나 가느다란 부분의 색을 채울 때 사용합니다.

'모양과 전송' 브러시 : 가장 많이 사용하는 브러시입니다. 컬러링의 거의 모든 부분에 사용됩니다.

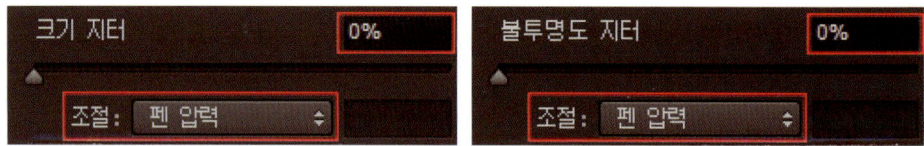

모양, 전송 탭에서 조절을 펜 압력으로 두어야 태블릿 필압이 적용됩니다.
크기, 불투명도 지터와 최소는 모두 0%로 두어야 일정하고 부드럽게 적용됩니다.

우측 상단부분에서 여러 가지의 형태를 선택하여 터치감과 형태가 다른 브러시를 설정할 수 있습니다.

위 브러시 내용만 안다면 모든 컬러링에 대해서 무리 없이 사용이 가능합니다. 스케치와 같이 컬러링에서도 특별한 기법보다 그리는 작가의 역량이 크게 작용하는 부분이기에 컬러링의 많은 연습이 필요합니다.

컬러링의 종류

그림 그리는 사람의 수만큼 컬러링의 종류는 무척 많습니다. 컬러링은 작가의 기교적인 부분도 많이 포함되어 있기에 종류를 나누기엔 무리가 있지만, 레이어와 색을 추가하는 방향에 따라 대표적으로 아래와 같이 나눌 수 있습니다. 선을 먼저 작업하고 색을 채워 넣는 셀식 컬러링, 흑백으로 명암까지 작업한 뒤 오버레이 레이어로 색을 채워나가는 글레이징 기법의 컬러링, 레이어를 복합적으로 활용하는 혼합 컬러링이 있습니다.

셀식 컬러링

셀식 컬러링

셀식 컬러링은 실루엣 위주의 선화를 작업하고 밑색을 넣어 작업하는 방식입니다. 주로 미소녀 일러스트에 쓰이는 방식으로, 2D 고유의 평면적인 매력과 애니메이션 같은 느낌을 내줄 수 있기에 많은 분이 선호하는 방식입니다.

스케치 단계에서 형태는 완성형을 그리고 나서 컬러링을 하는 방식이기에, 기초적인 드로잉과 형태력이 중요합니다. 그림을 그릴 때 드로잉과 형태력이 좋지 않다면 컬러링 도중에 선화를 컬러와 같이 수정해야 하므로 번거로움이 있을 수 있습니다.

**셀식
컬러링의
접근 방법**

기초가 되는 스케치를 작업합니다. 스케치는 캐릭터와 디자인의 실루엣 위주로 작업하며 묘사는 컬러링에서 진행할 수 있도록 합니다. 스케치에서 간단히 주름이나 재질감의 묘사를 하기도 합니다.

셀식 컬러링의 접근 예시

완성된 스케치를 가장 위의 레이어로 두고, 아래에 레이어를 생성하여 밑색을 채워 나갑니다. 레이어는 각 색상이나 파츠마다 레이어를 나누는 게 일반적입니다. 밑색은 보통 밝은 색이나 중간색이 되는 색으로 작업합니다.

머리카락부터 작은 디자인까지 모두 밑색을 채우고 전체적인 컬러를 조절합니다. 이 단계에서 깔끔하게 밑색을 작업하고 색을 정해주어야 컬러링을 진행할 때 무리가 없습니다.

각 레이어를 불투명도 보호나 클리핑하여 컬러링을 진행합니다. 컬러링 시 선 레이어를 합쳐지지 않게 하여 선의 느낌을 완전히 덮어버리지 않게 하는 것이 중요합니다.

글레이징 컬러링

글레이징 컬러링

글레이징 컬러링은 흑백, 무채색으로 실루엣과 묘사를 모두 작업한 뒤 주로 오버레이 레이어를 활용하여 컬러를 입혀나가는 방식입니다. 주로 반실사, 실사 느낌의 일러스트에 사용되며 미세한 색이 많이 필요로 하는 스타일에 적합합니다. 여러 가지의 색을 사용하여 일반 레이어로 작업하다 보면 색을 이어주는 부분이 흐려지는데, 그 부분의 묘사를 흐트러짐 없이 풍부한 색으로 채워주기에 좋습니다.

디테일하고 사실적인 그림에 적합한 방식으로 애니메이션 느낌의 평면적인 그림에는 적합하지 않습니다. 애니메이션, 만화체 등의 평면적인 그림에도 사용할 수 있지만 선화를 그리고 작업하는 그림에는 색이 퍼지는 영역을 반복적으로 설정해야 되기에 비효율적입니다.

글레이징 컬러링의 접근 방법

스케치를 면이나 형태로 시작하여 무채색으로 묘사를 진행합니다. 입체적인 양감, 음감을 의식하며 공간을 표현해줍니다. 깔끔한 글레이징을 원한다면 스케치 단계에서 모든 묘사를 끝마쳐주는 것이 좋습니다.

오버레이 레이어를 생성하여 캐릭터의 피부, 머리카락 등 여러 부분에 색을 잡아 나갑니다. 오버레이 레이어를 사용하기에 너무 어두운색을 선택하여 사용하면 그림이 탁해질 수 있으니 주의합니다.

레이어를 반복적으로 추가하면서 색을 덧입혀 나갑니다. 한 가지의 오버레이 레이어로 작업하면 색이 단순해지기에 반복적으로 레이어를 생성하며 생각하는 빛과 색에 맞추어 나갑니다. 이 과정에서 색이 너무 겹쳐서 탁해지지 않도록 주의합니다.

필자는 어두운 부분부터 오버레이 레이어를 넣으면 밝은 부분을 진행 도중에 삐쳐 나가는 색으로 어두운 부분의 색이 과하게 잡혀 탁해지기에, 밝은 부분부터 진행하는 것을 선호합니다.

빛이 들어오는 부분과 담뱃불의 밝은 부분 등은 컬러 닷지 레이어를 사용하여 포인트를 줍니다.

글레이징 기법이라도 다른 속성의 레이어를 조금씩 활용하여 탁해지는 것을 막아주는 방법도 좋은 방법이 될 수 있습니다.

혼합 컬러링

혼합 컬러링은 스케치 단계에서부터 묘사와 컬러를 같이 진행하여 완성해나가는 방식입니다. 셀식과는 달리 선을 먼저 작업하는 것이 아니라 진행하면서 실루엣과 선을 그려주고 덧입혀 주는 쪽이 됩니다. 비슷한 예로 반무테, 무테라고 부르는 방식과 흡사합니다. 주로 무게감이 있는 만화체의 그림에 사용되는 방식으로써 여러 가지의 레이어를 혼합하며 작업해나갑니다.

중간 작업 방식의 구애를 받지 않기에 표현의 자유도가 높습니다. 다만 전체적인 틀이 없기 때문에 일러스트를 완성함에 있어서 번거로움이 많습니다. 대체로 선과 색의 레이어를 병합하고 많은 레이어 옵션을 사용하기에, 선이나 실루엣이 진행 중에 덮여지기도 하여 레이어의 활용이 상당히 중요합니다.

혼합 컬러링 접근 방법

초벌 스케치를 진행합니다. 전체적인 배색과 인상 느낌까지 알 수 있도록 빠르게 작업해줍니다. 처음부터 기본이 되는 색을 작업해주어 완성 때의 느낌을 생각해 줍니다.

초벌 스케치 후 실루엣을 다듬으면서 빛의 위치를 설정합니다. 빛의 위치는 이 단계에서 설정해주어야 컬러링하면서 빛 방향으로 인해 색상을 엎지 않고 잘 진행해줄 수 있습니다.

실루엣이 터치로 인해 지저분해지지 않게 해주어야 레이어를 클리핑하여 작업하기 수월하므로 주의합니다.

오버레이 레이어, 닷지 레이어 등을 활용하여 색감에 생기를 넣어줍니다. 실루엣의 디테일을 잡아주고 내부의 묘사를 진행합니다.

러프 상태에서부터 실루엣을 깔끔하게 처리해주면 레이어를 클리핑하여 보다 수월하게 작업할 수 있습니다.

나머지 디테일과 장식의 묘사를 마무리 짓습니다. 최종적으로 효과 레이어를 만들어 색을 보정해주고 끝마칩니다. 여러 가지의 레이어가 혼합되기 때문에 색상이 바래지 않도록 조절하며 진행해주어야 합니다.

얼굴 컬러링

컬러링

얼굴 컬러링은 대부분의 일러스트레이터가 처음으로 접하게 되는 컬러링입니다. 얼굴에 포함된 머리카락과 피부의 컬러링은 앞으로 나아갈 컬러링 스타일에 대해 베이스가 되는 과정으로써 잘 이해해두어야 다른 재질감이나 디자인의 컬러링 이해를 도울 수 있습니다.

스케치만 있던 얼굴을 생기가 있고, 머리카락에 광택이 보이도록 만드는 컬러링은 스케치에 없었던 느낌을 추가적으로 채워주는 것으로 색의 매력뿐만 아니라 그림으로써 더 많은 시선을 끌기에도 적합합니다.

남자 얼굴 컬러링

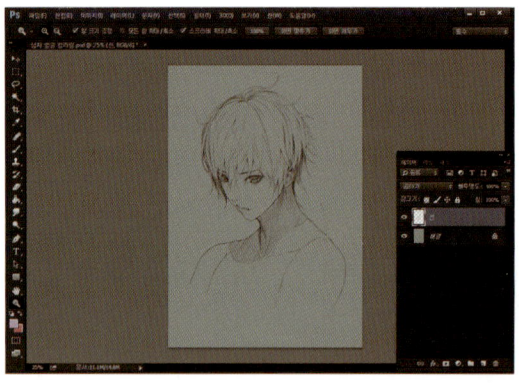

01

캔버스에 레이어를 생성하고 스케치를 진행합니다. 스케치선은 표준 혹은 곱하기로 둡니다. 곱하기로 두는 경우 스케치 선이 명도가 조금 밝다면 아래에 깔린 색에 따라, 선 색이 바뀌어 자연스럽게 녹아드는 느낌을 낼 수 있습니다.

레이어는 반드시 배경과 선을 분리해두어야 선이 컬러에 덮여지지 않게 컬러링할 수 있습니다.

02

컬러링 레이어는 각 색별로 혹은 파츠 별로 분리하여 준비합니다. 레이어의 순서는 가장 뒤편에 가는 부분이 아래에 있다는 느낌으로 추가해주면 편리합니다.

모든 레이어의 옵션은 표준으로 해둡니다.

03

상반신 레이어에 브러시로 피부의 밑색을 채워나갑니다. 현재 레이어 위에 얼굴 레이어와 머리카락 레이어의 색을 채울 예정이므로 위로 삐쳐나가는 부분은 그대로 둡니다. 실루엣에 삐쳐나가는 부분은 깔끔히 지워줍니다.

#e9e0db

04

얼굴 레이어에서 얼굴 부분만 피부의 밑색을 채웁니다. 상반신 레이어는 아래에 있으므로 턱 부분의 경계선도 깔끔히 칠해줍니다.

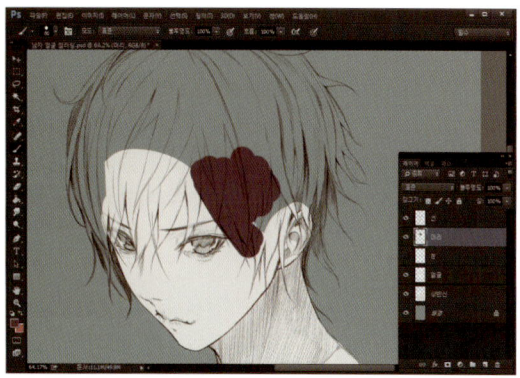

05
머리 레이어를 선택하여 머리의 밑색을 채웁니다.

06
머리카락 등 섬세한 부분은 브러시 설정 창 (F5) 를 켜서 모양에 체크하여 그려줍니다.

07 삐쳐나가는 부분이 없도록 섬세히 전체 영역을 채워줍니다. 브러시 (B)와 지우개(E) 단축키를 번갈아 칠해주면 빠르게 채색이 가능합니다.

#5e3a46

08

#862e44

눈 레이어에서 눈동자의 밑색을 채워 넣습니다. 보통 머리카락보다는 눈동자가 눈에 띄는 것이 좋으므로 머리카락보다 강한 색을 넣어주는 경우가 많습니다. 머리카락이 어두운색이면 반대로 눈을 밝게 해서 눈에 띄게 하는 경우도 있습니다.

09

밑색이 다 채워진 캐릭터입니다. 이후 각 레이어를 클리핑하여 컬러링을 진행합니다.

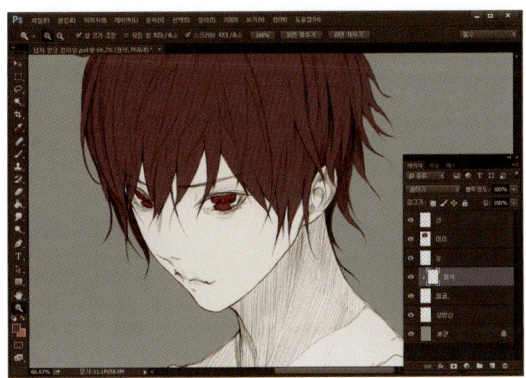

10

밑색을 깐 레이어에서 각 파츠의 묘사를 진행할 단계입니다.

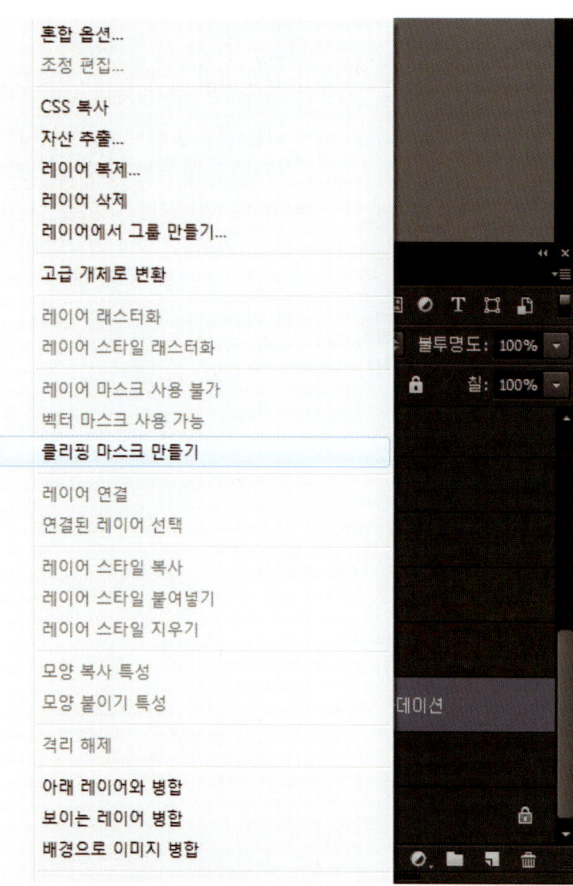

 생성된 레이어를 우클릭해서 피부 레이어에 클리핑하여 밑색에서 컬러가 삐쳐나가지 않도록 합니다.

레이어 사이를 Alt + 좌클릭하여 클리핑할 수 있습니다.

12 레이어를 곱하기로 두어 혈색을 입혀줍니다. 혈색은 에어브러시로 볼과 눈 아래, 입술, 귀 부분 등을 가볍게 터치합니다.

#e2cec8

13 얼굴의 전체적인 입체감을 줄 베이스 그림자는 곱하기 레이어를 생성한 뒤 에어브러시를 작게 만들어 입술과 눈 아래, 귓바퀴, 콧날과 코 아랫부분을 터치합니다.

#ddc8c2

14 곱하기 레이어를 하나 더 생성하여 디테일한 그림자를 쪼개어 넣어줍니다. 일반 브러시를 선택하여 눈의 들어간 부분과 머리카락 아래 그림자, 입술, 귓바퀴를 강조해줍니다.

15 얼굴의 생기를 불어넣기 위해 색상 닷지 레이어를 추가하여 에어브러시로 어두운 갈색을 선택하여 볼과 코, 입 주변을 가볍게 터치합니다. 피부색이 밝은 편이므로 어두운 갈색으로 닷지를 넣어주어야 색이 하얗게 뜨지 않습니다.

#2b201f

16 곱하기 레이어를 하나 추가하여 실루엣 주변 부분에 에어브러시로 터치의 무게감을 입혀줍니다. 처음에 그렸던 혈색을 추가해주는 느낌으로 터치합니다.

#dcbcb8

17 오버레이 레이어를 추가하여 푸른색으로 반대편 얼굴에 약간 푸른 느낌을 추가해 입체감과 색의 다채로움을 줍니다. 푸른 느낌은 멀어 보이는 효과가 있어 입체감을 줄 때 효과적입니다. 또 난색을 선택하여 눈과 입술에 생기를 불어 넣어줍니다.

#a17e9c #a1786e

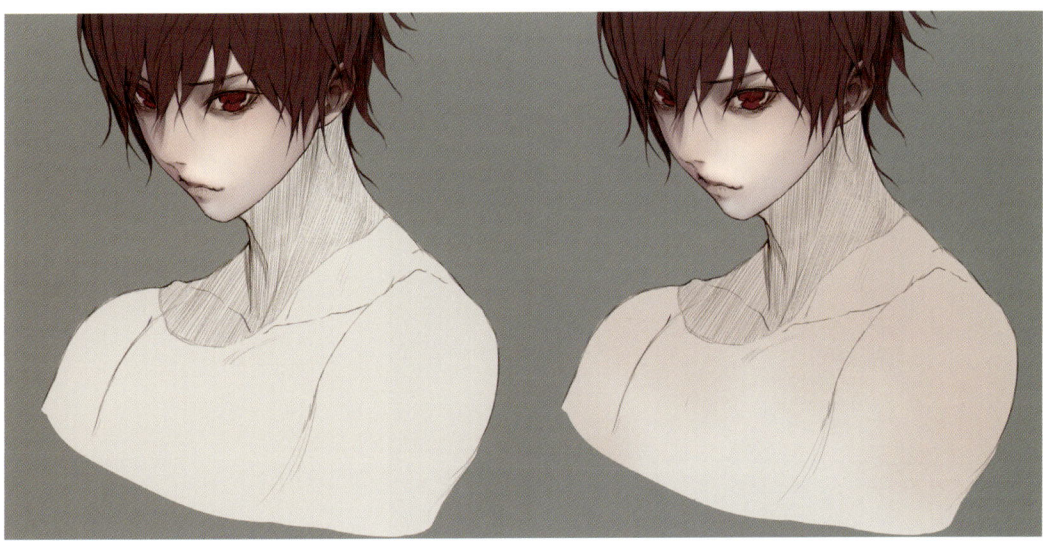

18 상반신에도 얼굴과 같은 색을 선택하여 곱하기 레이어로 혈색을 추가합니다. 목과 어깨 부근에 에어브러시로 약간 그슬려주면 좋습니다.

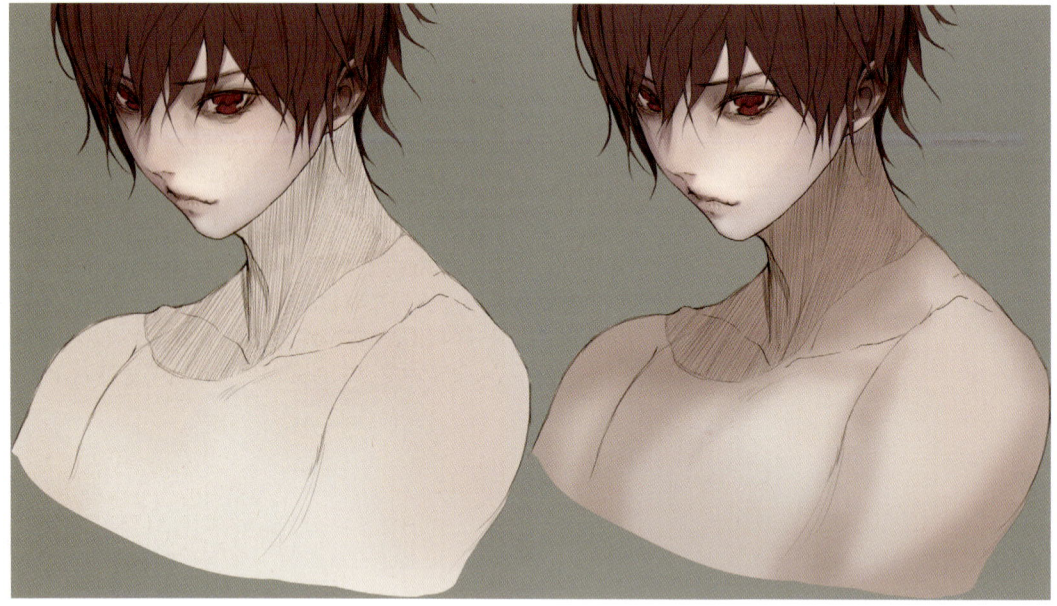

19 스포이드로 얼굴의 그림자를 선택하여 에어브러시로 상반신의 입체감을 추가합니다. 어깨의 형태를 의식하여 양쪽에 그림자를 넣어주고 목 아래 부근은 전체적으로 그림자를 주어 머리의 그림자임을 느낄 수 있게 해줍니다.

20 곱하기 레이어를 추가하여 디테일 그림자를 추가합니다. 경도를 조금 올린 브러시를 사용하여 어깨의 형태와 가슴의 입체감을 살려줍니다.

컬러링 | 161

21

색상 닷지 혹은 선형 닷지 레이어를 추가합니다. 어두운 갈색과 적갈색을 선택하여 어깨, 쇄골 등 하이라이트를 추가합니다. 하이라이트는 피부의 완성도와 생기를 줍니다.

#2f2628   #9a5c5c

22

곱하기 레이어를 선택하여 실루엣 주변으로 에어브러시로 무게감을 입혀줍니다. 실루엣을 어둡게 해주면 전체적으로 완성도를 손쉽게 올릴 수 있습니다.

#99787e

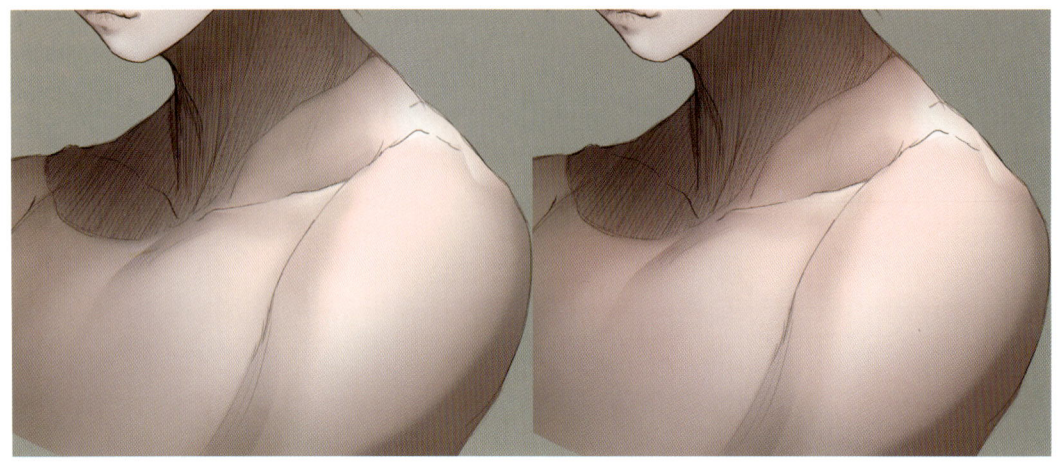

23 그림자와 밝은 부분의 사이에 색을 하나 추가하여 풍부한 색감을 연출합니다. 오버레이 레이어로 채도가 약간 있는 중간 명도의 난색을 선택하여 강하게 눌러주는 느낌으로 터치합니다.

#9d7f7f

24 눈 흰자 레이어를 생성하여 흰자를 그려 넣어줍니다. 눈동자 아래에 있기 때문에 흰자 레이어는 눈 레이어 아래에 둡니다.

#fef5f0

#745062

25 곱하기 레이어를 생성하여 눈 흰자 레이어에 클리핑하고 에어브러시로 눈의 그림자를 추가합니다. 약간 푸른색으로 추가하여 피부색과 다른 색임을 확실히 보여줍니다.

눈동자의 실루엣에 그림자를 추가하여 캐릭터의 시선을 살려줍니다.

#5e1d2e

#601d33

②⑦ 색상 닷지 레이어를 추가하여 눈동자의 빛 받는 부분에 광택을 줍니다.

②⑧ 머리카락에 곱하기 레이어를 생성하여 클리핑합니다. 에어브러시로 머리카락 주변부와 아래쪽으로 그라데이션을 넣듯이 음영을 추가하여 입체감을 표현합니다. 브러시 터치의 느낌이 나지 않도록 주의합니다.

#998996

29 곱하기 레이어를 하나 더 생성하여 일반 브러시로 머리의 결을 그려줍니다. 머리카락이 쪼개지는 느낌을 의식하며 아래로 뻗어 나가는 방향을 해치지 않도록 그려주어야 합니다.

#795f71

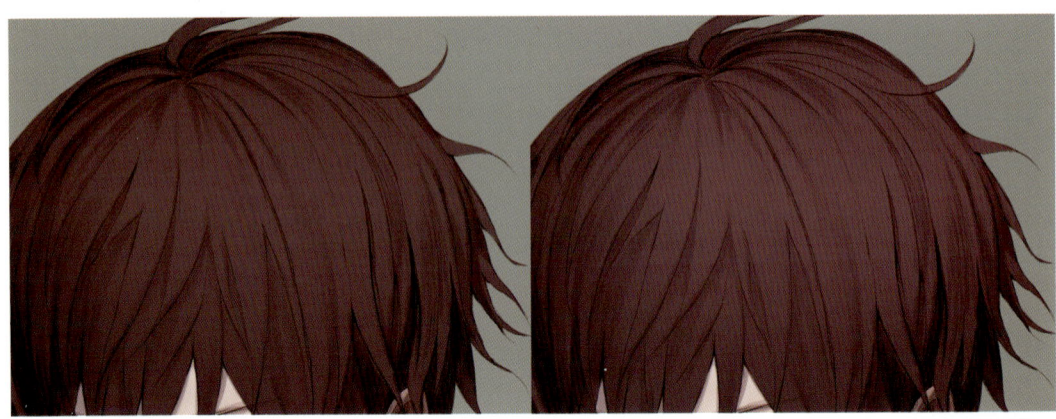

30 색상 닷지 레이어를 추가하여 머리 윗부분의 볼륨감을 살려줍니다. 빛이 한 쪽에서 흐를 수 있도록 좌측 부분에는 브러시가 닿지 않도록 합니다.

#553a40

31
선형 닷지 레이어를 추가하여 머리카락의 하이라이트를 그려줍니다. 중앙 부근에만 그려 가장 빛을 많이 받는 부분임을 보여줍니다.

#6f474f

32 표준 레이어를 생성하여 묘사를 정리합니다. 스포이드 도구로 그림자 부분을 선택해 브러시로 머릿결을 그려줍니다.

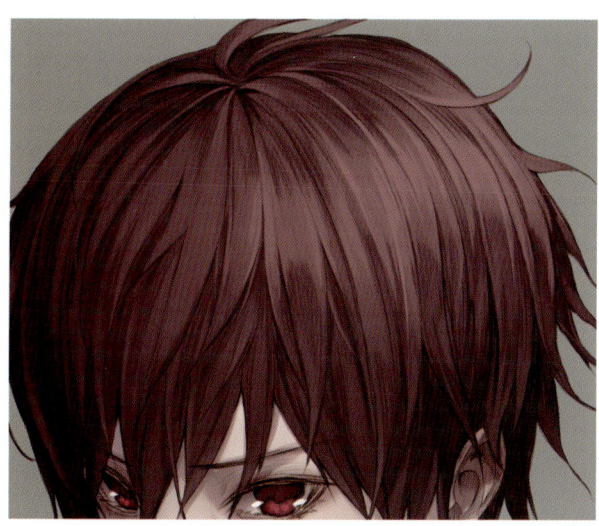

33
빛을 받는 부분의 색도 스포이드로 추출하여 자연스럽게 퍼질 수 있도록 브러시로 터치합니다.

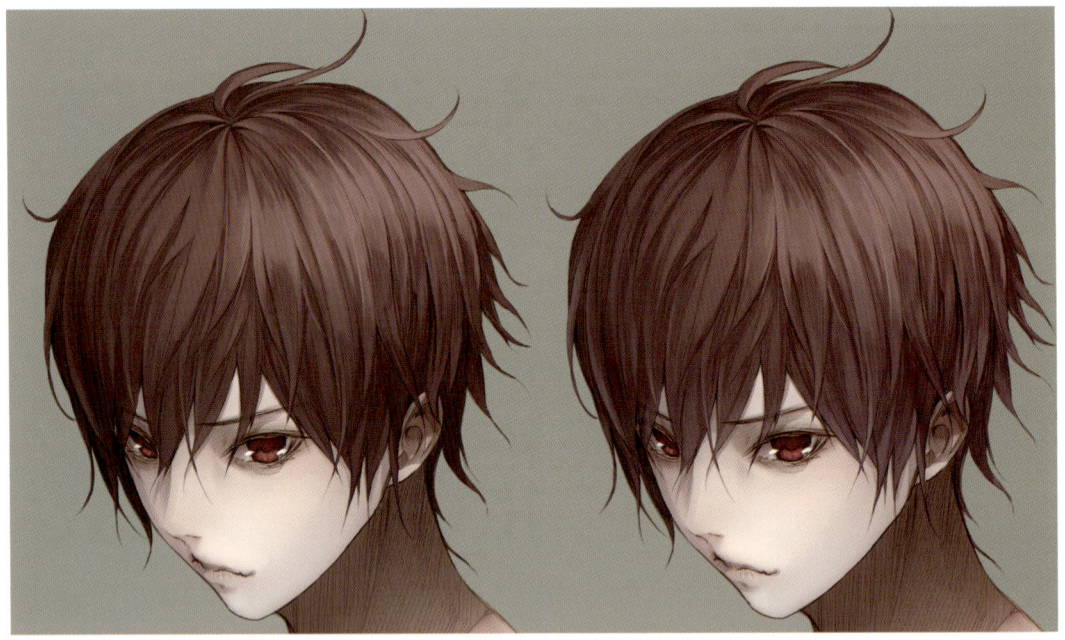

34 머리카락에 찰랑거리는 투명한 느낌을 주기 위해 오버레이 레이어를 생성하고 푸른색을 선택하여 아래쪽으로 색을 연하게 넣어줍니다.

#8ea2b9

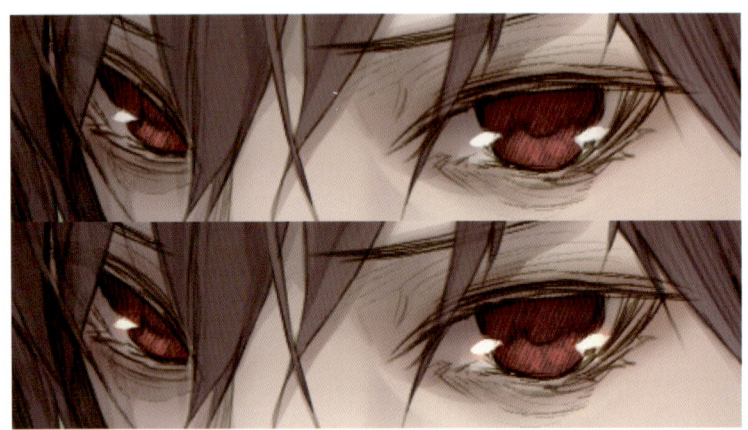

35 색상 닷지 레이어를 추가해서 눈의 하이라이트를 만들어줍니다. 적갈색을 사용하여 하이라이트가 빛나는 느낌을 내줍니다.

#5f1000

36 완성된 남자 얼굴 컬러링입니다.

컬러링 인체 컬러링

일러스트에서 캐릭터는 대체로 얼굴, 팔, 다리 혹은 그 이상의 노출을 보이기에 인체의 컬러링은 꼭 알아두어야 합니다. 캐릭터의 인체에 대한 입체감의 이해와 각 형태의 세부적인 지식이 뒷받침되어야 보다 좋은 느낌의 컬러링을 진행할 수 있습니다.

처음 인체의 컬러링을 공부할 때에는 빛 방향을 단순하게 정면에서 쏘아주고 연습하는 것이 바람직합니다. 처음부터 여러 방향의 빛으로 컬러링 한다면 인체의 형태와 입체감, 그림자 등 묘사하는 부분을 많이 혼동할 수 있으므로 주의합니다.

소녀 인체 컬러링

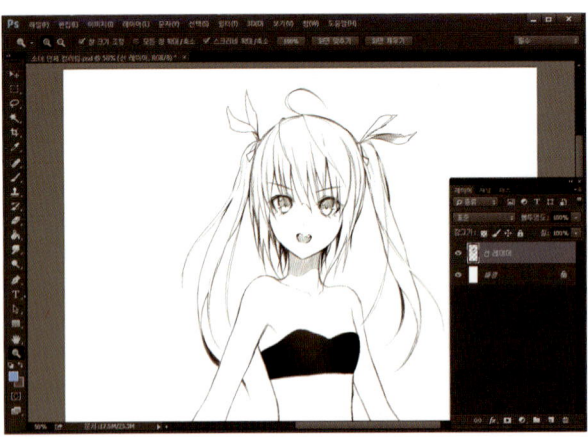

01
캔버스에 레이어를 생성합니다. 밑색을 작업할 때는 선 레이어와 배경은 반드시 분리해두어 진행합니다. 선이 배경에 합쳐진 경우 전체적으로 곱하기 레이어를 사용하여야 선이 컬러에 덮여지지 않기에 선과 배경을 확실하게 분리해두면 컬러링을 수월하게 진행할 수 있습니다.

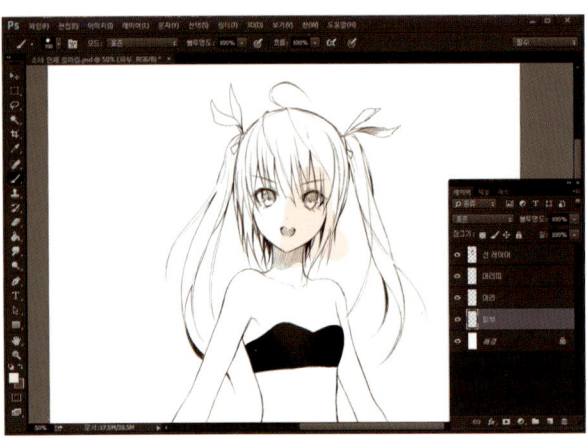

02
컬러링 레이어는 각 색별로 혹은 파츠 별로 분리하여 준비합니다. 레이어의 순서는 가장 뒤편에 가는 부분이 아래에 있다는 느낌으로 추가해주면 편리합니다.

스케치와 밑색까지의 모든 레이어 옵션은 표준입니다.

컬러링 | 169

03 피부 레이어에 브러시로 피부의 밑색을 채워나갑니다. 머리카락 레이어는 피부 레이어보다 위에 있을 예정이므로 머리카락에 삐쳐나가는 것은 지우지 않고 둡니다. 피부의 밑색은 밝은 부분 기본색으로 생각하여 주는 것이 좋습니다.

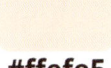
#ffefe5

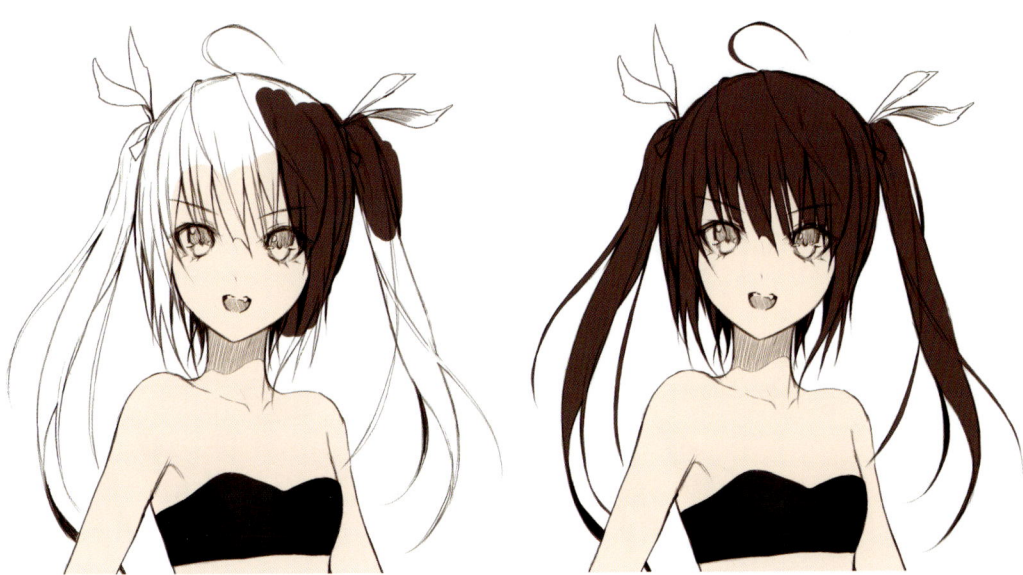

04 피부 레이어 위의 머리 레이어에서 머리카락의 밑색을 채웁니다. 섬세한 결이 많이 있으니 확대하여 색을 꼼꼼히 채워줍니다.

#5c484a

 05

가장 위 머리띠 레이어에 머리띠의 색을 채웁니다. 포인트로 붉게 채워주었습니다.

#ca3260

06 눈과 입의 레이어를 생성하여 눈동자와 입 안쪽의 색을 채워줍니다. 입 안쪽은 약간 중간 채도의 붉은빛이 생기있어 보입니다. 눈동자의 색은 자유롭게 해줍니다.

#ff8ca3   #bb555a

컬러링 | 171

 전신의 색을 깔끔하게 채워줍니다. 컬러링을 위해 레이어는 합치지 않도록 주의하고 다음 단계로 진행합니다.

 밑색을 깐 레이어에서 각 파츠의 묘사를 진행할 단계입니다.

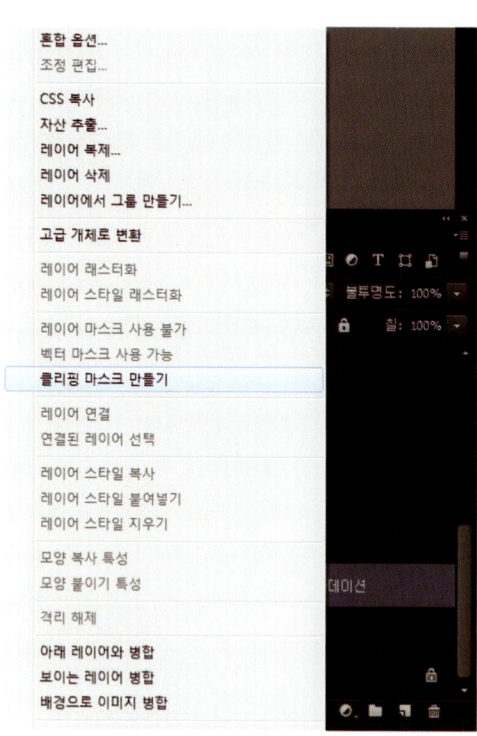

 09

생성된 레이어를 우클릭하고 피부 레이어에 클리핑하여 밑색에서 컬러가 삐쳐나가지 않도록 합니다.

혹은 레이어 사이를 Alt + 좌클릭하여 클리핑할 수 있습니다.

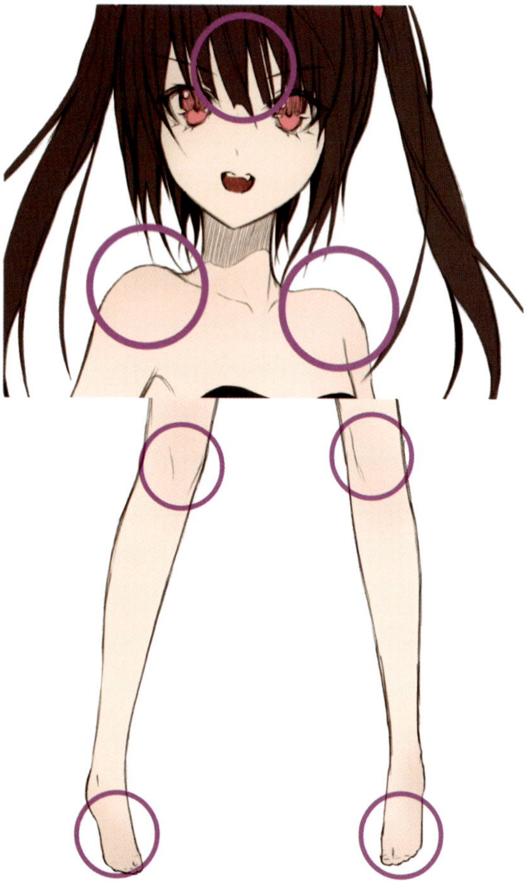

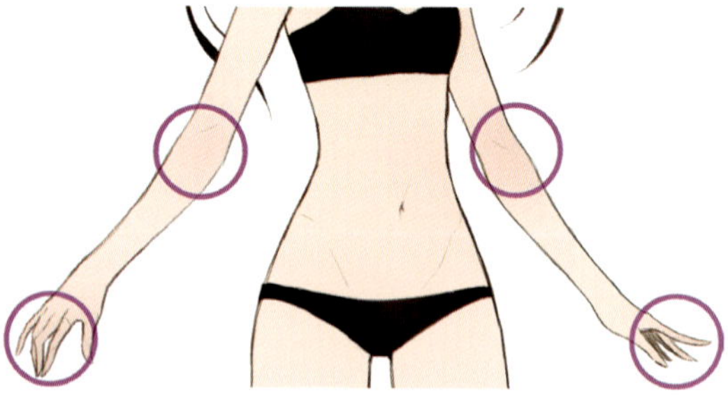

10

혈색은 에어브러시로 기본 피부색보다 약간 명도를 낮게하고 채도는 조금 높이고 붉은 느낌을 주어 표현합니다. 어깨, 팔, 손가락, 무릎, 발가락 등 표현해준다면 효과적입니다.

#f7dfd7

컬러링 | 173

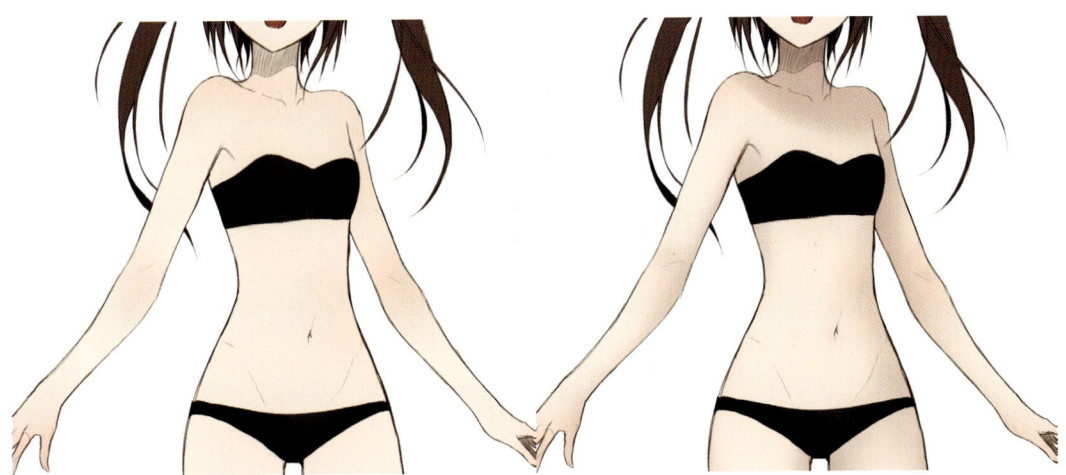

11 기본이 되는 그림자를 추가합니다. 명도를 낮추어 목 아래, 팔 뒤편, 허벅지 안쪽 등 정면에서 보았을 때 먼 부분을 위주로 넣어주어 입체감을 표현해줍니다. 에어브러시로 터치가 많이 남지 않도록 주의하면서 추가합니다.

#e4c3bc

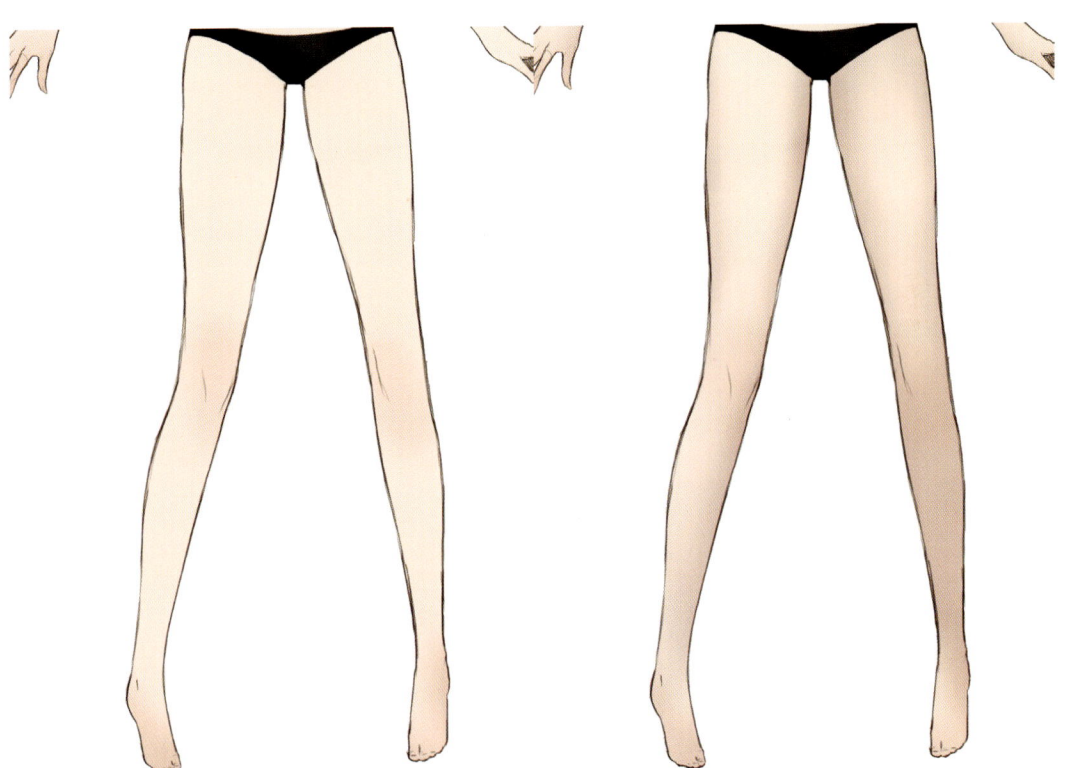

12 다리 부분에도 넣어줍니다. 캐릭터의 왼쪽 다리를 약간 뒤에 있는 느낌으로 표현하려면 조금 더 어둡게 그려주면 됩니다.

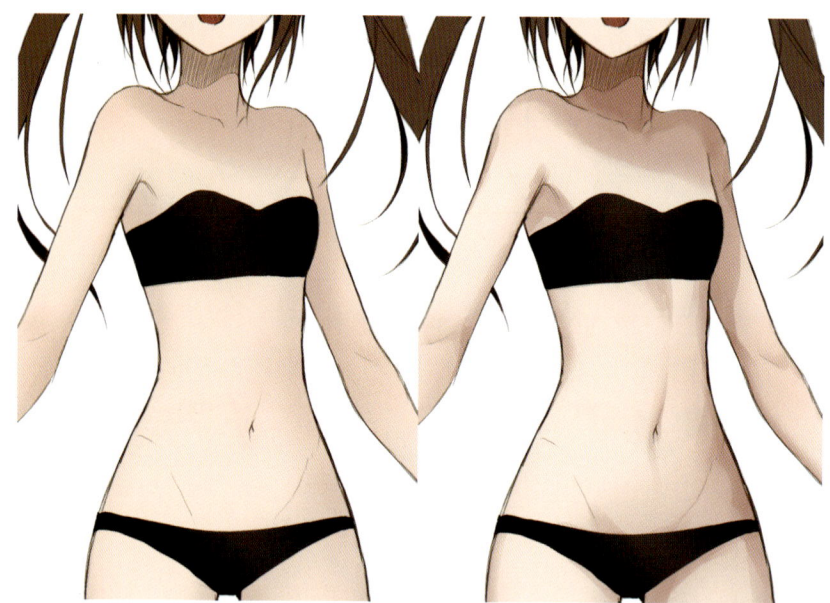

13 선명한 그림자를 표현해 나갑니다. 근처의 상에 의한 그림자나 형태의 입체감을 보여주기 위한 그림자로 일반 브러시로 작업합니다. 목 아래와 어깨의 입체적인 느낌, 골반의 들어간 느낌 등을 어둡게 해서 표현하면 좋습니다.

#bc807c

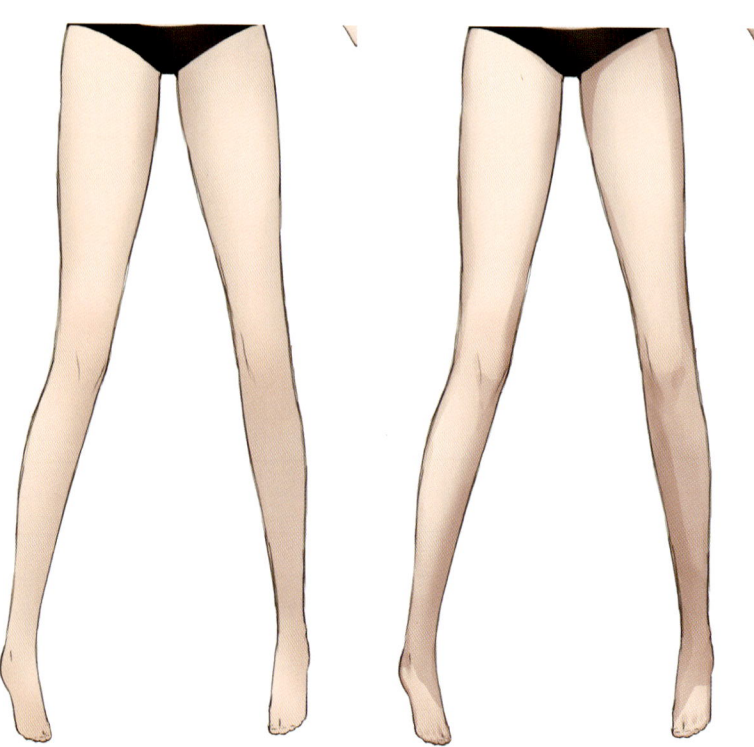

14 허벅지 안쪽의 직접적인 그림자와 무릎, 발목 등 뚜렷하게 오는 그림자를 추가하여 인체의 선명도를 올려 줍니다.

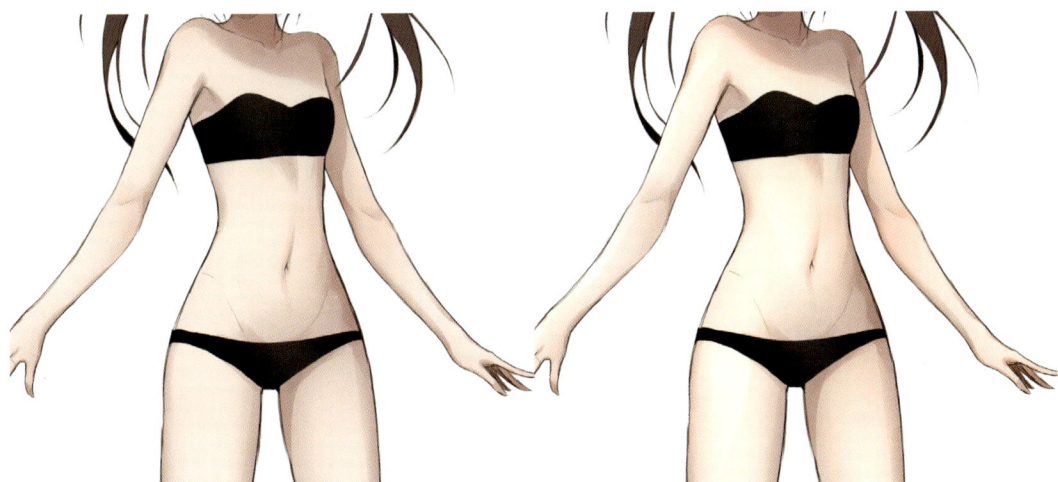

15 레이어를 하나 추가하여 색상 닷지로 둡니다. 어두운 적갈색을 선택하여 에어브러시로 밝은 부분 위주로 빛을 추가합니다. 색상 닷지는 굉장히 강렬하게 타오르는 느낌을 주는 색이므로 어두운 갈색, 적색 등을 사용하여 피부에 살짝 입혀준다면 태양광이 비치는 좋은 느낌을 낼 수 있습니다.

#482625

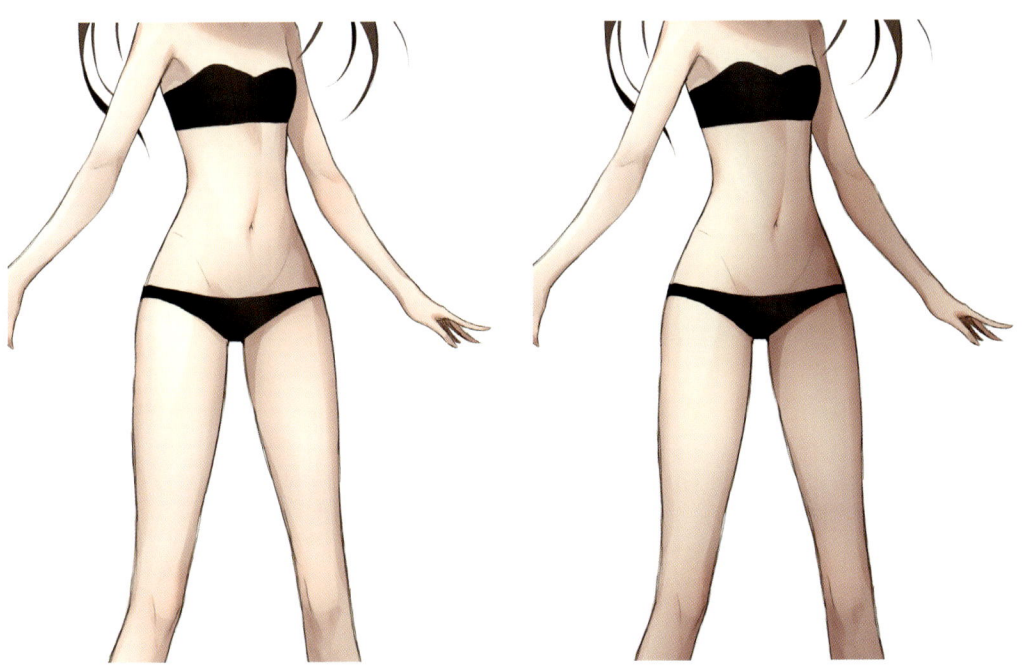

16 빛의 반대되는 방향에 그림자를 추가합니다. 비교적 먼 쪽의 색은 채도를 약간 떨어뜨리고 푸른 느낌을 준다면 보다 입체감이 있어 보여 좋습니다. 에어브러시로 약간씩 조절하며 추가합니다.

#c49cb3

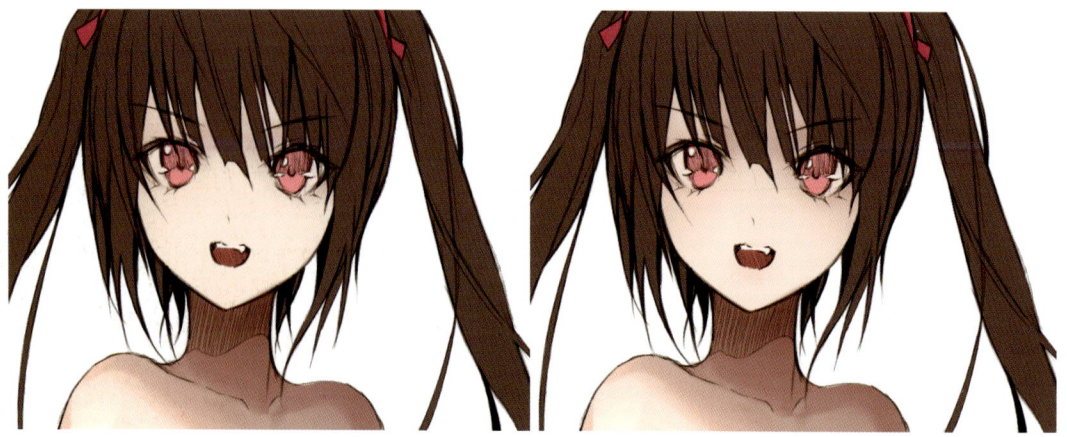

⬡ **17** 인체와 마찬가지로 얼굴에도 혈색과 그림자를 에어브러시로 조금씩 추가합니다. 얼굴의 좌우 부분과 위 부분에 음영을 넣어 입체적인 느낌이 들도록 합니다.

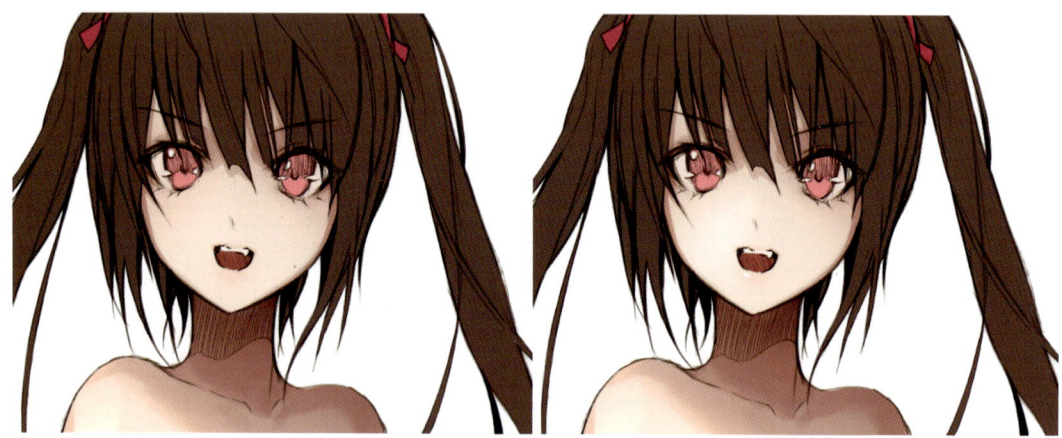

⬡ **18** 피부에 넣었던 그림자의 색을 스포이드 도구로 추출하여 얼굴 윤곽 부분과 머리카락 아래의 그림자를 표현해줍니다. 얼굴은 섬세한 느낌을 살려야 하므로 몸의 그림자보다 약간 연하게 그려주는 것이 좋습니다.

피부색보다 명도가 밝은 색을 하나 선택하여 캐릭터 얼굴 한 쪽 부분에 하이라이트를 넣어줍니다. 하이라이트는 얼굴 형태의 입체감을 부여해줍니다.

#fef3ee

컬러링 | 177

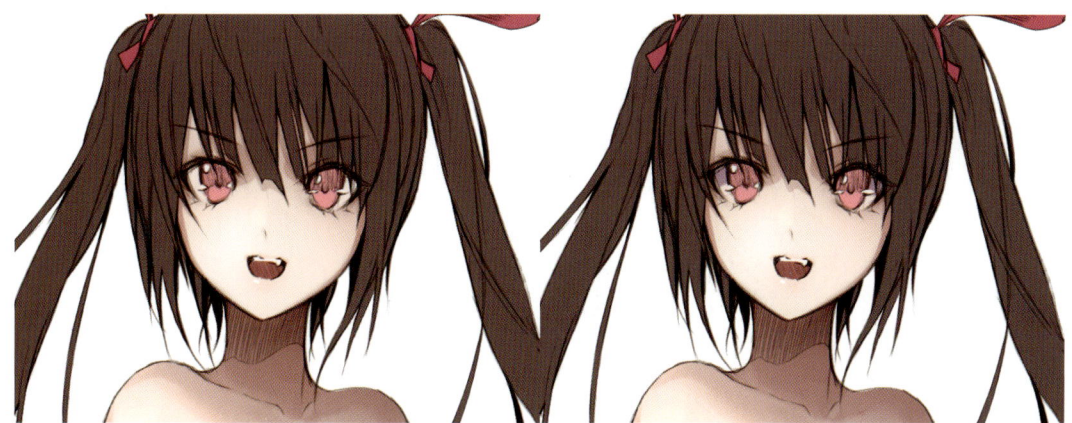

19 눈의 흰자를 묘사합니다. 흰자는 채도를 약간 떨어뜨리고 그림자를 푸르게 그려주어 피부색과 다른 흰색 느낌이 들도록 해줍니다.

흰색 느낌이 들도록 하기 위해 그냥 백색을 쓴다면 색이 떠 보여 이질감을 줄 수 있습니다. 채도를 낮추거나 푸른 그림자를 주어 눈 흰 자가 흰색이라는 느낌을 주도록 합니다.

#ac7d9d   #f9eaea

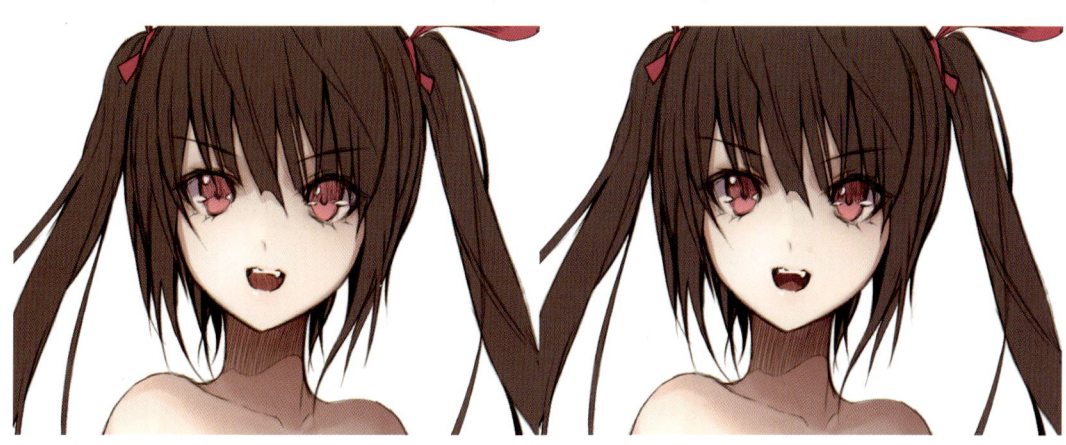

20 곱하기 레이어를 생성하여 눈 윗부분과 입 안쪽의 그림자를 추가합니다. 이 그림자는 눈과 입이 보다 얼굴에 붙어있는 느낌을 줍니다.

#b05e70

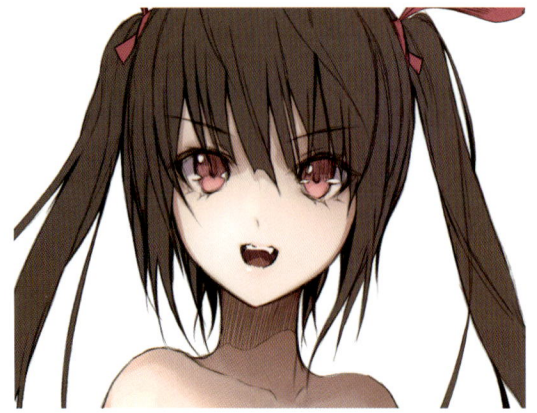

 눈동자에 밝은 부분은 명도를 조금 올려 색조를 약간 난색으로 바꾸어 사용합니다. 이 밝은 부분은 생기 있는 눈빛을 만들어줍니다.

#ffacb5

#49373b

㉒ 머리카락 아래쪽으로 그라데이션을 줍니다. 그라디언트 도구 혹은 에어브러시로 머리카락 기본색보다 약간 어두운색으로 부드럽게 표현합니다. 이 그라데이션은 빛이 위에서 아래로 오는 느낌을 자아내줍니다.

㉓ 머리카락 결의 그림자는 명도뿐 아니라 채도를 약간 올려서 표현합니다. 명도만 너무 떨어뜨리면 탁한 느낌을 받을 수 있기에 채도를 약간 올려서 그림자의 색이 도드라지게 해주어야 합니다.
곱하기 레이어 혹은 표준 레이어로 작업합니다.

#3b222f

24

머리카락의 밝은 부분을 그려줍니다. 인체의 컬러처럼 한 쪽에서 빛이 흐르는 느낌을 주어 입체감을 표현합니다.
색상 닷지 레이어 혹은 표준 레이어로 작업합니다.

#9f7773

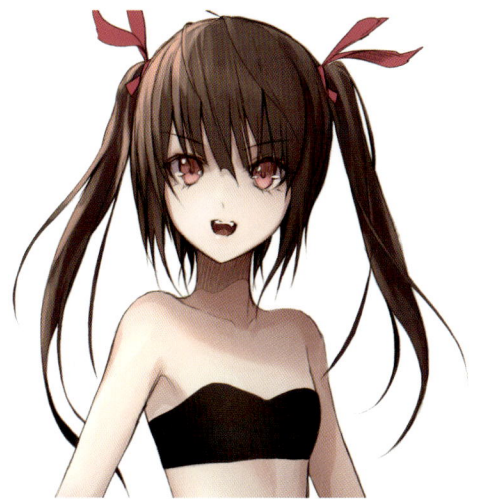

25

색상 닷지 레이어를 추가하여 머리카락의 하이라이트를 빛 받는 쪽에 추가합니다. 빛을 받는 부분 전체에 그려지게 되면 오히려 더 평면적인 느낌이 날 수 있으니 빛이 강조되는 부분을 약간만 그려줍니다.

#5f544d

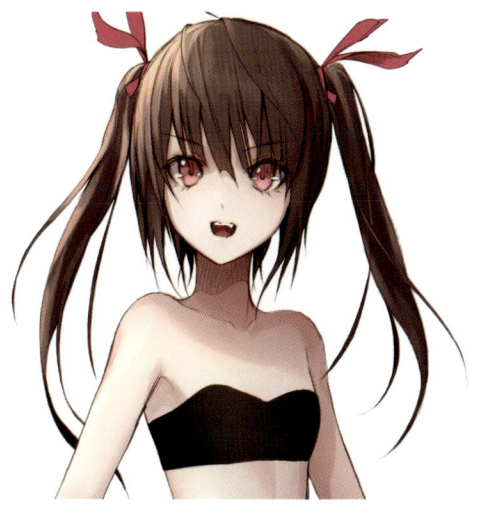

26

색상 닷지 레이어를 하나 더 추가하여 머리카락의 빛의 흐름이 자연스러워 보일 수 있도록 에어브러시를 크게 키워서 전체적으로 추가합니다. 빛을 받는 부분은 터치를 많이 하여 느낌을 더 내어줍니다.

#4c422b

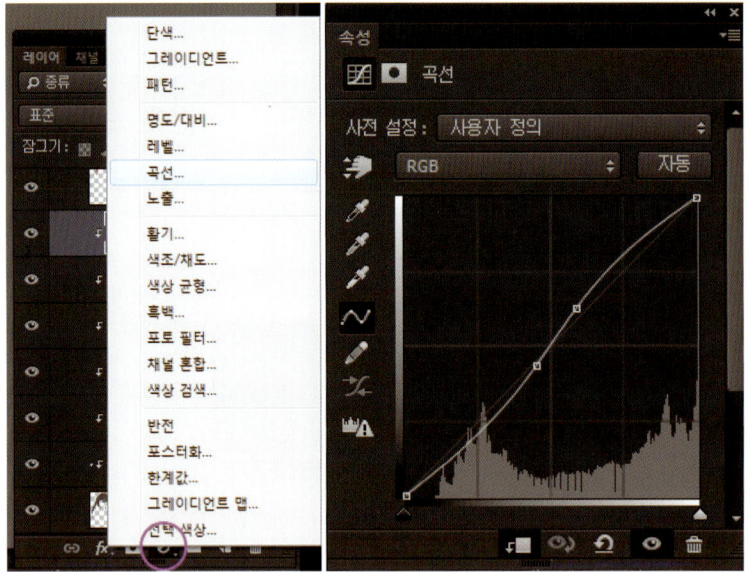

27 머리카락의 묘사 후 밝기와 콘트라스트의 조절이 필요하여 곡선을 사용하기로 하였습니다. 레이어 패널 아래 버튼을 눌러 곡선 레이어를 생성합니다. 곡선의 아래는 어두운 부분, 위는 밝은 부분의 영역에 관여 하므로 아래는 낮게, 위는 높게 해서 선명도를 올려줍니다.

28 머리카락과 피부에 곡선이 적용된 이미지입니다.

컬러링 | 181

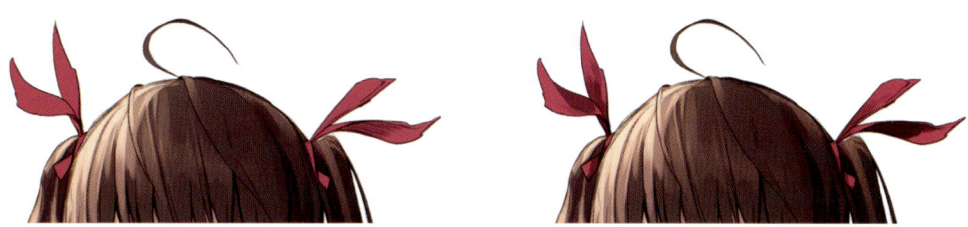

29 머리띠는 약간 명도만 낮추어 음영을 표현해주어 마무리합니다.

30 완성된 소녀 컬러링입니다.

남자 인체 컬러링

남자 캐릭터의 인체 컬러링도 소녀 캐릭터와 마찬가지로 피부, 머리, 눈과 입 등 파츠별 레이어로 나누어 진행합니다. 남자 캐릭터는 여자와 소녀 캐릭터에 비해 피부가 두꺼운 느낌으로 혈색이 덜 들게끔 컬러를 칠하고 근육 묘사를 섬세히 진행해주어야 피부 느낌의 차이를 줄 수 있습니다.

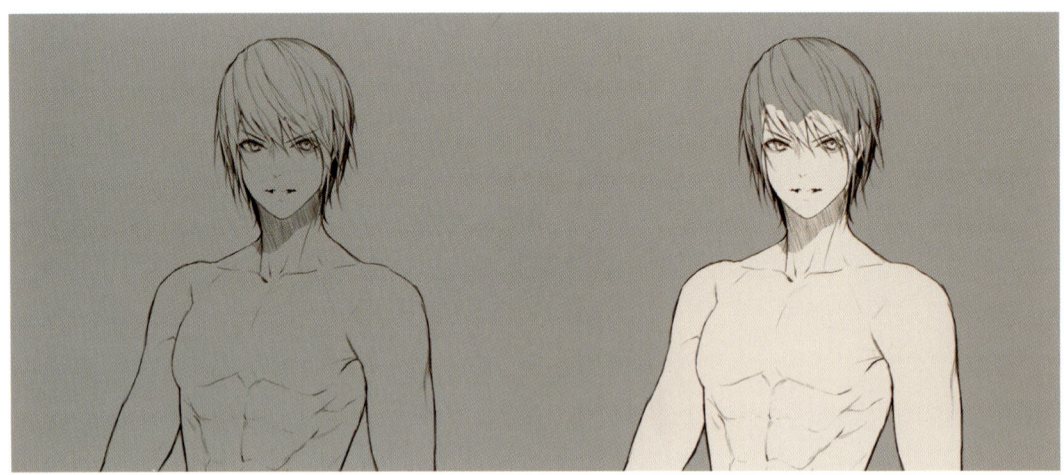

01 캐릭터의 피부와 머리카락 등이 밝은 색으로 들어갈 예정으로 배경 레이어에 회색을 채워 피부와 머리카락의 색이 잘 보이도록 만들어줍니다. 그 후 피부색을 채워줍니다. 피부색은 여자 캐릭터보다는 채도가 떨어진 느낌으로 채워주어 다른 피부 느낌을 줍니다.

#e7d9d0

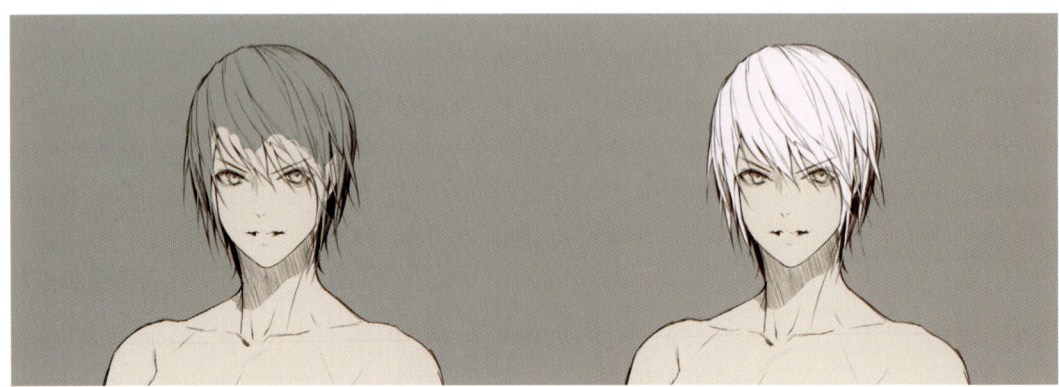

02 머리 레이어를 생성하여 머리카락의 색을 채워줍니다. 묘사할 때 편리하도록 스케치 선을 따라 섬세히 칠해주어 삐쳐나가는 곳이 없도록 해줍니다.

캐릭터 머리카락은 밝은 색으로 칠하더라도 반드시 피부색과 구별이 되는 색을 사용합니다.

#f3e8f2

03

레이어를 하나 생성하여 눈동자와 입을 칠해줍니다. 남자 캐릭터의 입은 소녀와 달리 흰색으로 채워 이빨이 약간 드러나는 듯한 느낌으로 남자다움을 표현해줍니다.

#8e71a9

04

나머지 피부색도 깔끔하게 채워 묘사를 준비합니다. 전체적으로 밑색을 깐 이미지입니다.

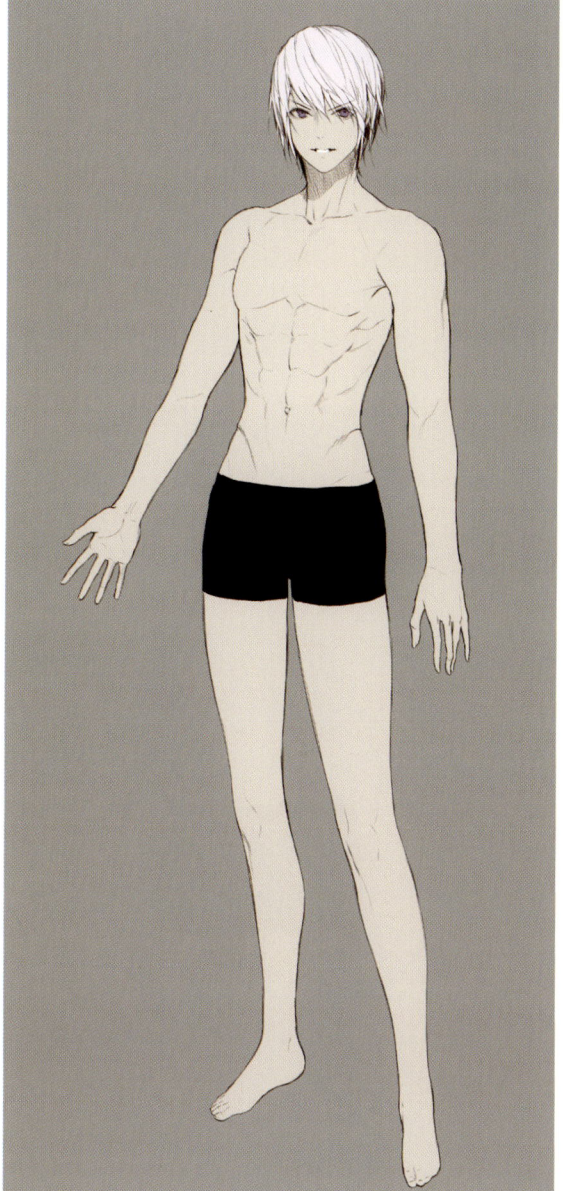

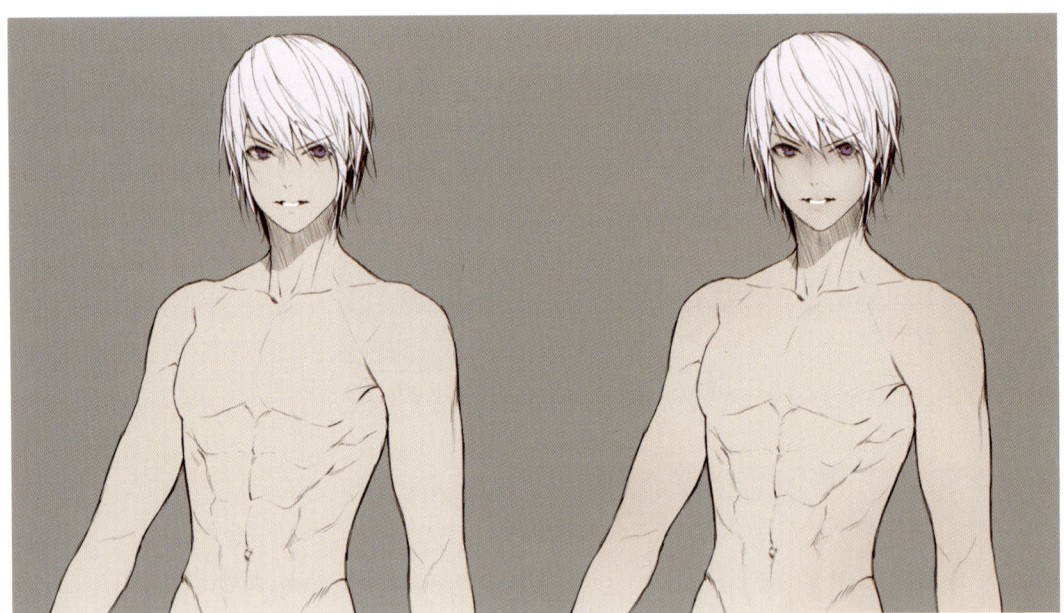

05 레이어를 추가하여 표준이나 곱하기로 둔 뒤 혈색을 추가합니다. 소녀 캐릭터와 달리 채도를 떨어뜨린 색으로 추가하여 피부의 두꺼운 느낌을 보여줍니다. 남녀 상관없이 피부가 얇을수록 분홍색, 적색의 느낌이 납니다.

#dac4bf

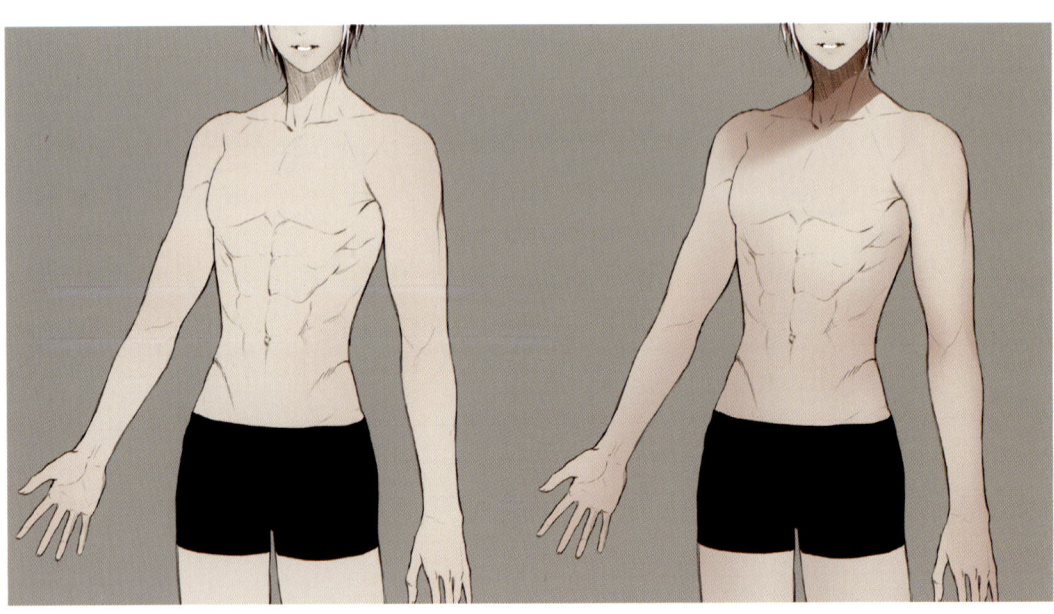

06 목 아래와 허리 등 기본이 되는 그림자를 추가합니다. 피부의 입체감과 목 아래 그림자 등 직접적으로 보이는 그림자의 묘사입니다.

#9e6f68

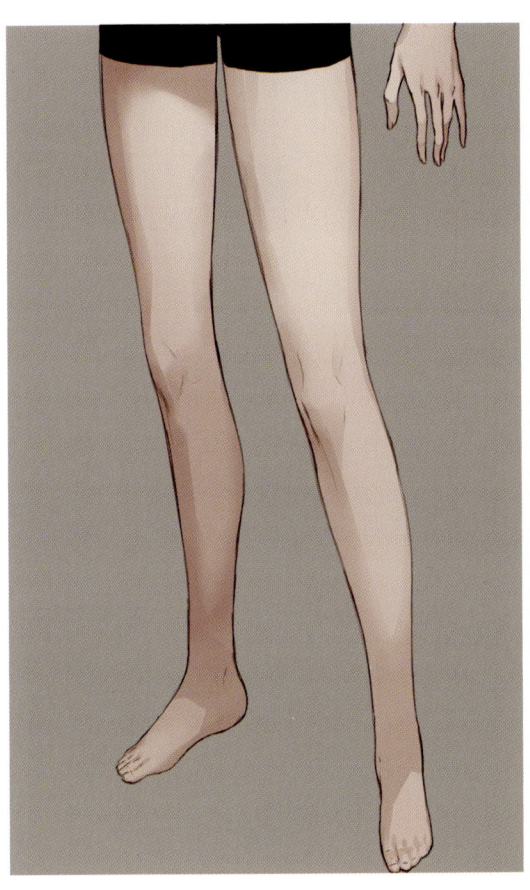

07 다리도 그림자의 묘사를 진행합니다. 뒤쪽 다리는 조금 더 어둡게 칠해서 확실히 뒤에 있는 느낌을 줍니다.

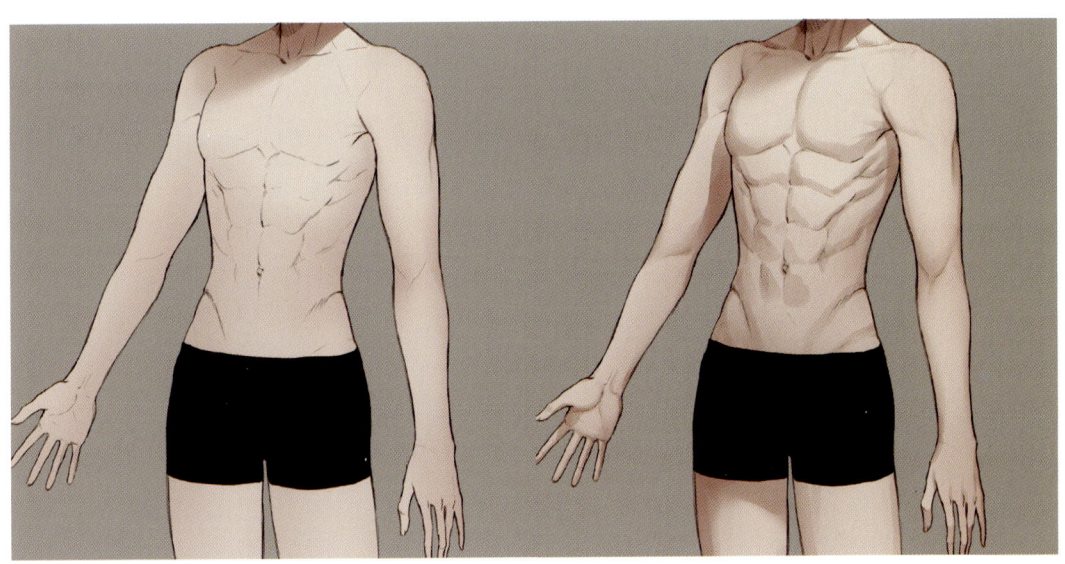

08 일반 브러시로 근육이 나뉘는 부분과 근육의 입체감을 묘사합니다. 특히 가슴과 복근은 남자 캐릭터의 매력 부분이 되므로 섬세히 묘사합니다. 각 근육은 약간 솟아올라있다는 느낌으로 그림자를 아래와 양옆으로 주면 좋습니다.

#a67870

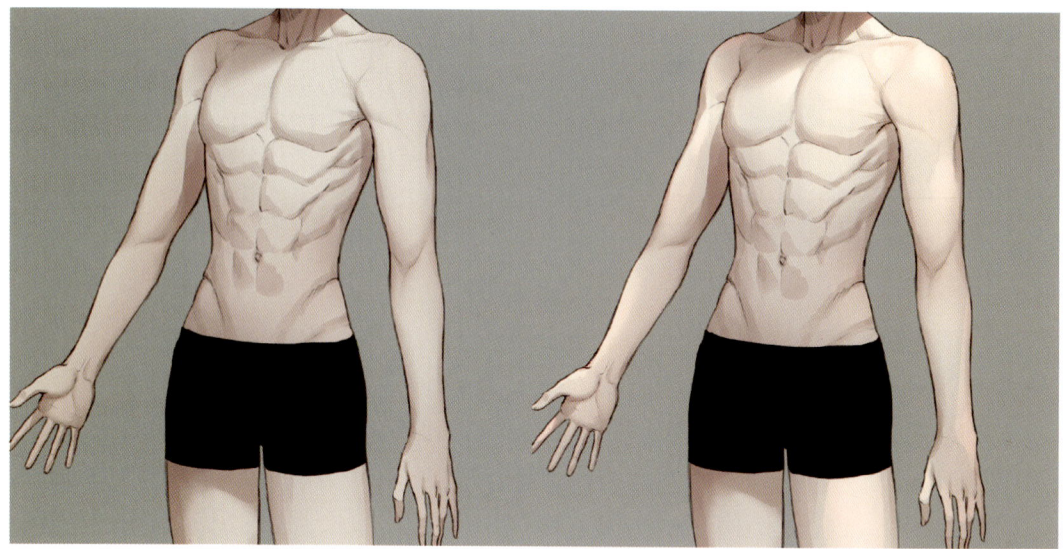

09 색상 닷지 레이어를 추가하여 어두운 갈색 느낌으로 피부의 하이라이트를 추가합니다. 에어브러시를 사용하여 터치 느낌이 크게 남지 않도록 해줍니다.

#351719

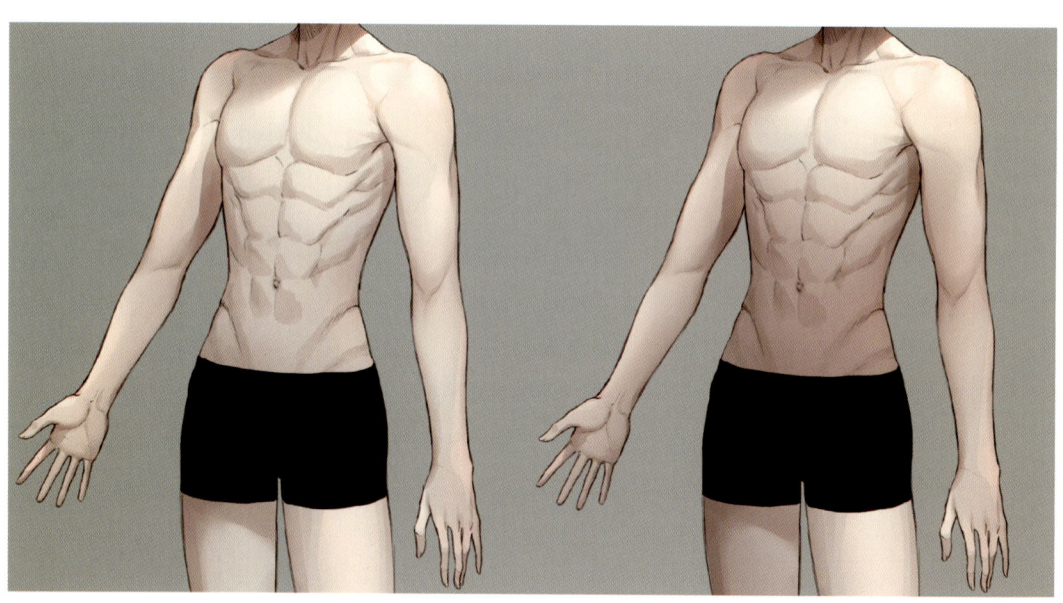

10 곱하기 레이어를 추가하여 에어브러시로 전체적인 양감을 보여주는 그림자를 추가합니다. 터치의 느낌이 남지 않도록 뒤쪽 어깨와 배 아랫부분 등 그림자를 추가해줍니다.

#b79091

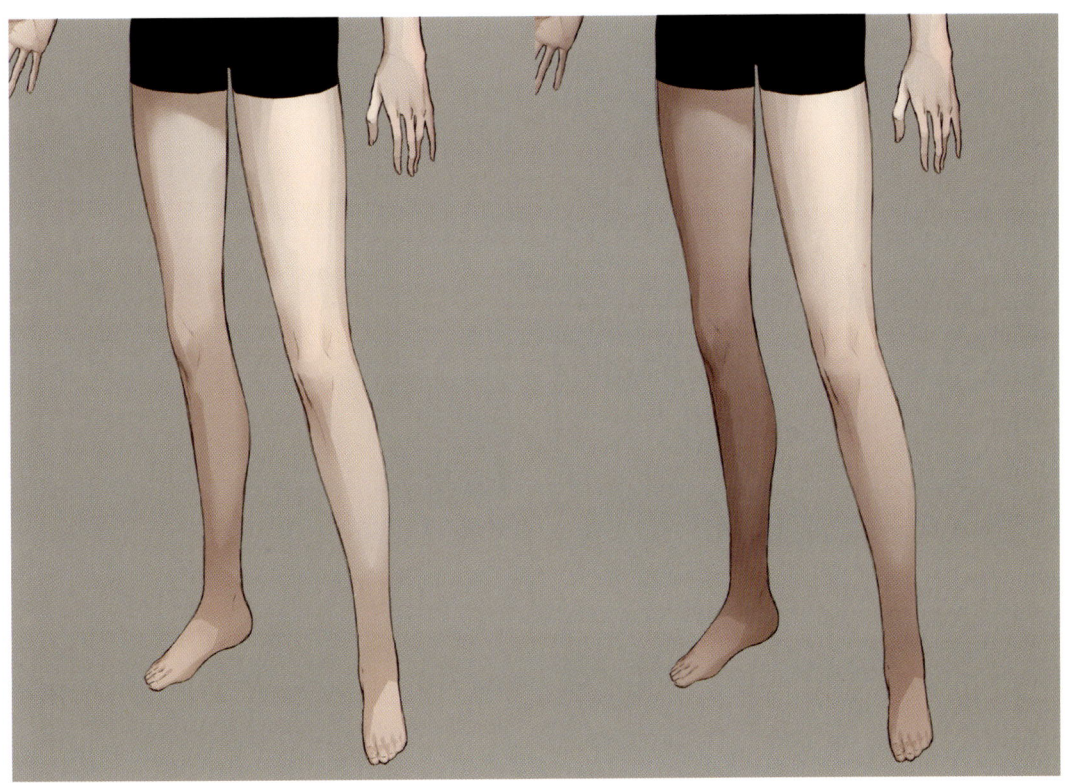

11 다리 뒤쪽과 발 부분에 갈수록 어두운 느낌을 주어 입체감을 표현합니다. 발 등은 너무 어두워지지 않도록 하여 발이 찌그러진 느낌이 들지 않도록 주의합니다.

12 표준 레이어 혹은 곱하기 레이어로 눈 아래, 이마, 볼 등 얼굴의 음영을 작업합니다. 피부의 그림자의 색을 스포이드로 추출해서 사용하여 자연스러운 느낌을 줍니다.

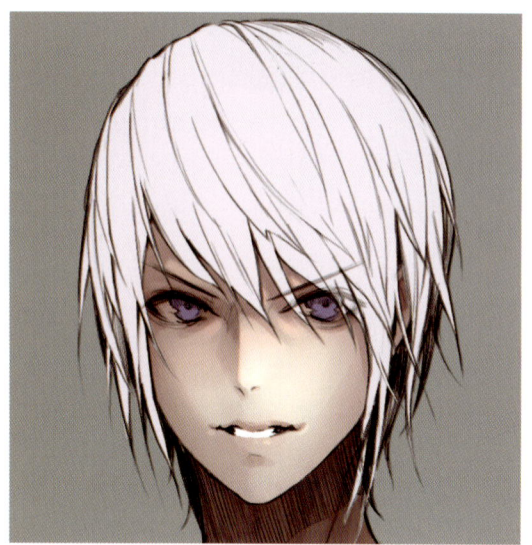

 13

인체의 하이라이트를 넣은 것과 마찬가지로 색상 닷지 레이어로 얼굴의 중앙 부분에 하이라이트를 넣어줍니다. 강하게 넣으면 입이 튀어나온 인상을 줄 수 있으므로 너무 강하게 넣지 않도록 주의합니다.

#351719

 14

눈 흰자 부근에 그림자를 넣어줍니다. 약간 푸른색을 넣어 피부 색과는 다른 부분임을 의식하게 해줍니다.

#a7899e

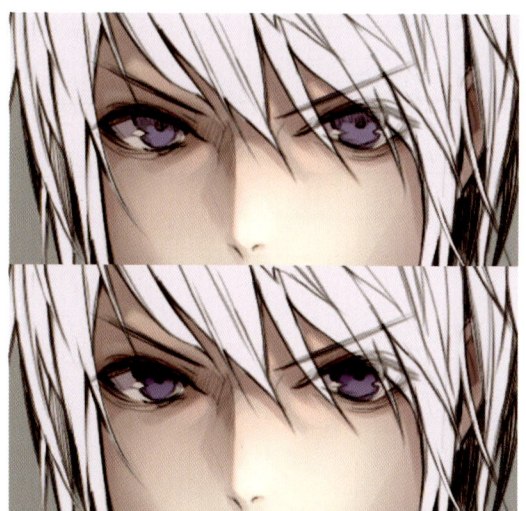

 15

눈동자의 그림자를 추가합니다. 어두운색을 선택하여 표준 레이어로 넣어주거나, 중간색을 선택하여 곱하기 레이어로 넣어줍니다.

#1e122e

16
눈동자의 하이라이트는 채도와 명도를 올려 사용하여 눈빛의 생기를 줍니다.

#b086e7

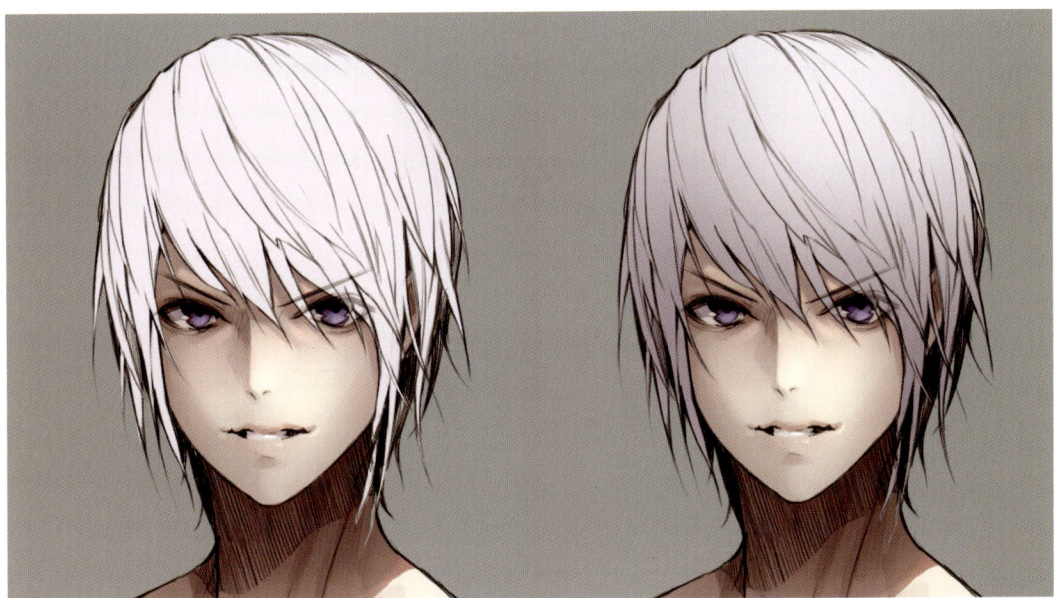

17 머리카락에 에어브러시나 그라디언트 도구로 그라데이션을 아래쪽으로 부드럽게 깔아줍니다.

#ae96aa

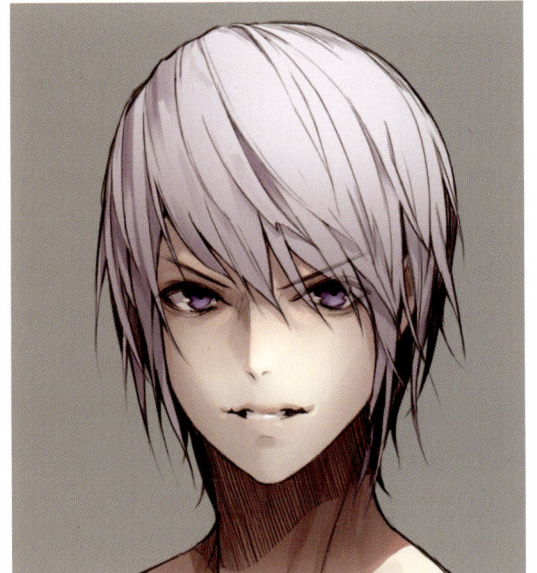

18 곱하기 레이어를 추가하여 머리카락 결을 따라 그림자를 추가합니다. 그림자는 한 쪽에 약간 치우치는 느낌을 주어 빛의 방향을 알 수 있게 해줍니다.

#ab90a9

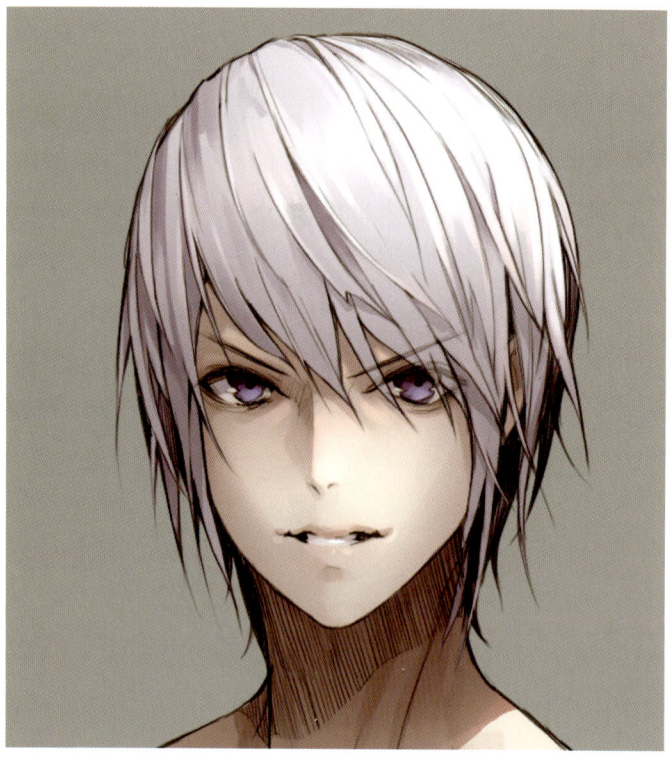

컬러 닷지 레이어를 생성하여 머리카락의 하이라이트를 추가합니다. 인체보다 머리카락의 색이 밝으므로 인체의 하이라이트를 넣은 갈색보다 더 어두운색을 선택하여 넣어주어야 색이 뜨지 않습니다. 조금이라도 더 밝은 갈색으로 컬러 닷지를 넣어주면 아주 백색으로 색이 빛바래 보이게 되므로 주의합니다.

#271d12

곱하기 레이어를 추가합니다. 머리카락의 아랫부분에 에어브러시를 사용하여 그림자를 추가하여 피부와 밝기를 맞추어줍니다.

#b396b4

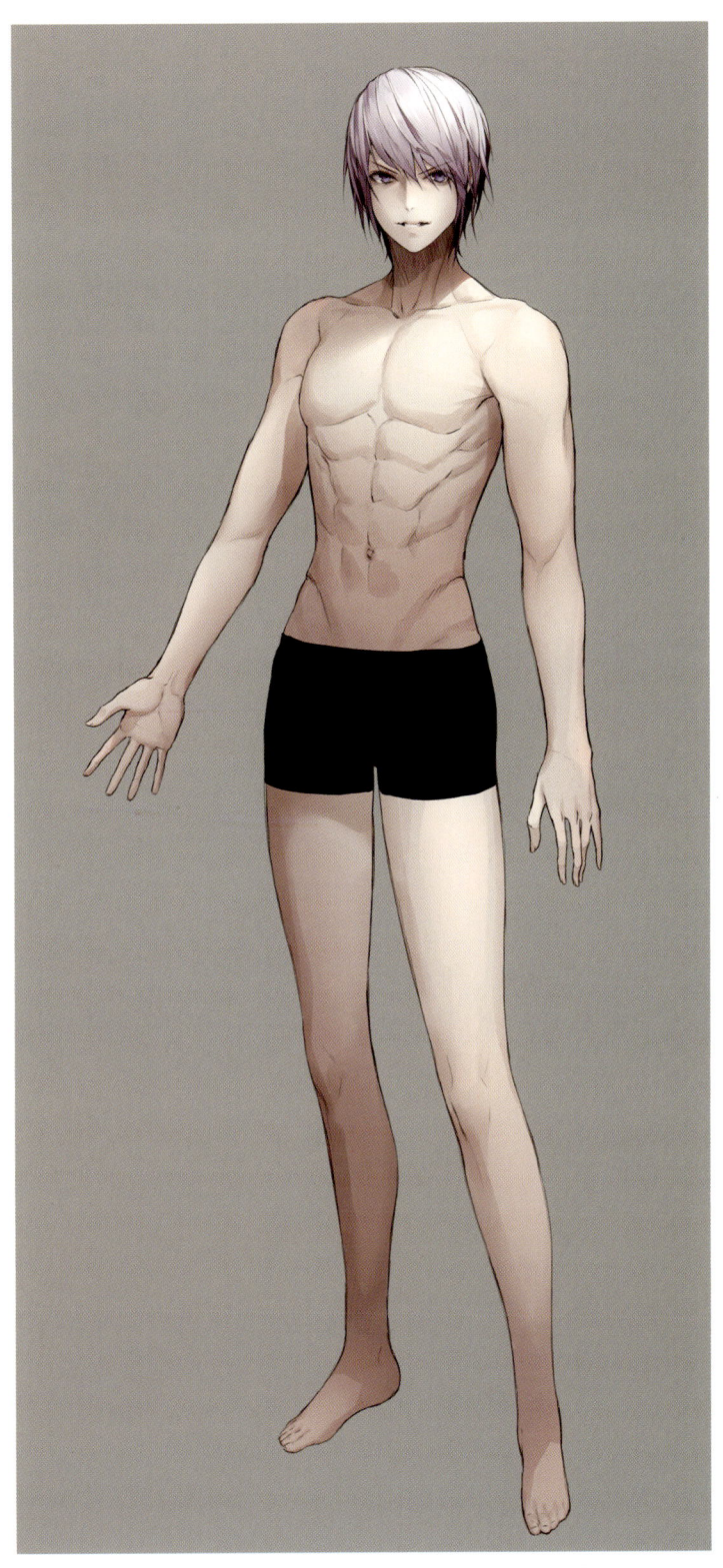

21 곡선 레이어를 사용하여 밝기와 어둡기를 보정합니다.
완성된 남자 컬러링입니다.

컬러링
의상 컬러링

의상에 분위기와 느낌을 부여하기 위해선 재질감과 색을 알 수 있는 컬러링이 필수입니다. 같은 실루엣, 같은 스케치라도 컬러링을 어떻게 진행하냐에 따라 느낌은 천차만별이 됩니다. 재질, 색마다의 여러 가지 컬러링 표현을 익혀두어 일러스트를 다채롭게 만들도록 합니다.

소녀 의상 컬러링

01

의상 컬러링을 진행하기에 앞서 인체 컬러링을 진행해두고 그 위에 의상 스케치를 하여 컬러링을 착수합니다. 인체의 입체감을 표현하고 나서 스케치를 입히는 방식이기에 의상을 보다 인체에 자연스럽게 입혀진 느낌으로 그려낼 수 있습니다.

상황에 따라 인체를 러프하게 양감만 표현하고 의상을 입히는 경우도 있고, 같이 그려나가는 경우도 있으니 자신에게 맞는 방법으로 접근하도록 합니다.

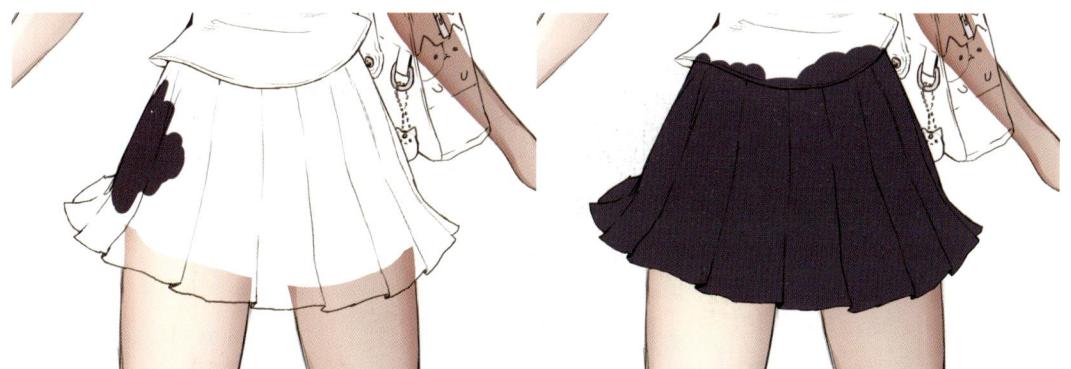

02 남색으로 치마의 밑색을 채웁니다. 클래식한 세일러복에 가장 기본인 색입니다.

#353651

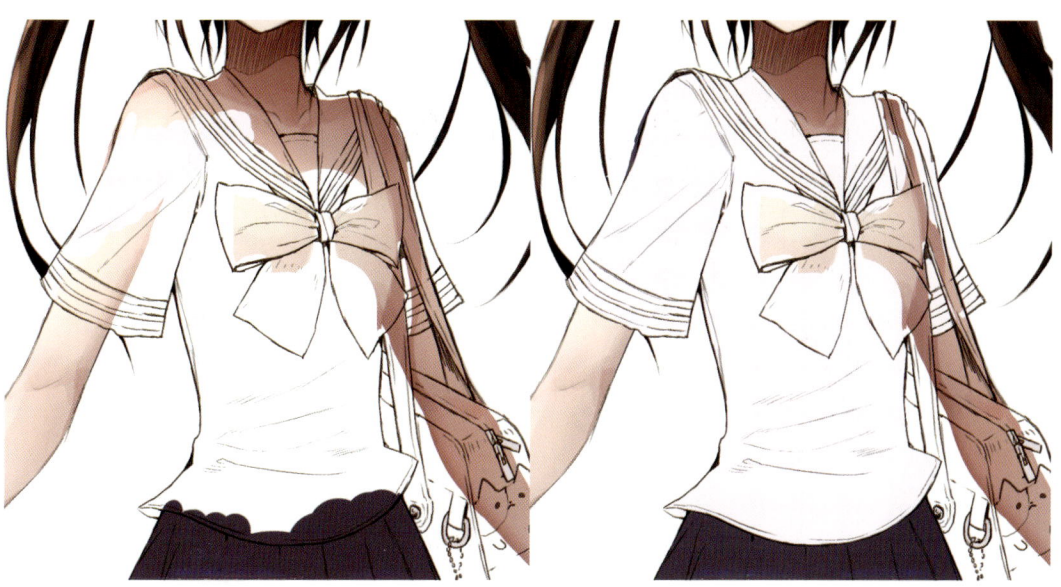

03 세라복 상의에 베이스가 되는 흰색을 채웁니다. 밑색을 깔아줄 때 흰색이라도 완전한 백색은 쓰지 않도록 합니다.

#fbf6ff

카라와 소매 단에 남색을 채워주어 세 라복의 밑색을 끝냅니다. 실루엣 밖으 로 색이 튀지 않도록 합니다.

#33365c

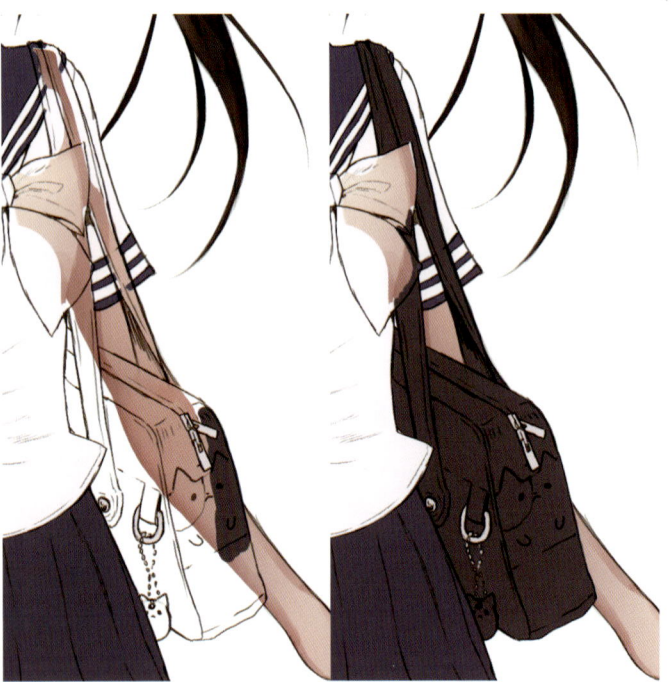

어두운 회색으로 가방의 밑색을 깔아 줍니다. 캐릭터를 돋보이게 하는 부과 적인 장식으로 눈에 튀지 않는 색으로 해주는 것이 좋습니다.

#353651

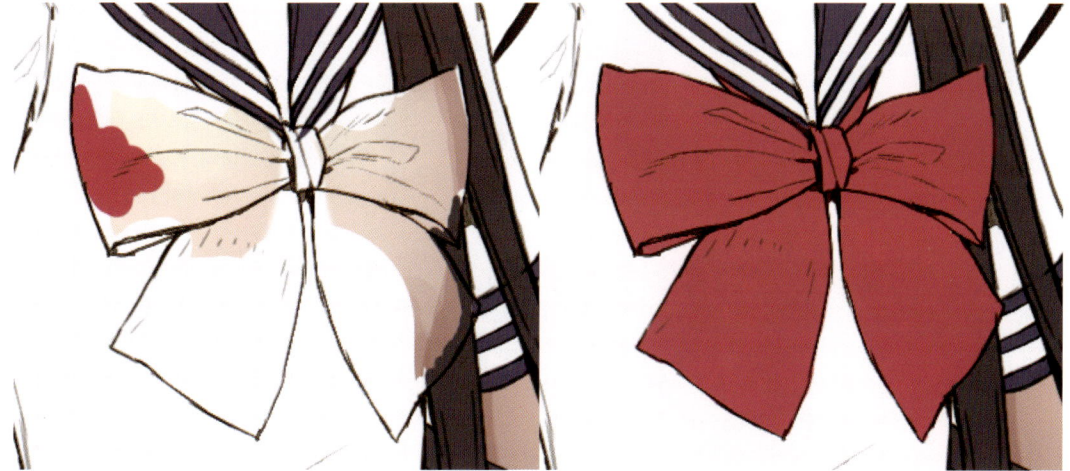

06 포인트가 되는 리본 장식의 밑색은 채도를 강하게 하여 눈에 띌 수 있도록 해줍니다. 주변 색이 푸른색이나 회색으로 대체로 한색이기에 난색을 사용하면 효과적입니다.

#c81351

07 전체의 색이 통일되면 색상이 단조로울 수 있으니 스타킹의 색은 조금 다른 색으로 깔아줍니다.

#644650

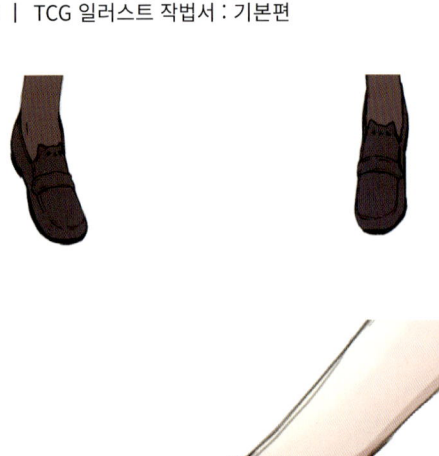

08

#3d3240

신발의 밑색을 깔아줍니다. 신발은 크게 눈에 띄지 않도록 저채도로 깔아 주었습니다.

09

팔찌는 영역이 적고 눈에 띄지 않으므로 자유로운 색으로 진행해줍니다.

#de4c62

10

가방의 포인트 무늬는 세 가지로 주었는데, 각자의 색이 어색하지 않도록 색조의 차이가 크지 않은 계열 색을 넣어줍니다.

#ac5c75   #bc969b   #e6dade

11 밑색이 모두 작업된 모습입니다.

12 곱하기 레이어를 추가하여 상의 레이어에 클리핑해준 뒤 상의에 아래쪽으로 그라데이션을 에어브러시로 부드럽게 밀어줍니다. 모든 파츠에는 대부분 그라데이션 작업을 먼저 하고 진행하면 묘사를 할 때 다채로운 느낌을 낼 수 있습니다.

#e6dffd

13 아까보다 더 어두운색으로 허리와 돌아가는 부근을 터치하여 입체감을 표현합니다.

#c7beeb

곱하기 레이어를 새로 추가하여 일반 브러시로 주름의 묘사를 진행합니다. 스케치와 마찬가지로 소매는 재단 선에서 아래로 떨어지듯 주름을 넣고, 배 부분은 좌우로 살짝 당겨주듯 주름을 넣습니다. 리본 아래와 겨드랑이 등 직접적으로 그림자가 지는 부분도 터치합니다.

#9890c1

색상 닷지 레이어를 추가하여 어두운 난색의 색상으로 빛 받는 부분을 터치하여 태양광의 느낌을 내줍니다. 상의가 흰색의 느낌이기에 많이 어두운색을 써주어야 색이 빛이 바래 보이지 않습니다.

#1d1a11

 색상 닷지 레이어를 생성하여 푸른색으로 소매 아랫부분, 배 우측 부분, 뒤편 소매 부분을 터치하여 반사광을 표현합니다. 이 반사광은 의상의 얇은 느낌과 입체감을 보여줍니다.

#605395

 카라에 색상 닷지로 아래쪽을 터치하여 입체감을 조금 내줍니다.

#393f60

18

곱하기 레이어를 추가하여 목 근처의 위쪽 부근을 터치합니다.

#8572a5

19 목 아래 그림자를 추가로 그려주고, 색상 닷지 레이어로 카라의 밝은 부분을 표현합니다. 밝은 부분은 상의와 위치가 같은 쪽으로 주어 빛의 위치를 통일시킵니다.

#68606a

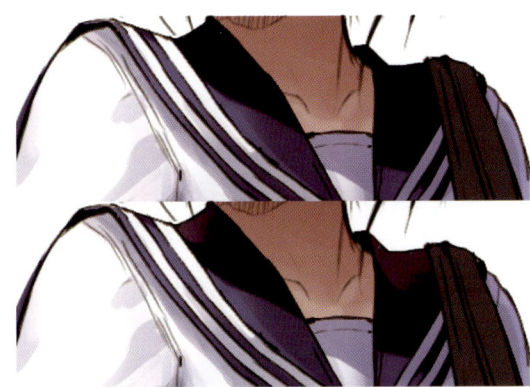

20 색상 닷지 레이어를 다시 하나 생성하고 목 근처에 반사광을 넣어주어 색이 너무 탁해지지 않도록 하면서 입체감을 줍니다.

#605395

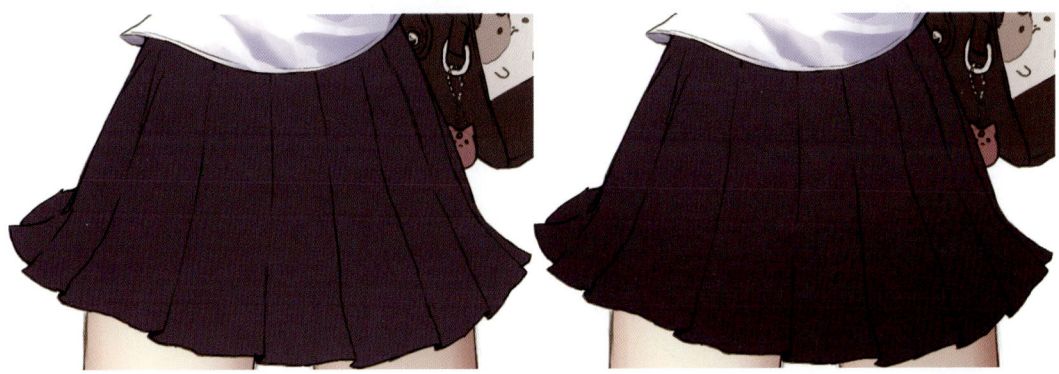

21 치마 레이어 위에서 곱하기 레이어를 하나 생성하여 클리핑하고 에어브러시로 아래와 우측을 그라데이션 넣어줍니다.

#5b6087

22

색상 닷지 레이어로 치마 윗부분에 그라데이션을 넣어 볼륨감을 가중시킵니다.

#3c425a

23

다시 곱하기 레이어를 추가하여 아래와 우측으로 그라데이션을 넣어줍니다. 하나의 레이어로 레이어 옵션을 중첩시키는 것보다 레이어를 겹치면서 중첩시키면 수정도 용이하고 레이어의 옵션이 효과적으로 잘 들어갑니다.

#3f4261

24

곱하기 레이어를 추가하여 푸른색으로 주름을 표현합니다. 치마의 주름이 한 쪽 방향으로 흐르는 것을 알 수 있도록 주름이 일정한 느낌이 들게끔 표현합니다. 좌측과 우측 주름은 약간 폭이 얇은 느낌을 주어 돌아가는 입체감을 보여줍니다.

#414479

25

레이어를 하나 추가하여 색상 닷지로 바꾸고 왼쪽으로 빛을 많이 받는 부분을 그려줍니다.

#797477

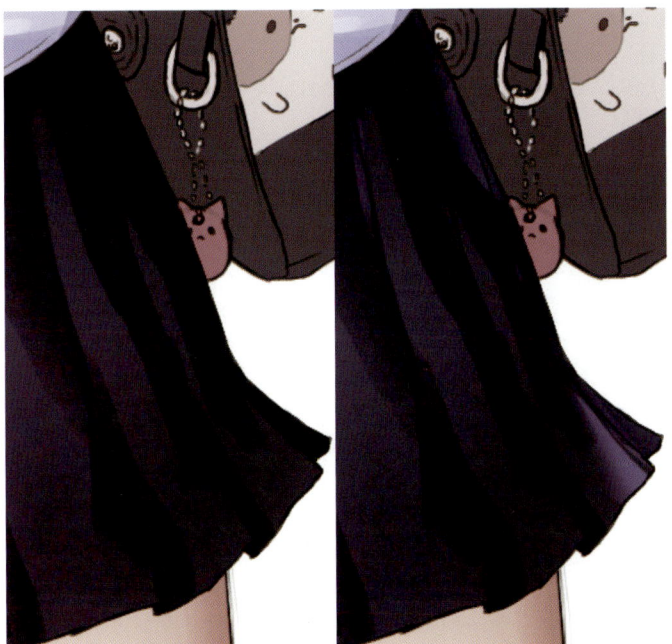

 색상 닷지 레이어를 추가하여 반사광을 넣어주고 치마의 묘사를 마칩니다.

#96838d

 리본 레이어에 곱하기 레이어를 클리핑하여 베이스 그림자를 깔아줍니다. 리본의 양감을 생각하며 묶이는 부분, 안쪽 부분 위주로 터치합니다.

#923f77

28

곱하기 레이어를 추가하여 리본의 묶이는 부분 아래 중앙 주름 등을 묘사합니다.

#513a7b

29

색상 닷지 레이어를 추가하여 에어브러시로 하이라이트를 그려줍니다. 한 쪽 부근에만 그려주어 입체감을 줍니다.

#593134

30

곱하기 레이어로 가방의 그림자를 넣어줍니다. 어깨끈 위쪽의 머리로 인한 그림자, 가방 안쪽의 그림자, 가방끈으로 인한 가방 윗부분의 그림자 등 주변 요소로 인해 드리우는 그림자를 그려줍니다.

#685a7e

컬러링 | 205

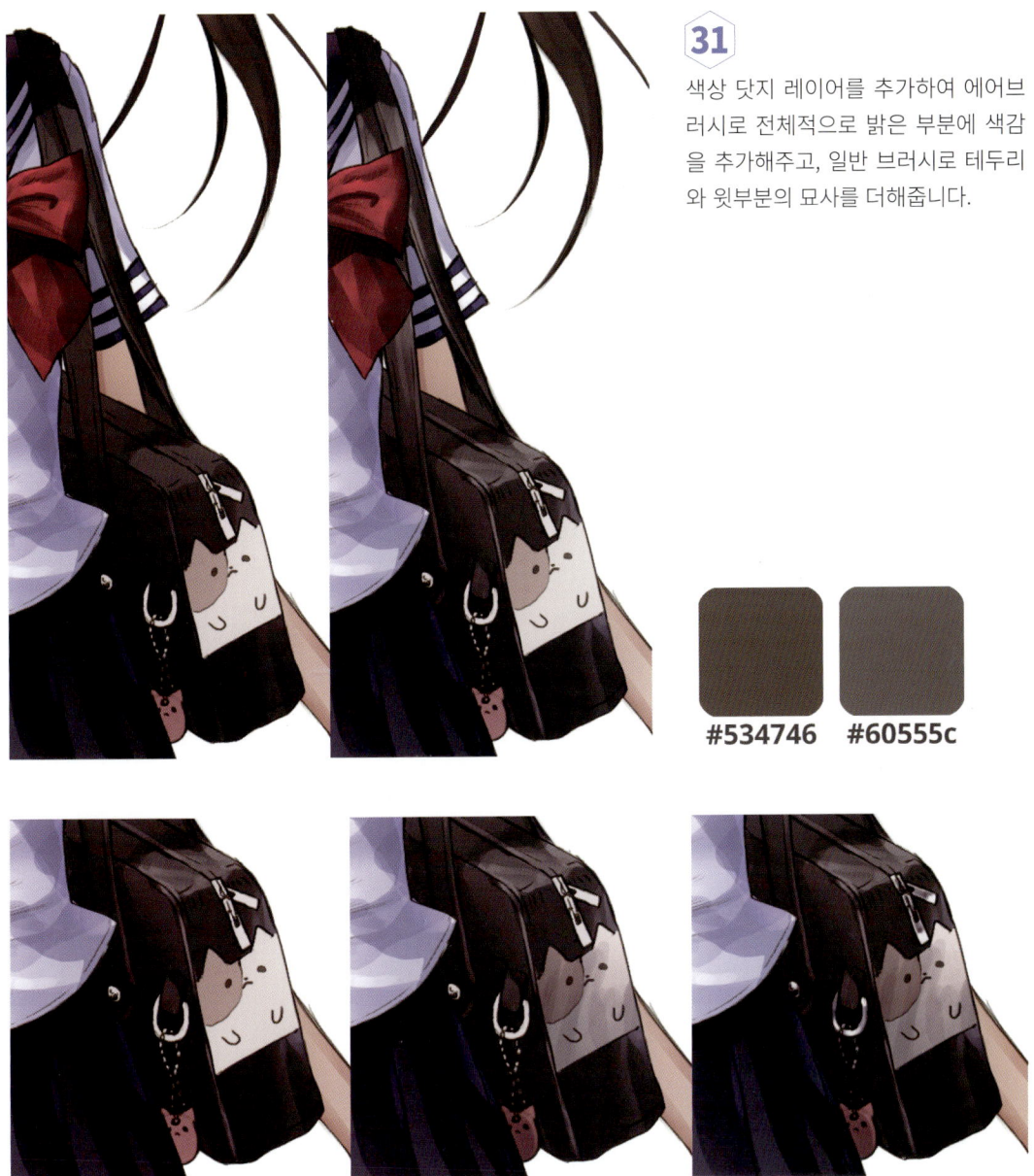

31 색상 닷지 레이어를 추가하여 에어브러시로 전체적으로 밝은 부분에 색감을 추가해주고, 일반 브러시로 테두리와 윗부분의 묘사를 더해줍니다.

#534746   #60555c

32 주변 색을 스포이드로 추출하여 가방 장식을 묘사합니다. 장식의 크기가 작으므로 그림자와 빛을 강하게 표현해주어 눈에 띄도록 합니다.

33 스타킹의 아래쪽으로 곱하기 레이어를 사용하여 그림자를 추가합니다.

#755c7a

34 곱하기 레이어를 추가하여 실루엣 주변을 에어브러시로 다리의 입체감을 그려주고 색상 닷지 레이어로 하이라이트를 표현합니다.

#4c323f #503b3a

컬러링 | 207

35
입체감을 살려줄 반사광을 색상 닷지로 푸른색을 선택하여 넣어줍니다.

#5f6d87

36
신발 레이어 위에 곱하기 레이어를 추가하고 클리핑하여 실루엣 주변으로 에어브러시를 넣어 양감을 표현합니다.

#564171

37
색상 닷지 레이어로 신발 위의 닿는 빛을 표현합니다.

#4b3e47

38
곱하기 레이어로 신발의 재질감과 묘사를 진행합니다. 밑창에는 그림자를 모두 주어 입체감을 강조합니다.

#4e3d54

#675e60

39 색상 닷지 레이어를 추가하여 하이라이트를 추가해주어 신발 묘사를 마무리합니다.

40 곱하기 레이어를 생성하여 피부 레이어에 클리핑한 뒤 소매와 치마의 그림자를 추가합니다. 그림자는 충분히 띄워 그려 입체감을 표현해주며 마무리합니다.

#bd888a

41 완성된 소녀 의상 컬러링입니다.

남자 의상 컬러링

복잡한 의상은 각 재질별로 컬러링의 무게감을 잘 맞춰주어야 어색하지 않게 컬러링이 입혀질 수 있습니다. 각기 다른 재질감을 표현하다 자칫 서로 이질적인 느낌이 들 수 있으므로 한 부분을 묘사한 뒤 그곳과 같은 세기의 빛이 올 수 있도록 조절해주어야 합니다.

01

의상에 가려지거나 의상 아래 위치한 피부는 지워주었습니다. 파트 1 스케치에서 진행한 스케치를 토대로 컬러링을 진행하도록 하겠습니다.

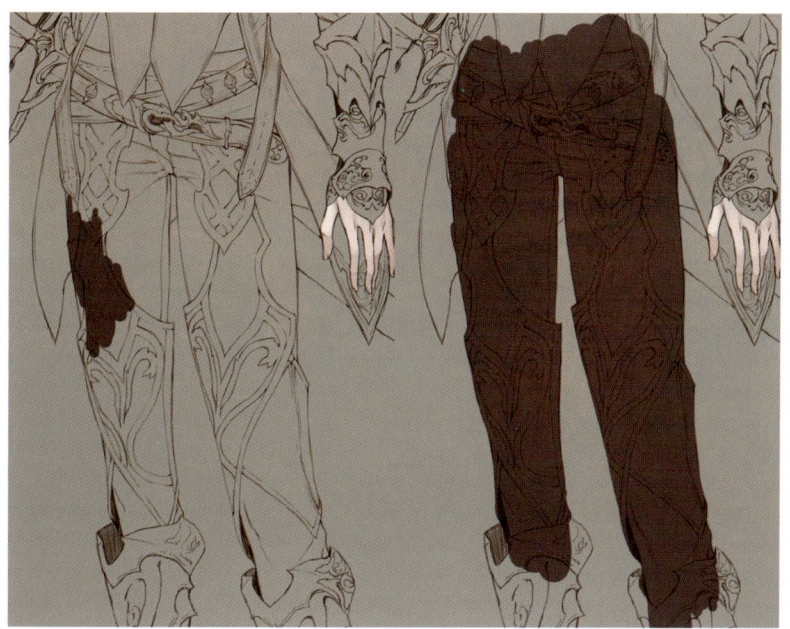

02 레이어를 생성하여 하의의 밑색을 갈색으로 깔아줍니다. 전투복의 바지는 갈색이나 회색, 남회색 등 저채도의 색이나 기사의 하얀 바지 등이 대표적으로 무난한 갈색을 선택했습니다.

#32282e

03 색이 변경되므로 레이어를 새로 생성하여 셔츠의 밑색을 깔아줍니다. 하얀 느낌의 옷이라도 밑색을 완전한 백색은 사용하지 않습니다.

#d5cddb

04 하의 방어구의 밑색은 밝은 회색으로 바지의 색과 차이를 줍니다. 문양은 더 어두운색으로 눈에 띌 수 있도록 포인트를 줍니다.

#beb5c5　#a295ad

05 가슴과 허리에 벨트는 적회색으로 사용합니다. 이 벨트의 재질은 질긴 가죽으로 대부분의 가죽은 갈색 종류의 색을 사용하는 것이 좋습니다. 바지의 색과는 차이가 나도록 색조와 명도의 차이를 조금 줍니다.

#2b1e26

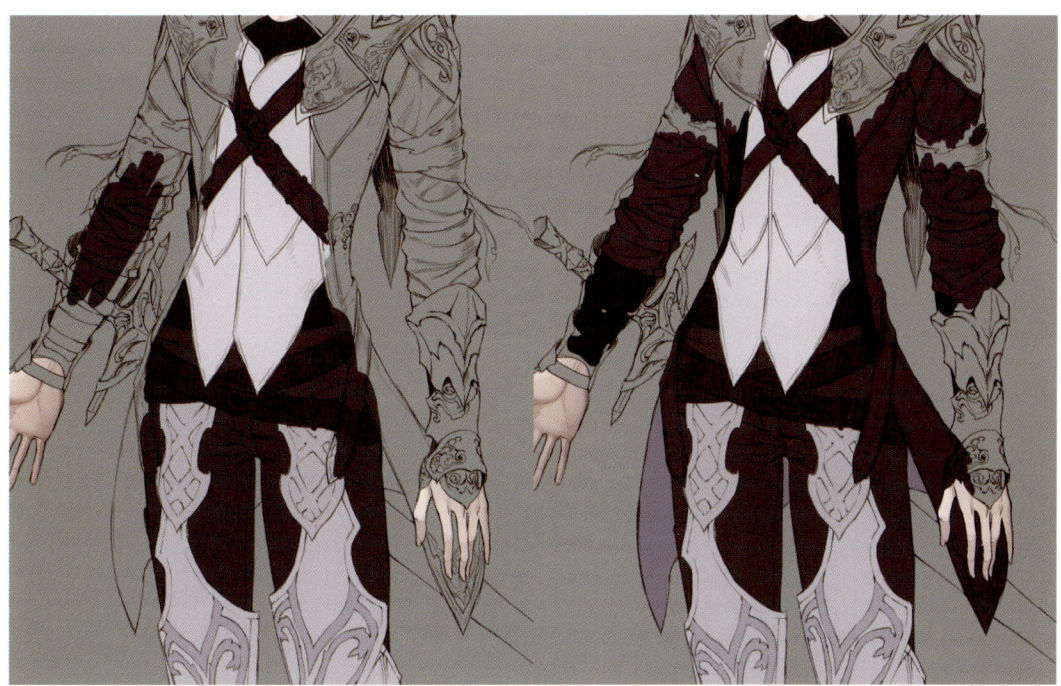

06 코트의 밑색은 회남색으로 하의와 벨트의 색상과 차이가 나도록 입혀줍니다. 안쪽의 색은 약간 푸른 느낌을 주어 더 어둡게 하지 않고 그림자가 지는 부분임을 보여줍니다. 기본 톤이 어두운 상태인데, 보다 어두운 느낌을 주면 탁해 보이기에 사용하는 방법입니다.

 #302733  #1b161b  #716683

07 가슴 덧댐 장식의 밑색을 입혀줍니다. 전체적인 통일감을 유지한 채 색이 겹쳐지지 않기 위해 약간만 차이 나는 색을 채워주었습니다.

 #342d38

 견장은 구분이 될 수 있게 은색으로 채웁니다.

#cbbfcf

09 전체적으로 비슷한 색이므로 포인트가 될 수 있는 양 팔의 천은 채도가 높은 남색으로 채워줍니다.

#412b63

10 뒤에 내려오는 천도 높은 채도의 남색으로 채워줍니다.

#411f6d

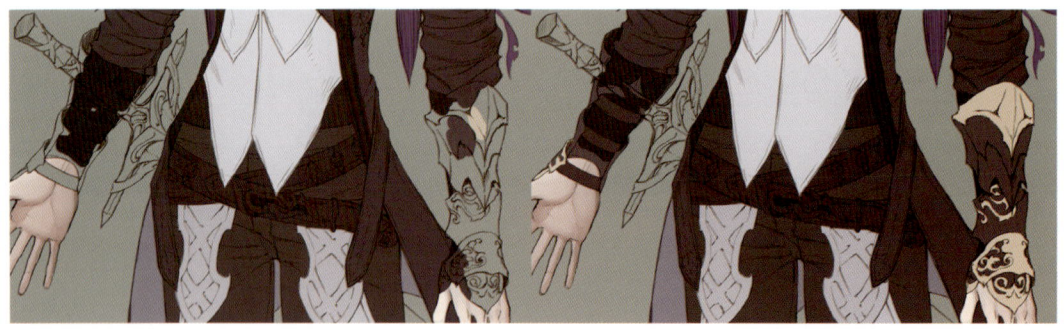

 팔의 갑주는 장식과 베이스 색을 구분이 되도록 색 차이를 뚜렷하게 나도록 채워줍니다. 장식은 고풍스러운 느낌이 날 수 있는 골드와 브론즈를 혼합한 느낌으로 채워주었습니다.

#3b2f3c **#dec2a9**

컬러링 | 215

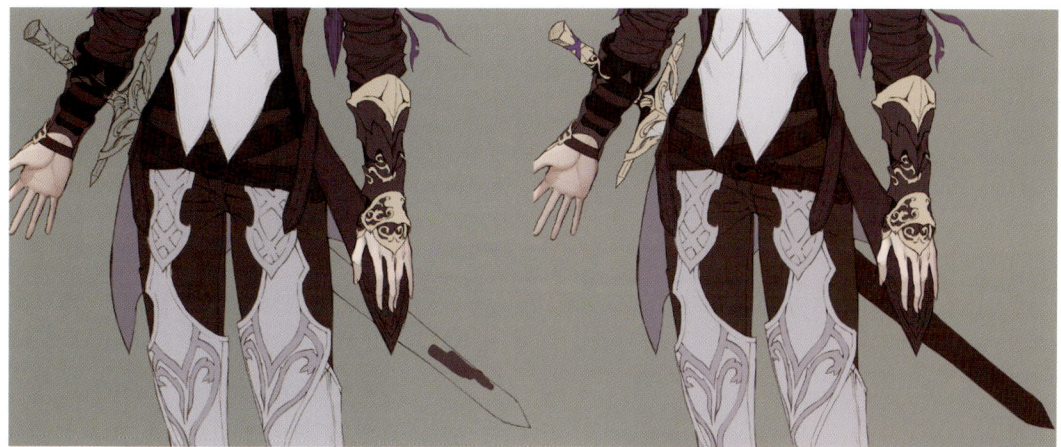

12 검의 밑색도 장식과 끈, 검집의 색이 뚜렷하게 구분되도록 채워줍니다.

#20181c #d9bda5 #4b2d8e

13 덧댐 장식에 있는 장식은 밝은 회색으로 포인트를 주었습니다.

#ebe3e7

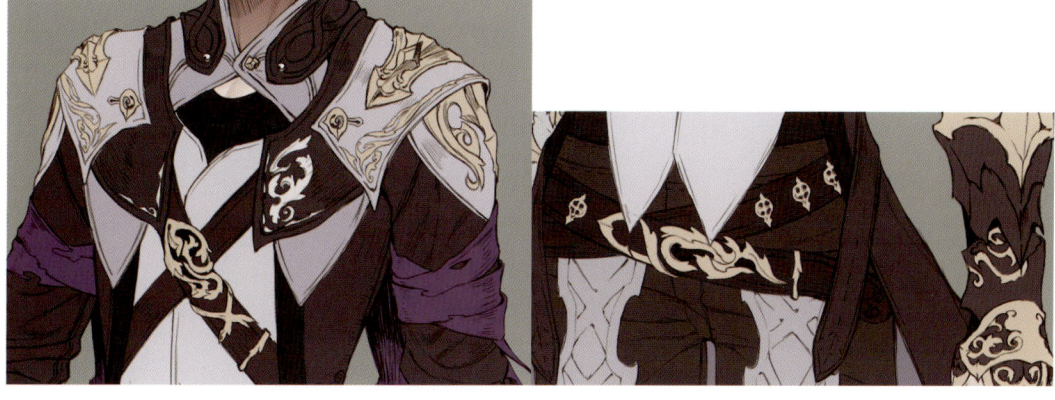

14 호화로운 전투복의 느낌이 날 수 있도록 팔 갑옷 장식의 색으로 남은 장식을 모두 채워줍니다.

#dec2a9

15 밑색이 모두 작업된 모습입니다.

컬러링 | 217

(16) 곱하기 레이어를 생성하여 셔츠 레이어에 클리핑한 뒤 에어브러시로 베이스 그림자를 만들어줍니다.

#b0a3b8

(17) 다시 곱하기 레이어를 생성하고 일반 브러시로 주름을 묘사합니다. 벨트가 감겨 있으므로 감겨진 벨트와 허리를 중심으로 주름을 펴나간다고 생각하고 그려주면 좋습니다.

#76647d

18 색상 닷지 레이어로 회색 정도를 선택하여 주름의 밝은 부분을 묘사합니다. 너무 밝아지면 재질감이 달라질 수 있으니 약하게 그려주어야 합니다.

#6b626b

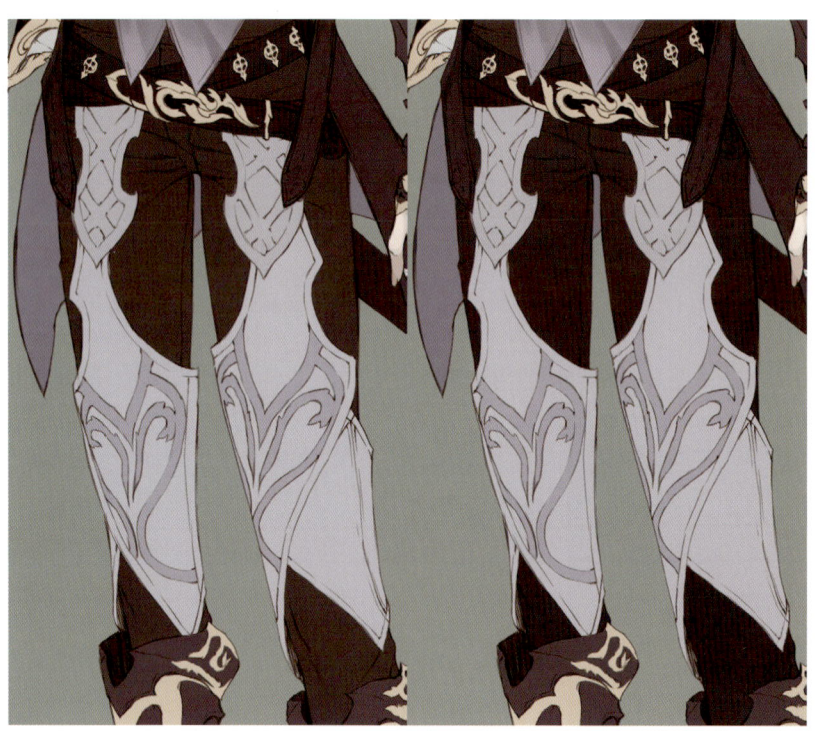

19 하의에 곱하기 레이어로 베이스 그림자를 넣어줍니다.

#907f8b

20 색상 닷지 레이어로 하의 중앙과 다리 중앙 부근에 에어브러시를 사용하여 입체감을 표현합니다.

#43393c

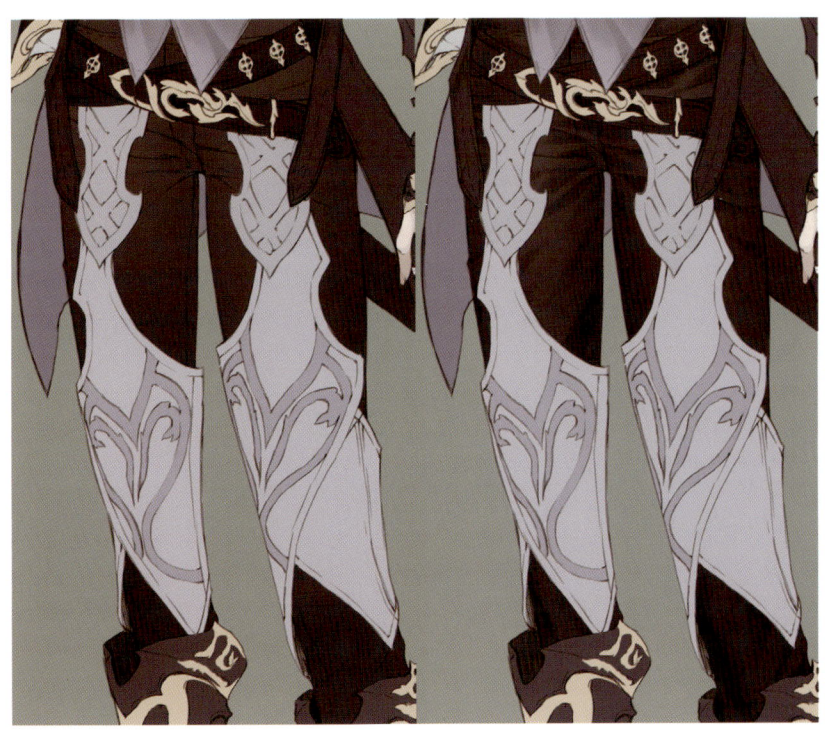

21 곱하기 레이어를 추가하여 바지 안쪽에서 접혀나가는 주름을 추가합니다. 중앙에서 퍼져나가듯 스케치를 따라 추가하여 자연스러운 느낌을 줍니다.

#4c3b4c

22 색상 닷지 레이어를 추가하여 주름의 하이라이트를 추가합니다. 빛을 받는 부분만 그려주어 입체적인 느낌을 해치지 않도록 합니다. 겉이나 아래쪽으로 갈수록 약하게 추가해주면 효과적입니다.

#524646

23 색상 닷지 레이어를 다시 하나 추가하여 푸른 느낌의 색으로 반사광을 그려줍니다. 실루엣 근처에 넣어주어 입체감을 강조합니다.

#494156

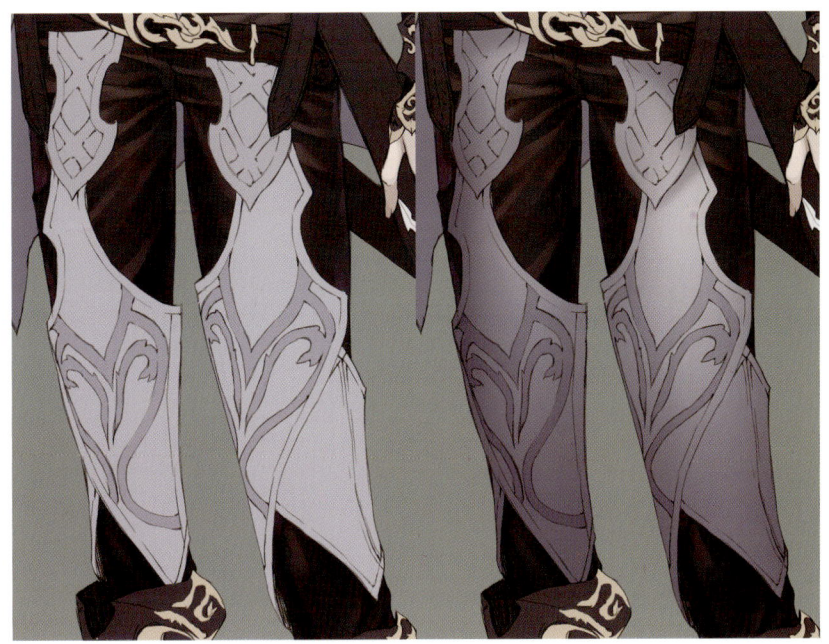

24 곱하기 레이어를 추가하여 에어브러시로 베이스 그림자를 작업합니다. 뒤쪽 다리는 멀어 보일 수 있도록 조금 더 어둡게 칠해줍니다.

#b5a9ba

25 다시 곱하기 레이어를 추가하여 일반 브러시로 묘사를 진행합니다. 약간 거친 느낌을 주어 재질감을 알 수 있도록 해줍니다.

#9c90a3

26

색상 닷지 레이어로 하이라이트를 표현합니다. 앞쪽 다리는 조금 더 밝게 터치하여 가까운 느낌을 줍니다.

#716672

27

색상 닷지 레이어에서 푸른 느낌을 선택해 돌아가는 부근에 반사광을 추가하여 줍니다.

#615683

28　뒤쪽 장식에 검은색으로 그림자를 추가합니다.

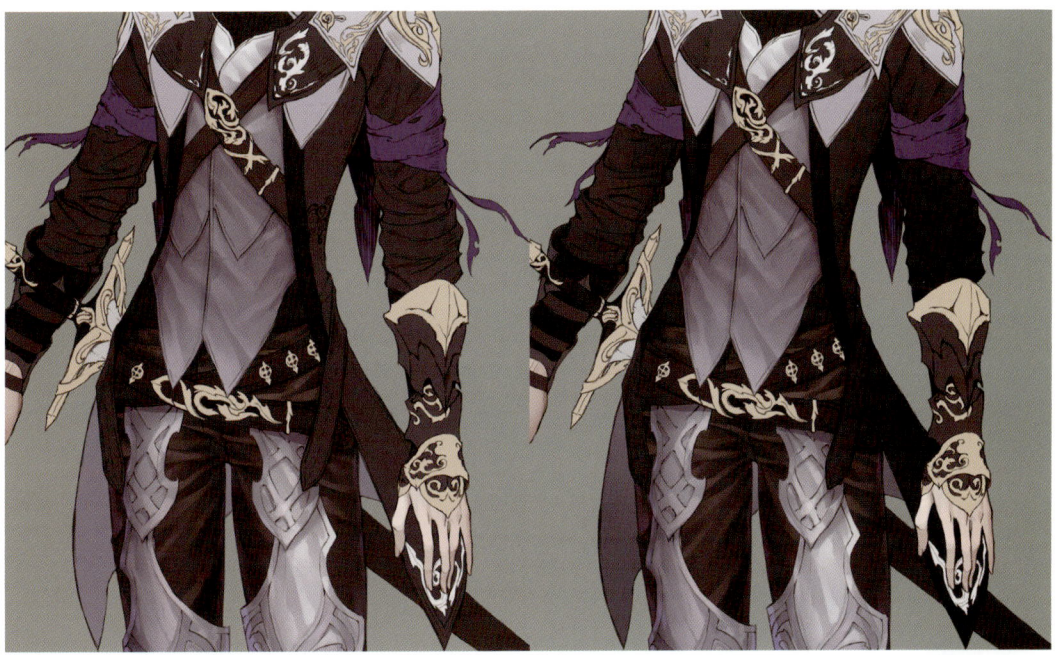

29　코트에도 곱하기 레이어로 아래쪽으로 그라데이션을 줍니다.

#4c414f

30 색상 닷지 레이어로 위쪽으로 빛을 줍니다. 의상의 빛은 어깨 부분과 가슴 부분이 가장 나오는 느낌으로 그려주어야 자연스럽게 입은 것처럼 보입니다.

#5f5056

31 곱하기 레이어로 소매와 코트의 주름과 그림자를 그려줍니다.

#4b3a4e

32 색상 닷지 레이어로 코트의 하이라이트를 추가합니다. 주름 결을 따라 삐쳐 나가지 않도록 조절해줍니다.

#74736a

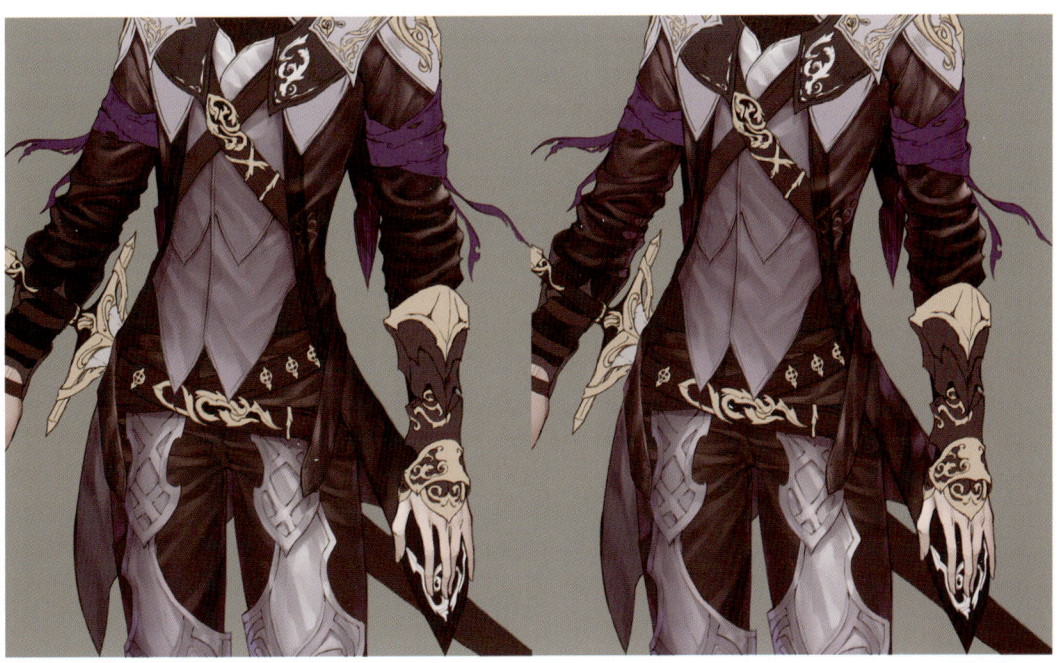

33 색상 닷지 레이어로 반사광을 추가하고 윗부분에 에어브러시로 약간 터치하여 밝게 해줍니다.

#8b8791

34 곱하기 레이어를 추가해서 덧댐 장식에 음영을 그려줍니다. 목 부근은 머리의 직접적인 그림자가 닿는 느낌으로 전체적으로 어둡게 해줍니다.

#816e87

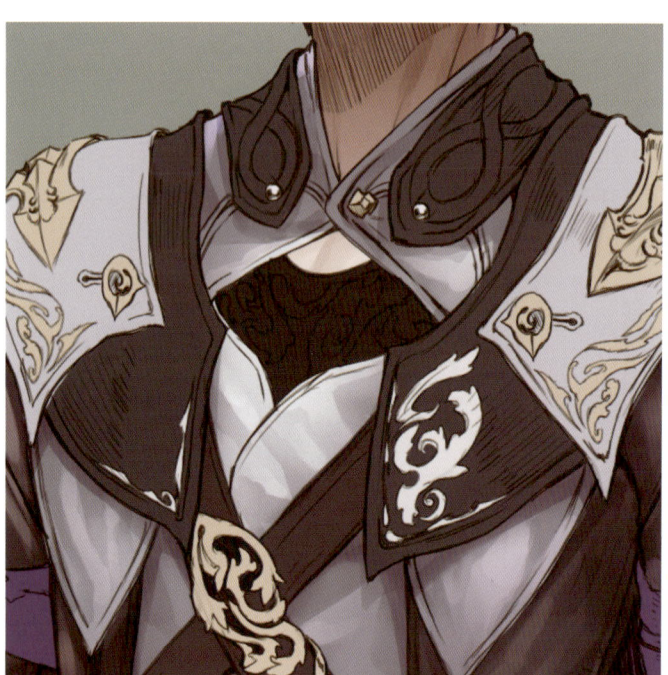

35 색상 닷지 레이어로 하이라이트와 반사광을 그려주어 덧댐 장식의 묘사를 마무리합니다.

#6a6266

컬러링 | 227

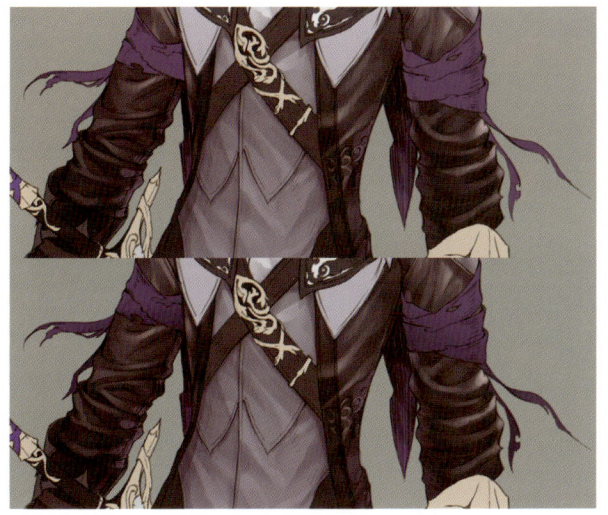

곱하기 레이어로 팔의 천 장식의 아랫부분에 음영을 주어 코트의 톤과 맞춰줍니다.

#412b63

색상 닷지로 천의 중앙 부근을 터치하여 밝기의 톤도 맞춰줍니다.

#523b74

곱하기 레이어를 추가해서 천의 주름을 묶여 있는 방향으로 펴주듯이 묘사합니다. 너무 어두워지지 않도록 주의합니다.

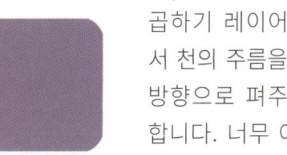
#745b92

색상 닷지 레이어로 천의 하이라이트를 추가해줍니다.

#574f7d

팔 갑옷 장식에 곱하기 레이어로 기본 그림자를 깔아줍니다.

#9e8da8

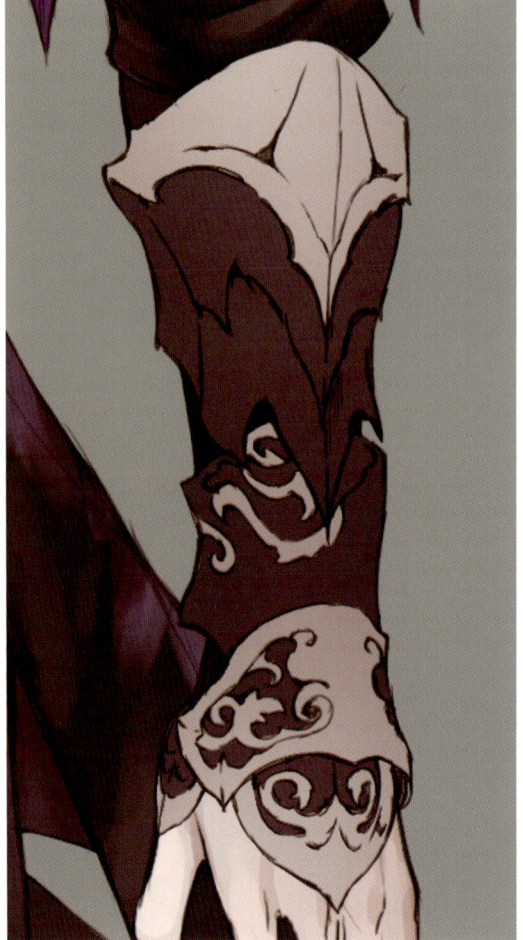

색상 닷지 레이어로 위와 아래를 조금 터치하여 색의 그라데이션을 만들어줍니다.

#574f7d

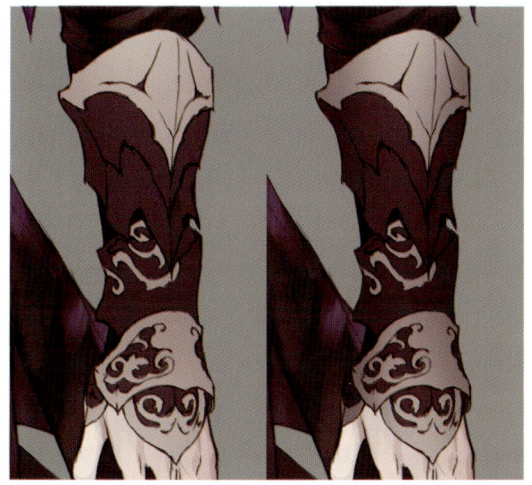

곱하기 레이어를 새로 추가하여 에어브러시로 팔 갑옷 사이드를 눌러주어 입체감을 내줍니다. 기본색이 어두우므로 완전한 검정색이 되지 않도록 주의합니다.

#473447

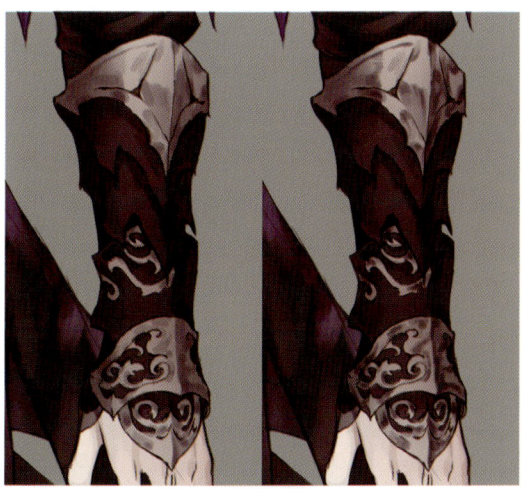

43

다시 곱하기 레이어를 추가하여 철의 질감을 묘사합니다. 디자인이 뻗은 방향대로 터치를 해주면 터치가 튀어 보이지 않습니다.

#503d54

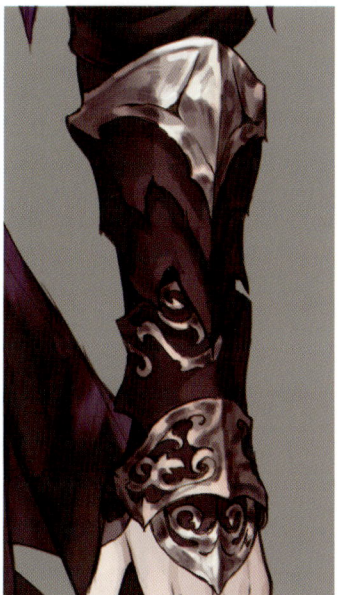

색상 닷지 레이어로 철의 하이라이트를 추가하여 재질감을 살려줍니다.

#58504a

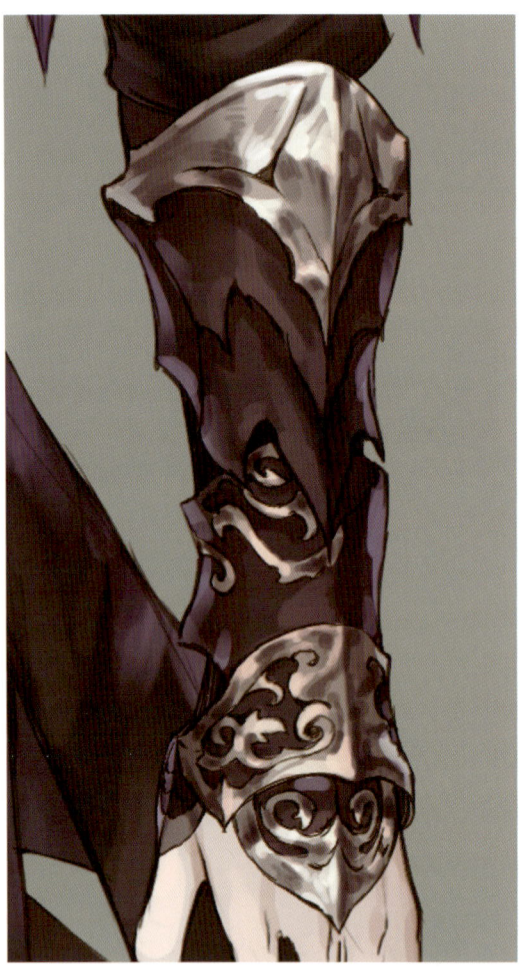

45 마찬가지로 색상 닷지 레이어에서 반사광을 표현하여 팔 갑옷의 묘사를 마무리합니다.

#a2abae

46 검은 어깨 덧댐 장식에 색상 닷지 레이어로 그라데이션을 추가합니다.

#655d5f

곱하기 레이어로 흰 어깨 덧댐 장식의 아래에 그림자를 표현하고 질감을 묘사합니다.

#5b4760

색상 닷지 레이어로 하이라이트를 표현해줍니다. 좌측을 조금 더 멀어 보이게 하기 위해 우측 위주로 색을 넣어줍니다.

#575042

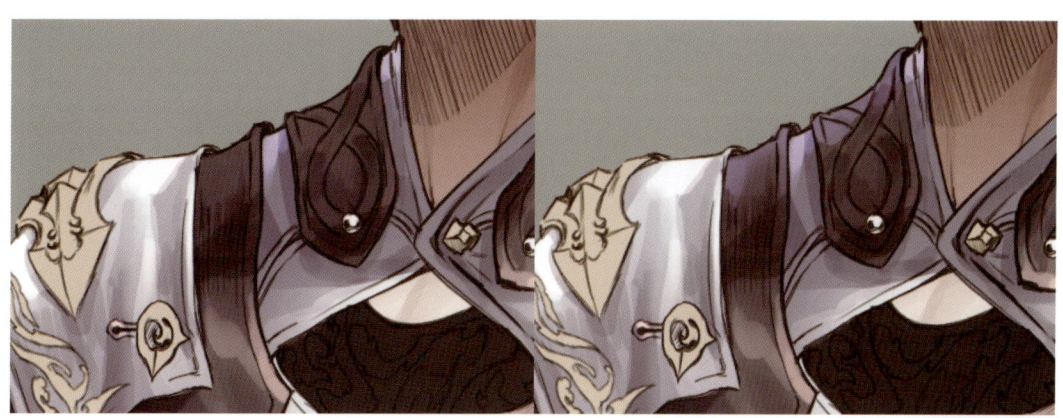

49 같은 레이어에서 하이라이트를 받지 않는 부분에 반사광을 표현하여 덧댐 장식의 묘사를 마무리합니다.

#68617a

50 몸이 가슴 쪽은 나와있고 배는 약간 들어간 느낌이므로 벨트 레이어 위에 색상 닷지 레이어를 클리핑하여 가슴 주변만 밝게 만들어줍니다.

#605754

51 곱하기 레이어로 벨트의 접합부와 코트의 아래에 그림자를 추가합니다.

#4b4151

컬러링 | 233

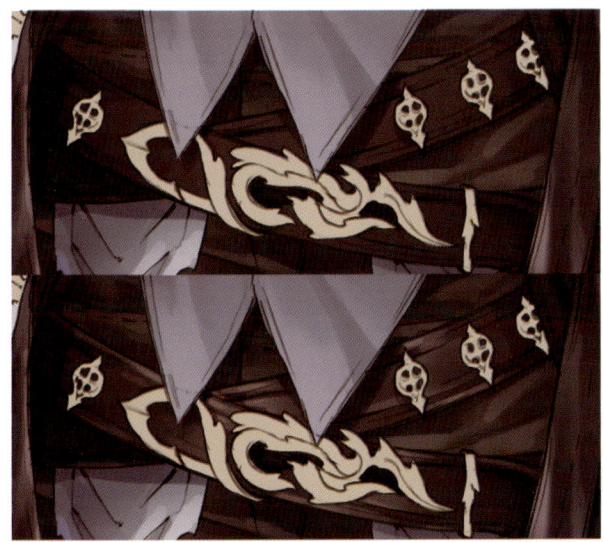

색상 닷지 레이어로 벨트의 윗부분에 하이라이트를 넣고 벨트 방향대로 라이트를 조금 넣어 질감을 살려줍니다.

#7f756d

푸른 느낌의 색을 선택하여 벨트 양 끝에 보색을 조금 넣어줍니다.

#8974aa

 문양을 따라 밝은 빛을 그려주어 내의를 묘사합니다.

#442d3d

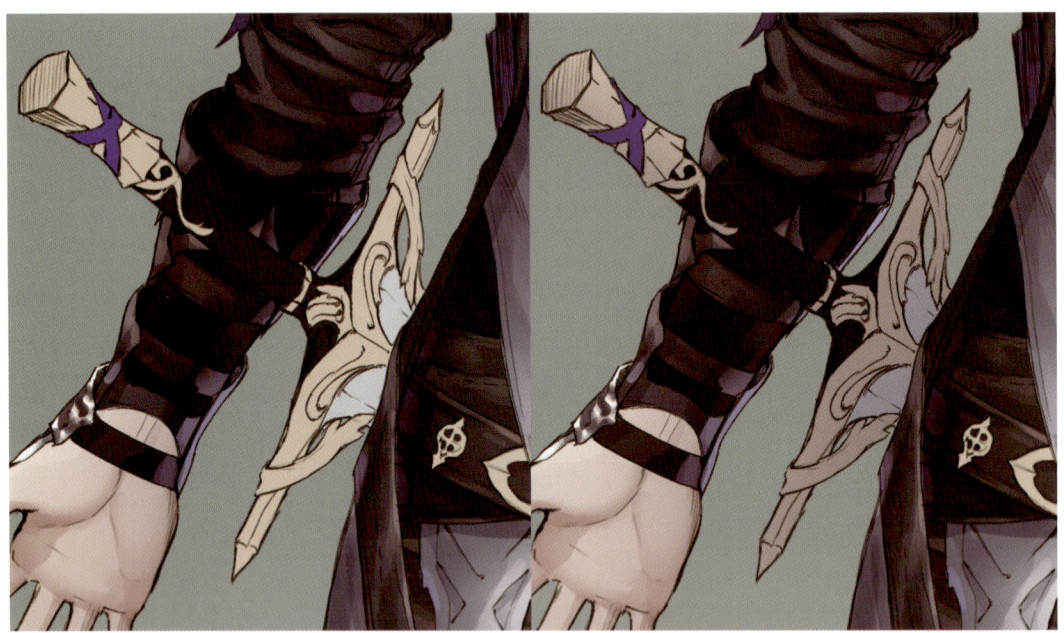

55 곱하기 레이어로 칼의 기본 음영을 깔아줍니다. 아래쪽으로 갈수록 더 둡게 해주어 자연스러운 느낌을 내주면 좋습니다.

#b5a2b9

56 색상 닷지 레이어로 칼의 윗부분을 밝게 만들어줍니다.

#71594f

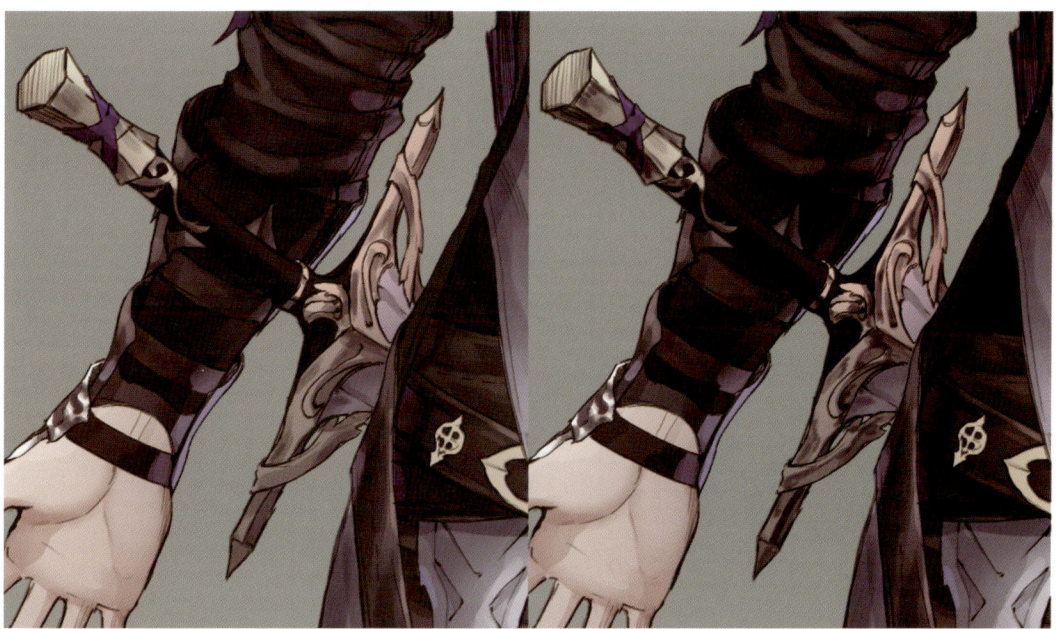

57 곱하기 레이어를 추가하여 검의 철 부분을 묘사합니다. 각을 나눈다는 느낌으로 선명하게 터치해줍니다.

#624b66

58 색상 닷지 레이어를 추가하여 검의 하이라이트를 그려줍니다. 그라데이션을 넣은 느낌처럼 윗부분은 밝게, 아래쪽은 거의 없는 듯한 느낌으로 그려주어야 합니다.

#706758

 푸른 느낌의 색을 선택하여 검 아래쪽 위주로 반사광을 추가하여 검의 묘사를 마무리합니다.

#706758

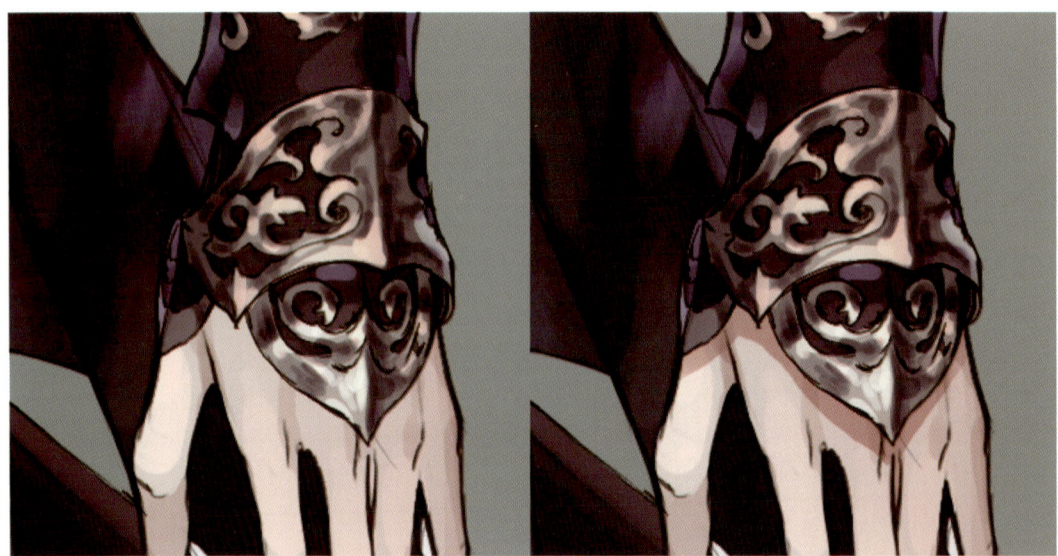

60 곱하기 레이어를 생성하여 피부 레이어에 클리핑한 뒤 양손 아래에 색을 추가하여 의상과 피부 사이의 그림자를 보여줍니다.

#b08788

61 은 장식에도 곱하기 레이어로 묘사를 진행합니다. 먼저 에어브러시로 톤을 깔아서 의상에 녹아드는 느낌을 줍니다.

#88778c

62 다시 곱하기 레이어를 추가하여 디테일 음영을 넣어줍니다.

#5a465f

63 색상 닷지 레이어로 하이라이트를 그려주고 은 장식의 묘사를 마무리합니다.

#a79d91

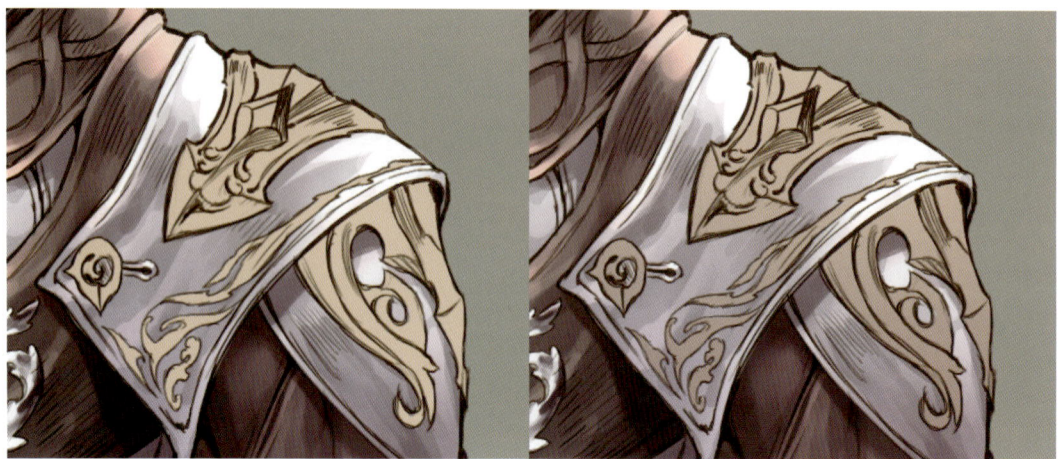

64 곱하기 레이어를 생성하여 금장식 레이어에 클리핑하고 그라데이션을 아래로 줍니다.

#bba7b7

65 색상 닷지 레이어로 빛을 받는 위쪽으로 그라데이션을 추가합니다.

#9b8172

컬러링 | 239

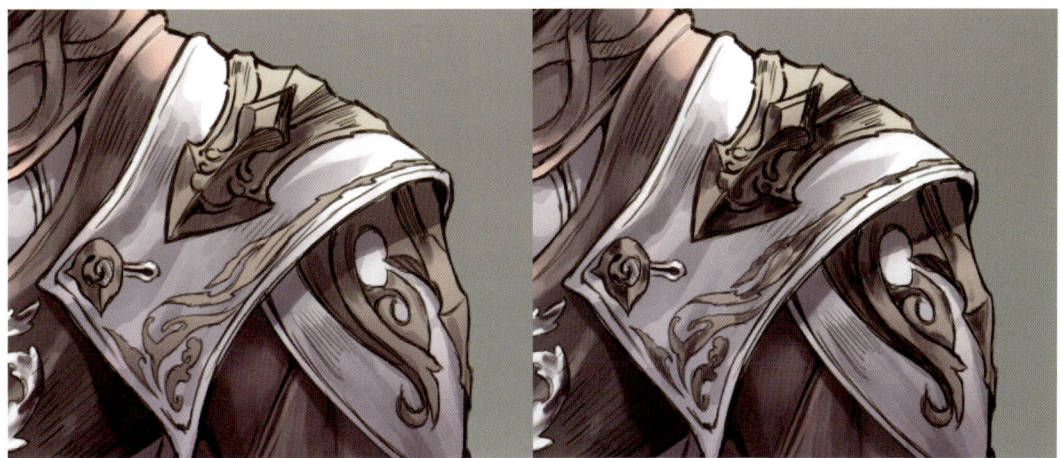

66 곱하기 레이어를 추가하여 금속의 묘사를 진행합니다. 터치를 겹치는 식으로 금속의 질감을 더해갑니다.

#6e576b

67 색상 닷지 레이어를 추가하여 금속의 하이라이트를 추가하고 반사광을 넣어주어 묘사를 마무리합니다.

#8a7964

68 벨트의 금장식도 어깨와 같은 방식으로 묘사합니다.

69 가슴의 벨트를 끝으로 전체 묘사를 마무리합니다.

70 완성된 남자 의상 컬러링입니다.

디테일 컬러링 튜토리얼

컬러링

악마의 물약과 남자

메인이 되는 캐릭터의 얼굴이 잘 보이며 분위기 있는 일러스트를 위해 옆모습의 클로즈업으로 작업하기로 하였습니다. 캐릭터 일러스트에서는 캐릭터의 얼굴과 머리카락, 제스처 등이 가장 눈이 가는 부분이므로 이 부분의 컨셉을 설정합니다.

일러스트 기본 컨셉은 악마의 물약을 든 남자로 정하였습니다. 남자 캐릭터의 평온한 표정의 얼굴, 섬세한 장식, 그리고 신비로우며 기괴한 문양을 가진 물약을 매력 포인트로 작업하기로 합니다. 제스처는 악마의 느낌을 잘 살릴 수 있도록 묵직하고 조용한 느낌을 주기로 합니다.

01

캐릭터의 얼굴과 인체의 틀을 스케치합니다. 처음 컨셉과 같이 클로즈업으로 진행하기 때문에 가까이서 보는 듯한 느낌을 줄 수 있도록 투시를 생각하며 그려나갑니다.

02
머리카락의 스케치를 더합니다. 멀어지는 부분인 좌측은 실루엣의 볼륨감을 대폭 줄이고 후두부의 볼륨은 강조하여 입체감을 표현해줍니다.

03
샤프한 느낌을 낼 수 있도록 의상 양식은 코트로 설정하였습니다. 그리고 악마의 느낌을 알 수 있도록 의상 테두리에 악마의 형상처럼 조금 기괴한 느낌의 철 장식을 달아주기로 합니다.

04

중요한 제스처의 부분입니다. 물약을 든 손이 보여야 하기에 캔버스의 좌측을 늘려주고, 물약을 든 느낌의 손의 제스처를 의식하며 스케치합니다. 손의 높이에 대해서도 물약을 들었을 때, 얼굴과 겹치지 않도록 미리 신경을 씁니다.

05

얼굴만큼 잘 보이는 부분이 손 부분이 되기에 장갑 등으로 디테일을 의식하여 스케치를 그려줍니다. 시선이 많이 가는 부분은 디테일을 살려주는 것이 좋습니다.

컬러링 | 245

06
물약의 실루엣과 위치를 잡아주고 스케치를 마무리 짓습니다.

07 캐릭터 얼굴부터 밑색을 작업합니다. 피부색을 작업한 뒤 레이어를 생성하여 그 위에 머리카락과 의상 등 겹쳐지는 부분의 순서대로 생성하여 색을 채워나갑니다.

진행하면서 입체감을 보다 잘 의식하기 위해 피부에 명도를 약간 떨어뜨린 색으로 그림자를 그려줍니다.
눈 밑, 반대편의 얼굴, 턱, 입술, 코 부분 등 그림자를 그려주고 눈에 약간의 다홍색으로 혈기를 표현합니다.

08

의상과 물약, 철 장식 부분 등 모든 부분에 밑색을 작업해준 뒤 색조/채도 조절 (Ctrl + U)로 색감을 조절합니다. 밑색은 너무 어둡지 않게 작업해주어야 진행하면서 탁해지는 것을 어느 정도 막을 수 있습니다.

09

캐릭터 얼굴이 수수한 인상이 있어서 포인트로 철제 귀걸이를 추가합니다.

시선이 많이 가는 부분이 수수한 느낌이 있어 디자인을 추가할 때에는, 추가된 디자인의 디테일을 상당히 끌어올려 주는 것이 좋습니다. 시선이 많이 가는 곳임에도 불구하고 디테일한 요소가 아니라 심플한 요소라면, 전체적으로 추가된 느낌의 요소와 같은 디테일로 보여 완성도가 떨어져 보이게 됩니다.

10 곱하기 레이어로 그림자가 들어간 부분에 강약을 줍니다. 그라데이션 느낌으로 부드럽게 한쪽으로 흐르듯이 그림자를 진하게 추가해나갑니다. 곱하기 레이어로 그림자를 줄 때는 색상을 밝고 채도가 높은 색으로 주어야 탁해지지 않습니다.

목 부분은 얼굴보다 안쪽으로 들어간 느낌이므로 채도가 조금 낮고 어두운색으로 그려줍니다.

11 머리카락의 묘사를 진행할 때에는 반드시 먼저 그림자가 지는 부분을 선명하게 나누어줍니다. 뒷머리나 아래쪽 머리카락 부분에 그림자를 추가하고 결을 의식하면서 잔 그림자를 추가합니다. 그 뒤 조금씩 어두운색으로 그림자를 진하게 묘사해 나갑니다.

머리카락이 약간 다홍빛이기 때문에 밝은 색은 주황색의 느낌으로, 어두운 쪽은 보라색의 느낌으로 색을 채워준다면 다채로운 느낌을 낼 수 있습니다. 간단한 그림자를 채울 때에도 반드시 색조를 돌려서 사용하도록 합니다.

12 진행하면서 얼굴 부분을 수정할 수도 있기에 목의 그림자는 레이어를 분리하기로 하였습니다. 레이어를 분리하여 목 레이어를 추가한 뒤 목의 그림자를 채워나갑니다. 쇄골과 목의 뼈, 깊이 등 의식하면서 그림자를 그려나갑니다.

얼굴과 목은 같은 피부지만 목 쪽은 얼굴 보다 안쪽에 있고 옷깃 등으로 가려지는 부분이 많기 때문에 약간 어두운 느낌을 주어 공간감과 옷깃과의 분리를 표현하는 것이 좋습니다. 얼굴과 같이 밝게 작업하면 옷깃 부분까지도 평면적인 느낌이 들게 됩니다.

13 얼굴의 백색으로 뜨는 부분을 보완해주기 위해 레이어를 추가하여 얼굴의 밝은 부분만 밝기를 줄여줍니다. 이런 수정에는 에어브러시를 사용하여 터치의 흔적이 남지 않게 해줍니다.

 색상 닷지 레이어를 추가하여 밝기를 줄여준 부분을 위주로 빛을 넣어줍니다. 색상 닷지 레이어는 강한 빛으로 표현되기 때문에 어두운 갈색을 선택하여 표현해주면 좋습니다.

 피부와 머리카락 등이 밝기 때문에 배경을 어둡게 톤을 깔아서 삐쳐 나간 곳이 없는지 확인하면 효과적입니다. 또 하나 장점이 있는데 배경과 캐릭터의 색상의 대비가 강하게 되어 너무 밝거나 어두워지지 않게 작업할 수 있습니다. 예로 밝은 부분에서만 작업하면 그림이 전체적으로 밝게 되고, 어두운 부분에서만 작업하면 그림이 어둡게 그려지는 경우입니다.

16

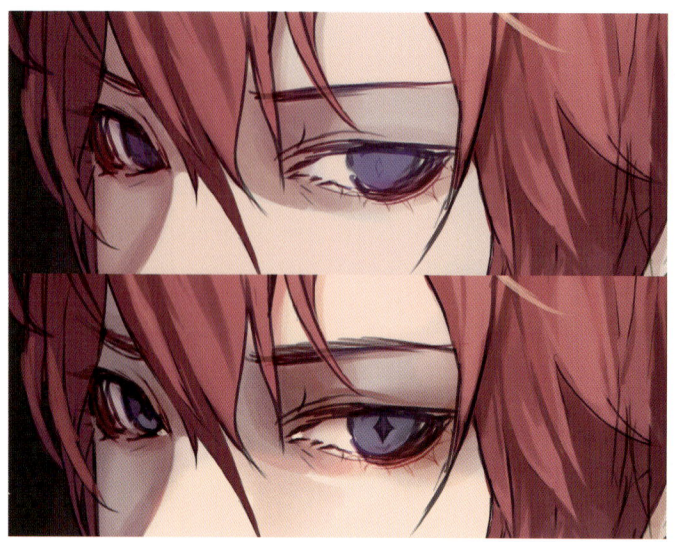

계속해서 컬러링 묘사를 진행합니다. 눈의 입체감과 존재감을 부각시키기 위해 곱하기 레이어를 생성하여 에어브러시로 눈 주변을 톡톡 치듯이 음영을 넣어줍니다. 동공도 추가하여 캐릭터의 시선을 확실하게 알 수 있도록 해줍니다. 동공은 눈에 띌 수 있게 다이아 모양으로 해주었습니다.

 17

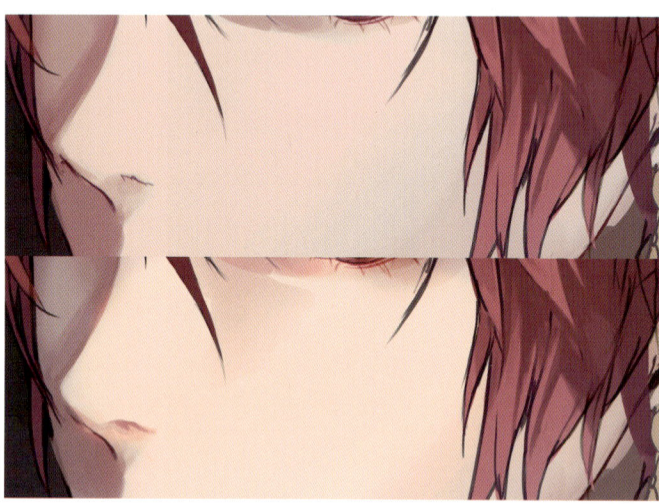

얼굴에 오버레이 레이어 혹은 곱하기 레이어로 피부의 생기를 넣어줍니다. 오버레이 레이어인 경우 중간 밝기의 주황색으로, 곱하기 레이어인 경우 아주 밝은 노란색~주황색으로 눈의 묘사를 진행한 것처럼 에어브러시로 그려줍니다. 마치 화장솜으로 얼굴을 살살 두드리는 것과 같이 해주면 자연스러운 느낌이 나옵니다.

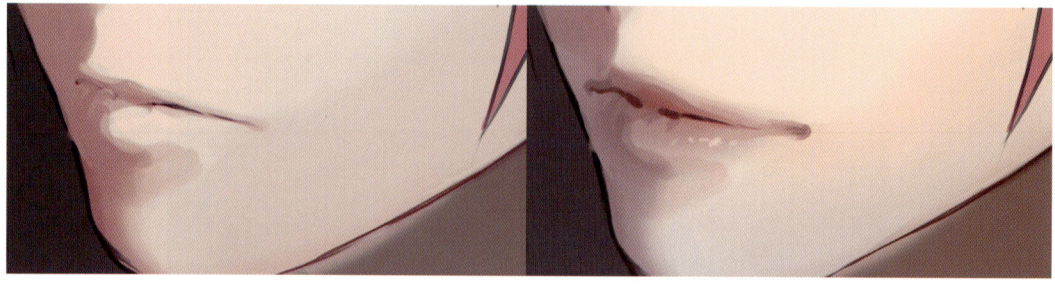

18 입술은 곱하기 레이어를 추가하여 묘사합니다. 약간 적색으로 입술의 위아래를 그려준 뒤 표준 레이어를 추가하여 입술의 하이라이트를 살짝 그려줍니다.

19 머리카락 부분에 색상 닷지 레이어로 머리카락 색 중 하나를 선택하여 앞머리 부분에 에어브러시로 칠해 줍니다. 약간 주황색으로 밝아지는 느낌을 주려는 것인데, 앞머리에 피부색과 비슷한 느낌의 색이 들어오 게 되면 머리카락이 투명하게 보여서 광택이 있고 얇게 느껴지게 됩니다.

20 악마의 물약의 빛의 위치를 그려줍니다. 왼쪽은 손으로 가리고 있기에 빛이 들어와도 좋은 느낌이 덜 날 것으로 보여 오른쪽에서 빛이 쏘아지는 느낌으로 진행합니다.

21 전체적인 퀄리티의 느낌을 올리기 위한 중요한 단계입니다. 기본 음영을 잡아주었던 머리카락에서 레이어를 생성해 세부 묘사를 진행합니다. 원래 그려 놓았던 음영의 느낌을 반씩 쪼개서 한 번 더 쪼개준다는 느낌으로 그려줍니다.

머리카락은 시선이 가장 많이 가는 부분이므로 최대한 섬세하게 묘사하여 퀄리티를 느낄 수 있도록 합니다.

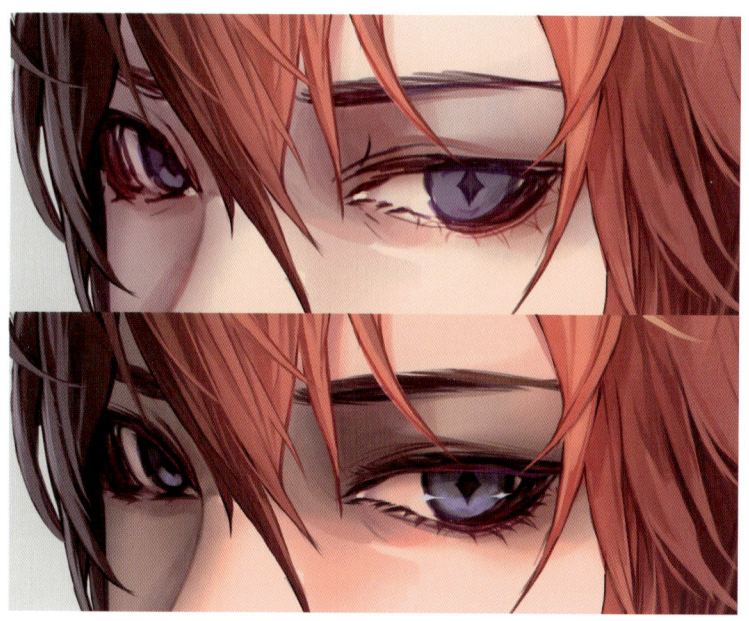

22 머리카락만큼 눈의 디테일도 올려줍니다. 기본 묘사를 진행할 때 곱하기 레이어를 사용했지만 디테일 묘사에서는 표준 레이어로 묘사합니다. 스케치에 있었던 선을 약간씩 덮으면서 선과 색이 자연스럽게 녹도록 덮어주고, 어두운 부분의 채도만 약간 떨어뜨려 입체감을 줍니다.

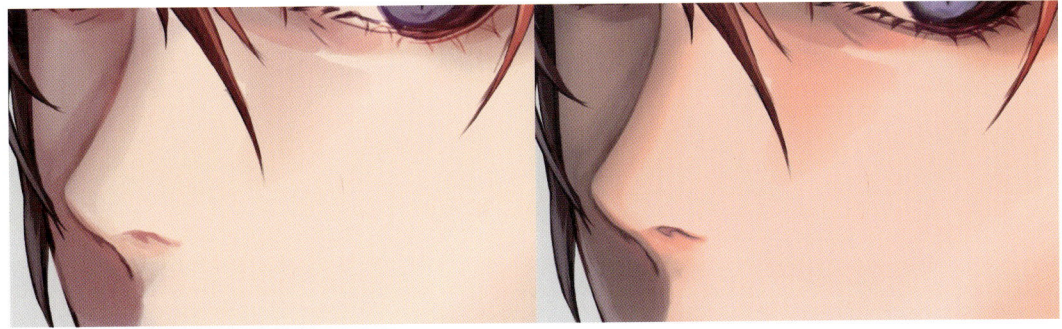

23 코와 광대뼈, 볼 부분의 음영을 추가하여 얼굴의 형태를 잘 보이게 만들어줍니다. 피부에서는 톤이 너무 어두워지지 않도록 주의합니다.

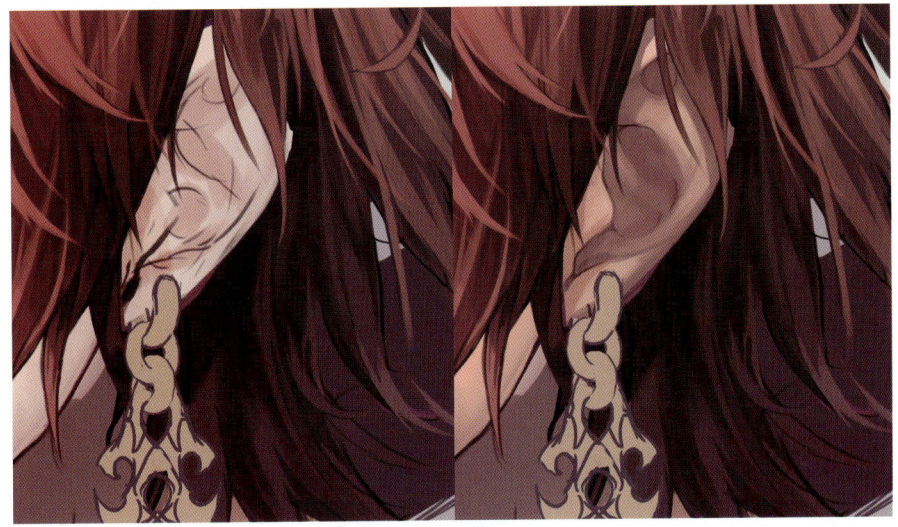

24 귀는 귓바퀴를 의식하며 음영을 넣어줍니다. 이미 얼굴의 묘사를 진행했기에 스포이드 도구로 얼굴 부분의 색을 추출하여 어두운 부분과 안쪽 부분의 색을 채워나갑니다.

한 부분을 완성하면 해당 부분의 색을 스포이드 도구로 찍어 사용하면 같은 색이 나오기에 다른 부분과 자연스럽게 동화됩니다.

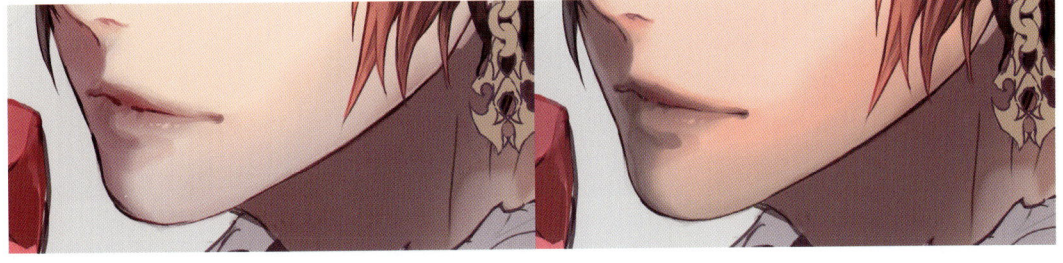

25 코와 귀와 마찬가지로 입술과 턱 부분에도 음영을 추가해나갑니다. 턱 끝으로 갈수록 약간 채도를 떨어뜨려 얼굴의 형태감을 잘 알 수 있도록 해줍니다.

26 얼굴의 묘사가 대부분 끝났기에 얼굴의 퀄리티에 맞추어 다른 파츠도 컬러링을 진행합니다. 얼굴의 톤과 비슷하도록 옷깃의 색을 조절해주고 형태의 입체감을 그려나갑니다. 처음엔 전체적으로 크게 톤을 잡고 얼굴과 색의 느낌을 비교한 뒤 묘사해나갑니다.

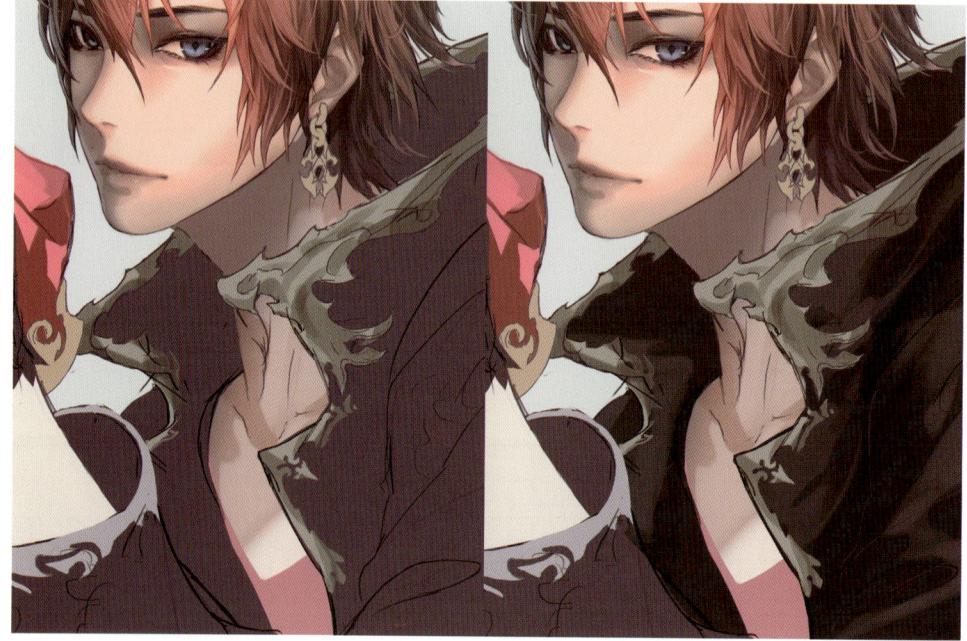

27 코트에 그림자를 넣어줍니다. 먼저 안쪽 부분에 어두운 그림자를 넣어주고 어깨와 겨드랑이 부분을 기본으로 주름을 추가해 나갑니다. 고딕스러운 느낌을 더 주고 싶어서 진행하면서 채도를 조금 낮추어주었습니다.

컬러링 | 255

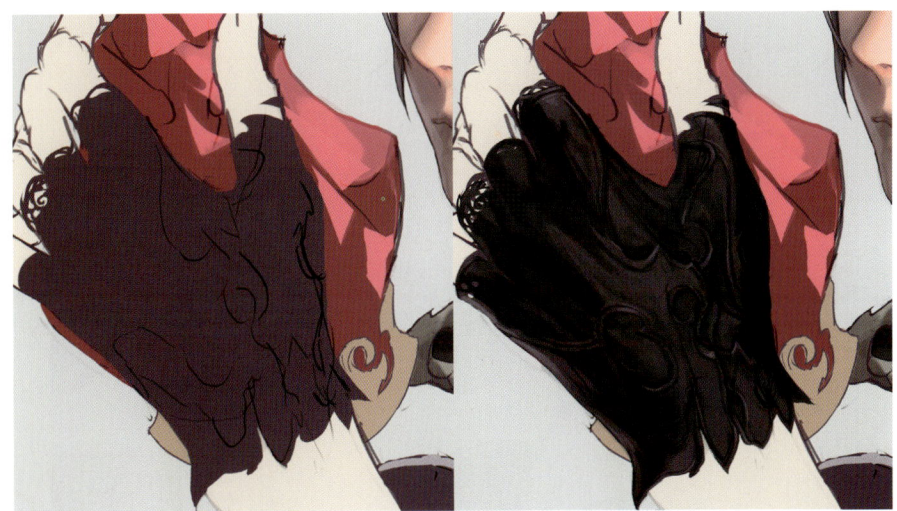

28 캐릭터의 장갑은 주요 제스처가 포함되어 있기에 시선이 많이 갑니다. 장갑의 테두리와 안쪽에 디테일한 문양 장식을 추가해줍니다. 악마의 느낌을 알 수 있도록 불규칙적으로 그려주었는데, 사실 색이 눈에 띄지 않으므로 디테일만 알 수 있도록 자유롭게 표현해주어도 됩니다.

29 장갑 아래 손목에 장갑의 재질과 비슷한 것으로 특수한 안감의 옷을 그려 넣어 주었습니다. 실루엣이 있는 내의 장식은 일반적이지 않은 형식으로 특이한 악마의 디자인을 살릴 수 있습니다. 그 외 타투나 링도 표현하기 쉬우면서 좋은 느낌을 낼 수 있습니다.

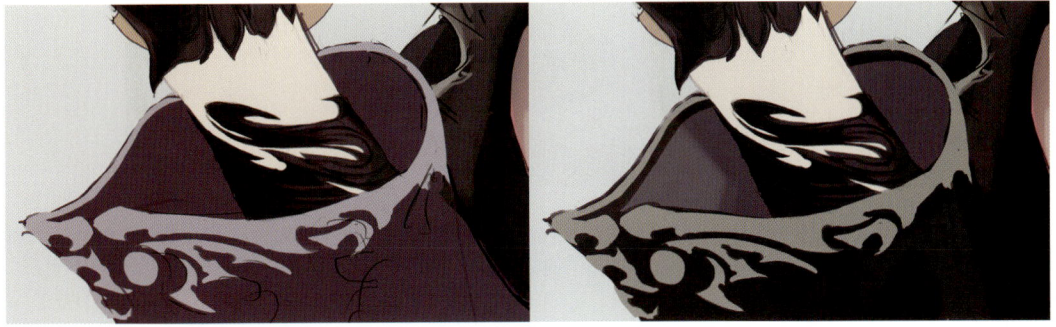

30 코트의 색을 추출하여 팔 의상 묘사를 진행합니다.

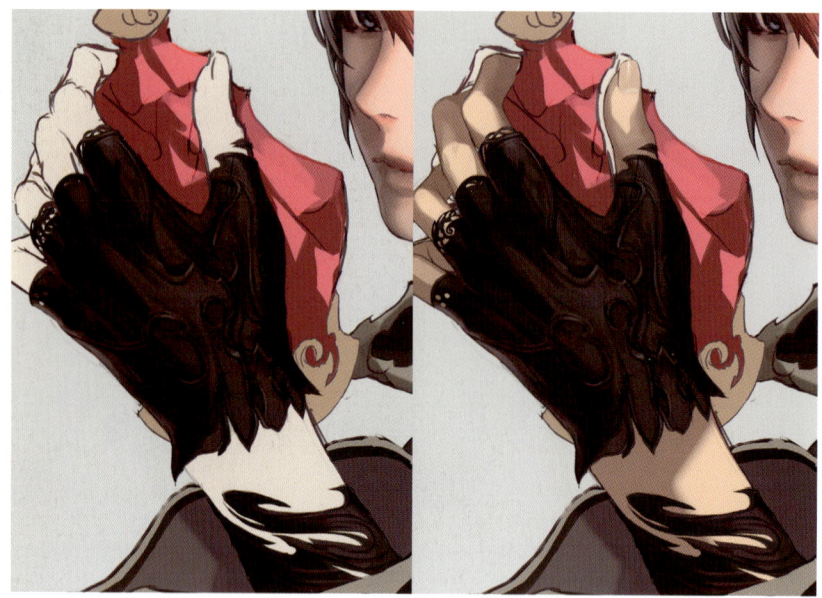

31 손가락과 손목의 그림자를 추가합니다. 목의 색을 스포이드 도구로 선택하여 어두운 부분과 밝은 부분의 색을 맞춰주었습니다. 빛도 악마의 포션과 방향을 어느 정도는 맞춰주어 이질감이 들지 않도록 해줍니다.

진행하면서 손가락과 손의 위치를 소폭 우측으로 이동해주고 크기를 조금 줄여주었습니다.

32 빈 공간을 레이어를 추가하여 메꾸어주고 악마의 물약의 크리스탈 부분의 음영을 진하게 한 번 더 추가해 줍니다. 색의 밝기는 근처에 있는 피부와 장갑의 밝기와 맞추어줍니다.

색이 다를 때 이질감이 들지 않도록 맞추려면 밝은 부분 혹은 어두운 부분 중 한 부분만이라도 주변 색과 맞추어준다면 아주 자연스럽게 녹여낼 수 있습니다. 밝은 부분과 어두운 부분 모두를 맞춰버리면 재질감 이 같아 보일 수 있으므로 주의합니다.

컬러링 | 257

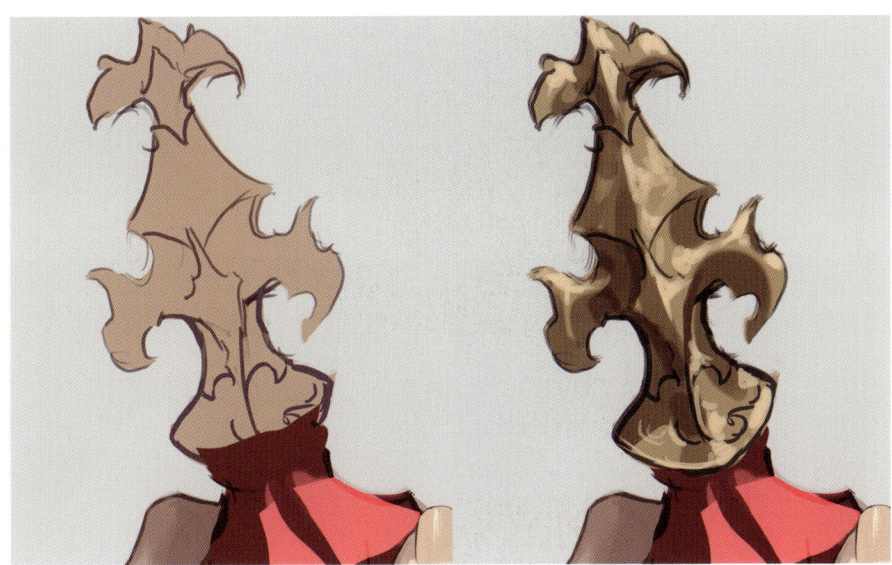

33 악마의 물약의 상단부분의 장식 고리를 묘사합니다. 큰 부분보다는 작은 장식의 묘사를 높게 만들어주면 그림에 섬세한 인상을 줄 수 있습니다.

어두운 톤, 중간 톤, 밝은 톤을 만들어 세 톤으로 기본 묘사를 진행합니다. 빛이 들어오는 약간 우측 위 방향을 의식하면서 큰 형태를 묘사한 뒤 장식 안의 오밀조밀한 디자인의 형태까지 그려줍니다. 필자는 섬세한 그림을 목표로 하고 있어서 큰 부분의 파츠보다는 이런 세밀한 장식에 상당한 시간을 쓰는 편입니다.

34 캐릭터 목에도 추가 음영을 작업합니다. 그림자의 진하기를 추가하여 얼굴과 톤을 맞춰주고 쇄골과 목, 안쪽의 그림자를 추가하여 입체감을 의식할 수 있게 만들어줍니다.

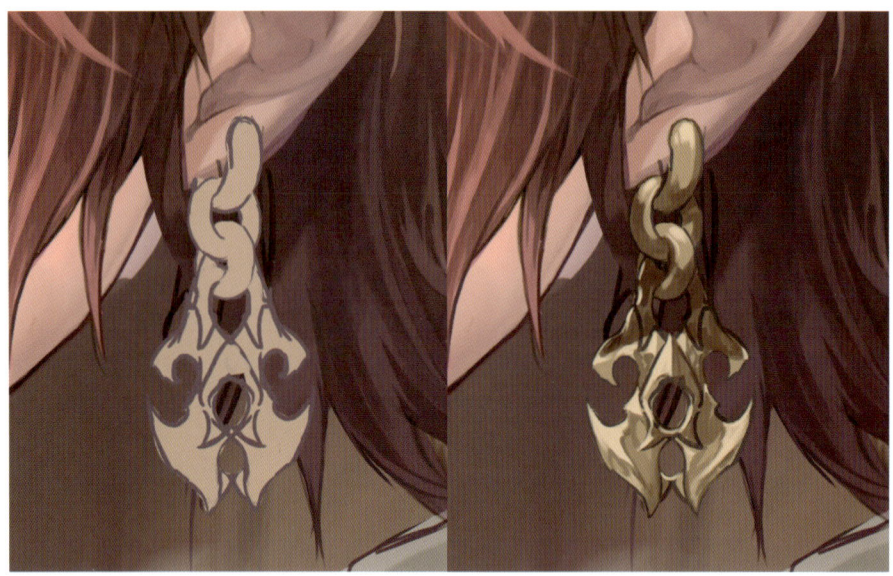

35 물약 장식과 같이 귀걸이도 섬세하게 묘사합니다. 통일감을 주기 위해 물약에서 사용하던 색을 추출하여 묘사를 진행합니다. 재질감도 같은 것으로 하이라이트와 중간 톤의 영역이 같아질 수 있도록 그려줍니다.

36 1차적으로 전체적인 디테일 묘사가 끝난 상태입니다. 악마의 느낌이 날려면 보다 어두운 것이 낫지 않을까 해서 진행하면서 톤과 존재감을 보다 무겁고 어둡게 하기로 합니다.

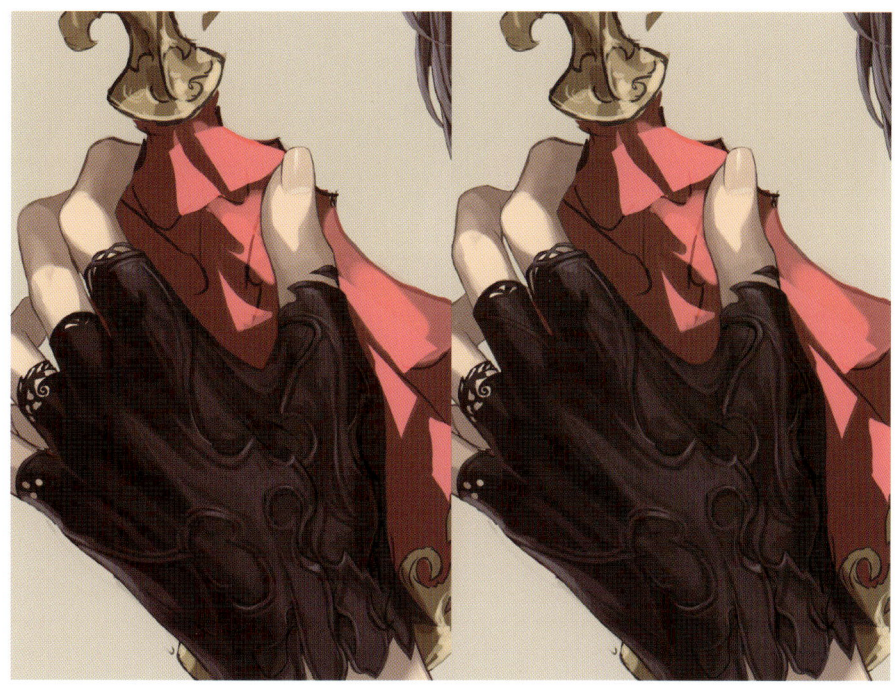

37 추가 묘사를 진행하기 전에 손가락의 길이를 수정합니다. 중지가 검지에 비해서 짧아 보여서 올가미 도구로 길이를 끌어당겨 수정해주었습니다.

1차 디테일이 진행된 상태이므로 수정이 용이하도록 선과 색의 레이어를 합쳐주고 나서 수정해준다면 수월합니다.

38 캐릭터의 전체 레이어를 끄고 배경을 작업합니다. 배경은 캐릭터 클로즈업이라 일반적인 배경을 넣으면 캐릭터의 존재감이 돋보일 수 없을 듯하여 악마의 느낌을 살려줄 만한 패턴 배경으로 진행하기로 합니다.

그라데이션 도구로 위는 적색의 채도 낮은 색으로 아래는 약간 노란색의 느낌으로 한 톤을 입혀줍니다.

39

패턴을 만들기 위한 1차 작업입니다. 레이어를 하나 추가하여 아무렇게나 형태를 그려줍니다. 올가미 도구를 사용하여 일부러 잘리는 부분도 만들어 주었습니다.

40

레이어를 하나 더 추가하여 다른 패턴도 추가로 작업합니다. 패턴을 넣었을 때 너무 인위적으로 보이지 않기 위해 색을 조금씩 바꾸어가면서 패턴을 그려주었습니다.

41

두 패턴 레이어를 복사하여 좌우 대칭, 상하 대칭, 각도를 주어 형태를 만들어 나갑니다. 자유롭게 표현한 낙서를 복사 후 대칭 등을 이용하여 감각적인 패턴을 만들어낼 수 있습니다.

42

패턴 레이어를 약 10개 정도 추가하고 크기를 줄이거나 늘리는 등 배치를 하여 만들어진 패턴입니다. 위 패턴을 사용하기로 하였습니다.

 캐릭터 뒤에 패턴 레이어를 켠 모습입니다. 패턴이 너무 강하지 않도록 레이어 농도 조절을 하여 캐릭터를 뒷받침할 수 있도록 조절해줍니다.

44 캐릭터 레이어 위에 곱하기 레이어를 추가하여 전체 느낌을 잡아주는 어두운 톤을 추가합니다. 분위기를 살려줄 수 있도록 약간 과하게 추가해보았습니다.

추가 레이어를 하나 생성해서 오버레이로 둔 뒤 손가락과 피부, 머리카락 등에 빛이 약간 바라는 느낌을 주어 신비한 분위기를 극대화합니다.

컬러링 | 263

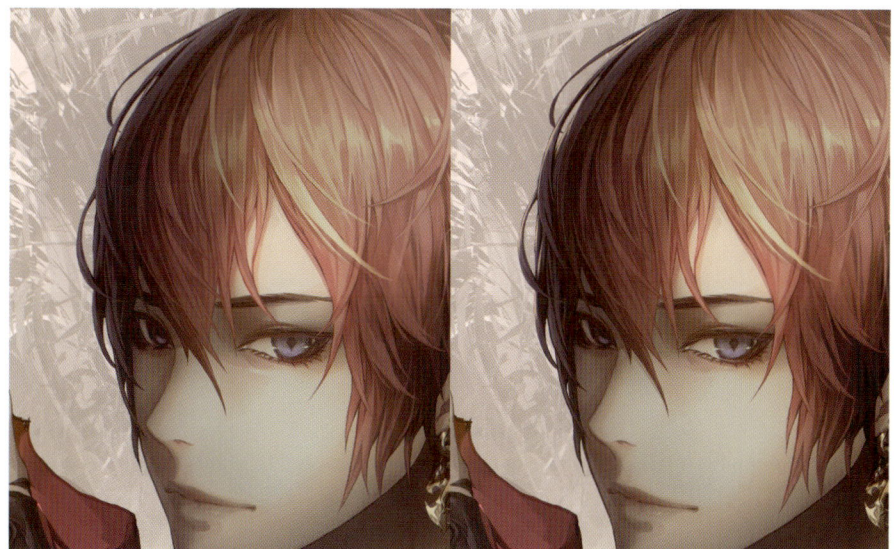

45 머리카락 좌측의 실루엣이 돋보일 수 있도록 역광을 그려줍니다.

46 악마의 물약에 실루엣을 추가합니다. 원혼의 형상을 띈 디자인과 눈 등 기괴한 느낌으로 충분히 악마의 물건 다운 느낌을 주었습니다. 이런 디자인은 원래 러프 단계에서 진행했어야 되는 부분인데, 진행하면서 더 좋은 아이디어가 떠오르면 바로 추가해주는 편입니다.

47 악마의 물약의 디자인 볼륨이 커져서 위에 장식의 비중이 작아졌기에 꼬아지는 듯한 철 장식을 추가하여 장식의 비중을 이끌어내줍니다.

물약은 부피감이 있으므로 장식을 디자인할 때 평면적이지 않은 디자인을 추가해주어야 물약의 부피감이 착시가 나지 않습니다. 한 쪽 디자인은 입체적으로 한 쪽은 평면적인 느낌을 내는 것은 좋지 않으므로 장식을 추가할 때 주의합니다.

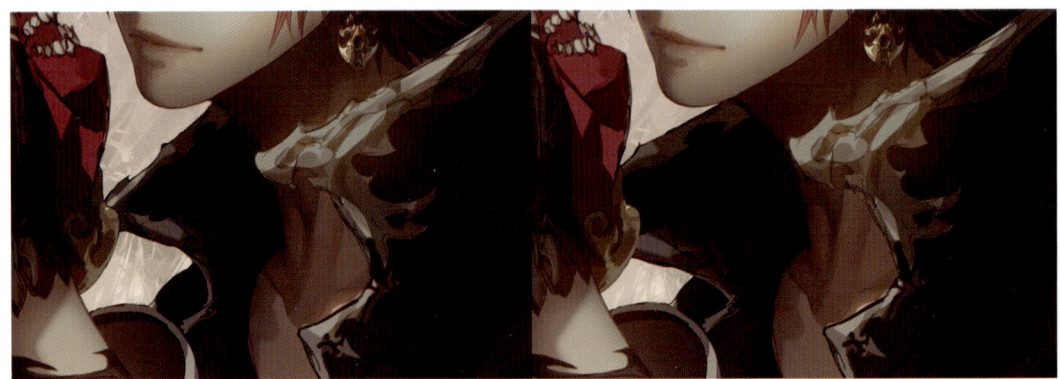

48 옷깃의 실루엣을 조절합니다. 초반에 레이어를 피부와 옷깃을 따로 해두었기 때문에 옷깃만 선택하여 자유 변형 도구 (Ctrl+T) 로 간단히 늘려줍니다.

49 머리카락의 선화를 추가하여 디테일을 마무리 짓습니다. 주로 얇은 결에 추가하여 섬세한 느낌을 살려줍니다.

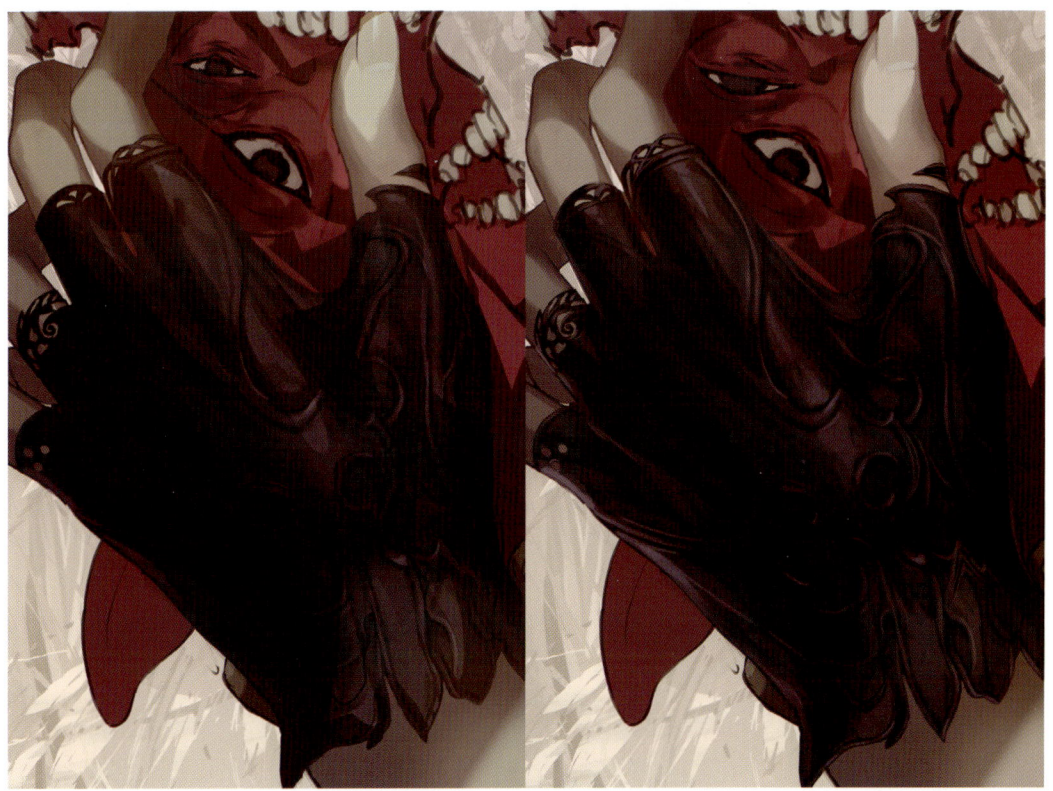

50 장갑에 색상 닷지 레이어로 하이라이트를 추가합니다. 그 뒤 곱하기 레이어로 실루엣에 가장자리를 어둡게 만들어주어 입체감을 만들어줍니다. 너무 어두워진 부분은 채도가 낮은 푸른색으로 역광을 주어 탁한 느낌을 덜하게 해줍니다.

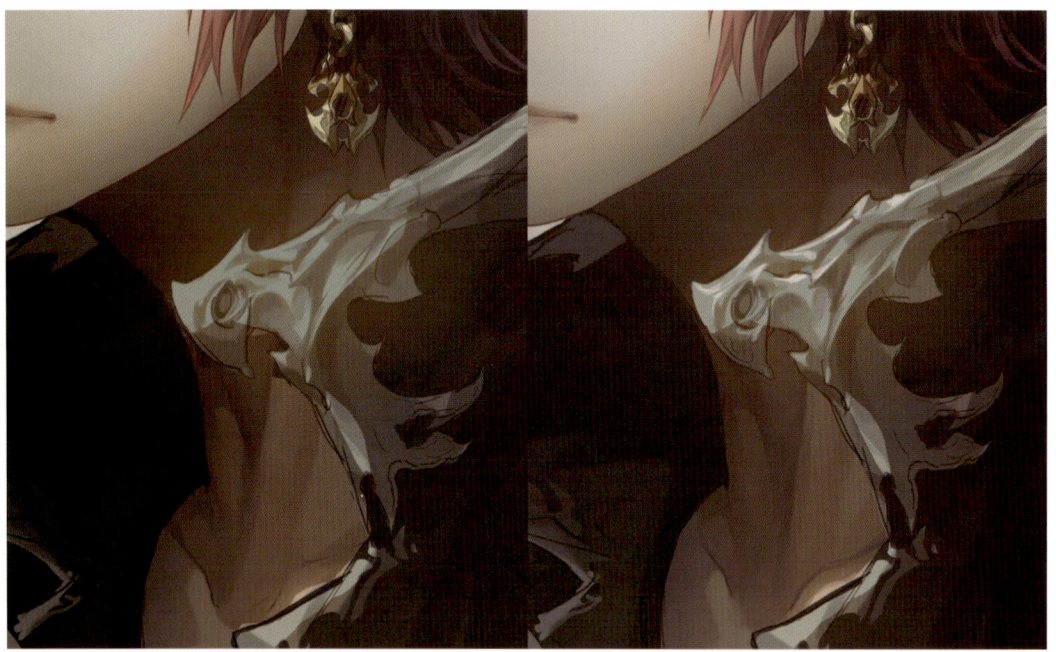

51 옷깃의 철 장식은 처음에 입힌 결을 따라 밝은 부분과 어두운 부분을 강조하여 선명하게 만들어나갑니다. 이때는 표준 레이어를 생성하여 일반 브러시로 흐려지지 않게 조심하며 그려줍니다.

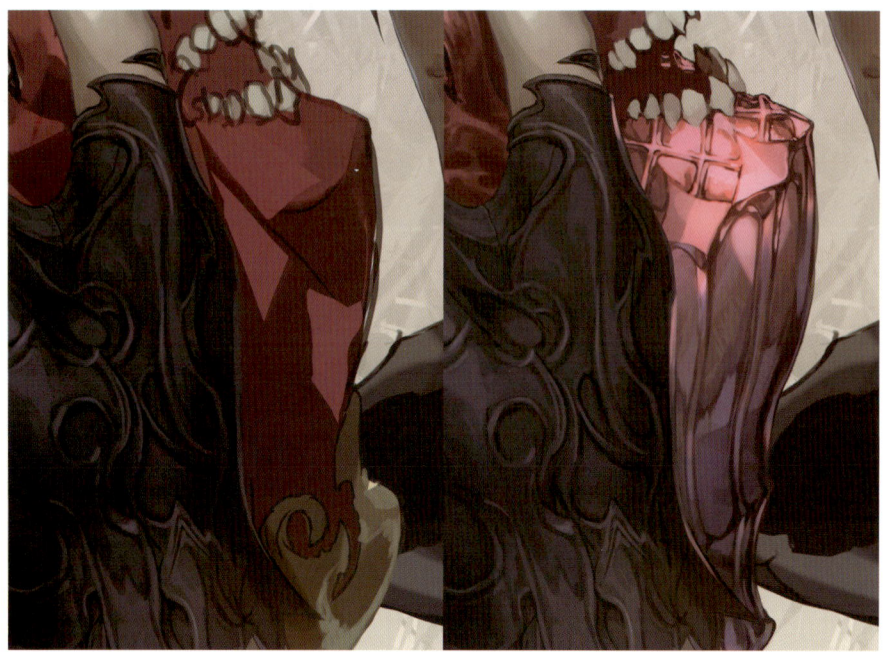

52 악마의 물약의 크리스탈 부분의 묘사입니다. 먼저 크리스탈 형태를 그려주고 밝은 부분에 하이라이트를 넣어 크리스탈 느낌이 들도록 합니다. 그 뒤 푸른색의 보색으로 아랫부분을 다듬어줍니다. 일부러 면을 쪼개듯이 그려주면 크리스탈의 느낌을 한 층 살릴 수 있습니다.

손에 크리스탈에서 비친 역광을 약간 그려주는 것으로 리얼함을 살려줍니다.

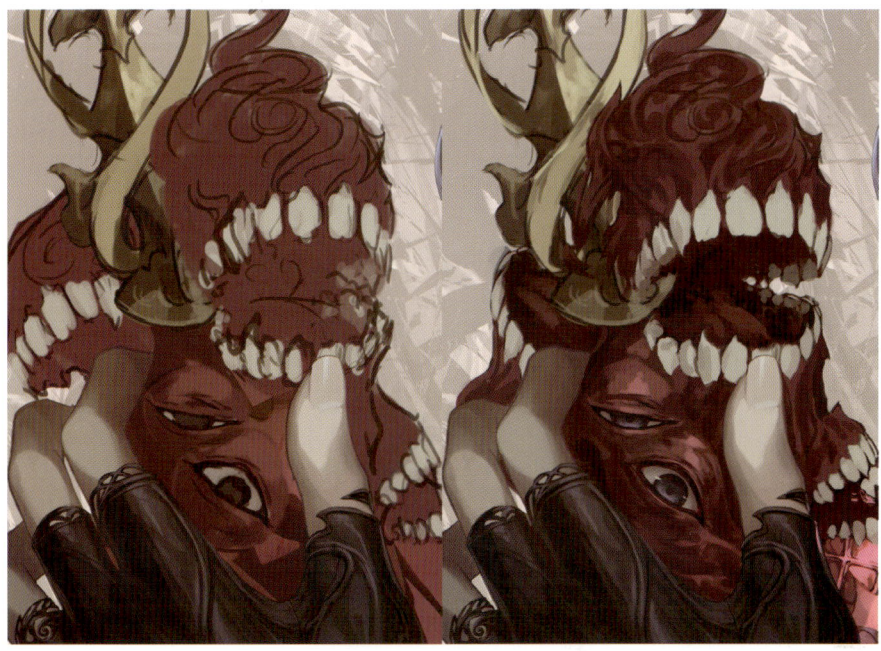

53 악마의 물약의 기괴한 장식 부분의 묘사를 진행합니다. 약간 이질적인 느낌을 살리기 위해 터치의 방향을 원형을 그리듯이 넣어주었습니다. 눈과 치아는 원혼을 모티브로 하고 있으므로 마물이나 죽은 사람 원혼의 느낌이 나도록 느낌을 살려줍니다.

치아 장식 안쪽에는 충분히 어둡게 톤을 깔아주어 입체감을 표현해주었습니다.

54 레이어를 하나 더 추가하여 어두운 부분을 따라 그림자를 하나 더 만들어줍니다. 치아와 안쪽의 묘사를 하고 실루엣을 선명하게 다듬어서 퀄리티를 만들어줍니다.

 장식 부분도 묘사를 진행합니다. 퀄리티를 위해 실루엣을 아주 선명하게 다듬고 톤을 한 번씩 더 나누어주어 입체감을 살립니다. 돌아가는 장식의 안쪽에 푸른색을 주어 공간감을 극대화합니다. 디테일한 요소이므로 이 부분에서 시간을 상당히 소비합니다.

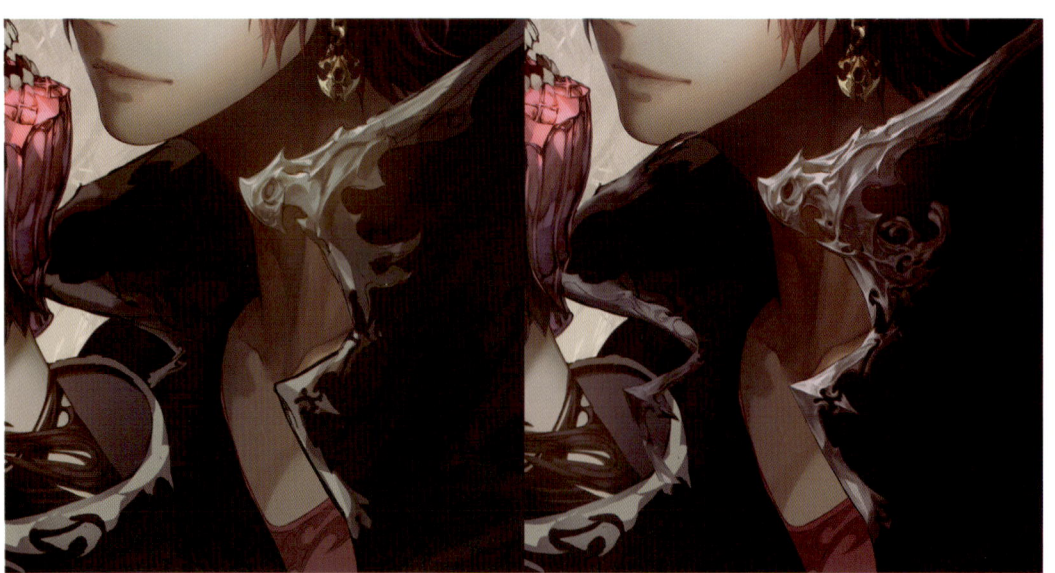

56 물약의 장식처럼 옷깃의 금속도 디테일을 추가합니다. 그려놓았던 형태에서 한 번 더 쪼갠다는 느낌으로 형태를 다듬어나갑니다.

하이라이트와 그림자 사이에 더 어두운 부분을 추가하여 음영의 차이를 극대화해주어 퀄리티를 살립니다. 작은 형태의 실루엣도 선명하게 다듬어서 섬세한 디자인 느낌을 연출합니다.

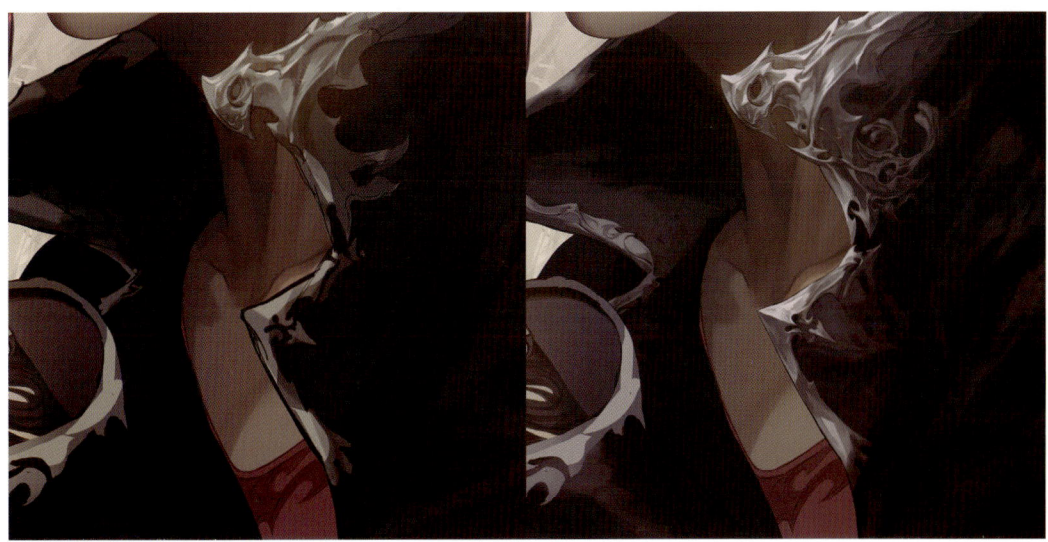

57 코트가 상당히 어둡기 때문에 묘사는 그림자를 추가하는 것이 아닌 밝은 부분을 추가하는 것으로 진행합니다. 어깨와 깃의 앞 부분을 밝게 터치하여 입체감과 재질감을 살려줍니다.

전체적으로 어둡기 때문에 큰 묘사를 하지 않아도 충분히 재질감이 나오므로, 선명한 색을 써서 재질감과 형태가 붕 뜨지 않도록 주의합니다.

58 너무 많은 묘사는 입체감을 잃을 수 있으므로 조절이 필요합니다. 코트의 어두운 부분에는 에어브러시로 주름을 약간 눌러주어 형태의 느낌을 조절해주었습니다. 밝은 부분보다는 더 어두운 부분의 묘사를 조절하는 것이 크게 눈에 띄지 않고 자연스럽게 보입니다.

59 옷 깃의 실루엣을 가슴 쪽을 많이 가리도록 늘려줍니다. 코트를 입었을 때 옷깃으로 좌우가 가려질 수 있을 만큼 실루엣을 조절하여 디자인의 완성도를 올려주었습니다. 가슴 쪽과 내의가 아깝지만 좀 더 악마의 멋있는 느낌을 위해 과감히 조절하게 되었습니다.

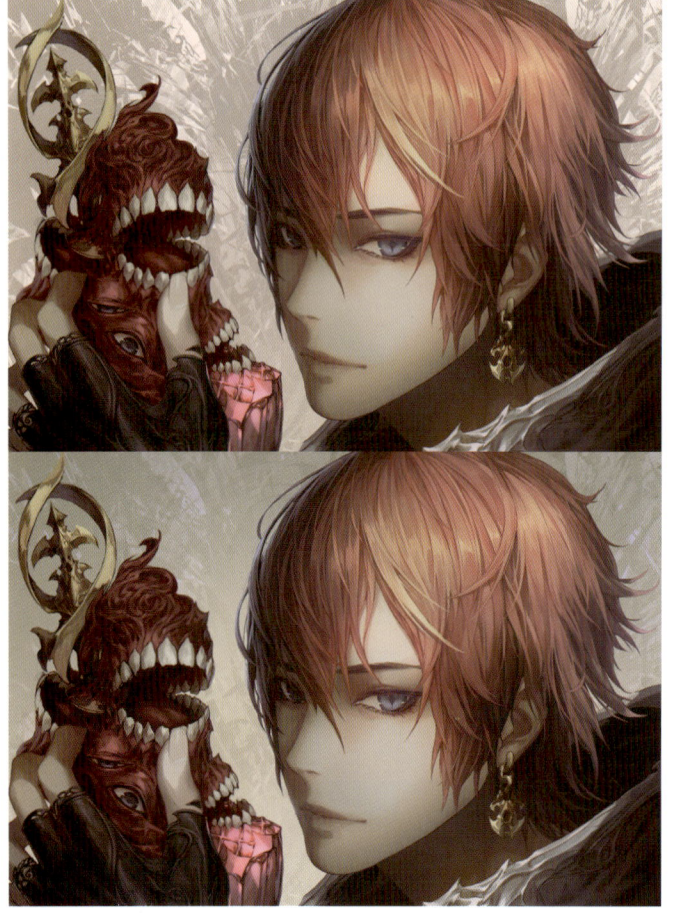

60 배경을 에어브러시로 톤을 약간 눌러줍니다. 배경이 약간 흐릿해지면 캐릭터에 시선이 보다 갈 수 있습니다. 그려놓았던 패턴이 다 가려지지 않을 정도로만 조절해주어야 합니다.

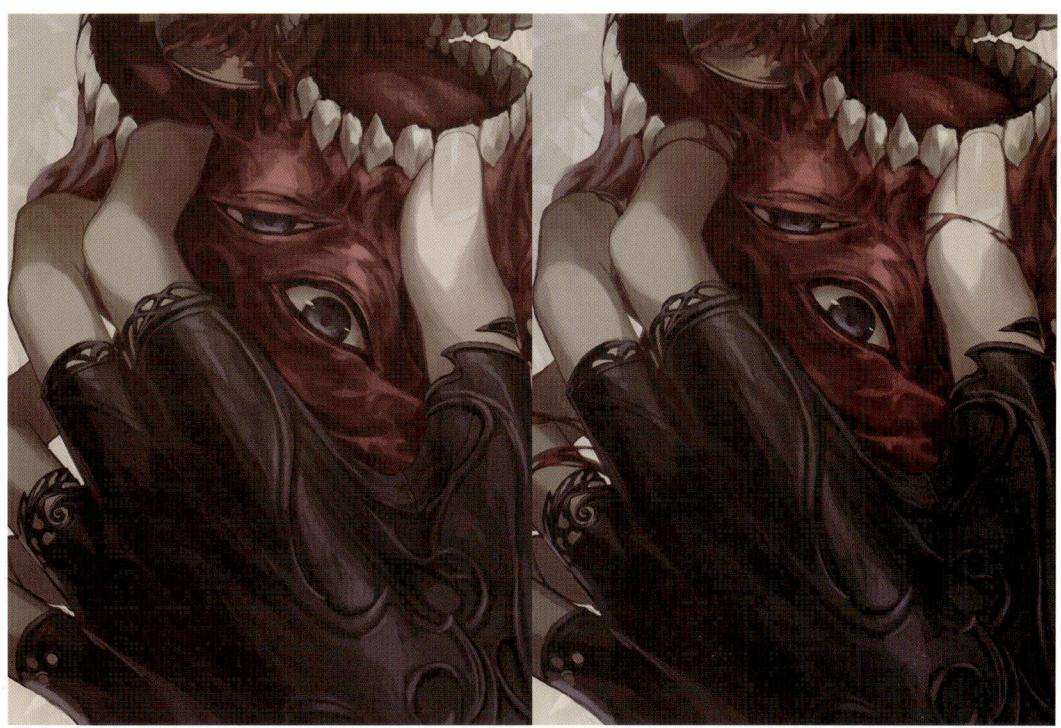

61 악마의 장식에서 나오는 원혼의 줄기를 손가락에 걸쳐주는 느낌으로 그려줍니다. 엄지손가락과 검지, 약지 등에 패턴이 균일하지 않게 그려주어 다채로운 느낌을 줄 수 있습니다. 작은 실루엣의 다채로운 표현은 그림의 마무리 디테일에 섬세한 느낌을 줍니다.

62 악마의 물약 장식의 디테일을 마무리 짓습니다. 실루엣을 뚜렷하게 알 수 있도록 테두리에 가느다란 선을 넣어주고 터치를 정리합니다.

⬢63 옷깃의 색을 추출하여 팔 의상 부분도 묘사합니다. 안감에 주름을 약간 추가하여 리얼한 느낌을 주고 테두리의 장식도 옷깃처럼 묘사를 진행하여 끝마칩니다.

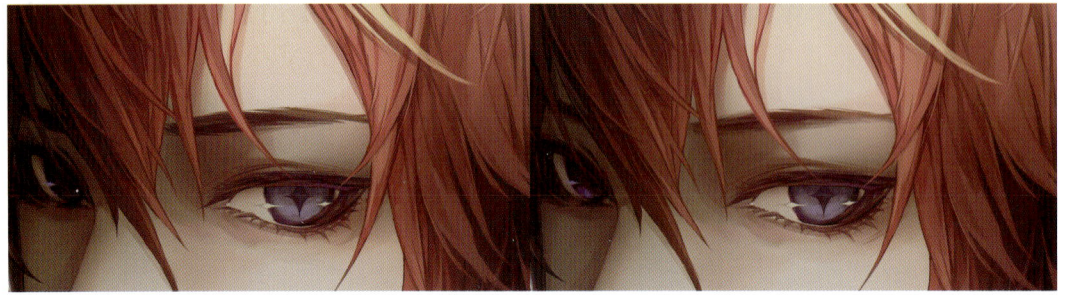

⬢64 얼굴의 컬러링을 하면서 색이 약간 퍼진 인상이 있기에 눈썹 부분을 위주로 선명하게 다듬어 줍니다.

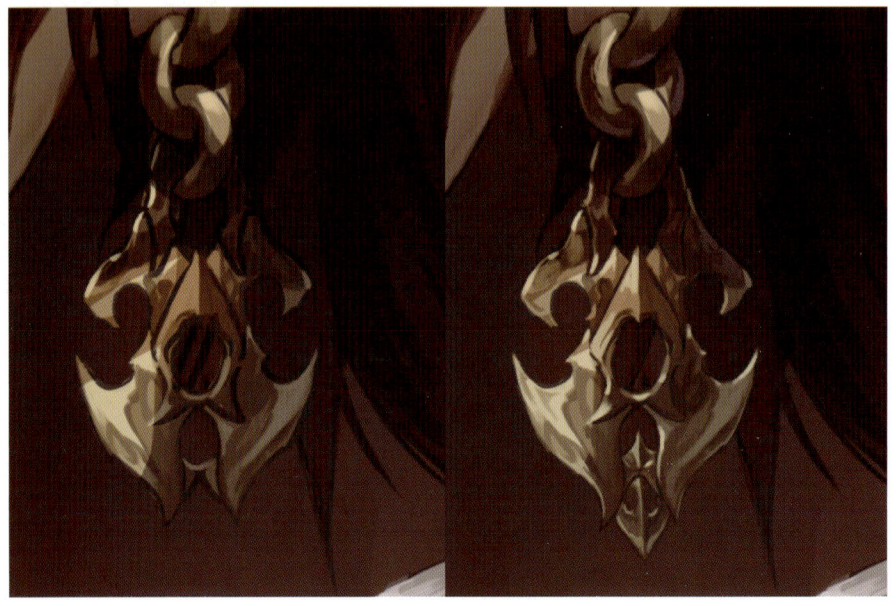

⬢65 귀걸이 부분도 물약의 장식처럼 디테일을 보완하여 올려줍니다. 실루엣을 잘 알 수 있도록 실루엣 부근에 밝은 하이라이트를 넣어줍니다. 주변이 어둡기에 어두운 선보다는 밝은 라이트를 넣어주는 것이 좋습니다.

66

캐릭터 깃 부근에 디자인을 하나 추가해주었습니다. 색이나 재질은 귀걸이와 물약의 장식과 같은 느낌으로 색을 추출하여 디자인하여 그려줍니다.

생각보다 시선이 많이 가는 부분이 되어 디테일 작업을 반복하여 끌어올려 주었습니다.

67

배경의 상단부분이 같은 색조로 캐릭터와 붙어있는 느낌이 있어서 오버레이 레이어를 하나 추가하여 푸른색으로 위쪽을 칠해주었습니다. 혹은 배경 레이어를 색조/채도 조절 창 (Ctrl+U)으로 조절해줍니다.

배경과 캐릭터는 가능하면 색조가 덜 겹치도록 해주는 것이 캐릭터를 살릴 수 있습니다. 진행 중에는 비슷한 색조를 사용하여 이질감이 들지 않게 하기도 하고, 어두운색을 깔아서 전체적인 밝기의 느낌을 가늠하기도 합니다. 가능하면 전체 색 조절은 마지막에 해줍니다.

68
배경의 가장자리에 곱하기 레이어로 동그랗게 원을 깔아주고 밝은 선을 하나 추가하여 이펙트의 느낌을 내어줍니다. 이 작업은 캐릭터로 시선을 보다 많이 주기 위한 것으로 시선의 처리를 의식하여 작업합니다.

69 완성된 일러스트입니다.

PART 3

TCG 일러스트 제작
- 바리에이션 일러스트

TCG 일러스트 제작 과정
일러스트 발주 과정
일러스트 제작 과정
속성별 카드 표현

TCG 일러스트 제작
설정
일러스트 제작
러프 피드백 대응
바리에이션 제작
중간 피드백 대응
최종 피드백 대응
납품하기

TCG 일러스트 제작 과정
일러스트 발주 과정

TCG 일러스트의 제작은 대부분 모바일 게임 회사에서 발주하여 사용됩니다. TCG 게임, 롤플레잉 RPG 게임, 대전 게임 등 그 외에도 많은 모바일 게임에서 게임 세계관 내의 캐릭터 프로필을 보여줄 때 TCG 플랫폼을 사용하고 있습니다. 깔끔하게 정돈된 화면 구성과 세로로 긴 캔버스는 모바일에서 일러스트를 보여줄 때에 최적화되어있습니다.

게임의 세계관에서는 배경만 있을 순 없으므로 뛰어놀고 싸우고 성장할 수 있는 캐릭터 일러스트가 필요합니다. 본 게임의 세계관에 어울릴만하면서 유저에게 호응이 좋을 캐릭터가 무엇인지 디렉터가 판단하고 기획자에게 요청하면 기획자는 캐릭터 설정을 제작합니다. 캐릭터의 설정이 적힌 기획서는 일러스트레이터에게 전달되어 캐릭터 제작을 착수합니다. 이 과정에서 원화가에게 먼저 전달되어 캐릭터의 러프 이미지를 제작하고 일러스트레이터에게 전달되는 경우도 있습니다.

회사 내부에 일러스트레이터에게 캐릭터 일러스트를 제작하는 것이 보통이지만, 업데이트나 대규모 게임 개편을 할 때에는 일러스트의 수량이 많이 필요하게 됩니다. 한 명의 일러스트레이터가 기간 내 제작할 수 있는 분량은 극히 한정적이므로 자체 제작 수량이 부족하면 외주 발주로 의뢰를 요청하게 됩니다.

외주 발주로 진행하게 되는 경우 총괄 디렉터가 먼저 외주 발주를 할 일러스트 제작을 지시합니다. 일러스트 기획자는 디렉터의 요구에 맞추어 캐릭터 설정을 제작하고 담당자에게 전달합니다. 담당자는 전달받은 캐릭터 설정에 적합한 일러스트레이터를 찾아 디렉터와 기획자에게 확인을 받은 후 발주를 합니다. 일러스트레이터는 발주를 확인받고 일러스트 제작을 착수한 뒤 담당자에게 제출하여 디렉터의 검수를 받게 됩니다.

TCG 일러스트 제작 - 바리에이션 일러스트 | 279

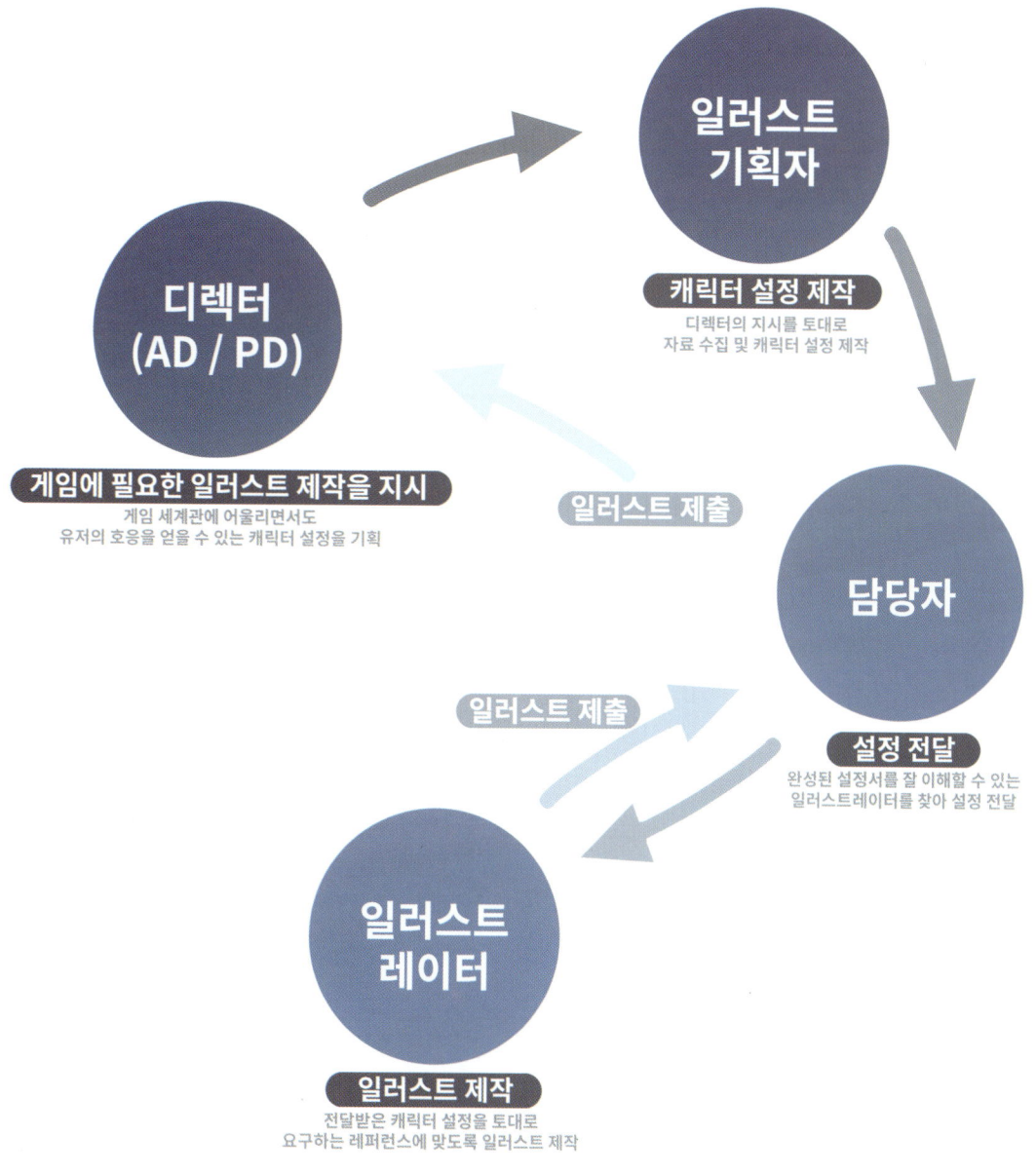

TCG 일러스트 제작 과정
일러스트 제작 과정

일러스트 발주를 받았다면 본격적으로 일러스트 제작에 착수하게 됩니다. 보통 러프, 진행, 완성의 단계로 클라이언트의 검수를 받게 되는데, 회사나 작가마다 업무 방식이 다르므로 착수 전 조율하는 것이 좋습니다.

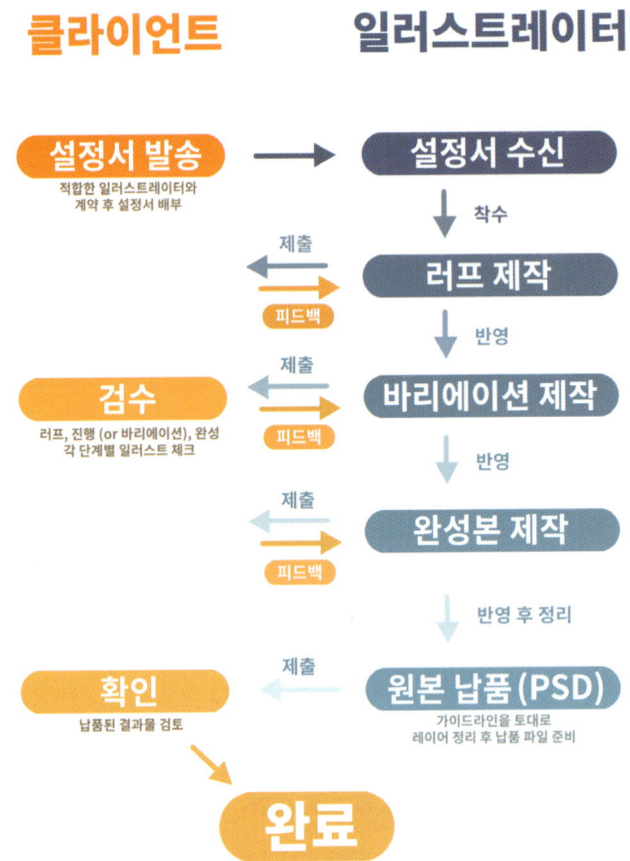

클라이언트 담당자가 설정서를 적합한 일러스트레이터에게 배부하면 일러스트레이터는 설정서를 토대로 캐릭터 일러스트의 제작을 착수합니다. 러프 제작 후 클라이언트의 확인을 받고 피드백을 받아 반영하고 진행이나 바리에이션을 작업하여 다시 제출합니다. 마지막 완성 단계까지 제출한 뒤 납품 파일 제출을 요청받으면 가이드라인을 토대로 PSD 파일을 정리하여 제출합니다.

보통 납품 파일의 정리는 이펙트, 캐릭터, 배경을 따로 나누어 달라고 하는 곳이 대다수입니다. 진행할 때에는 이펙트, 캐릭터, 배경이 붙지 않도록 레이어를 나누면서 진행하도록 합니다.

TCG 일러스트 제작 과정
속성별 카드 표현

TCG 일러스트에서는 크게 속성과 클래스로 전체적인 뉘앙스와 색을 나눕니다. 크게 불 속성은 빨간색, 물 속성은 파란색, 전기 속성은 노란색 등으로 직관적으로 알 수 있게 요소를 잡아주는 것이 중요합니다.

불 속성

불 속성은 강렬하고 강인한 인상을 줍니다. 공격적인 성향을 지닌 캐릭터나 열정적인 느낌의 캐릭터의 속성은 불 속성으로 제작되거나 전체적으로 붉은 인상을 줍니다. 주로 대검을 사용하는 전사, 폭군 마법사, 강철을 다루는 대장장이 등에 사용됩니다.

물 속성

물 속성은 차갑고 조용한 인상을 줍니다. 내성적이고 조용한 캐릭터나 은은한 인상을 풍기는 캐릭터에 가장 많이 사용되는 속성입니다. 주로 저급 마법사와 서브 캐릭터, 보조적인 역할을 하는 캐릭터에 사용됩니다. 가끔 붉은색의 불 속성 캐릭터의 라이벌의 색상으로 사용되기도 합니다.

전기 속성

전기 속성은 아주 도발적이고 튀는 인상입니다. 불 속성과 공통적인 강렬한 인상을 주기도 하며 주로 악당 캐릭터에 자주 사용됩니다. 가끔은 벼락을 동반한 파괴의 신으로 등장합니다.

바람 속성

바람 속성은 전체적으로 초록 빛으로 몽환적이고 온화한 인상을 줍니다. 숲 속의 정령과 엘프, 과거가 예측되지 않는 신비한 캐릭터 등에 사용됩니다.

흙 속성

땅 속성은 둔탁한 분위기와 거대한 느낌을 줍니다. 색이 튀지 않아 인간이 아닌 캐릭터에 많이 사용되는데, 주로 몬스터와 골렘, 오브젝트 카드에 사용됩니다. 가끔은 갈색을 기본으로 둔탁한 디자인을 한 캐릭터로 등장해 이상한 분위기를 보여주기도 합니다.

빛 속성

빛 속성은 화려하고 성스러운 느낌을 줍니다. 하얀 느낌을 기조로 깨끗한 인상을 주기에 주로 천사와 성직자, 왕녀 등 깨끗한 인상이 필요한 직업에 사용됩니다.

어둠 속성

어둠 속성은 어둡고 퇴폐적인 인상을 줍니다. 검은색과 보라색, 남색 등 칙칙해 보일 수 있는 색을 사용하여 음산한 분위기를 연출합니다. 악마와 어두운 세력의 악당, 퇴폐적인 성격을 지닌 캐릭터에 사용됩니다.

각 속성과 색이 가지는 특징을 파악하고 그려준다면 효과적인 일러스트가 될 수 있습니다.

설정

캐릭터 설정

이름 - 백의 기사 루아
나이 - 16
성격 - 냉정하고 침착함
키 - 162

과거 - 왕국의 성직자 출신 백작가 딸로 태어나 귀하게 자랐지만 왕국 내 세력 분열로 백작의 직위를 박탈 당하고 살고 있던 땅에서 쫓겨나게 되었다. 왕국은 세력 분열로 끊임없는 내전이 계속되어 여러 마을을 전전하며 비참한 생활을 이어가게 된다. 거치던 마을에 머물던 중 세력단의 습격을 받아 칼에 베여 죽음의 위기에 이르게 된다. 그 순간 흐르던 피가 성스러운 존재를 깨워 백의 힘이 깃들게 된다. 깃들어진 백의 힘은 아름다운 검이 되어 몸 안에 흐르던 힘을 깨운다.

소속 - 백의 기사단

설정 - 성스러운 존재에게 백의 힘을 받은 그녀는, 힘을 준 존재의 기대에 부응하기 위해 피의 속박에서 세상을 구하려 든다.

대사 - "성스러운 힘으로 속박을 풀어드리도록 하겠습니다."
　　　- "신의 은총을 당신에게."

일러스트 제작 설정

1단계
어두운 성당 내부 혹은 외부에서 의자에 홀로 앉아 있는 이미지입니다. 그녀는 감정이 거의 보이지 않는 눈을 하고 있습니다.

전체적인 이미지 : 몽환적인 느낌
배경 : 어두운 배경의 성이 보이는 곳, 은은하며 쓸쓸한 느낌의 색

기타 코멘트 : 캐릭터가 침착하게 홀로 앉아있는 느낌을 강조했으면 좋겠습니다. 배경의 요소는 적게 사용하고 이펙트로 화려함을 표현해주세요. 종교의 상징은 과도하게 보여주지 말아주세요.

2단계

캐릭터 일부의 색과 배경의 색 등을 변경, 이펙트를 약간 추가해서 진화된 느낌을 주세요. 백의 힘을 사용하기 직전 느낌입니다.

3단계

백의 힘이 호화스러운 빛으로 형상화하여 캐릭터를 강렬하게 감싸는 이미지입니다. 손에는 찬란한 빛이 감돌며 의자 아래에서부터 가슴까지 백의 힘이 정신없이 몸을 감쌉니다.

기타 코멘트 : 캐릭터의 얼굴에는 이펙트가 닿지 않도록 해주세요. 색이 너무 하얗게 되지 않도록 주의해주세요.

-

일러스트 제작 전 캐릭터의 설정을 잘 파악하고 진행합니다. 위는 이번에 제작할 백의 기사 루아 캐릭터의 설정입니다.

나이는 16살, 냉정하고 침착한 분위기로 앳된 얼굴과 무표정한 눈빛을 보여주면 좋을 것 같습니다. 과거로 성직자 집안에서 자랐기에 침착하며 성스러운 느낌이 들 수 있도록 깨끗한 인상으로 제작하도록 합니다.

백의 기사인 이름만큼 전체적으로 의상과 헤어스타일 컬러 등에 하얀 이미지를 주고, 이펙트의 흐름을 잘 보여줄 수 있도록 배경은 눈에 띄지 않는 색으로 진행해주어야 될 것 같습니다. 또한 캐릭터와 배경이 각기 잘 보이도록 색조의 겹쳐지는 부분도 생기지 않도록 제작 전에 염두에 둡니다.

의상 디자인은 과거인 성직자와 백의 힘으로 깃들어진 검을 사용했다는 설정이기에 두 설정이 가지는 공통점을 기반으로 디자인해야 합니다. 성직자, 백의 기사라는 키워드에서 나올 수 있는 백색, 기사 은 갑옷, 단정하면서도 화려한 성직자 의복 등 백색의 공통이 될 수 있는 요소를 융합하여 이질적이지 않도록 조합하며 디자인하기로 합니다.

바리에이션 진화 단계에서는 색 변경이 있습니다. 2단계와 3단계의 색상 또한 1단계와, 각 단계의 배경과 겹치지 않도록 염두에 둡니다. 진화할수록 화려해져야 되기에 3단계로 갈수록 진하고 밝으며 채도가 높은 강한 색을 사용하기로 합니다.

화려함의 중심이 될 이펙트의 설정이 있기에 배경은 심심한 느낌으로 작업하여 이펙트가 돋보일 수 있도록 진행합니다.

위 설정 내용을 감안하고 제작에 착수하도록 합니다.

TCG 일러스트 제작

 01

캐릭터의 동세를 구상합니다. 앉아 있는 자세라는 설정이기에 캐릭터는 얌전히 앉아 있으면서도 앵글의 각도를 바꾸어 그림에 심심한 인상이 들지 않도록 합니다.

 02

러프 레이어의 투명도를 낮추고 세부적인 러프를 그려나갑니다. 인체의 비율을 신경 쓰면서 상체와 하체의 크기를 조절합니다.

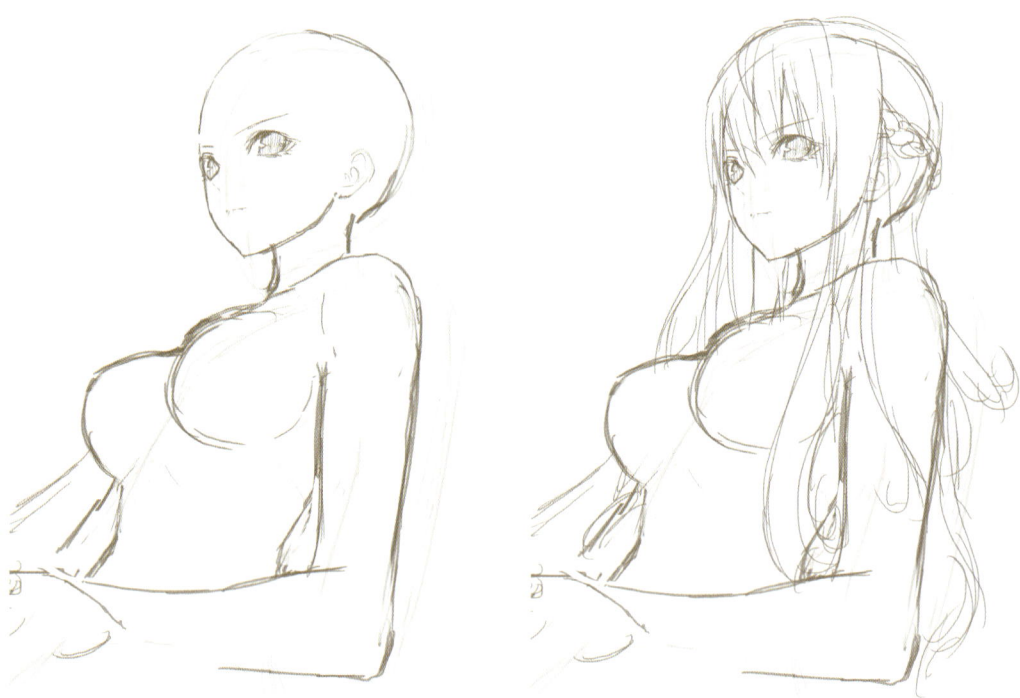

03 레이어를 하나 추가하여 얼굴과 머리카락의 러프를 진행합니다. 머리카락은 조금 길게 해주고 얌전한 느낌의 웨이브를 살짝 넣어 캐릭터가 조용한 인상이 들도록 해주었습니다.

04 포인트가 될 캐릭터의 의자를 러프합니다. 이 단계에서 재질의 느낌도 생각해두었는데 의자는 나무 재질로 얌전한 인상을 주기로 했습니다. 진행하며 색이나 빛을 받는 느낌이 얌전할 것으로 예상되기에 디자인은 조금 크게 그려주어 존재감을 만들어 줍니다.

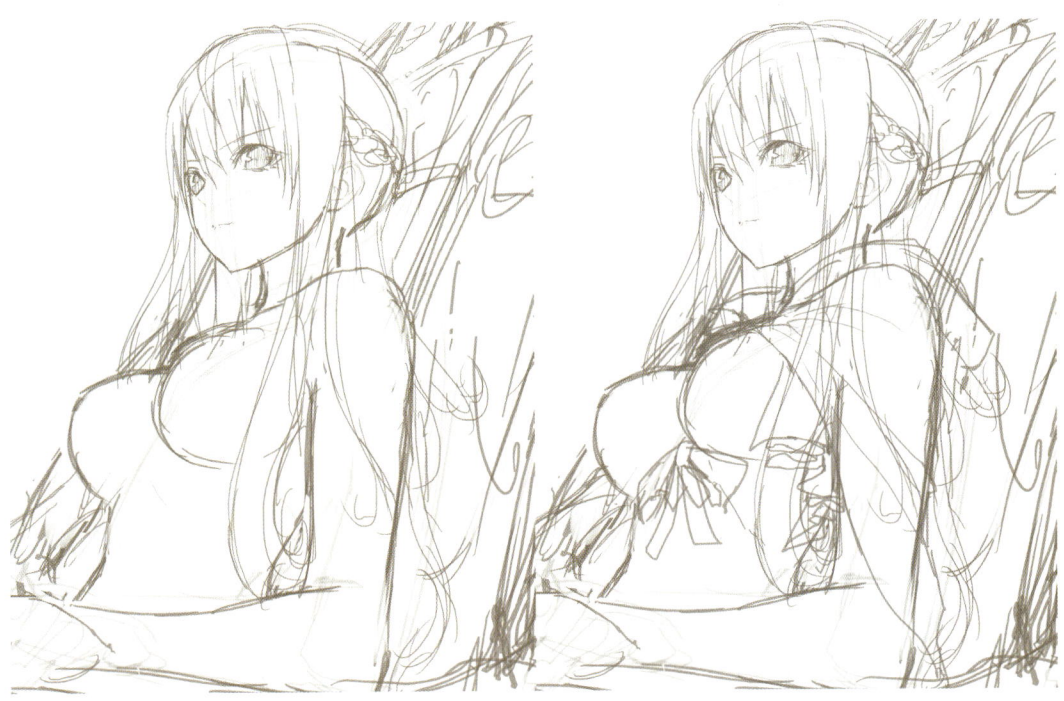

05 겉옷 의상은 성직자의 로브를 연상할 수 있는 케이프로 진행 때에 하얀색으로 그려줄 예정입니다. 어깨에서 걸쳐 내려오도록 러프를 하면서도 팔의 실루엣이 너무 가려지지 않도록 주의합니다.

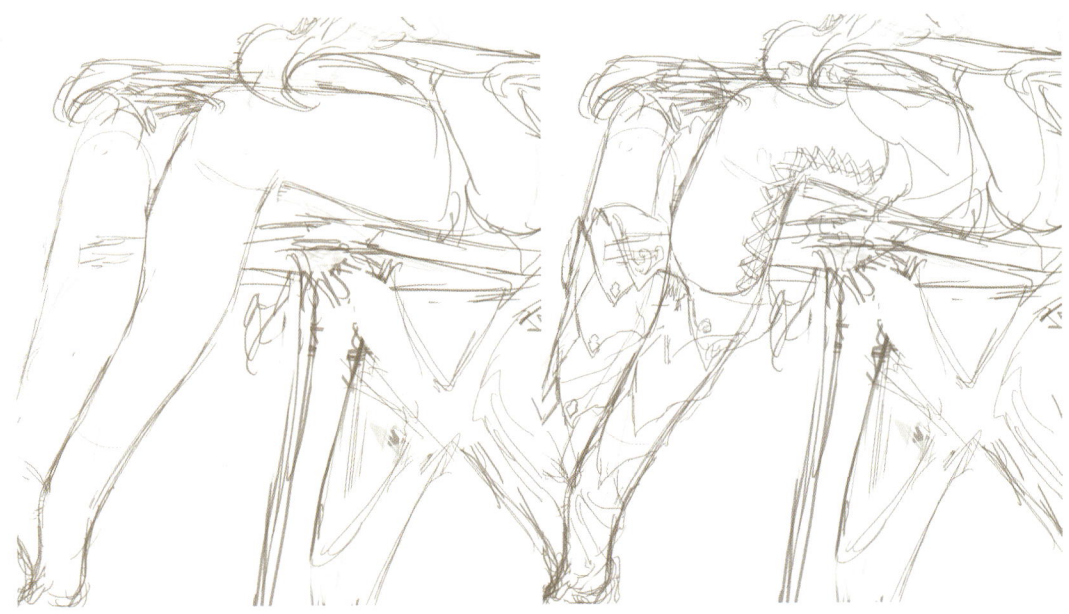

06 스타킹과 부츠의 디자인 러프를 그립니다. 스타킹과 부츠의 각 파츠를 알 수 있도록 실루엣을 조금 달리해주면 좋습니다. 스타킹은 조금 질긴 재질로 끈으로 조일 수 있는 디자인을 채택했습니다. 옆쪽으로 나오는 작은 끈이 디테일의 스케일 감을 알 수 있게 해줍니다.

07 상의의 갑옷 디자인은 케이프 아래 위치하도록 그려주고 리본 장식과 천의 장식을 조금 추가하여 기사 같으면서도 성직자의 뉘앙스를 풍길 수 있도록 디자인합니다.

08
러프 레이어의 투명도를 낮추고 본격적인 스케치를 진행합니다. 먼저 얼굴 윤곽선을 그려준 뒤 캐릭터의 이목구비의 순서로 그려나갑니다. 아래 턱을 기준으로 눈의 높이를 맞추어 캐릭터 눈의 좌우 대칭이 틀어지지 않도록 합니다.

09 머리카락은 의상 아래까지 흘러 의상과 겹쳐지도록 될 예정이므로, 아래로 흐르는 머리카락의 실루엣은 아주 선명하게 그려줍니다. 실루엣이 선명하면 채색을 진행하고 나서도 보다 선명하게 보입니다.

10
머리카락 스케치 레이어에서 뒷머리와 머리카락 결 등 선명하게 다듬어줍니다. 뒷머리는 묶인 머리를 추가하여 머리카락의 단조로움을 피해주었습니다.

11
의상의 실루엣을 스케치합니다. 레이스는 안쪽 면이 조금 보이도록 그려주어 그림이 로우 앵글이라는 느낌을 보여줄 수 있습니다.

TCG 일러스트 제작 - 바리에이션 일러스트 | 291

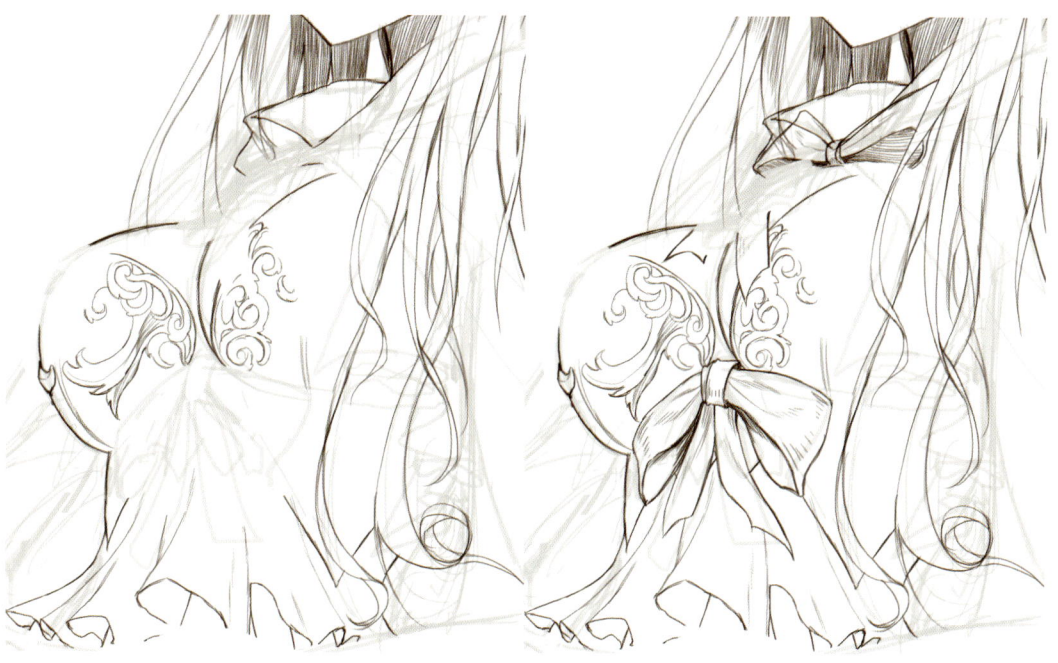

12 가슴 쪽의 포인트 장식인 리본을 그려주고, 케이프를 목으로 이어주는 끈 역할을 하는 다른 리본도 추가합니다.

13 리본과 머리카락 아래에 여러 겹 겹치는 천 장식을 추가하여 과거 귀족 가문이었던 우아함도 보여주었습니다.

14 상의 갑옷 아래에 위치한 팔의 디테일 스케치를 그려나갑니다. 어깨의 케이프와 달리 디테일을 잡아주는 부분으로써 팔에는 전체 갑옷을 추가했습니다. 여러 겹으로 겹쳐진 디자인으로써 각 겹쳐지는 부분이 서로 모양이 다르도록 하여 볼거리를 만들어줍니다.

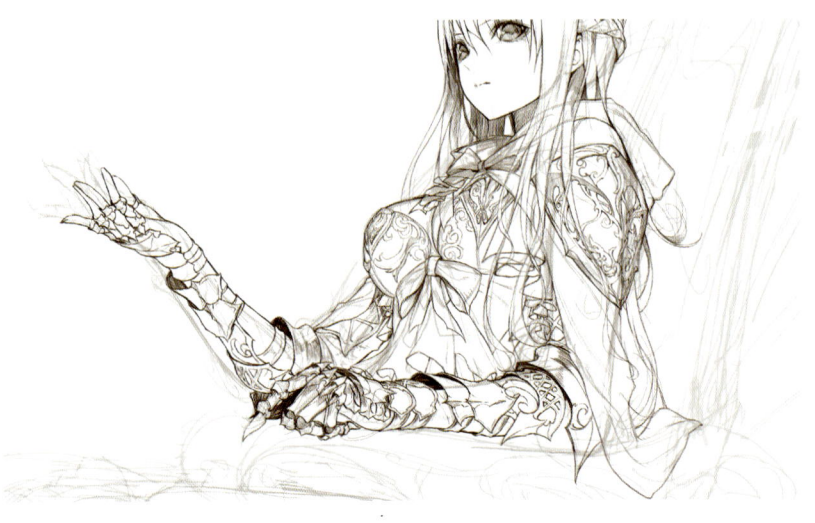

15 반대쪽 팔의 갑옷도 그려줍니다. 의자에 거친 팔과 달리 손바닥을 위로 보고 있기 때문에 갑옷의 위치는 반대인 아래로 그려주어야 합니다.

16 엉덩이와 허벅지, 다리의 실루엣 스케치를 다듬어주며 그려주고 부츠의 디자인을 그립니다. 부츠는 가죽 재질로 된 느낌을 그려줄 것인데, 전체적으로 통일된 느낌이 들 수 있도록 팔 갑주와 비슷한 느낌이 날 수 있도록 실루엣을 겹쳐지는 느낌으로 디자인해주었습니다.

17 부츠의 겹쳐지는 부분에 덧댐 선을 그려주어 디자인의 완성도를 올리고 단추 장식을 달아줍니다. 스타킹에는 끈 장식을 그려주어 하의 스케치를 마무리합니다.

각 다른 요소의 디자인을 조합하여 새로운 디자인을 그려낼 때는 각 파츠가 가지고 있는 형식이나 모양, 요소 등 공통적인 부분을 찾아 그려 넣어줍니다. 그러면 여러 가지를 조합하여 그려도 어색함이 덜합니다.

18

캐릭터가 앉고 있는 의자의 스케치입니다. 먼저 로우 앵글을 기준으로 한 가이드를 잡아줍니다. 위쪽으로 갈수록 작아지고, 아래로 올수록 커지는 느낌이 들도록 해주었습니다. 다리의 각도도 앞과 옆을 나누어주어 스케치할 때 입체감이 들 수 있도록 가이드를 잡아줍니다.

19

가이드 레이어의 투명도를 낮추고 의자의 디자인 스케치를 진행합니다. 캐릭터의 인상과 설정이 침착하기에 의자의 디자인도 모던 양식으로 크게 눈에 튀지 않도록 해주었습니다.

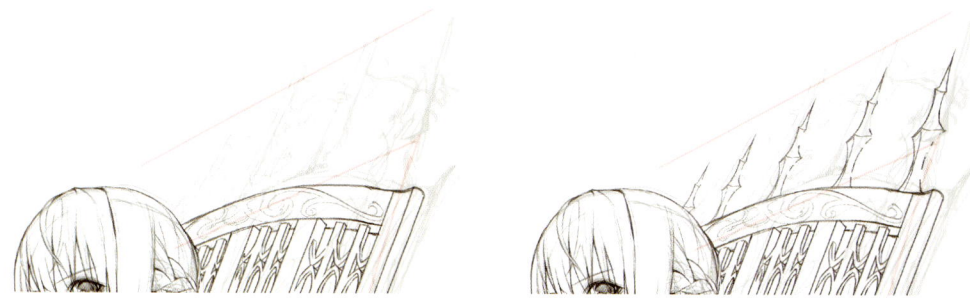

20 캐릭터 뒤의 의자 받침에도 장식을 추가합니다. 모던하면서도 섬세한 의자를 위해서 크게 눈에 띄지 않는 부분에 섬세한 장식을 넣기로 하였습니다.

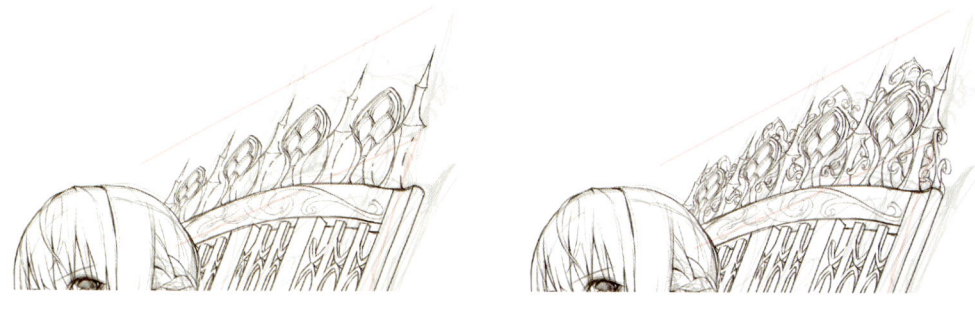

21 한 쪽의 파츠를 그리고 난 뒤 복사하여 크기를 줄여 일렬로 세우고, 중간에 들어갈 장식 또한 한 쪽을 그리고 복사하여 일렬로 맞춰줍니다. 복사하는 과정에서 각 기둥에 겹쳐지는 스케치 선은 깔끔하게 지워줍니다.

22 의자의 팔 받침대 또한 의자 받침대와 같이 하나의 파츠를 그리고 복사하여 의자의 세부 장식을 추가해줍니다. 모두 복사하면 단조로울 수 있기에 포인트가 되는 부분은 직접 그려주었습니다.

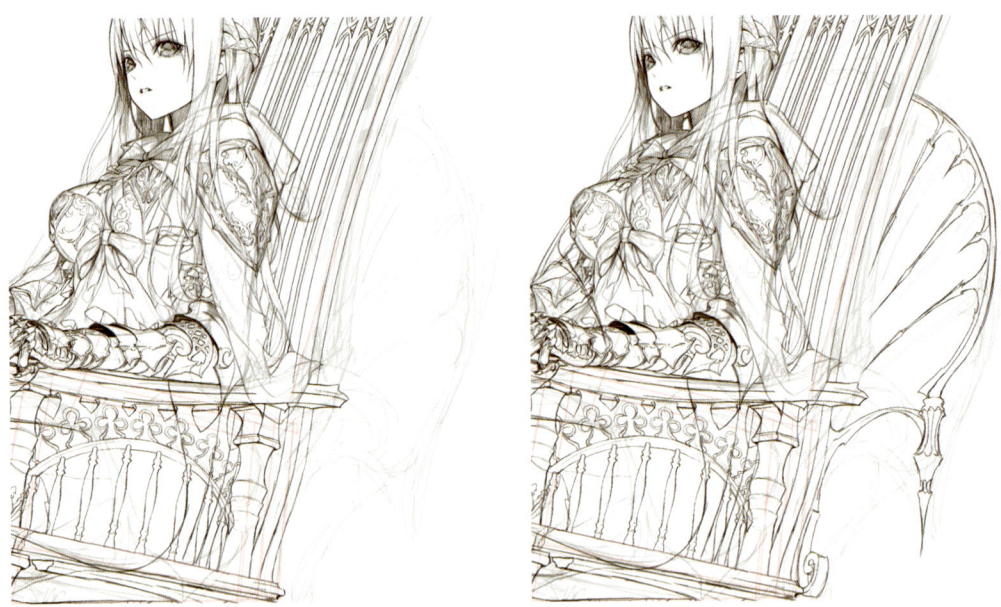

23 특이한 장식을 추가하는 것을 즐겨서 의자 옆에 공작새의 날개 같은 추가 장식을 그려주었습니다. 평범한 실루엣의 의자라도 한 쪽의 디자인을 강화시켜주는 것으로도 아주 특별한 디자인이 됩니다.

24 의자까지 마무리하여 스케치가 끝났습니다. 아래의 러프 레이어는 지워주고 밑색을 진행합니다.

TCG 일러스트 제작 - 바리에이션 일러스트 | 297

25 스케치 레이어는 가장 위로 올린 뒤, 레이어를 하나 추가하여 피부색을 채워줍니다. 섬세한 장식이 많기에 같은 피부라도 레이어를 모두 각기 따로 나누기로 하였습니다.

26 피부 레이어 위에 머리카락 레이어를 추가하고 섬세하게 밑색을 채워줍니다. 특히 아래로 흘러 내려오는 머리카락은 아주 꼼꼼히 채워줍니다.

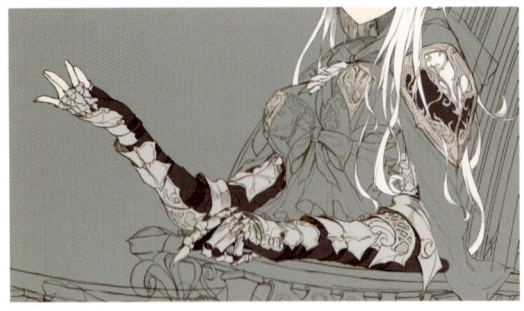

27

갑옷과 팔에도 밑색을 채워줍니다. 파츠가 상당히 많기에 필자는 각 파츠의 색상 별로 레이어를 나누어주었습니다.

28

스타킹과 치마에도 밑색을 추가합니다. 치마보다 스타킹이 아래에 있으니 레이어도 스타킹이 더 아래로 오도록 설정해주면 편합니다.

29

스타킹 아래 부츠와 부츠 장식에도 밑색을 추가합니다. 작은 부분의 색을 채울 때는 악세서리나 장식 레이어를 다른 파츠 레이어 위에 생성하여 몰아서 그려주면 레이어 관리가 편합니다.

30 의상의 천 부분에도 밑색을 채워줍니다. 같은 색이지만 작은 부분의 겹쳐지는 천 장식과는 별개의 레이어로 밑색을 넣어 컬러링할 때 편하도록 합니다. 리본 장식은 채도가 보다 있는 색을 사용하여 확실한 컬러 포인트를 줍니다.

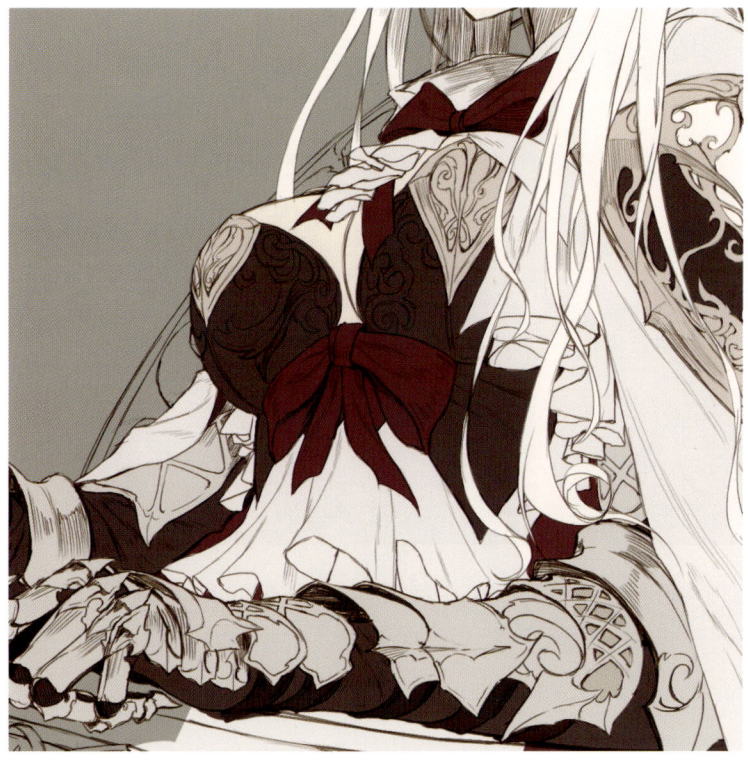

31 가슴 의상에도 레이어를 나누어 밑색을 채워줍니다.

32 의자는 아래에 위치했기에 레이어를 가장 아래 생성하고 나무의 느낌이 나도록 갈색을 선택하여 밑색을 채워줍니다.

33 팔을 거치는 의자 받침대는 캐릭터의 앞에 위치하고 있으므로, 캐릭터 밑색 레이어보다 위에 레이어를 생성하여 의자 색을 채워줍니다.

34 밑색이 모두 채워진 그림입니다. 이어서 배경의 러프를 진행합니다.

35 배경에 파란색의 기본색을 채우고 레이어를 하나 생성하여 원경이 될 성의 실루엣을 그려줍니다. 두 세 개의 실루엣을 그리고 복사하여 느낌과 위치를 잡아줍니다.

36 레이어를 하나 추가하여 가까운 쪽의 성을 그려줍니다. 하늘에 성끼리 이어주는 징검다리를 그려주어 로우 앵글의 느낌을 쉽게 강조할 수 있습니다.

37 캐릭터의 레이어를 잠시 꺼둔 뒤, 배경에서 레이어를 추가하여 색상 닷지로 옵션을 변경한 뒤 아래쪽으로 보라색 그라데이션을 넣어줍니다. 에어브러시로 곳곳에 터치하여 색이 단조롭지 않도록 해줍니다.

38 실루엣을 수정을 하고 싶어서 방금 추가한 보라색 그라데이션을 끄고 성의 실루엣을 곧게 다듬어 주었습니다.

레이어를 하나 추가하여 선형 닷지로 둔 뒤 하얀색 이펙트를 그려주고, 레이어를 더블 클릭하여 혼합 옵션을 킨 뒤 외부 광선을 사용하여 이펙트에 빛나는 느낌을 줍니다. 혹은 에어브러시로 터치하면 쉽게 적용할 수 있습니다.

39 모든 레이어를 킨 배경의 모습입니다. 중앙이나 대각선 아래 등은 캐릭터로 가려지는 부분이기에 다듬지 않습니다.

40 일러스트의 러프 단계가 완료되었습니다. 캐릭터 레이어를 키고 JPG 파일로 저장하여 디렉터님에게 러프 단계 검수를 받도록 합니다.

TCG 일러스트 제작
러프 피드백 대응

디렉터 피드백

러프 단계 피드백이 도착하였습니다.

1. 캐릭터의 오른쪽 팔의 상완근이 길어 보입니다. 참조 이미지와 같은 위치로 조절 바랍니다.

2. 배경과 캐릭터의 색감의 차이가 없어 의자와 배경의 실루엣이 묻혀 보입니다. 배경에는 약간씩 색조를 추가하여 실루엣이 잘 보이도록 조절하며 진행해주세요.
-> 배경에 색조를 추가할 때 파란색과 약간의 초록색 등 2가지 이상의 색조를 써주면 보다 몽환적인 느낌이 들면서 캐릭터가 더욱 강조될 수 있습니다. 한색 계열 색조로 캐릭터의 차가움을 더해 주세요.

3. 배경의 깊이감이 부족하므로 추가적인 원경으로 성이 들어가면 좋겠습니다. 진행하면서 조절 바랍니다.

캐릭터의 팔과 배경의 색감과 원경 추가에 대한 피드백이 발생했습니다. 나머지는 진행하면서 조절이 가능하지만 캐릭터의 팔처럼 직접적인 부분은 컬러링 진행 전에 수정합니다.

01 레이어를 나누어 둔 덕분에 올가미 도구를 이용하여 간단하게 길이 조절을 해줄 수 있습니다. 피드백을 생각하여 러프에는 꼭 레이어를 나누어 두도록 합니다.

02 컬러링 묘사 전 피드백에서 발생한 부분을 배경에 약간 추가해 보았습니다. 캐릭터와 배경의 실루엣이 묻히지 않는 것을 확인하고 컬러링을 진행하기로 합니다.

03 컬러링은 어디부터든 진행해도 괜찮지만 가장 눈에 띄는 캐릭터의 얼굴부터 묘사를 진행하면 좋습니다. 얼굴 레이어에 새 곱하기 레이어를 생성하여 클리핑을 하고 전체적인 혈색을 추가합니다.

04 표준 레이어를 추가하여 에어브러시로 볼과 코에 조금 밝은 색으로 입체감을 줍니다. 반대편의 얼굴에는 덜 닿게 하여 그림자가 지어진 느낌을 주었습니다.

05 캐릭터의 얼굴의 밝기를 조금 밝게 조절해주고 곱하기 레이어를 사용하여 머리카락 아래와 귀에 그림자를 추가합니다.

06 눈 흰자에 약간 흰색을 그려 넣고 흰자에 그림자를 추가합니다.

07 눈동자에 곱하기 레이어로 테두리를 진하게 만들어주고 색상 닷지 레이어로 눈동자 아래에 빛을 조금씩 쌓아 나갑니다.

08 동공을 추가하고 눈 윗부분에 반사광을 넣어 눈동자의 묘사를 마무리합니다.

09 얼굴 레이어 위에 곱하기 레이어를 추가하고 에어브러시로 눈의 묘사를 추가합니다. 볼과 입술에 빨간 터치를 추가하여 생기를 넣어줍니다.

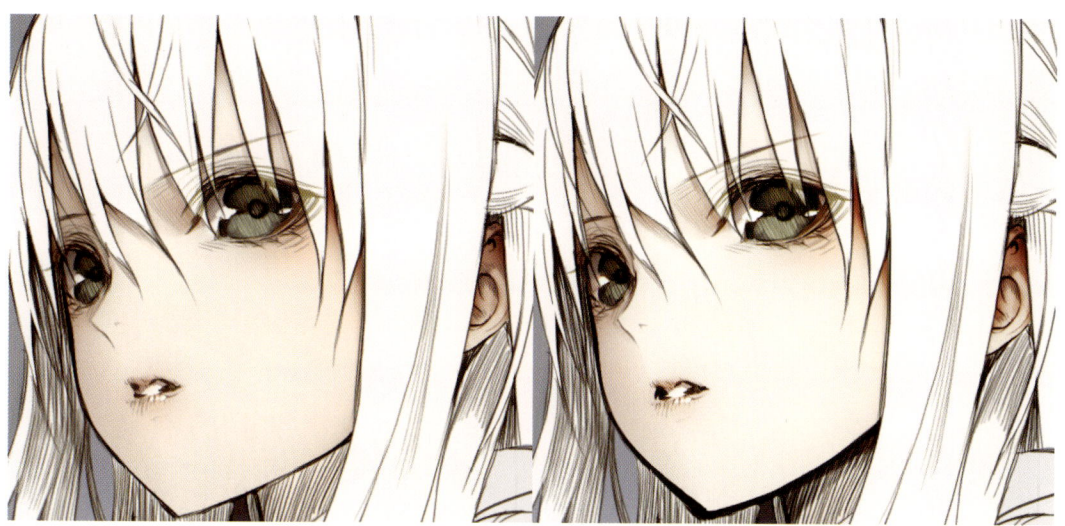

10 코와 입 부분에 색상 닷지 레이어로 갈색을 선택하여 빛을 주어 얼굴의 빛 묘사를 마무리합니다. 진행하면서 턱 선을 조금 안쪽으로 조절했습니다.

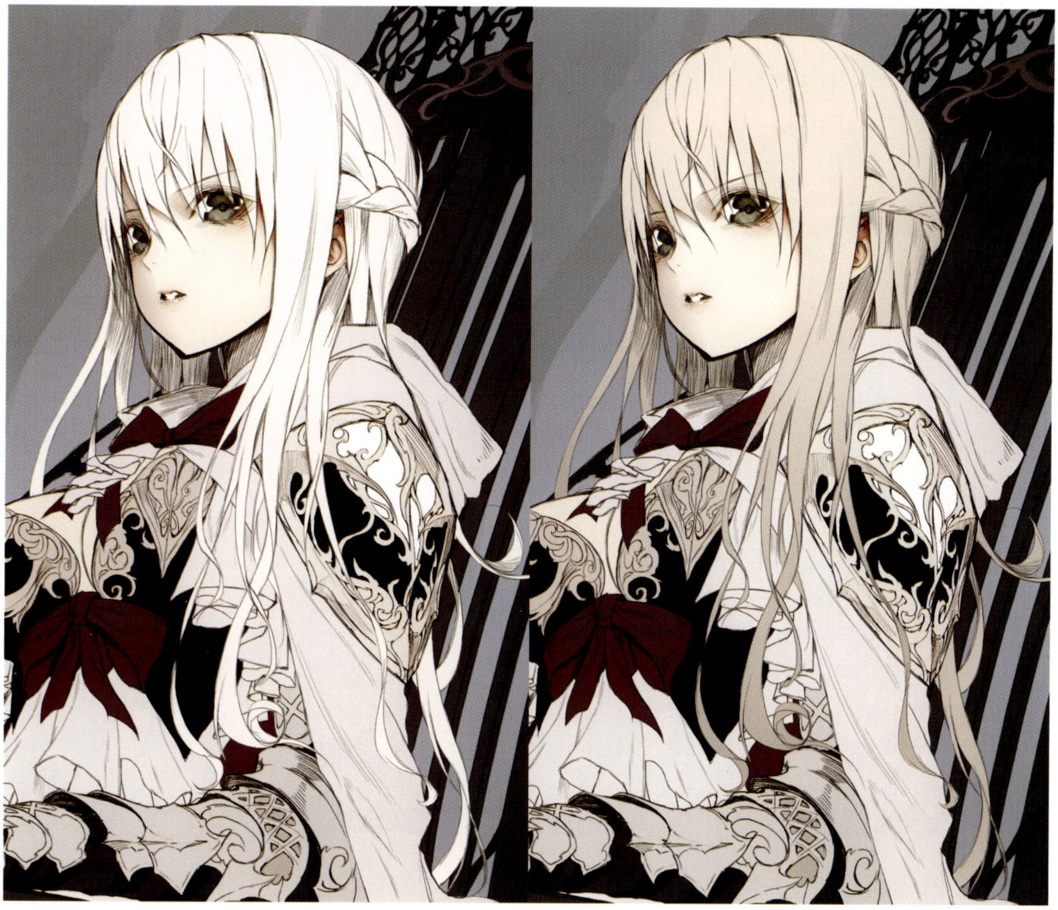

11 머리카락 레이어에 곱하기 레이어를 클리핑하고 약간의 색과 그라데이션을 추가합니다. 이 색의 추가는 나중에 색상 닷지 레이어를 넣을 때 밑색이 너무 밝으면 백색으로 튈 수 있기에 넣어주었습니다.

⬡ 12   색상 닷지 레이어를 추가하여 위쪽으로 그라데이션을 한 번 넣어주어 빛이 오는 방향을 보여줍니다.

⬡ 13   색상 닷지 레이어를 다시 생성하여 머리카락의 하이라이트를 강조합니다. 약간의 머릿결과 같은 방향으로 터치를 주어 자연스러움을 더해줄 수 있습니다.

14 머리의 결 방향으로 곱하기 레이어를 사용하여 머리카락을 그려줍니다. 빛이 받는 부분의 바로 아래에는 조금 더 진하게 그려주어 빛이 튕겨지는 느낌을 강조하여 찰랑이는 느낌을 연출합니다.

15 곱하기 레이어를 추가하여 세부 묘사를 진행합니다. 귀의 아래, 머리카락 안쪽 등 조금 더 어두운 색을 추가하여 입체감을 강조합니다.

어두운 부분이 완전한 검은색이 되지 않도록 주의합니다.

⬡ 16 　머리카락에 클리핑된 레이어를 모두 합쳐준 뒤 채도를 살짝 낮추어 노란 느낌이 들지 않도록 조절합니다.

⬡ 17 　색상 닷지를 추가하여 빛을 받는 부분에 에어브러시로 빛의 퍼지는 느낌을 추가합니다. 전체적으로 노란 느낌이 들면 조금 전 묘사한 것처럼 머리카락 색 자체가 노랗게 보일 수 있으니, 빛이 따뜻한 색으로 들어오는 것처럼 보이도록 위쪽에만 추가해야 합니다.

18 머리카락이 노랗게 되지 않도록 주의하면서 부분적으로 주황색을 추가하여 포인트를 살려줍니다.

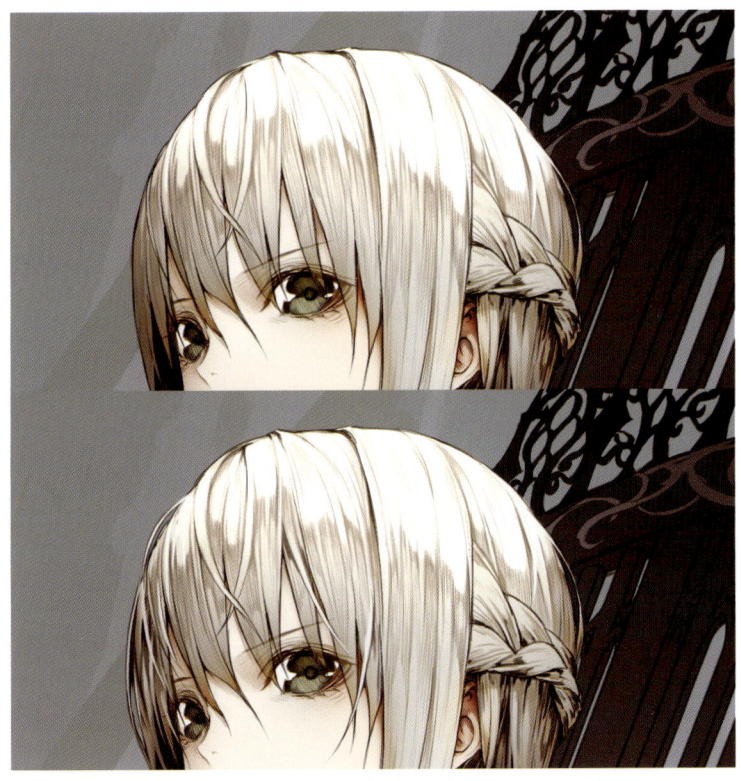

19 머리카락 위에 새 레이어를 생성하여 작은 머리카락을 묘사합니다. 하나씩 삐쳐나가는 작은 머리카락은 스케치로 그려지기엔 너무 작아 색을 채울 수 없으므로 이 단계에서 묘사해야 좋습니다.

20 묘사가 마무리된 머리카락 모습입니다. 캐릭터의 얼굴과 머리카락 묘사는 일러스트에 있어 정말 중요한 부분이기에 하나씩 정성 들여 묘사합니다.

의상 천의 색과 머리카락의 색이 겹쳐지지 않도록 색조를 조금 변경해줍니다.

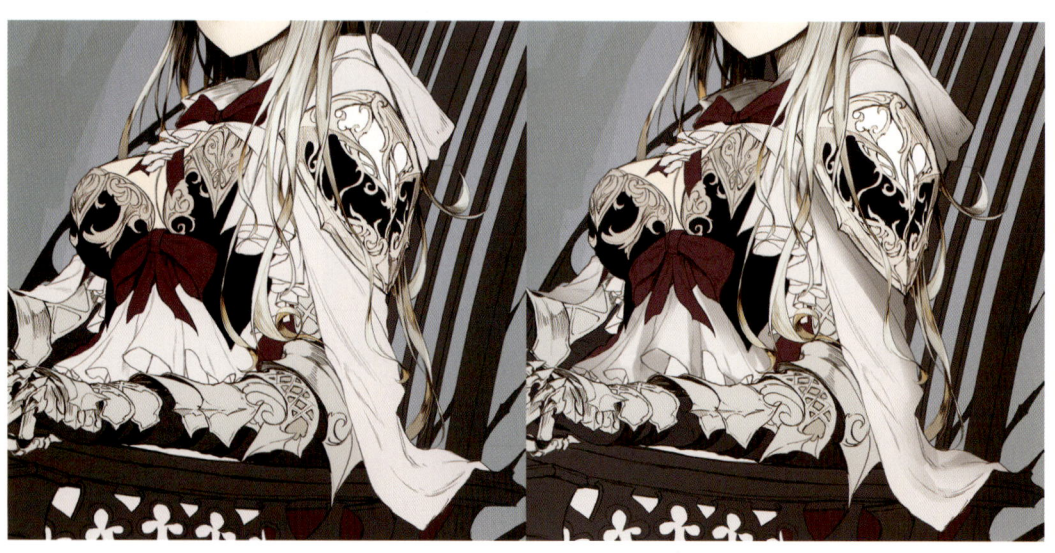

21 천 부분에 곱하기 레이어를 클리핑하여 기본 그림자 묘사를 해둡니다.

22 다시 곱하기 레이어를 추가하여 아래로 흐르는 방향을 잡아 결대로 묘사해줍니다. 레이스 스타일의 천 장식은 안쪽 부분과 밖의 구분을 주는 식으로 그림자를 추가합니다.

23 머리카락과 마찬가지로 마지막에 색상 닷지 레이어를 추가하여 위에서 아래로 흐르듯이 빛을 추가합니다. 채도가 조금 있는 갈색이나 적갈색 등을 사용하면 좋습니다.

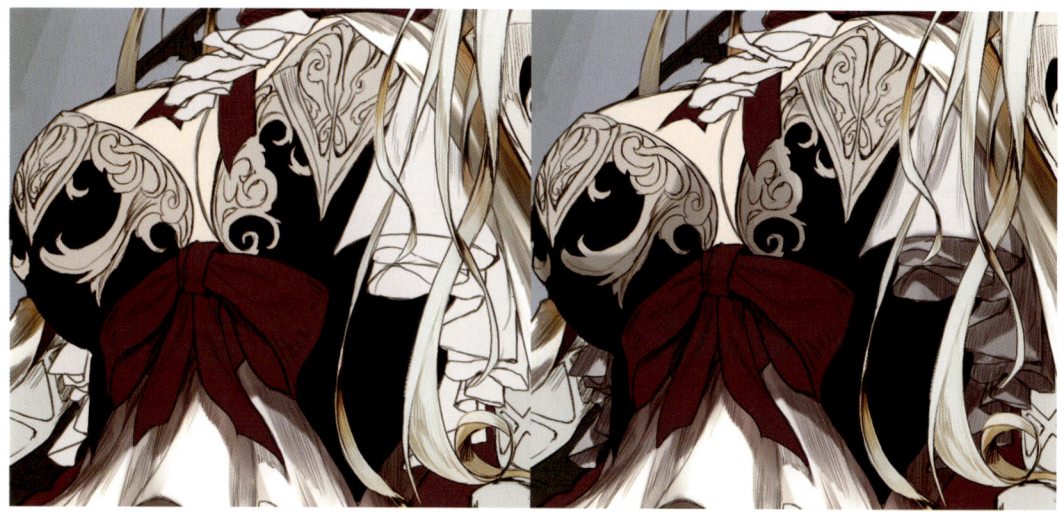

24　가슴의 장식을 묘사합니다. 먼저 곱하기 레이어를 추가하여 기본 그림자를 추가합니다.

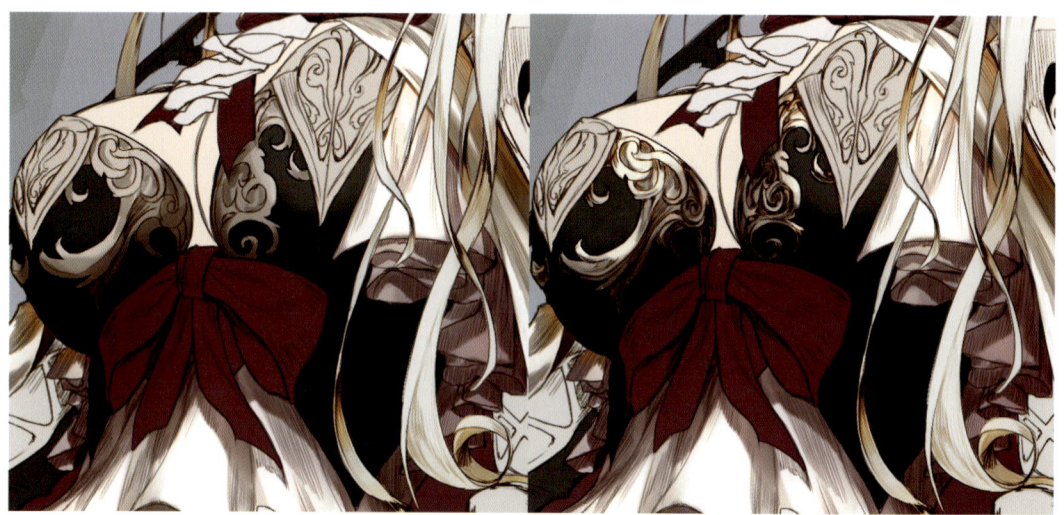

25　다시 곱하기 레이어를 추가하여 스케치된 형태에 따라 그림자를 넣어주고 색상 닷지 레이어로 빛을 받는 윗부분에 하이라이트를 넣어줍니다.

㉖ 리본의 음영을 묘사할 차례입니다. 마찬가지로 곱하기 레이어를 생성하고 기본 그림자를 추가합니다.

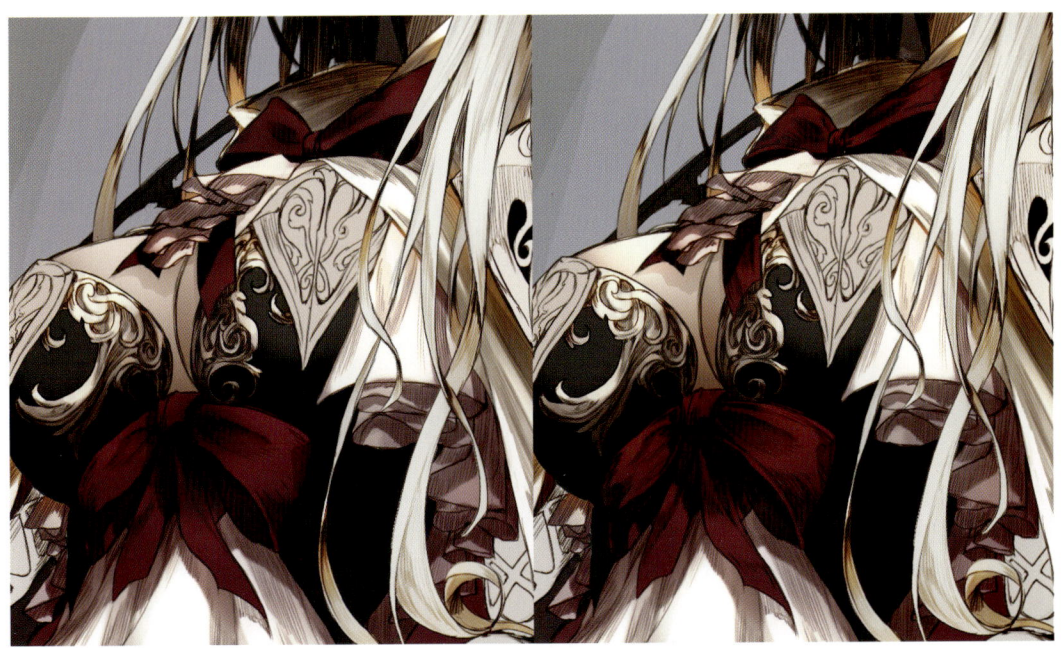

㉗ 곱하기 레이어를 추가하여 디테일한 묘사를 넣어주고 오버레이 레이어로 채도가 높은 빨간색을 선택해서 리본의 채도를 높여줍니다. 주변 색이 채도가 들어감에 따라 리본의 색이 약해 보이기에 추가해주었습니다.

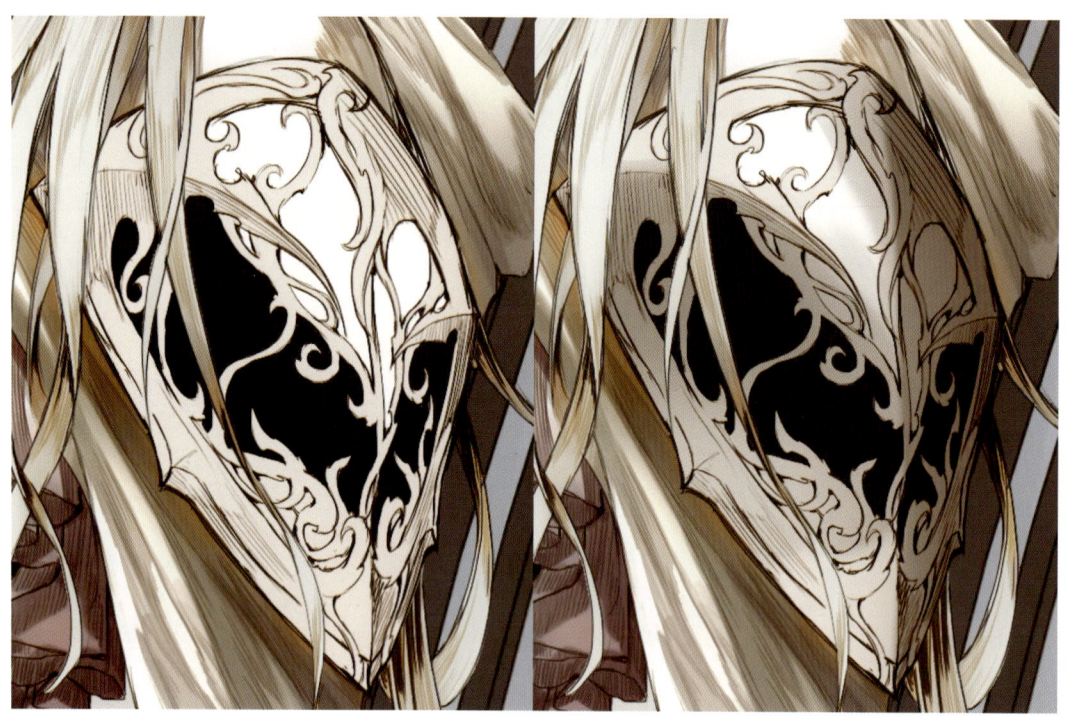

28 어깨 갑옷은 입체적으로 보일 수 있도록 그림자를 아래와 우측에 추가합니다. 우측 상단에도 빛이 오도록 해주면 좋지만 보다 입체적인 느낌을 위해 그림자를 깔아주었습니다.

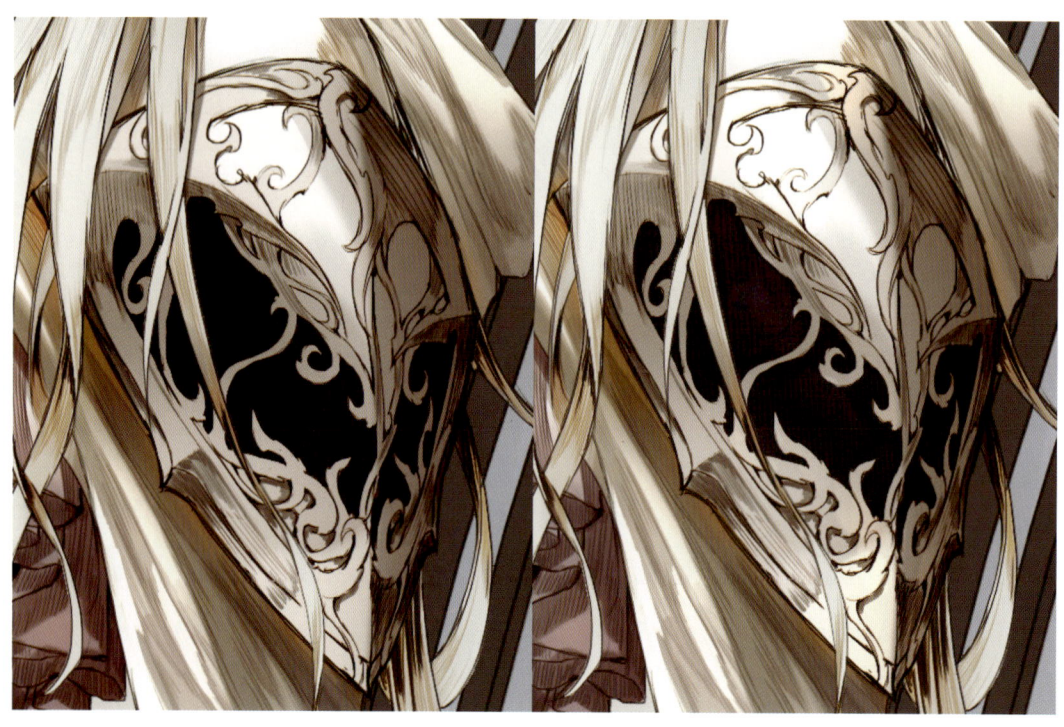

29 곱하기 레이어를 다시 추가하여 철 장식의 묘사를 심화해 나갑니다.

TCG 일러스트 제작 - 바리에이션 일러스트 | 319

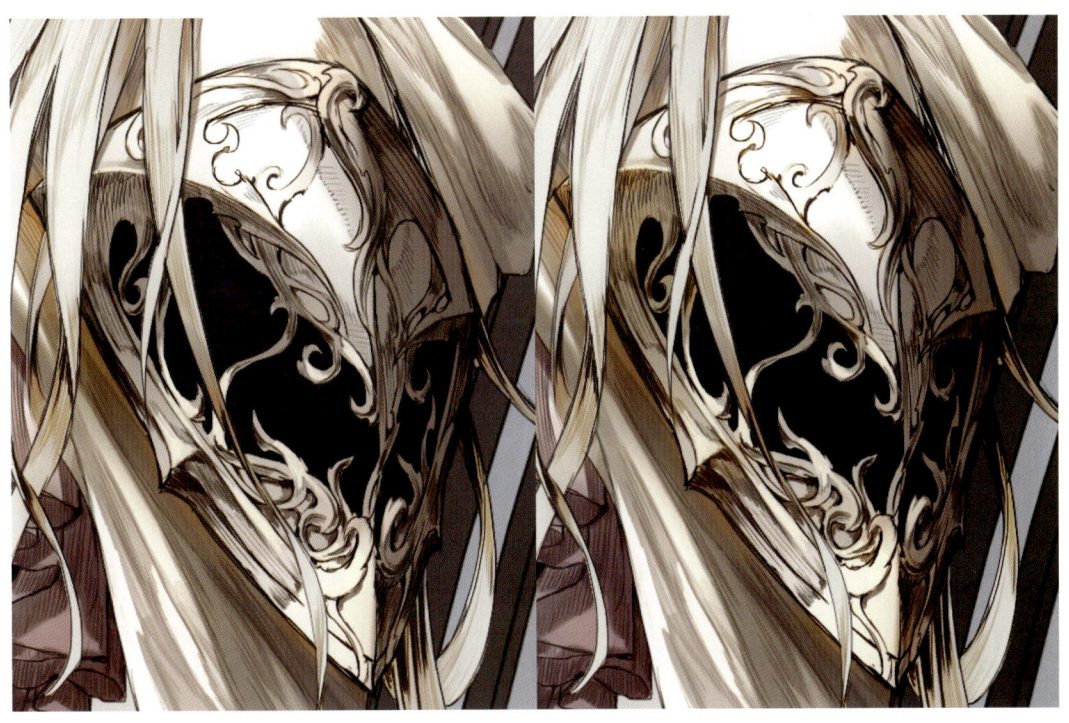

30 조금 더 어두운색을 선택하여 각이 나뉘는 부분에 그림자를 한 층 더 추가해주고 색상 닷지 레이어를 사용하여 철의 부분 부분에 빛을 추가해 입체감을 뚜렷하게 해줍니다.

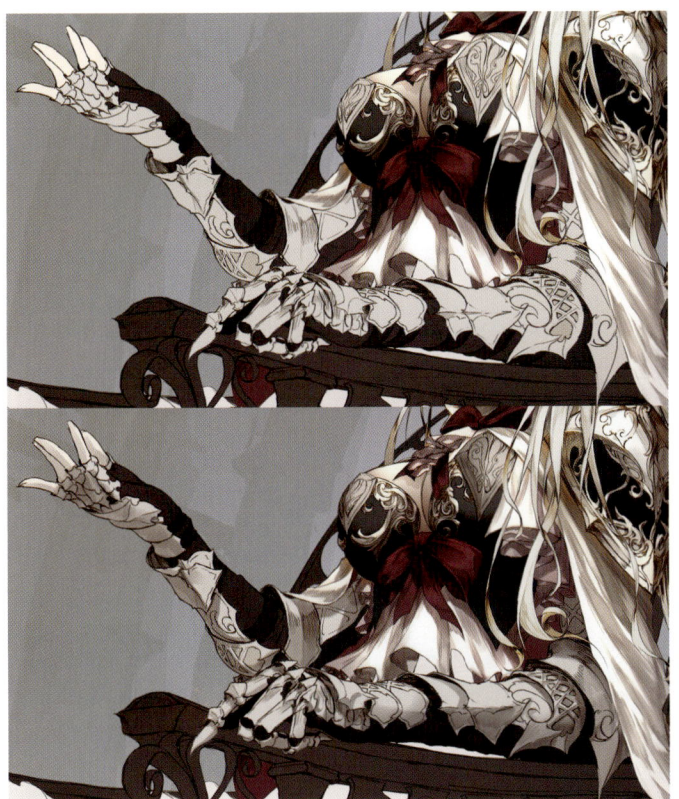

31 어깨 갑옷처럼 팔 갑옷도 묘사를 진행합니다. 먼저 곱하기 레이어로 그림자가 질 부분을 그려줍니다. 가슴에 달린 갑옷 장식에도 레이어를 클리핑하여 같이 묘사해 나갑니다.

32 색상 닷지를 이용하여 갑옷 각 부분에 하이라이트를 넣어줍니다.

33 곱하기 레이어를 다시 생성합니다. 빛과 그림자의 경계에 조금 더 어두운색을 추가하여 철의 질감을 강조합니다.

34 마지막으로 색상 닷지 레이어를 추가하여 어두운 갈색, 중간 밝기의 주황색으로 따뜻한 빛이 비치는 것 같은 느낌을 자아내줍니다.

TCG 일러스트 제작 - 바리에이션 일러스트 | 321

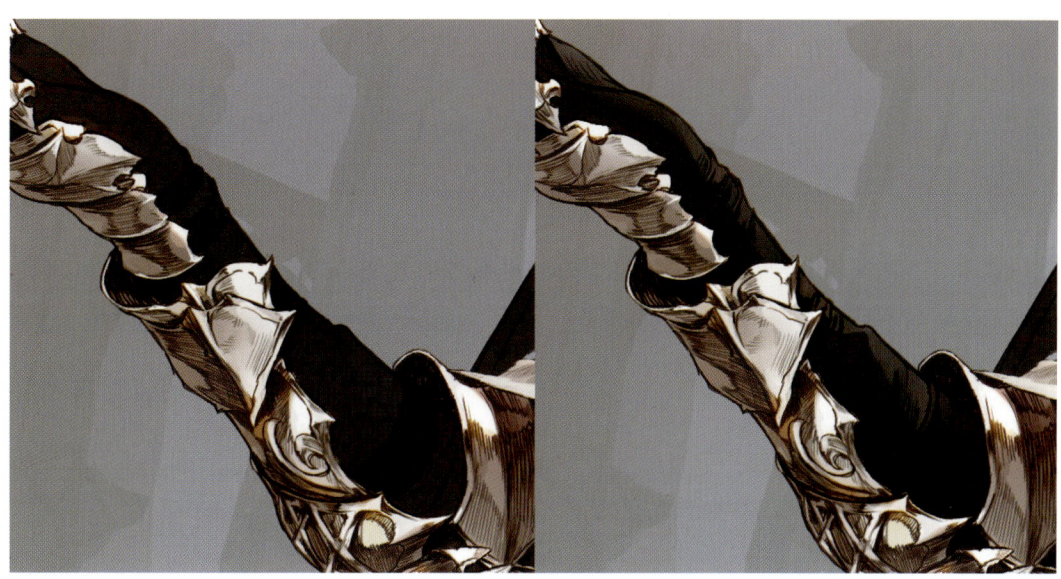

35 갑옷 아래의 팔도 약간의 빛을 추가하여 묘사합니다. 입체를 알 수 있도록 약간 타원형으로 터치를 넣어주면 효과적입니다.

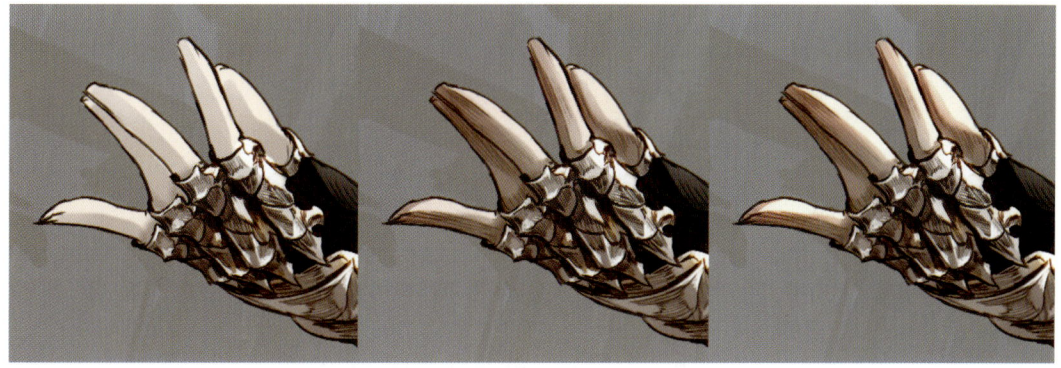

36 손가락에도 곱하기 레이어, 색상 닷지 레이어를 추가하여 묘사합니다. 손가락 끝에는 약간 채도를 높여주어 혈기가 돌도록 해줍니다.

37 치마의 묘사는 의자의 받침대로 가려지기 때문에 일부가 가려진 상태로 묘사합니다. 의자에 앉아있는 상태의 치마 결이 느껴질 수 있도록 약간 눕히듯이 주름을 추가해줍니다.

38 곱하기 레이어를 다시 추가합니다. 뒤에 망토의 적색을 의식하며 약간 적색 빛이 도는 어두운색으로 그림자를 추가합니다. 빛과 그림자가 지는 부분의 사이에는 조금 더 어두운색으로 질감을 넣어줍니다.

39 마지막으로 색상 닷지로 빛을 받는 앞 부분에 넣어주어 치마의 묘사를 끝냅니다.

40 스타킹에 아래쪽으로는 어두운색을, 위쪽으로는 조금 밝은 색을 추가하여 빛을 의식해줍니다.

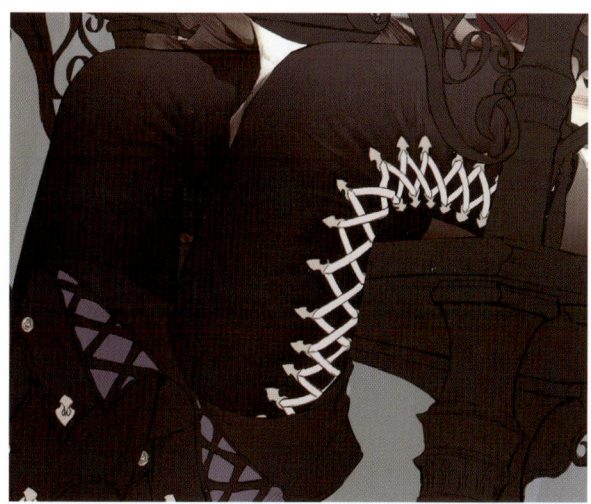

 표준 레이어로 주름을 추가합니다. 곱하기 레이어로 추가할 수 있지만 너무 어두워져 검은색이 될 수 있으니 표준 레이어를 꼭 사용합니다.

 색상 닷지 레이어나 선형 닷지 레이어를 사용하여 전체적으로 갈색을 추가하여 밝기를 올려줍니다. 채도도 약간 있는 편이 좋기에 조금 더 조절해주었습니다.

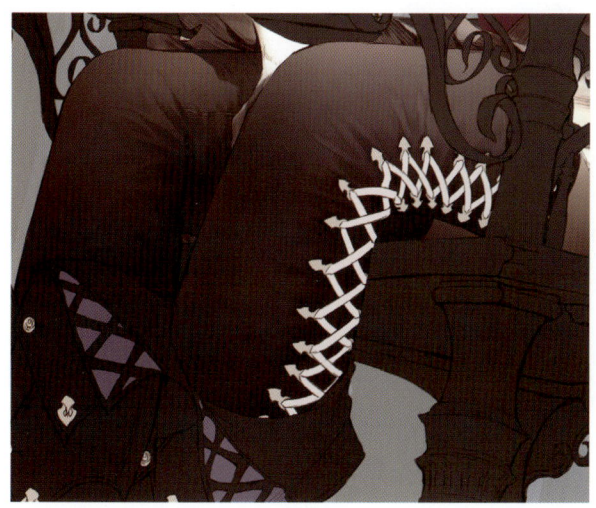

43 정강이 쪽에 반사광을 넣어주어 입체감을 보여줍니다.

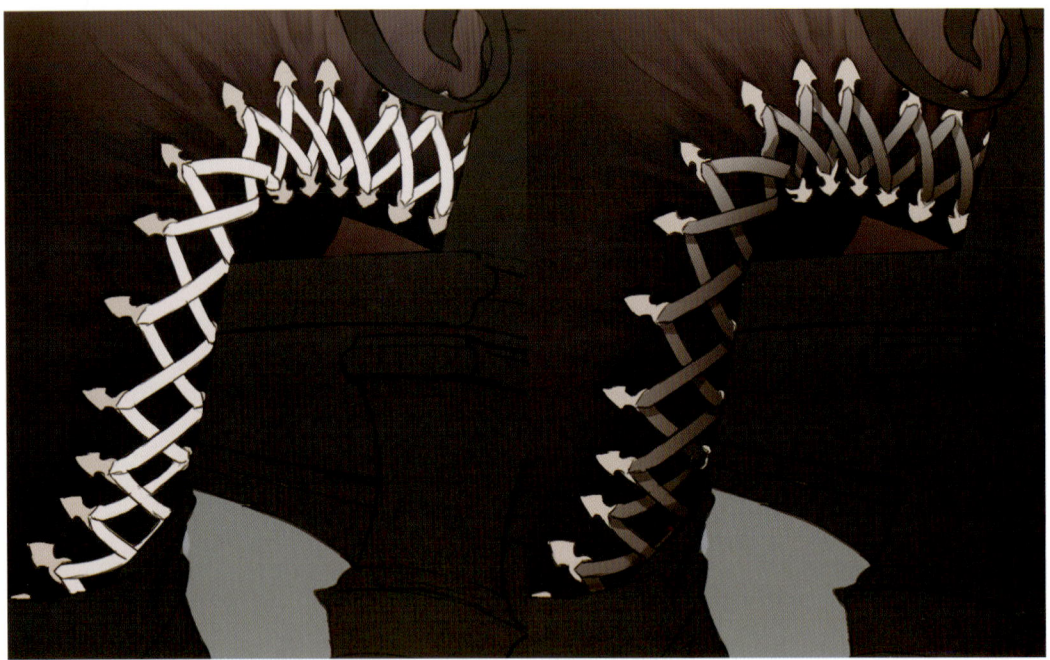

 스타킹에 끈 장식에 곱하기 레이어로 그림자를 추가합니다.

45
교차되는 그림자와 끈의 질감을 넣어 줍니다.

46 부츠에 곱하기 레이어로 반복되는 라인을 따라 그림자를 추가하여 디자인의 입체감과 리얼함을 만들어줍니다.

47 색상 닷지 레이어로 반복되는 라인의 겹쳐지는 부분에 빛을 주어, 각 부분이 떠있는 느낌을 주어 형태가 풍부해 보이도록 해줍니다.

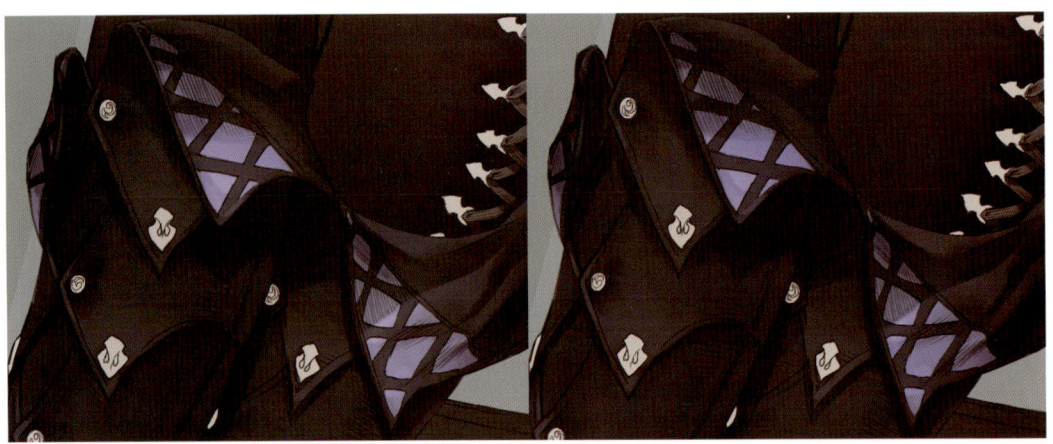

48 오버레이 레이어를 사용해 파란색을 선택하여 포인트 디자인의 채도를 조금 높여주었습니다.

49 부츠 가장 아래에 위치한 장식을 묘사합니다. 화면에서 아주 일부만 보이는 장식이므로 빛이 닿는 부분만 묘사를 해줍니다. 어두운 부분은 그림자를 주어 조금 얼버무립니다.

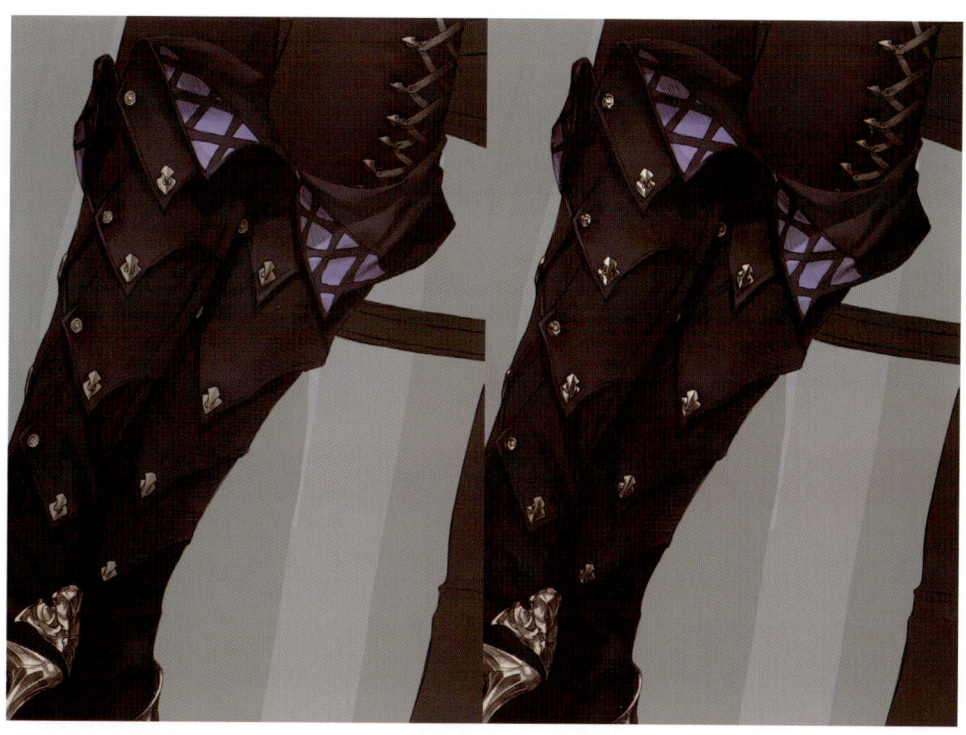

50 부츠에 달린 장식도 같은 방법으로 묘사합니다.

51 안쪽 치마에 그림자를 넣어 그림자를 추가합니다.

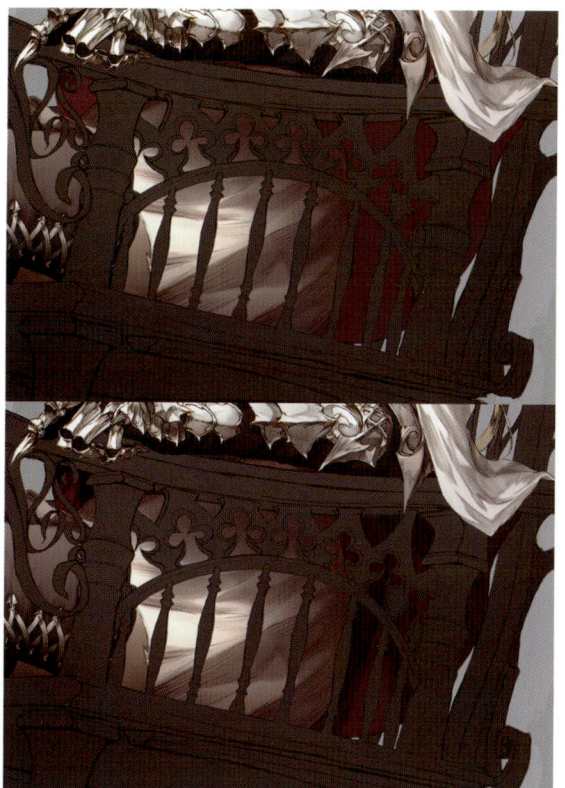

52 빛이 받는 부분은 눈에 띄므로 묘사를 조금 더 해줍니다. 약간 채도를 올려주어 천의 안쪽은 빨간색임을 확실히 보여줍니다.

53 의자를 묘사할 차례입니다. 의자 레이어에 위쪽으로 그라데이션을 밝게 넣어줍니다.

54 밝아진 의자에 곱하기 레이어로 그림자를 묘사합니다. 디자인의 형태가 가려지지 않도록 그림자를 기둥 근처와 팔 아래에 지는 부분 등 직접적으로 닿는 부분만 추가해주었습니다.

55 색상 닷지 레이어로 팔 아래와 기둥의 일부분에 캐릭터처럼 위에서 빛이 떨어지는 듯한 느낌으로 빛을 추가합니다.

56 의자의 밝기를 조절하고 채도를 조금 떨어뜨려 의자 묘사를 마무리합니다.

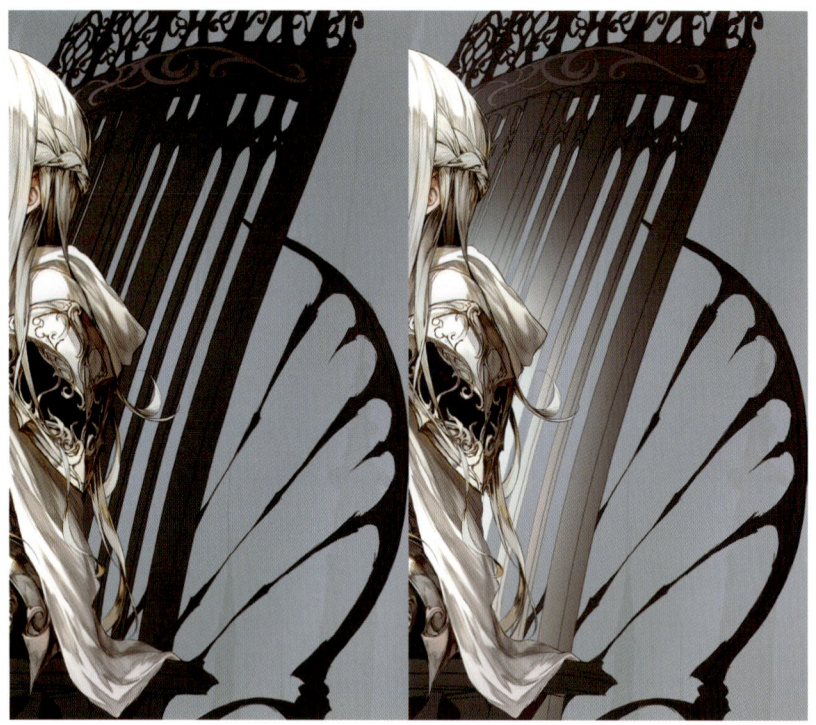

57 의자의 허리 받침대로 의자 아랫부분을 묘사한 것처럼 밝은 색으로 그라데이션을 추가합니다. 캐릭터와 의자가 나뉘어 보일 수 있도록 캐릭터 쪽으로 그라데이션을 주었습니다.

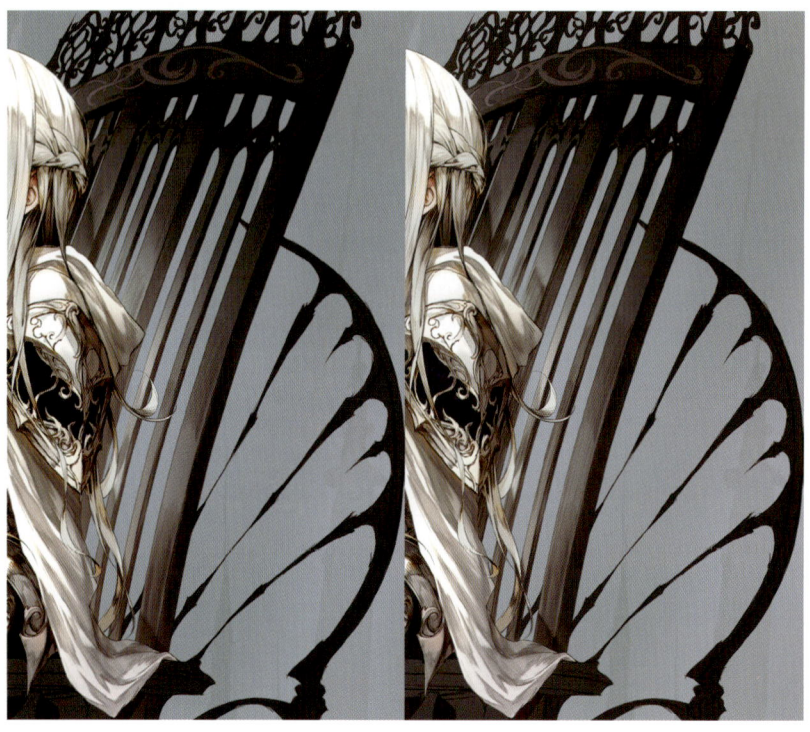

58 의자의 방향을 따라 나무의 결 느낌을 조금 추가해줍니다.

TCG 일러스트 제작 - 바리에이션 일러스트 | 331

59 의자에 중앙에 광택을 추가하고 어두운 부분을 강조하여 의자 받침대 묘사를 마무리합니다.

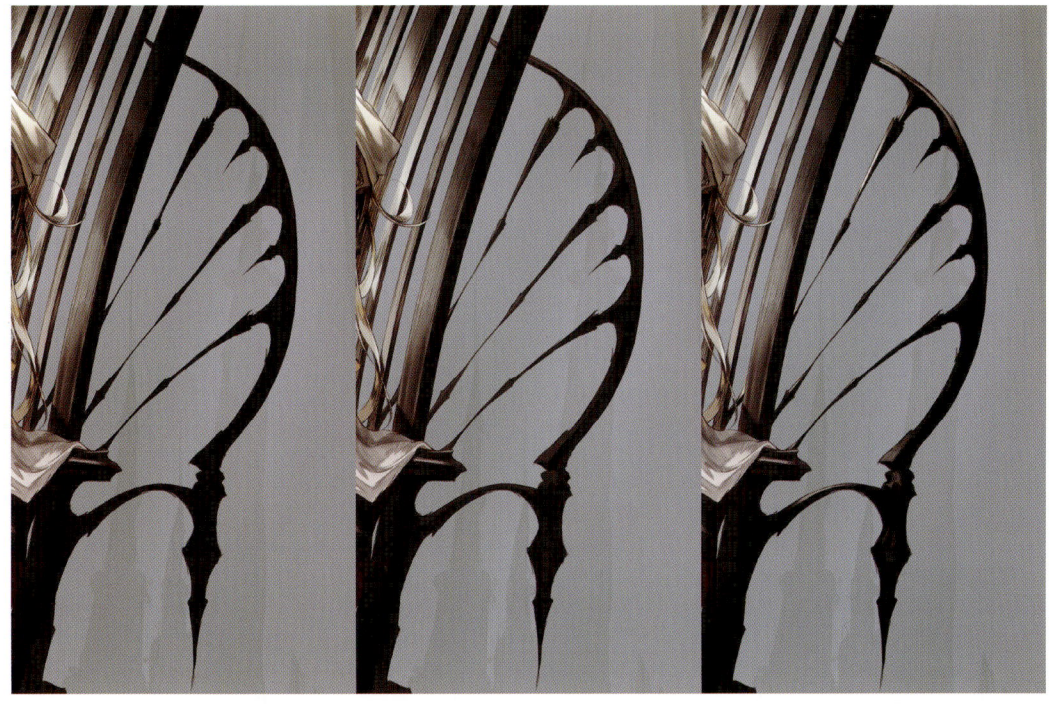

60 의자 추가 디자인도 의자를 묘사한 방식과 같이 묘사를 진행합니다. 약간 아래에 위치하고 있기에 빛을 많이 받지 못하므로 약간의 디테일만 추가하고 마무리합니다.

61 의자의 가장 위에 위치한 장식도 같은 방식으로 묘사합니다.

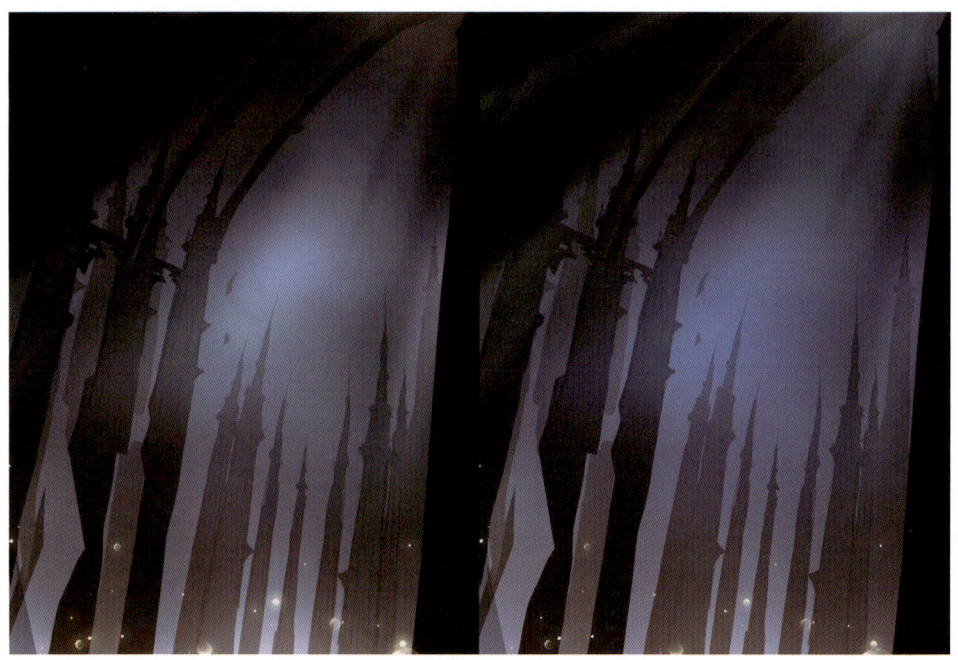

62 캐릭터 레이어를 잠시 꺼두고 배경을 묘사합니다. 캐릭터가 전체적으로 채도가 올랐으니 배경도 오버레이 레이어를 이용하여 채도를 올려줍니다.

63 피드백에서 발생한 원경 추가에 대한 부분을 그려 넣어줍니다. 멀리 있는 것처럼 보이도록 흐릿한 색을 사용합니다.

64 레벨 창을 불러와 레벨 값을 조절하여 어두운 느낌을 내줍니다. 혹은 레벨 레이어를 생성하여 조절합니다.

65

갈색으로 화면 아래쪽으로 그라데이션을 넣어 줍니다. 레이어 속성을 바꾸어가며 그라데이션의 느낌이 가장 잘 나오는 옵션으로 선택합니다.

66

색상 닷지 레이어가 가장 느낌이 살아서 설정해주었습니다. 레이어를 하나 더 복사해서 조금 더 밝게 만들어줍니다.

TCG 일러스트 제작 - 바리에이션 일러스트 | 335

67 곱하기 레이어를 사용하여 전체적으로 어둡게 만들어 준 뒤 색상 닷지 레이어로 멀리서 몽환적인 달빛이 스며드는 느낌을 줍니다.

68 색상 닷지 레이어를 하나 더 추가하여 안개를 그려줍니다. 에어브러시로 옅게 그려주고 손가락 도구로 비벼주는 식으로 묘사합니다.

69 반복하여 안개를 추가하여 느낌을 자아내줍니다. 캐릭터로 가려지는 부분은 자연스럽게 되지 못해도 넘어가도록 합니다.

70 배경의 2차적인 묘사가 끝났으므로 캐릭터 레이어를 키고 배경 색감의 보정을 진행합니다. 주변 배경 요소가 눈에 띄지 않도록 배경의 테두리 부분 위주에 곱하기 레이어로 어둡게 깔아줍니다.

 피드백에서 발생한 원경의 추가에 더해서 원경을 조금 더 그려주었습니다.

72 원경의 실루엣이 겹치지 않도록 지우개로 지워주며 조절해줍니다. 먼 부분의 성이 잘 보이도록 가까운 성을 지워주는 식으로 진행합니다.

73 가까운 부분의 원경에 약간 푸른 느낌을 추가하여 성 실루엣끼리의 색이 겹쳐지지 않도록 해줍니다.

74 캐릭터 의자 뒤의 배경 실루엣도 다듬어줍니다.

75 의자 아래의 실루엣도 다듬어주어 배경의 공간이 잘 보이도록 해줍니다. 가장 먼 곳과 중간 거리의 부분이 차이가 나도록 해주어야 합니다.

76 배경의 색조를 조금 바꾸어주고 필터의 흐림 효과로 흐리게 만들어 멀어 보이는 느낌을 줍니다.

77 의자 뒤편도 마찬가지로 흐리게 해줍니다. 흐리기의 강도는 미리 보기로 조절하며 실루엣이 살아있을 정도까지 해줍니다.

78
가까운 쪽에 위치한 기둥에 색상 닷지로 빛을 추가하고 흐리게 하여 가까운 느낌을 강조합니다. 제일 가까운 곳과 가장 먼 곳을 흐리게 하면 시선과 초점을 선명한 부분에만 줄 수 있어 효과적입니다.

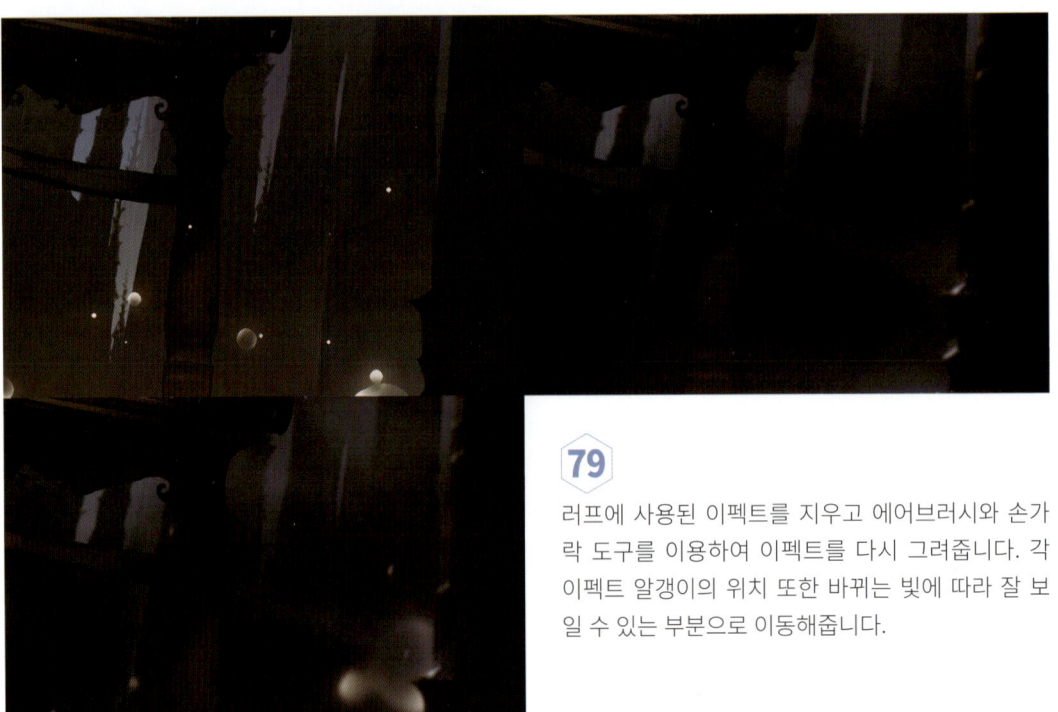

79
러프에 사용된 이펙트를 지우고 에어브러시와 손가락 도구를 이용하여 이펙트를 다시 그려줍니다. 각 이펙트 알갱이의 위치 또한 바뀌는 빛에 따라 잘 보일 수 있는 부분으로 이동해줍니다.

80 안개의 느낌을 아래쪽에도 추가해줍니다. 안개는 선형 닷지 레이어로 회색을 사용하여 아주 약하게 브러시로 그려주어 표현합니다.

81 캐릭터 뒤쪽에 배경에도 전체적으로 회색 안개를 복사 후 추가하여 몽환적인 느낌을 줍니다.

82 캐릭터 의자와 배경이 떨어져 보일 수 있도록 의자 아래에 색상 닷지 레이어를 추가하여 어두운 초록색과 파란색으로 빛을 추가합니다.

83 선형 닷지를 추가하여 회색으로 에어브러시를 사용하여 배경의 안개가 낀 느낌을 강조합니다. 성 사이에 약간씩 추가하는 것으로 묘사합니다.

84 나머지 부분에도 안개를 추가하여 마무리 짓습니다.

85 1단계 묘사가 완료된 모습입니다. 다음으로 바리에이션 러프를 제작합니다.

TCG 일러스트 제작
바리에이션 제작

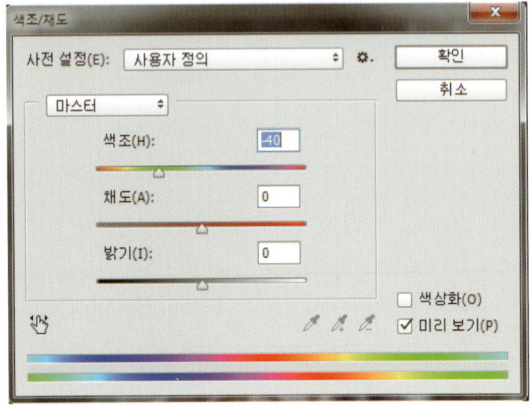

01

2단계를 제작하기 위해 1단계 PSD를 복사한 뒤 작업합니다. 나누어진 각 파츠 마다 색조/채도 조절 (Ctrl + U)로 색상을 변경해줍니다. 머리카락과 의상 장식의 색 변경을 주어 일러스트가 진화된 느낌을 주는 방법입니다. 특별한 경우가 아니라면 캐릭터의 피부색은 변경하지 않도록 합니다.

02 의자의 색은 약간만 변경해주고 나머지 파츠의 색도 색조 조절로 변경합니다. 색조 조절로 변경하는 경우 형광색(초록색이나 연두색, 하늘 색 등)으로 변경시 색이 아주 눈에 튈 수 있습니다. 그 경우에는 채도를 조금 낮춰줍니다.

03 단계가 변경된 것을 한눈에 알 수 있도록 이펙트의 추가를 진행합니다. 캐릭터 색조에 맞추어 이펙트도 약간 색을 변경하여 2단계를 마무리합니다.

04 3단계 PSD를 따로 만들어 색조 조절로 의자의 색을 하얗게 변경합니다. 명도를 올려주고 색조를 푸른 느낌으로 변경하여 조절하였습니다. 명도를 올리게 되는 경우 그림자 부분의 색이 뜨는 느낌이 드는데, 곱하기 레이어를 하나 추가하여 그림자를 다시 덧대어 그려주어야 합니다.

05 3단계는 확실한 차이를 보여주기 위해 배경의 색조를 변경합니다. 노란색으로 변경 후 채도를 낮추어 캐릭터가 묻히지 않도록 조절하였습니다.

06

캐릭터 뒤에 선형 닷지로 후광의 느낌을 추가하여 화려한 느낌을 극대화 시켜줍니다.

07

3단계에는 백의 힘이 깃든 검을 의자 옆에 놓아 주었습니다. 1단계를 그릴 때와 같이 러프를 하고 스케치를 그린 뒤 밑색을 채워 넣어줍니다.

08 캐릭터의 무릎에는 무릎 갑옷을 추가하여 진화하여 갑옷이 추가되는 것으로 진행합니다. 디자인의 변경은 있던 디자인을 지우고 그 위에 새로운 디자인을 그려 넣어 삐져 나오거나 달라진 실루엣 아래의 부분을 그려주어야 하기에 진화 단계에서 디자인은 계속적으로 추가해주는 방향이 효율적입니다.

09 목의 리본에 보석 장식을 추가하고 뒷머리에 끈을 추가하여 포인트를 살려줍니다. 색은 화려한 느낌을 살리기 위해 채도가 조금 있는 색상을 사용합니다.

10 2단계와 마찬가지로 이펙트를 추가합니다. 전체적으로 휘날리는 강렬한 이펙트를 추가하여 확실한 진화 감을 보여줍니다. 캐릭터와 디자인을 가리지 않도록 주의합니다. 2, 3단계의 진화 러프가 완료되었으니 디 렉터님에게 2차 검수를 받도록 합니다.

TCG 일러스트 제작
중간 피드백 대응

디렉터 피드백

2단계 피드백

1. 배경의 색조를 파란색으로 변경하여 1, 3 단계와 겹치지 않으면서도 캐릭터에 어울리도록 해주세요.
-> 현재 배경이 1단계와 같아 진화감이 적어 보입니다.

2. 이펙트는 참고 이미지처럼 아래에서 솟아 오르는 느낌으로 캐릭터를 강조해 주세요.
-> 전체적으로 이펙트가 분산되어있어 캐릭터에게 가는 시선을 뺏는 느낌이 듭니다. 조절 바랍니다.

3단계 피드백

1. 캐릭터에 티아라 장식을 추가해주세요.
-> 가장 중요한 눈이 가는 부분의 변화가 적어 티아라를 추가해주면 차분감이 확실히 살 수 있을 것으로 보입니다.

2. 이펙트는 2단계와 마찬가지로 아래에서 올라오는 느낌으로 변경 바랍니다.
-> 캐릭터 아래에서 신성한 힘이 올라와 손에 작게 맺히는 느낌을 주어 캐릭터의 인상이 돋보이도록 해주세요. 주변의 이펙트는 제거 바랍니다.

01 2단계 이펙트 피드백을 수정 진행합니다. 전체적으로 강하게 흩날리는 이펙트는 캐릭터에게 시선을 집중시킬 수 없다고 보여져, 발생한 피드백으로 아래쪽을 기반으로 이펙트를 새로이 추가합니다.

02 3단계의 피드백으로 티아라 장식의 추가를 진행합니다. 캐릭터 의상과 의자와 어울리도록 약간 뾰족한 형태로 디자인 해주었습니다.

03

러프에서 사용한 이펙트를 지우고 새로 이펙트를 추가합니다. 에어브러시와 손가락 도구를 이용해 피드백을 반영하며 조절 해줍니다. 큰 이펙트를 복사하여 작게 조절한 뒤 흐리게 하고 주변에 추가하여 원근을 보여줍니다.

04

추가된 무릎 갑옷의 묘사를 진행합니다. 어깨와 팔 갑옷처럼 묘사하고 난 뒤, 추가된 디자인 아래 그림자를 넣어주어 기존 파츠와 이질감이 없도록 합니다.

TCG 일러스트 제작 - 바리에이션 일러스트 | 353

05 추가된 무기의 묘사를 진행합니다. 마찬가지로 묘사하고 난 뒤 의자와 캐릭터 의상에 그림자를 추가하여 같은 공간에 있어 보이도록 조절합니다.

06 추가된 목 장식과 뒷머리의 끈을 묘사해줍니다.

07 추가된 티아라의 묘사를 진행하고 마무리합니다.

TCG 일러스트 제작
최종 피드백 대응

디렉터 피드백

3단계 피드백

빨간색으로 체크된 부분에 작은 이펙트를 추가하여 일러스트의 스케일감을 내어 마무리 해주세요. 2단계는 OK입니다.

01 피드백이 발생한 부분의 이펙트를 추가합니다. 기존에 그려둔 이펙트의 크기를 작게 줄여 복사합니다.

02 나머지 부분도 복사된 이펙트를 반복적으로 추가하여 마무리 짓습니다.

03 완성된 1단계 일러스트입니다.

04 완성된 2단계 일러스트입니다.

05 완성된 3단계 일러스트입니다.

최종 검수가 OK 되었으므로 납품용 PSD 파일을 준비합니다.

TCG 일러스트 제작
납품하기

일러스트 납품 시에는 이펙트와 캐릭터, 배경 순으로 레이어를 그룹으로 엮어 납품합니다.
게임에서 캐릭터만 따로 사용되는 경우가 많아 주로 적용되는 납품 형식입니다.

01

1~3단계의 PSD 파일을 열어 이펙트, 캐릭터, 배경 순으로 레이어를 정리한 뒤 그룹 폴더 (Ctrl + G)를 생성하여 각 레이어를 넣어줍니다. 각 단계마다 레이어와 그룹의 이름이 같도록 해줍니다.

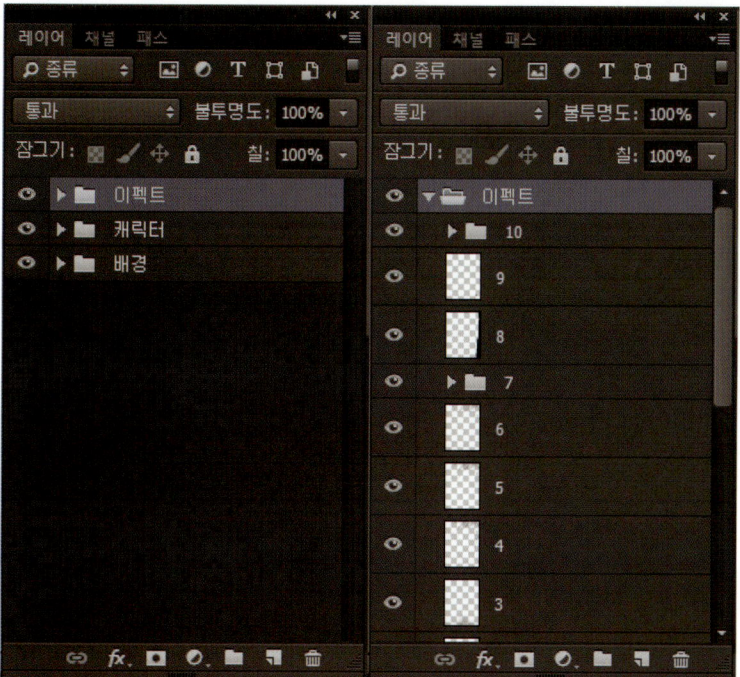

02

각 폴더를 열면 레이어의 순서를 알 수 있도록 숫자를 표기하여 납품합니다.

PART 4

실무 TCG 일러스트 제작
- 동세 변경 일러스트
/ 일러스트레이터 소야

설정
1단계 일러스트 제작
1단계 러프 피드백 대응
1단계 중간 피드백 대응
1단계 최종 피드백 대응

2단계 동세 변경 제작
2단계 러프 피드백 대응
2단계 중간 피드백 대응
2단계 최종 피드백 대응
납품하기

PROFILE

신 현우 (SOYA)

현 에이트스튜디오 리드 아티스트
현 NEOGAMEART 일러스트레이터
(JP) Square enix.inc
　　　'乖離 性 ミリオン アーサー'
(JP) Siliconstudio.inc 'Fantasica'
(JP) Attractive.inc 외 다수

Personal Hompage
　　http://torga0.blog.me/

Mail
　　torga0@naver.com
　　soya@eightstudio.co.kr

Introduce

반갑습니다. 일러스트레이터 Soya 입니다. 현재 에이트스튜디오에서 리드 아티스트를 맡고 있습니다. TCG 일러스트 작법서 입문편에 이어 기본편에서도 뵐 수 있어서 영광입니다.

TCG 일러스트는 단일 한 장으로 구성된 업무도 있지만 주로 바리에이션이나 동세 변경의 진화 차분이 생기는 경우의 업무도 많습니다. 진화 차분이 있는 업무는 진화 전 단계를 그리면서 진화 후의 이미지도 생각을 하고 있어야 되는 부분이라 한 장만 그릴 때 보다 심화된 고민이 필요합니다.

이번에는 동세 변경 일러스트를 작업하며 진화 전 단계와 진화 후의 캐릭터 이미지는 어떻게 신경 쓰는지, 진화 감은 어떤 방법으로 효과적으로 표현하는지에 대해 튜토리얼을 쓰게 되었습니다.
아직 부족한 것이 많지만 그간 실무를 하며 생각했던 중요한 점들을 최대한 열심히 표현했으니, 단계별 진화의 표현과 피드백의 반영의 과정을 보면서 TCG 일러스트 제작에 있어 조금의 도움이 되면 좋겠습니다.

동세 변경 일러스트
설정

캐릭터 설정

이름 - 아이리스
나이 - 17
성격 - 평소에는 활기차나 적과 대립 시 전투광
키/몸무게 - 158/44

과거 - 귀족의 집안에서 태어나 전쟁과는 상관없이 살아왔지만, 주변 국의 전쟁에 의하여 부모와 가문을 잃어버린다. 그 뒤 평소 부모와 친분이 있던 제국 기사단의 기사에게 입양되어 보살펴진다. 부모의 복수를 마음 속 깊이 되새기며 자신 또한 기사가 된다.

소속 - 제국 기사단

설정 - 흑마법 제단을 토벌하기 위하여 고통에 눈물을 흘리면서도 고된 훈련을 받던 중, 더 이상 강해질 기미가 보이지 않는 자신에게 불만을 느낀다. 때마침 그녀에게 마법 연구단이 육체 강화 수술을 제안한다. 망설임 없이 육체 강화 수술을 받은 그녀는 더욱 강해졌지만, 육체 강화의 힘을 사용할 수록 정신이 불안정해져만 간다.

대사 - "더 강해지고 싶어요."
　　　 - "정의를 집행합니다."

일러스트 제작 설정

1단계

아이리스가 살짝 미소 지으며 주변을 돌아보는 이미지입니다. '적들이 어디 있지?'라는 느낌 정도로 가볍게 손을 올리는 제스처를 보여주세요.

전체적인 이미지 : 화사한 느낌
배경 : 약간의 노을 빛 하늘을 보여주세요.

기타 코멘트 : 진화 전 단계이므로 역동적인 느낌은 피해주고, 온화한 표정을 지어주세요. 평소 성격처럼 따뜻한 느낌의 색으로 그려지면 좋을 것 같습니다.

2단계

강화의 힘을 받아 각성한 분위기의 이미지입니다. 손에는 무기를 쥐고 적들 앞에 등장하는 장면으로 지금 당장이라도 공격할 것 같은 느낌이 필요합니다.

전체적인 이미지 : 1단계보다 무거운 느낌, 역동적인 느낌
배경 : 푸른 빛이 보이는 밤, 전쟁터

기타 코멘트 : 각성하여 성격이 변한 것 같은 표정을 하고 한 손으로 머리를 감싸는 느낌을 주세요. 2단계이므로 진화한 것 같은 느낌이 들도록 머리 장식, 무기 등의 디자인이 더 커지고 화려해지면 좋겠습니다.

아이리스 캐릭터의 제작 설정입니다. 캐릭터 설정과 일러스트 제작 설정을 파악하고 난 뒤 실제 제작에 착수하도록 합니다.

동세 변경 일러스트
1단계 일러스트 제작

01

1단계 일러스트의 동세를 러프합니다. 2단계 일러스트와 차이가 많이 보일 수 있도록 1단계는 캐릭터 컨셉에만 맞추기 위해 산책을 하듯이 가볍게 걸어가는 느낌으로 잡아 주었습니다.

02

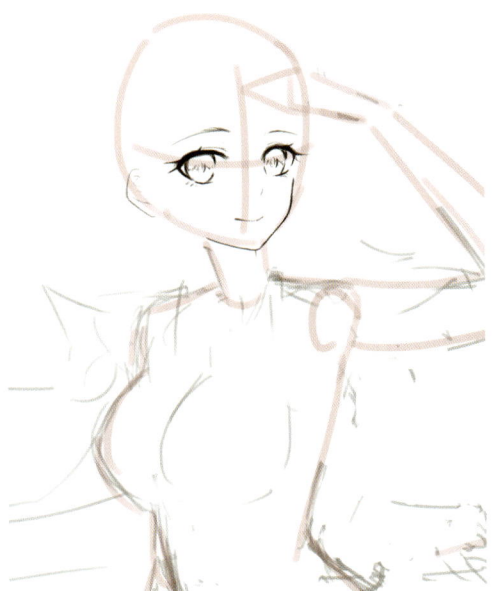

동세를 잡은 레이어의 투명도를 낮춘 후, 새로운 레이어를 생성합니다. 해당 레이어에서 십자선의 위치를 기조로 이목구비를 그려갑니다.

03

러프에서 크게 벗어나지 않게 머리카락의 형태를 간략하게 그려줍니다. 뒷머리의 경우 실루엣에 풍성한 느낌을 주기 위해 어느 정도 부풀게 잡아주며, 몸 앞쪽이나 의상을 최대한 가리지 않는 식으로 그립니다.

04

남은 파츠들의 형태를 간략하게 알 수 있을 정도로 그리고 러프를 마칩니다.
이제 이 스케치 러프를 더 정밀하게 만들기 위해 동세 레이어는 끈 뒤, 스케치 레이어의 투명도를 낮춥니다.

실무 TCG 일러스트 제작 - 동세 변경 일러스트 / 일러스트레이터 소야 | 367

05

새로운 레이어를 생성하여 스케치의 실루엣을 따라 선을 다시 따줍니다. 선이 겹치는 부분, 머리카락의 뒷부분 같은 경우는 약하게 빗금을 채워 넣어 스케치의 입체감을 살립니다.

06

눈을 그릴 때는 선이 너무 겹쳐 완전한 검은색이 되지 않도록 주의합니다. 눈동자의 윗부분 역시 빗금을 그어주어 그림자를 표현합니다.

07

어깨 부분의 갑옷을 그려줍니다. 일러스트에서 포인트가 되는 얼굴 부분의 근처 파츠이며, 형태가 직관적으로 보이는 부분이기에 형태를 확실하게 알아볼 수 있게 만듭니다. 또한 너무 뾰족하거나 너무 둥근 경우 실루엣이나 컨셉과 어울리지 않을 수 있으니, 형태가 동그란 느낌의 금속 안쪽 디자인을 넣어주었습니다. 이런 갑옷의 경우 전부 다 한 가지의 재질이면 단순해져 멋이 사라지니 겹을 쌓은 디자인을 잡아주는 것이 좋습니다.

08 얼굴과 멀어질수록 스케치 디테일을 낮게, 가까울 수록 높도록 이어 그려줍니다. 선의 색들이 다 같아 어두운 부분의 앞뒤가 구분이 가지 않기에 선이 겹치는 부분, 그림자가 지는 부분에 조금 더 진하게 선을 넣어 확실하게 표현합니다.

09
남은 부분은 가슴 부분과 마찬가지로 형태를 알 수 있을 정도로 선을 따줍니다. 선이 휘는 부분, 겹치는 부분에 강약을 넣어 선의 굵기가 일정하지 않도록 해주어 다채로운 느낌을 줍니다.

10 치마 부근의 천은 러프 단계에서 대부분 밑으로 내려가있기만 하며 휘날리는 감이 없으니, 다른 파츠들의 움직임과 밸런스를 맞추어 휘날리는 것으로 바꾸었습니다.

11

새로운 레이어를 추가하여 밑색을 넣어갑니다.

12

배경이 밝은 상태에서 밝은 색을 넣을 경우 색이 어디까지 들어가있는지 잘 보이지 않으니, 어두운 색상으로 바깥으로 밑색을 넣는 레이어와는 별개로 배경색을 따로 넣어주었습니다. 배경을 어둡게 하면 튀는 색이 잘 보이니 나간 부분을 깔끔히 지워줍니다. 밑색이 끝난 경우 배경색은 다시 바꿔줍니다.

실무 TCG 일러스트 제작 - 동세 변경 일러스트 / 일러스트레이터 소야 | 371

13
전체 밑색을 넣은 후 컨셉에 어울릴만한 색으로 바꿔줍니다. 활기찬 기사라는 컨셉에 맞추어 베이스 색을 밝은 색과 강렬한 강한 색으로 맞추면 캐릭터의 색 배정이 끝납니다.

14
캐릭터 레이어의 밑에 새로운 레이어를 생성하여 그라데이션 툴로 노을 지는 느낌의 하늘을 만듭니다. 그리고 러프 때의 그려준 지평선에 맞추어 바닥을 넣습니다. 색만 들어가면 캐릭터가 어디에 있는지 확인이 힘들 수 있으니 땅의 균열을 그린 후, 캐릭터의 뒤편에 산의 실루엣을 넣어 배경의 위치가 어딘지 짐작이 가능하도록 합니다.

배경의 레이어 역시 파츠마다 나눠주면 묘사할 때 깔끔하게 진행할 수 있습니다.

15 마지막으로 하늘을 넣어 마무리합니다. 컬러 러프 단계의 이미지가 끝났으니 한 번 검수를 받습니다.

동세 변경 일러스트
1단계
러프 피드백 대응

디렉터 피드백

디렉터님의 확인 후 피드백을 수신했습니다.

1. 캐릭터의 앞머리의 입체감을 조금 더 주고, 후두부의 볼륨감을 주어 캐릭터의 머리카락이 복슬한 느낌이 들도록 부탁합니다. (빨간선 참고)
-> 현재는 머리숱이 적은 느낌입니다.

2. 후두부의 부피감이 커짐에 따라 하고 있는 머리띠를 좌측으로 이동 부탁합니다. (빨간선 참고)

3. 뒤쪽 팔의 위치가 어색하니 피드백 화상을 참고로 위치의 이동을 해주세요. 손가락의 제스쳐도 보이면 좋겠습니다.
-> 현재는 약간 억지로 팔을 가린 느낌이 듭니다.

수정된 이미지와 함께 온 글을 토대로 피드백을 반영하여 수정 후 다시 작업을 진행합니다.

01

피드백의 참고 선을 연두색으로 그려 피드백의 정확한 위치를 잡았습니다. 밑색을 전부 끈 후 스케치의 위치부터 수정해줍니다.

02

머리의 수정 할 부분도 올가미 도구로 잡고 자유변형을 사용하여 피드백에 맞추어 형태를 바꾸어 줍니다.

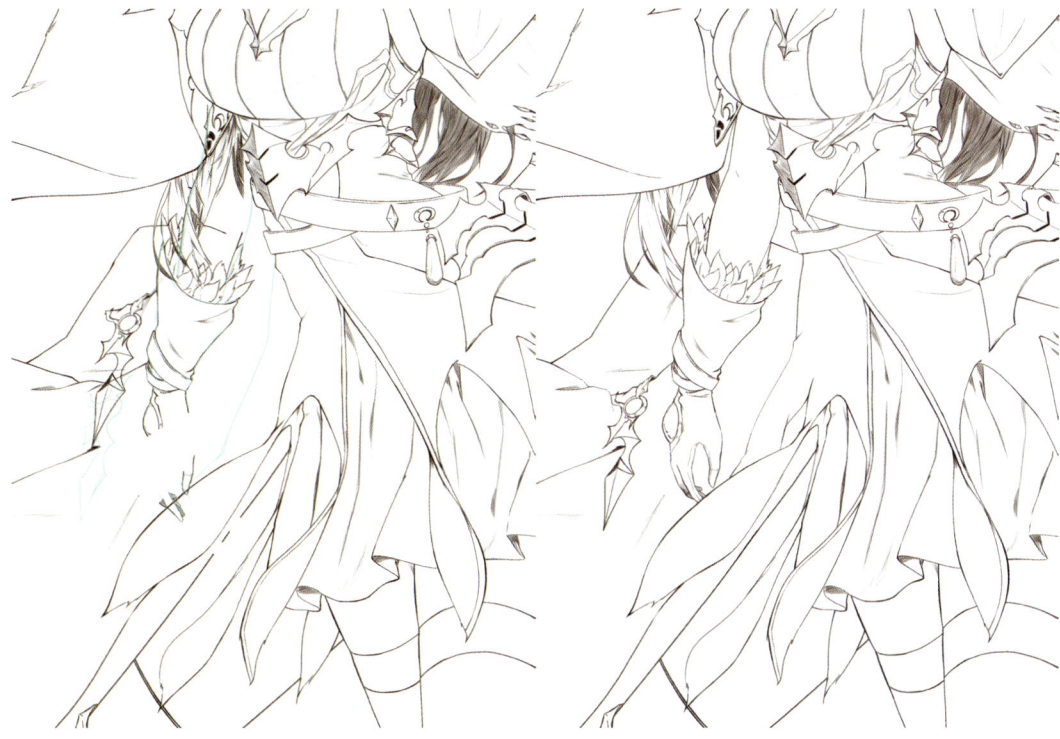

03 팔의 위치를 이동하며 잘린 부분 겹치는 부분 등은 깔끔하게 스케치를 정리합니다. 뒷머리의 경우 팔의 이동에 의해 실루엣 자체가 가려지기에 함께 옆으로 이동하여 실루엣을 다시 잡아줍니다. 손 옆의 옷 장식 역시 위치가 바뀌어 천의 형태가 바뀌기에 자연스럽게 형태를 수정합니다.

스케치 수정이 완료되면 수정 된 스케치에 맞추어 밑색도 조절합니다. 피드백 조절이 완료되면 컬러링을 진행합니다.

04 머리 묘사에 앞서 곱하기 레이어를 생성하여 빛이 들어오는 반대 방향에 곱하기 레이어 에어브러시로 약하게 어두운 색을 깔아줍니다.

05

다음으로 뒷머리와 앞머리의 경계를 확실하게 알아볼 수 있도록 한 번 더 어두운 색을 넣습니다. 앞머리의 경우 밑과 옆으로 넘어갈수록 약하게 굴곡이 생기는 것을 표현하기 위해 안쪽에 기본 색보다 어두운 색으로 명암을 한 번 더 깔아줍니다.

06

새로운 레이어를 생성하여 살짝 휘는 느낌으로 머릿결을 표현합니다. 안쪽으로 들어갈수록 머리카락의 면이 넓게 표현하는 것이 들어가는 느낌의 표현이 되어 좋습니다. 또한 결을 너무 촘촘하게 많이 그릴 경우 역으로 보기 싫어질 수가 있으니 적당한 두께가 돼 보이도록 그립니다.

07

색상 닷지 레이어를 생성하여 빛을 받는 부분을 넣어줍니다.

08

색상 닷지만 넣어주면 색이 너무 튀어 보입니다. 끝이 뾰족하게 끝나는 부분들을 에어브러시 지우개로 지워 색을 자연스럽게 해준 뒤, 하드 라이트 레이어로 색을 넣어 색상 닷지 색이 튀는 것을 방지해 줍니다.

09 뒷머리 역시 묘사를 끝낸 후, 곱하기 레이어를 사용하여 어두운 색으로 밝게 튀는 것을 눌러줍니다.

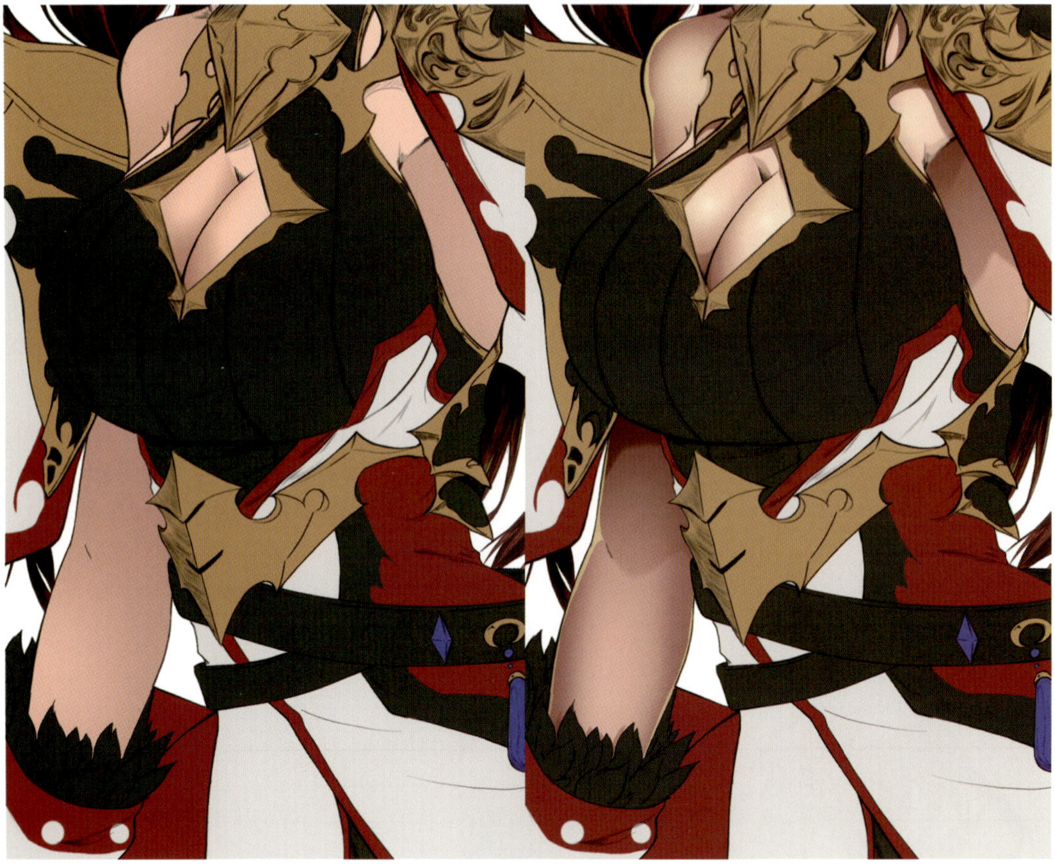

10 피부는 부드러운 느낌을 주기 위해 일반 브러쉬 사용은 최대한 피하고 에어브러시를 사용합니다. 살색에서 어두워질수록 적갈색 쪽으로 색조를 바꿔가며, 피부 외곽 부분은 에어브러시로 라인을 따라 그어 피부의 입체감이 생기도록 해줍니다. 또한 색 조절에 따라 피부색이 탁해질 수 있기에 피부 묘사를 끝낸 후 오버레이 레이어로 탁해진 색상에 색을 넣어 살려줍니다.

팔과 다리에서 천과 가깝게 맞닿는 부분은 천의 라인과 인체의 라인에 맞추어 그림자를 넣습니다. 닿는 면적이 멀어질수록 연하게 그림자를 넣어 자연스럽게 해줍니다.

11 머리카락과 비슷하게 그림자 지는 곳을 구분하여 색을 어둡게 넣습니다. 곱하기 레이어로 전체적으로 큰 주름의 형태를 잡은 후, 그 위에 노말 레이어와 노말 브러쉬로 부드럽게 누르며 새로운 주름을 추가해갑니다. 주름의 라인은 실루엣과 같은 방향으로 넣어 자연스러운 느낌을 줍니다.

12
전체적으로 색이 너무 어둡기에 천의 레벨값을 조절하여 색을 밝게하고, 오버레이를 이용해 채도가 낮은 부분에 색감을 추가해주었습니다.

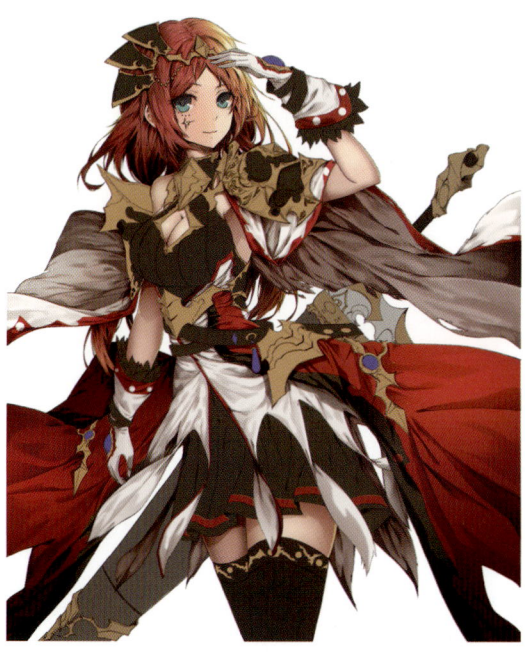

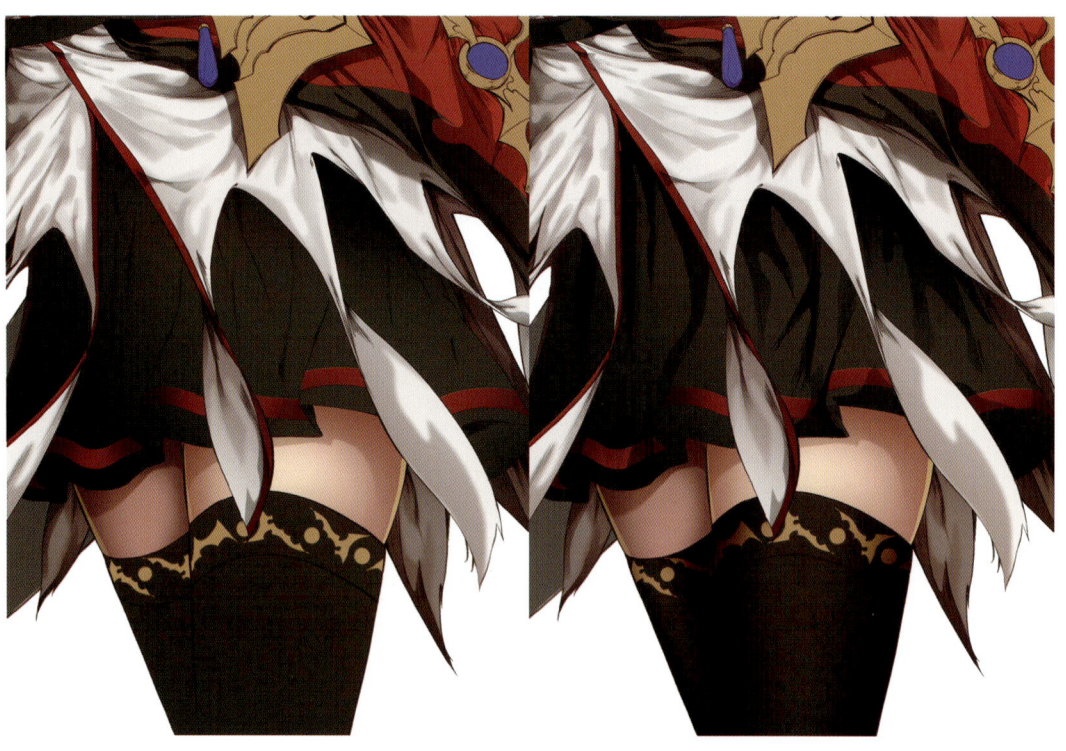

⬡ 13 중간 확인 단계를 감안하여 치마 부분은 주름의 형태만 잡아줍니다.

⬡ 14 금속의 경우 형태가 딱딱하게 있어 빛을 줄 때 나뉘는 정도가 확실하게 갈려보이는 것이 좋습니다. 빛이 들어오는 부분과 그림자 지는 부분의 각을 선명하게 나누어줍니다.

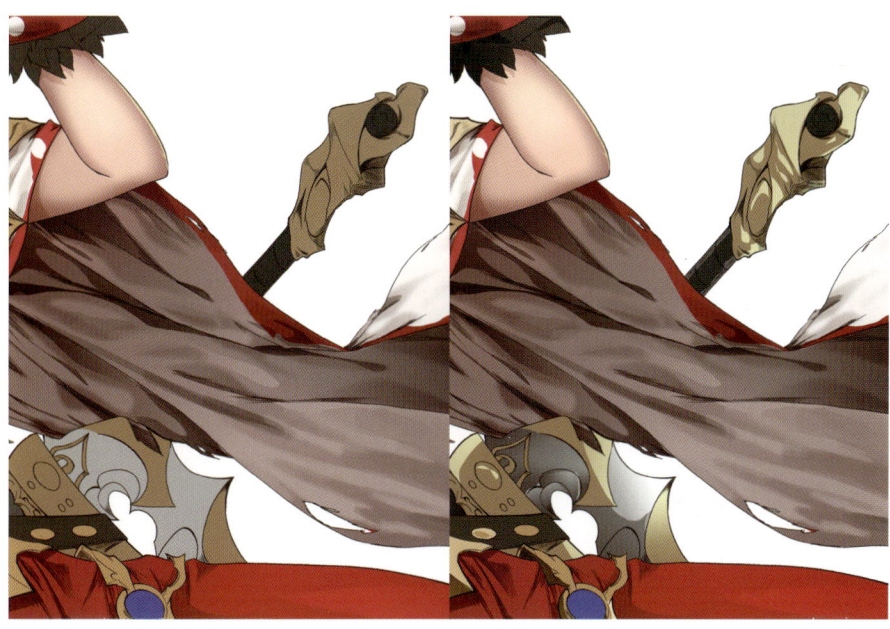

15 금속 묘사와 마찬가지로 칼 묘사를 해줍니다. 완성이 아닌 70% 정도에서 다시 한 번 피드백 검사를 받을 예정이라 캐릭터의 묘사는 이 정도에서 마무리합니다.

16 묘사가 끝난 캐릭터와 배경을 보면 배경의 색에 의하여 배경과 캐릭터의 실루엣이 겹쳐보이게 되어 캐릭터의 구분이 힘들어져있습니다. 모바일 게임의 경우 그림의 사이즈가 줄어들기에 캐릭터와 배경의 실루엣이 명확하게 따로 분리되어 있는 느낌을 주는 것이 중요합니다. 캐릭터 뒤편에 하드 라이트 레이어로 하늘색 계열로 색을 넣어 캐릭터와 배경을 떨어뜨려줍니다.

17 캐릭터 레이어 위에 새로운 레이어를 생성하여 이펙트들을 만들어줍니다. 쪼개진 이펙트의 경우 올가미 도구로 잘잘한 형태를 만든 뒤 몇 개를 계속 복사하여 붙여넣어 줍니다. 노랑색의 이펙트는 올가미 도구로 원하는 위치에 형태를 만든 후 그라데이션 툴이나 에어브러시로 부드럽게 그려줍니다. 이펙트 레이어는 색상 닷지 등의 색을 강하게 내주는 속성으로 바꾸어 줍니다.

이렇게 일러스트의 70%의 진척이 되었습니다. 진행 중으로 제출하여 검수를 받습니다.

동세 변경 일러스트
1단계
중간 피드백 대응

디렉터 피드백

1. 어깨에서 거쳐 내려오는 망토의 안쪽 부분의 밝기가 어둡고 탁한 인상이므로, 전체적으로 밝게 해주고 약간 푸른 느낌의 색이 들게 하여 답답한 느낌을 덜어주세요. 천 질감의 묘사가 너무 강하니 약간 억제해주세요.
-> 현재는 천의 질감의 강도가 철과 머리카락만큼 강한 것 같습니다.

2. 장갑의 흰 동그란 무늬는 제거해준 뒤 빨간색 테두리를 금색 장식으로 변경해주세요.

3. 대각선으로 뻗는 가까운 쪽의 이펙트의 크기가 너무 굵으니 얇고 적게 해주세요.
-> 캐릭터만큼 시선이 가는 인상이니 억제를 해주면 캐릭터가 더 잘 보이게 되어 좋을 것 같습니다.

새로 나온 피드백의 내용입니다. 피드백을 확인하고 반영합니다.

01

어깨 부분의 천의 질감과 색상이 문제가 되었으니 천의 색상을 푸른 계열로 바꾸어 주고, 심하게 그림자진 부분들은 약간 밝게 바꾸어 주었습니다. 장갑 부분의 무늬 역시 피드백 내용에 따라 제거하였습니다. 나머지 피드백은 진행하면서 대응하도록 합니다.

02 남은 파츠들은 묘사합니다. 가슴 부근의 경우 수영복 같이 매끄러운 재질이 아닌 일반 천 재질이기에 에어브러쉬 사용을 자제하고 일반 브러쉬로 부드럽게 터치합니다.

가슴은 인체의 형태가 그대로 드러나기에 터치 자국이 심하면 형태가 일그러져 보입니다. 하이라이트의 색 역시 터치의 경계면을 부드럽게 만들어 형태에 어색함이 없도록 해줍니다.

치마는 주름의 형태를 따라 묘사를 진행하며, 기본 베이스톤 보단 살짝 어두운 색으로 얇게 생기는 주름들을 묘사하여 천의 느낌을 만들어줍니다.

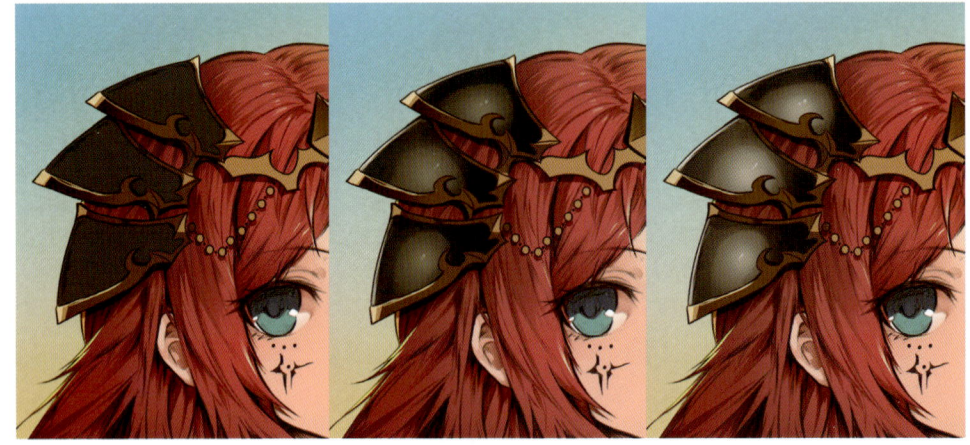

03 검은색 금속을 묘사합니다. 이런 곡선 형태의 금속의 경우 중앙을 밝게, 외곽은 어둡게 에어브러시로 밀어주면 간단히 묘사가 끝납니다. 금속의 반짝거림을 표현하기 위하여 밝은 부분에 에어브러시로 밝은 색을 넣은 후, 흰색으로 빛이 반사되는 느낌이 나도록 금속의 바깥 부분과 중앙 부분에 터치를 넣었습니다.

04 금속의 어두운 부분을 한 번 더 추가해줍니다. 다만 전체적으로 추가할 경우 차이가 없으니 빛이 안들어오는 부분에 추가해 금속의 재질감을 높여줍니다. 목 부근의 금속은 무늬가 들어가있으니 어두운쪽에 무늬를 한 번 더 묘사해주는 것으로 형태의 입체감을 살려주고, 허리의 금속판은 밝은 부분과 어두운 부분의 경계면과 어두운 부분의 중앙 부분에 색을 추가합니다. 내린쪽 팔의 금속은 밝은 색상이 아닌 어두운 색상으로 작업을 하여 눈에 띄지 않게 만들어줍니다. 어두운 부분에 밝은 색상이 들어갈 경우 밝은 부분이 눈에 띄기에 상황에 맞지 않게 사용할 경우 역효과가 됩니다.

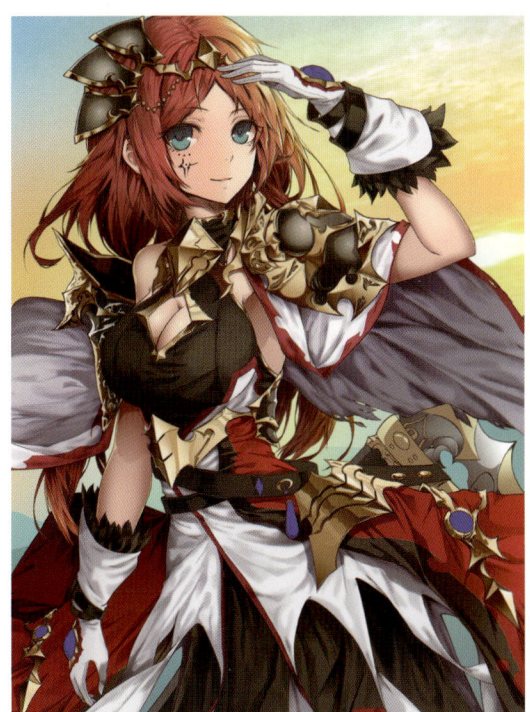

05 금속의 밝은 부분도 한 번 더 묘사해줍니다. 금속의 경우 빛이 강하게 받을수록 흰색이 나오기에, 금속의 경계면쪽에 흰색으로 터치하여 빛을 받는 느낌으로 만들어줍니다. 밝은 부분 역시 어두운 부분과 마찬가지로 전체적으로 넣으면 튀어보이니, 베이스 색을 남기며 터치를 하여 금속의 느낌이 잘 나오도록 만듭니다.

머리 부근의 금테처럼 길게 이어진 금속은 기본 베이스색과 어두운 색을 반복하여 넣어주면서 금속의 재질감을 표현합니다.

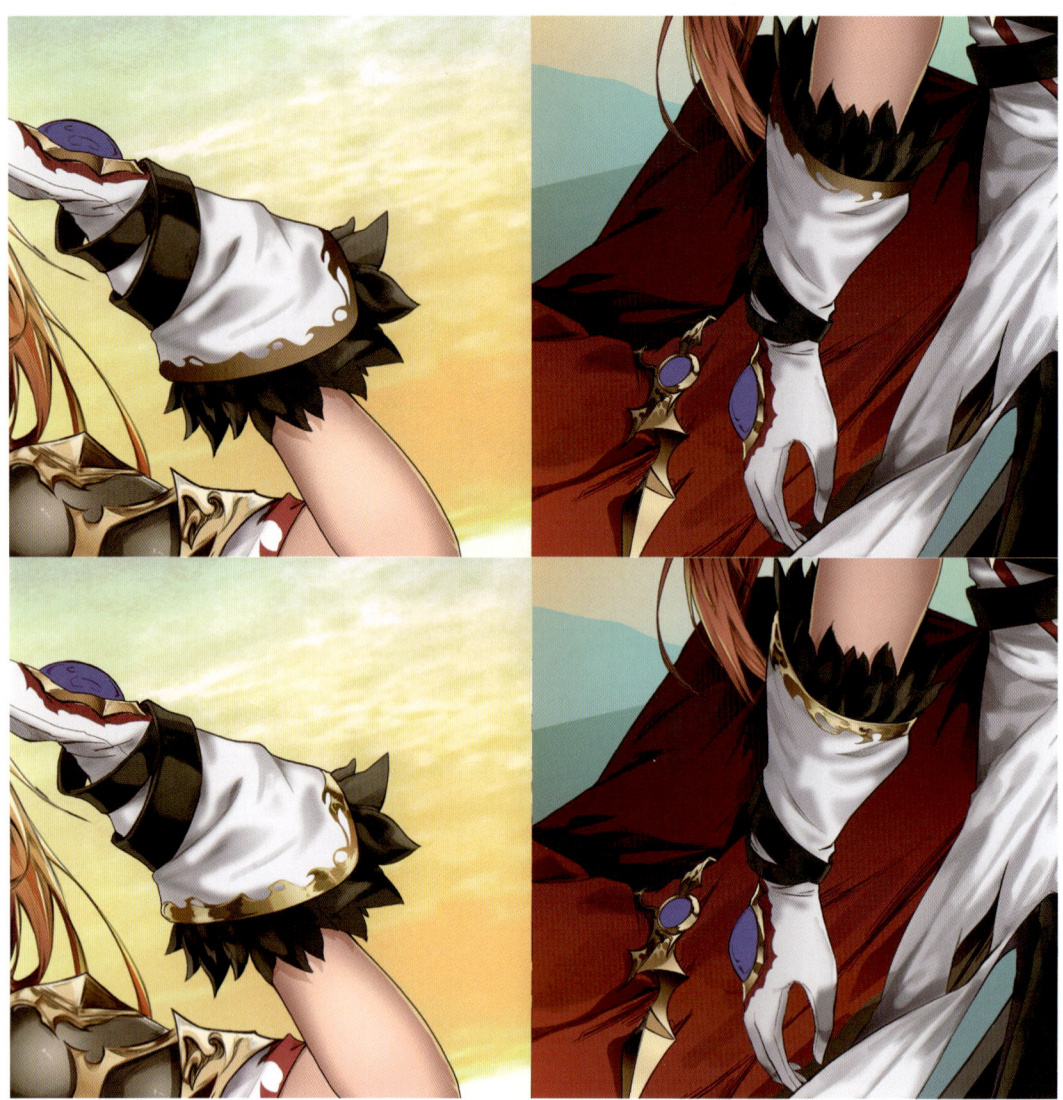

06 피드백에서 나왔던 부분입니다. 붉은색 무늬를 제거하고 테두리를 쇠장식을 추가해 달라는 내용에 따라, 평평한 금속테보다는 어느 정도 형태가 있는 디자인으로 추가하였습니다.

갑옷이 아닌 옷에 달린 쇠장식의 경우 형태가 클수록 장식이 아닌 갑옷으로 보일 수 있으니 사이즈에 주의합니다. 형태는 긴 금테는 아니지만 금테와 마찬가지로 기본 베이스 색에서 중간 중간 어두운 색과 밝은색을 넣어 재질감을 나타내줍니다.

형태에 따라 차이가 있지만 빛이나 어두운 부분이 일방적으로 많을 경우, 재질이 무엇인지 알아보기 힘드니 주의합니다.

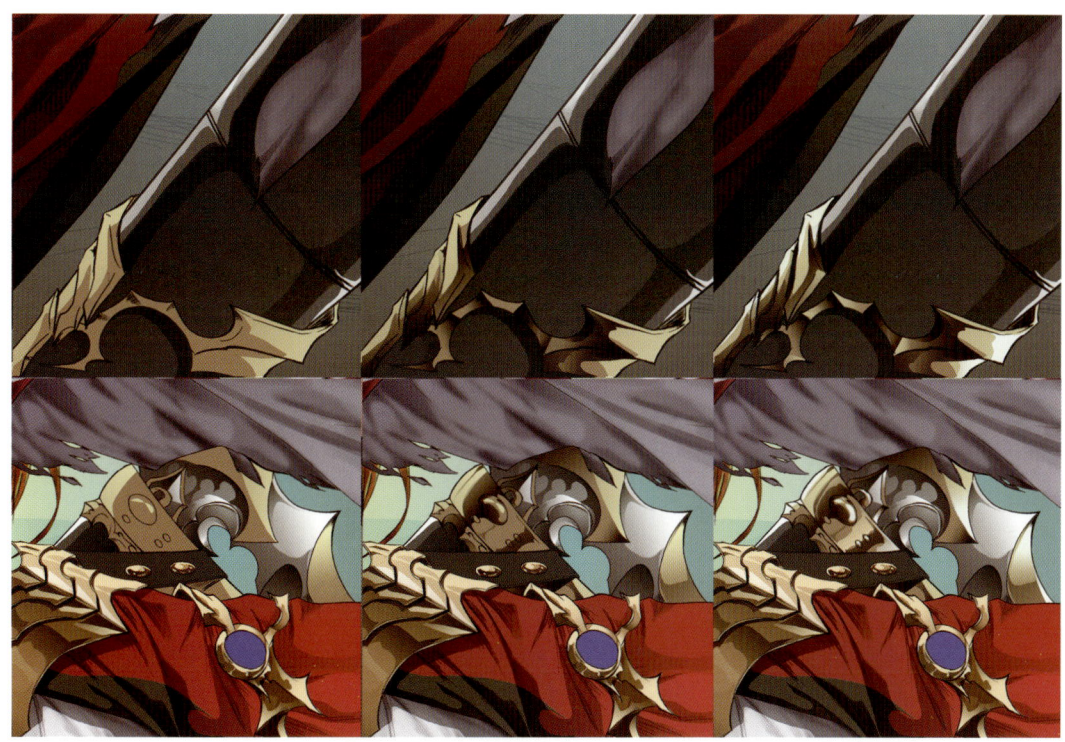

07 무기를 묘사할 때 무기의 각 파츠가 메인으로 들어가냐 들어가지 않으냐에 따라 디테일을 다르게 합니다. 무기의 메인이 되는 칼날, 지팡이의 머리, 칼 손잡이 같은 부분은 보조 디자인으로 들어가더라도 캐릭터와 함께 멋을 낼 수 있는 디자인으로 하되, 칼집 부분의 경우 문양이나 무늬를 넣을 시 오히려 그림이 복잡해 보일 수 있으니 피해 그립니다.

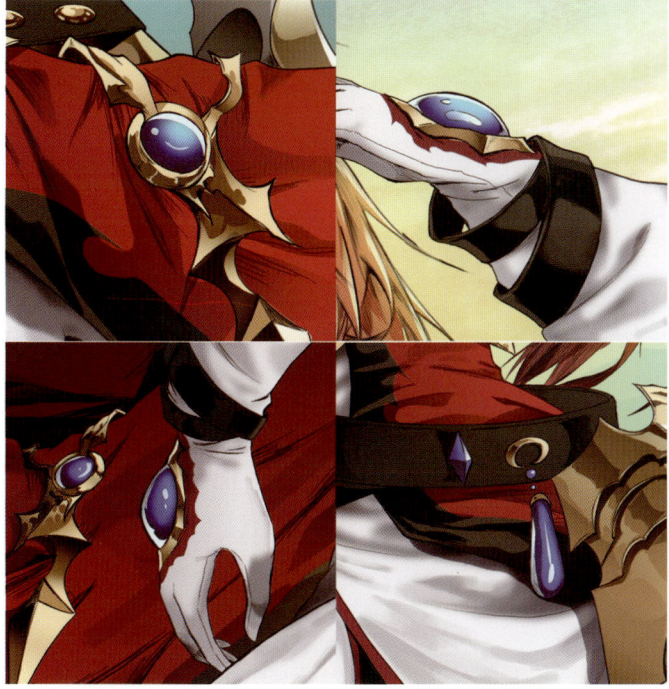

08 보석 부분을 묘사합니다. 보석의 반질거리는 느낌을 살리기 위하여 밝은 부분과 어두운 부분의 색을 강하게 차이를 내줍니다. 하이라이트 부분은 아주 밝게 그려주어 선명하도록 해줍니다.

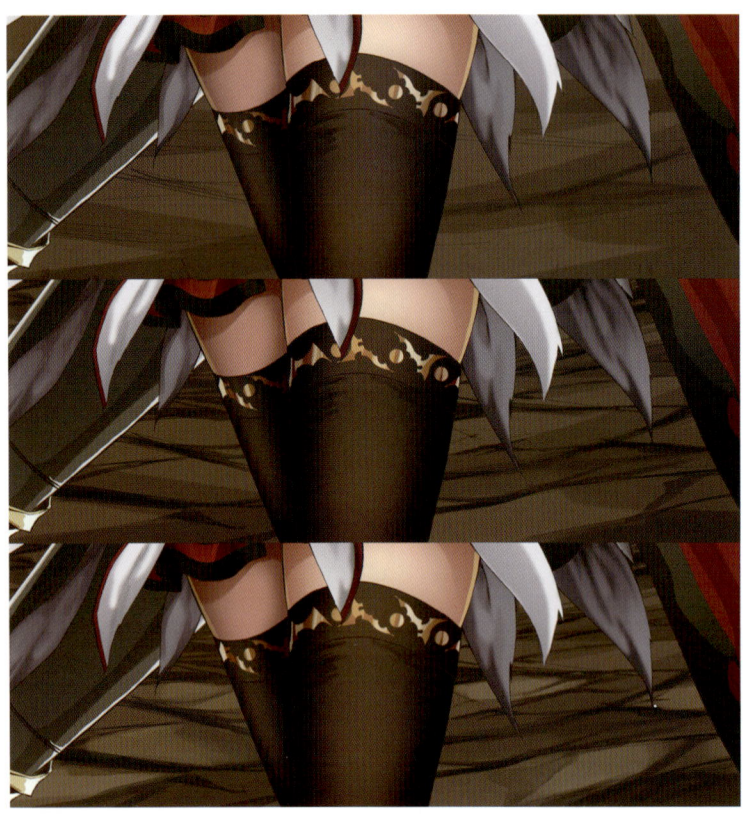

09

대지의 울퉁불퉁한 느낌을 살리기 위해 바닥의 갈라진 형태에 부분부분 빛을 넣어 진행합니다. 어두운 색으로 갈라진 틈에 넓게 터치를 넣으며 강하게 대지의 땅이 나누어진 느낌을 줍니다.

땅을 묘사할 때 생기는 브러시 자국은 매끄럽게 다듬지 말고 터치 자국을 남겨 돌의 질감으로 보여줍니다.

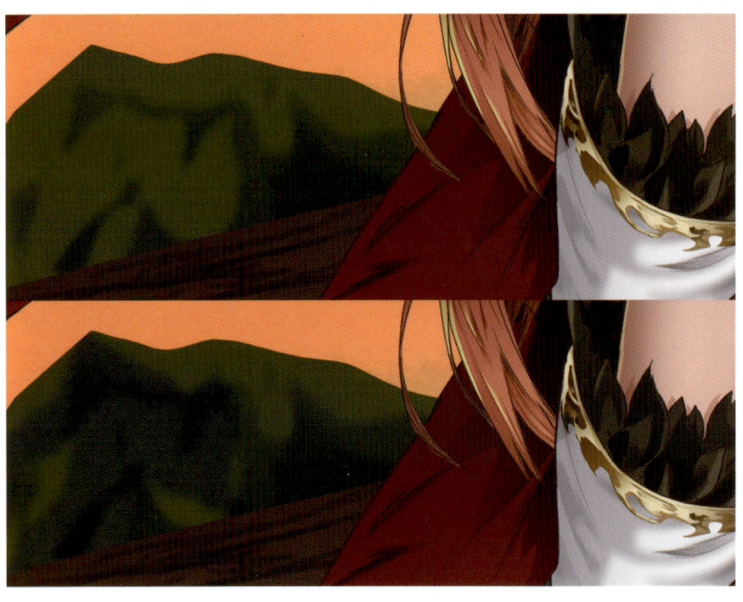

10

산의 색을 변경 후, 위에 곱하기 레이어를 만들어 대략적인 그림자를 넣어줍니다. 산의 그림자를 넣을 땐 일정한 방향이 아닌 불규칙한 방향으로 넣어주어야 단순해 보이지 않습니다.

새로운 레이어를 생성하여 하늘색이나 파랑색의 공기원근이 들어간 색으로 어둡게 한 번 더 그림자를 넣습니다.

11

빛이 들어오는 쪽으로 산의 외각에 배경의 색과 비슷한 색으로 터치를 넣어줍니다. 손가락 도구나 에어브러시 지우개로 튀는 부분을 뭉갠 후, 산 전체에 필터의 흐림 효과를 적용시켜 전체적으로 흐려지게 하여 멀어 보이는 느낌을 줍니다. 마지막으로 하드라이트 레이어에 에어브러시로 배경색과 비슷한 색으로 가볍게 터치하여 자연스러운 색감과 원근감이 나오도록 해줍니다.

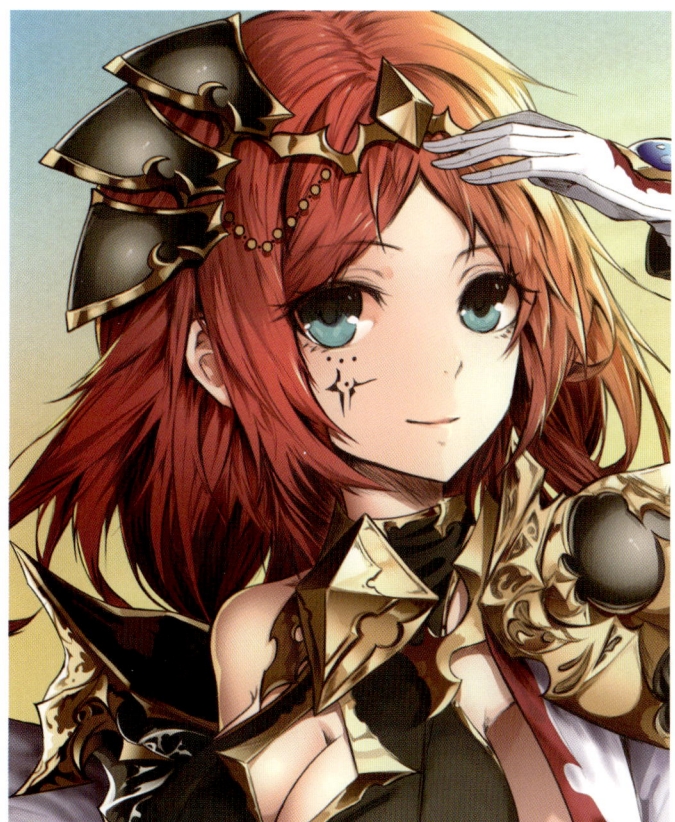

12

선 레이어의 옵션을 곱하기로 바꾸고, 불투명도 보호나 클리핑 레이어를 이용하여 각 파츠에 닿는 선의 색을 바꾸어줍니다. 색과 비슷한 선의 색은 선과 색을 자연스럽게 녹아보이도록 만들어줍니다.

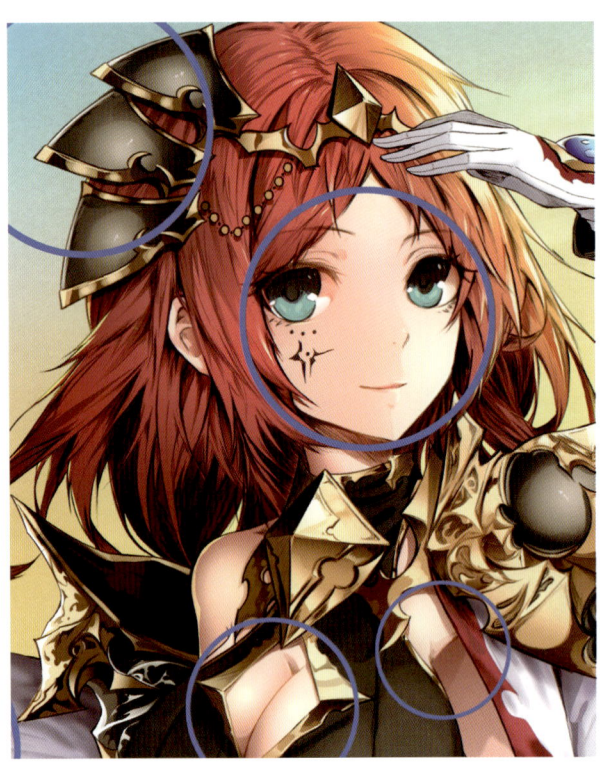

13

파란색 원 부분의 색이 밝은 부분들은 반드시 선 색을 바꿔줍니다.

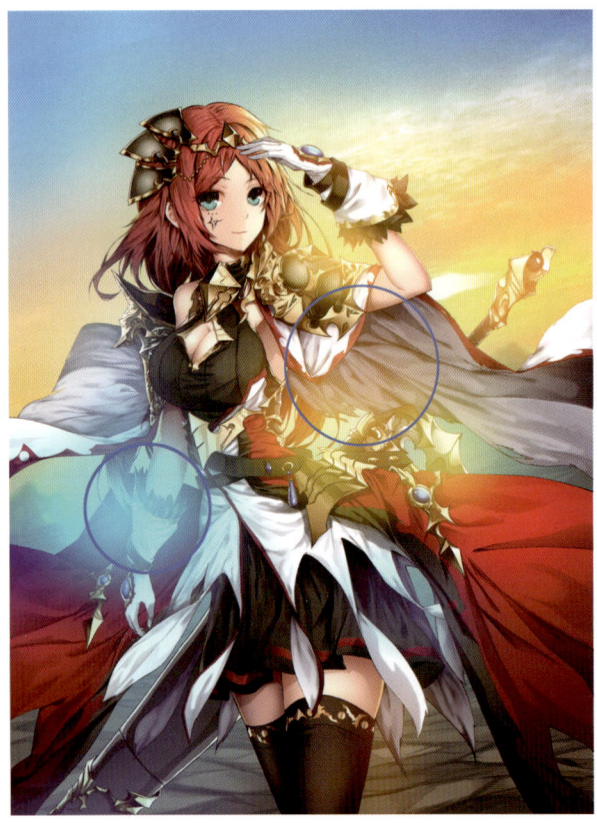

14

캐릭터 위로 하드 라이트 레이어를 생성하여 환경광을 넣습니다. 태양빛이 강하게 들어오는 어깨와 허리, 칼 쪽에는 주황 빛으로, 먼 쪽은 하늘색으로 넣어 캐릭터가 배경에 자연스럽게 녹아 들도록 만듭니다.

푸른색 원의 내린 팔과 어깨 안쪽 천은 색을 빼줍니다.

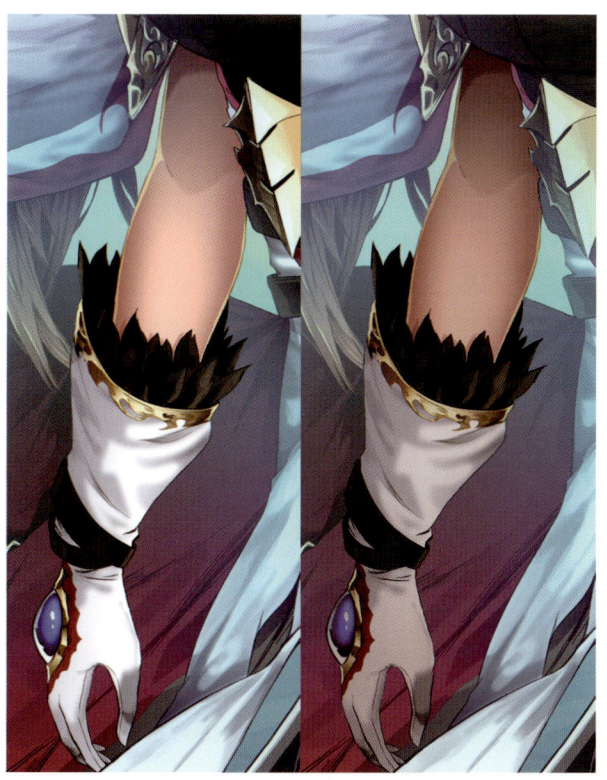

15
내린 팔은 뒤쪽으로 뺀 상태이기에 상체와의 거리감을 나타내주기 위하여 곱하기 레이어로 색을 어둡게 만들어줍니다.

16
이펙트의 색이 튀지 않도록 그림의 전체 색과 어울리는 색들로 바꾸어줍니다. 캐릭터의 인체를 가리거나 불필요한 위치에 있는 이펙트들은 지워줍니다.

이펙트들의 레이어 옵션을 여러 가지를 선택해보며 색이 자연스럽게 나오는 레이어로 조절합니다. 색상 닷지로 조절해주었는데, 색이 너무 강하게 들어간 부분들은 색을 바꾸거나 약하게 지워줍니다.

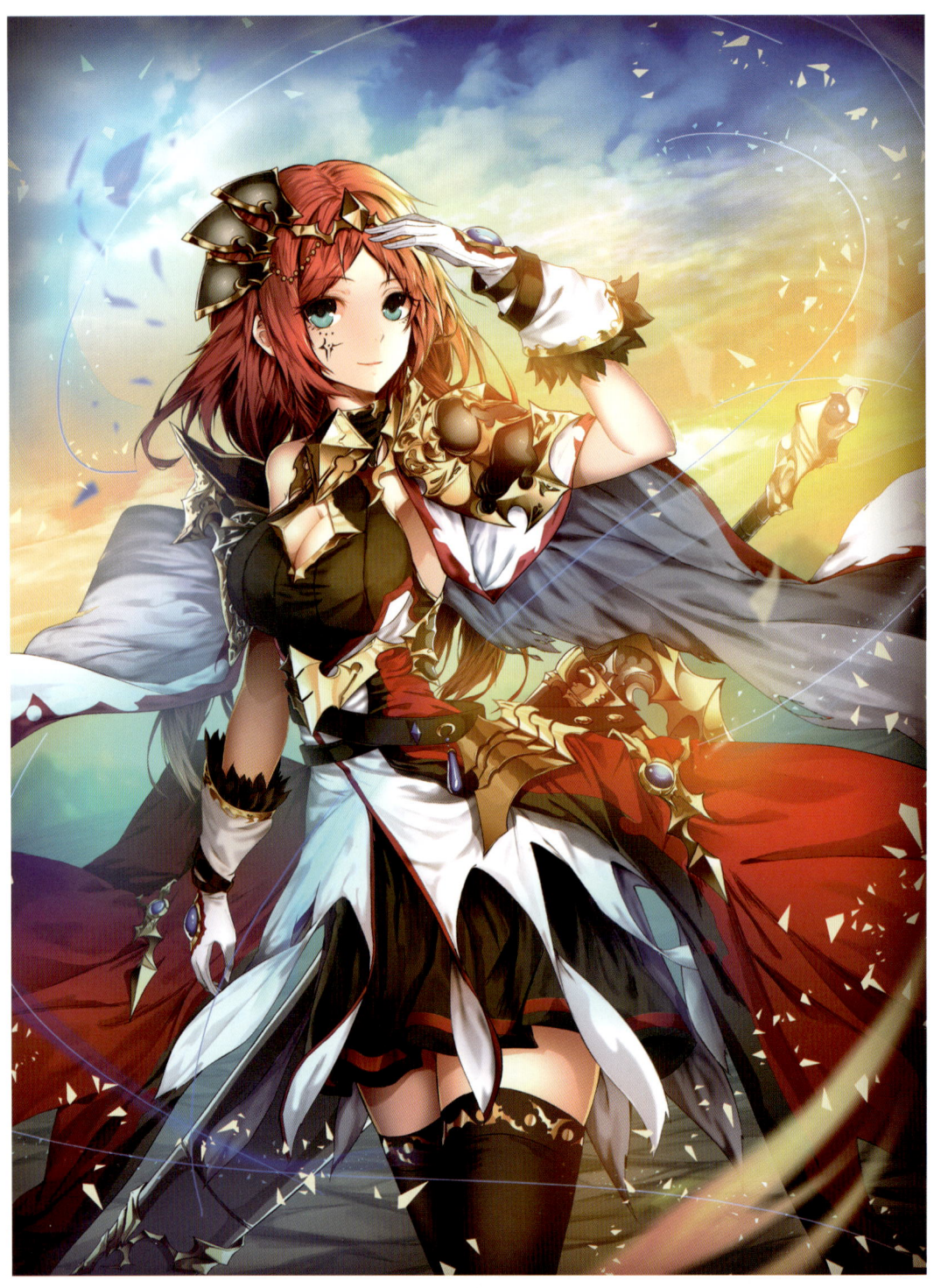

17 완성된 일러스트입니다. 마지막으로 디렉터님의 검수를 받아 마무리하도록 합니다.

동세 변경 일러스트
1단계
최종 피드백 대응

디렉터 피드백

1. 캐릭터 어깨와 허리에 들어간 닷지가 너무 강해서 타는 인상이므로 채도를 조금 낮춰주세요.

2. 어깨에서 거쳐 내려오는 망토의 안쪽 부분의 색 변경은 좋지만 묘사가 아직 강한 느낌이므로, 어두운 그림자로 주름이 지는 부분과 밝은 부분의 콘트라스트 차이가 덜 나도록 조절해주세요.

3. 흩날리는 조각에 퍼지는 빛을 추가해주세요. 지금은 잘라진 종이가 날리는 것처럼 보입니다.

01

닷지 색상과 어깨 천의 묘사가 문제가 되어 어깨와 허리 부근의 색을 빼줍니다. 안쪽의 천은 어두운 부분을 밝은 부분과 심하게 차이 나지 않을 정도로 뺀 후, 주름의 묘사의 레이어의 농도를 낮춰주어 조절합니다. 묘사가 심하게 들어갈수록 그 부분에 시선이 쏠릴 수 있어 주변의 묘사와 정도를 맞추는 것이 중요합니다.

02

마지막으로 피드백에 제시된 흩날리는 이펙트는 레이어를 더블 클릭하고, 옵션에 외부 광선을 주황색으로 선택하여 사용해 빛 퍼짐 효과를 내줍니다. 마무리되면 디렉터님에게 최종 검수를 요청합니다.

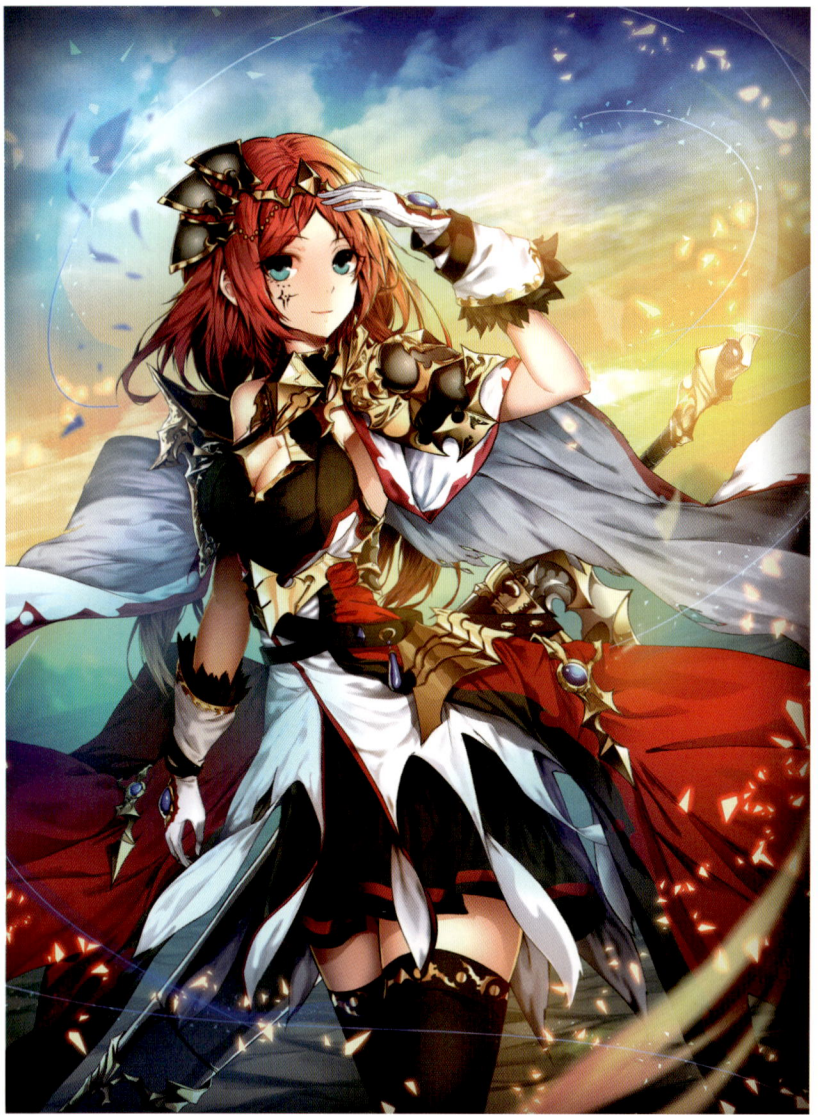

디렉터 피드백 아이리스 피드백 체크 완료. 최종 OK입니다. 2단계 제작 바랍니다.

디렉터님의 1단계 검수 OK를 받았으니 2단계를 제작하도록 합니다.

2단계 동세 변경 제작

이번에는 2단계를 작업할 차례입니다. 2단계에서는 캐릭터의 동세와 의상, 디자인 그리고 배경을 변화시켜 진화한 듯한 느낌을 내주어야 합니다.

01

동세를 먼저 잡아줍니다. 진화 그림에서는 의상이나 무기, 포즈가 바뀌었다는 것을 보여주어야 하기에 이전 단계와 같은 느낌은 피하면서 역동적인 느낌이 날 수 있도록 구상합니다.

적들 앞에 등장한 장면이기에 다리의 균형을 흔들어 지상에 지금 막 착지한 것 같은 느낌을 주었습니다.

02 밑 스케치로 얼굴을 그려줍니다. 진화 단계에서는 캐릭터의 표정도 변화를 줍니다.

03

대략적인 동세를 잡은 스케치에서 인체 형태의 디테일을 그립니다.

04

인체 베이스에 맞추어 대략적인 의상들을 그려줍니다. 캐릭터의 위치가 중앙에 들어가지 않고 대각선 밑으로 내려가있기에 위치도 수정하였습니다.

그림을 볼 때 중심에서부터 보는 경우가 많으므로 캐릭터가 한 쪽으로 치우치지 않도록 주의합니다.

05 전 단계와 같은 방식으로 얼굴 근처 부분은 신경을 써 작업해줍니다. 또한 캐릭터의 진화이기에 전 단계에서의 디자인들을 기본으로 추가 디자인을 달아 다른 캐릭터가 아니라는 것을 보여주는 것이 중요합니다.

06 전 단계의 스케치와 비교하면 머리 형태나 머리와 어깨, 가슴 부분의 갑옷 디자인이 같은 것을 알 수 있습니다. 표정을 크게 바꾸면 인상이 바뀌어 보일 수 있습니다. 같은 디자인, 같은 헤어스타일을 사용하여 동일 캐릭터라는 것을 알 수 있게 만들어줍니다.

07

얼굴 근처의 디자인들은 좀 더 섬세하게 그려줍니다. 어깨 부근의 옷깃은 캐릭터의 인상이나 목을 가려 오히려 이상해보일 수 있을 것 같아 위치를 내렸습니다.

설정의 특정 지시가 없는 이상 캐릭터의 얼굴은 전체적으로 나오도록 표현해주어야 합니다.

08

러프 스케치와의 비교입니다. 포즈와 의상에 따라 인체에 착시가 오는 부분들이 생길 수 있기에 스케치에서 인체에 착시가 오는 부분이 있는지 확인해줍니다.

바깥쪽 팔을 그리는 도중 어깨의 갑옷과 소매 때문에 어깨의 위치와 팔꿈치의 위치가 알 수 없어 팔이 길어보이는 느낌이 들기에, 길이를 수정하였습니다.

09
다리 뒤쪽의 천의 경우 어두운 부분이기에 빗금으로 어둡게 만들어주었습니다.

10
스케치가 끝났으니 밑색을 넣습니다. 뒷머리와 앞머리의 실루엣이 중간에 걸쳐있는 경우 앞쪽 머리와 뒤쪽 머리의 각각의 색 레이어를 나눠줍니다. 레이어를 나눠둘 경우 겹쳐지는 부분을 신경 쓰지 않고 작업할 수 있어 삐져나오는 터치들을 메꿔줄 필요가 없어지게 됩니다.

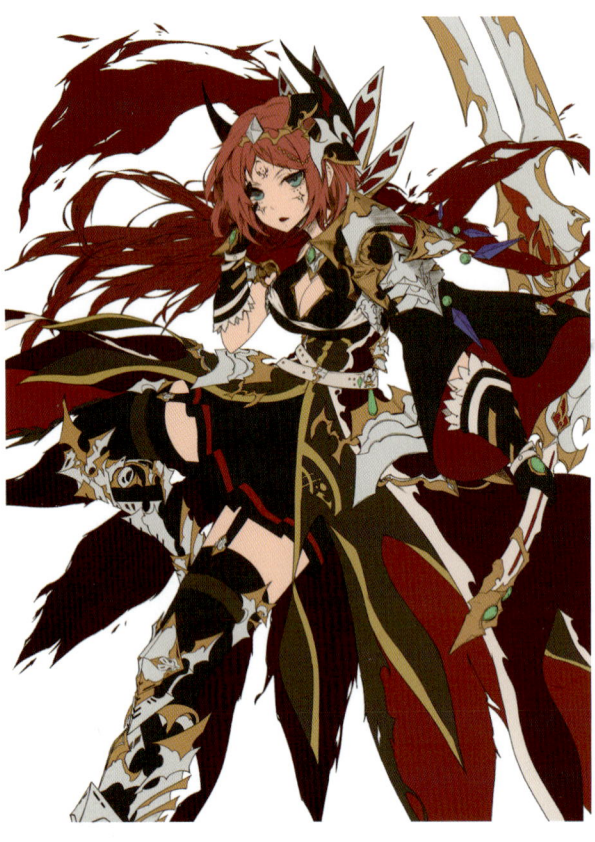

 밑색을 전부 채워줍니다. 전 단계의 색상과 색 배열을 비슷하게 한다면 추가 포인트 색을 넣어 간단히 진화된 느낌을 보여줄 수 있습니다.

12 캐릭터를 꺼준 후 배경을 작업합니다. 배경의 느낌은 전 단계와 비슷한 느낌으로 그려줍니다. 일러스트 진화에 있어 배경은 시간대가 바뀌어 단계마다 아침-오후-새벽 느낌으로 배경 색을 바꾸면 편합니다. 전 단계에서는 해질녘의 분위기였기에 2단계에서는 시간이 흘러 밤이 된 느낌을 보여주기 위해 달을 넣어주었습니다.

같은 느낌의 배경이라도 진화 단계에선 배경 오브젝트의 위치를 바꾸어주는 것도 중요합니다.

13 캐릭터의 뒤편에 구름을 넣어 마무리 해줍니다. 검수를 받기위한 러프 단계에서의 진행도는 기본적으로 캐릭터의 포즈, 표정, 색상 배경 등이 표현되면 됩니다.

이전 그림과 비교해보면 전 단계의 의상이나 갑옷의 디자인 위에 새로운 파츠가 추가되며, 배경 색, 무기의 디자인이 바뀌어 동일 캐릭터 이지만 확실하게 변화가 생겼다는 느낌이 생겼습니다.

동세 변경 일러스트
2단계
러프 피드백 대응

디렉터 피드백

1. 뒷머리의 밝기가 천과 같이 붉은색으로 눈에 띄지 않으니 조금 더 밝게 해주어 앞머리와 통일감을 주세요.

2. 피드백 화상의 노란색 부분의 배경은 밝게 하거나 흐리게 하여 캐릭터와 배경의 원근감을 내어주세요.
-> 현재는 실루엣이 겹쳐보이는 느낌이 있습니다.

01

캐릭터와 배경의 원근감을 내기 위해 뒤편에 하드 라이트 레이어를 생성해 푸른색으로 옅게 깔아 차이를 내주었습니다.
뒷 머리카락 역시 앞머리와 비슷한 계열의 어두운색으로 바꿔 피드백을 반영합니다.

실무 TCG 일러스트 제작 - 동세 변경 일러스트 / 일러스트레이터 소야 | 403

캐릭터 밑색에 전체적으로 그림자를 줍니다. 그 위에서 올가미 툴을 이용하여 빛이 들어오는 방향으로 형태를 잡아줍니다.

03 올가미로 선택이 끝나면 선택된 영역 부분의 그림자를 지워줍니다.

이렇게 만들어진 곱하기 레이어는 각기의 밑색 레이어에 복사하여 클리핑해서 붙여 넣어 둡니다.

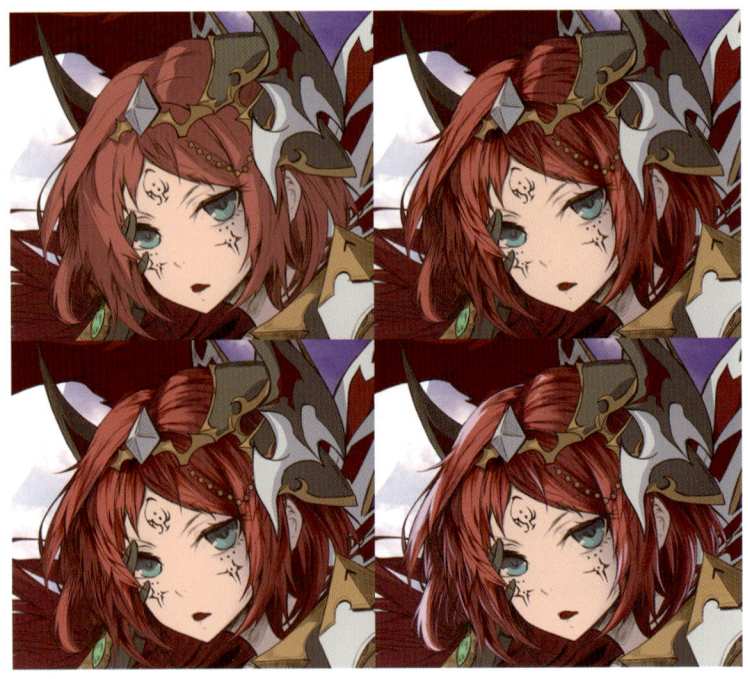

04 레이어를 생성해 그림자를 넣고 묘사가 부족한 부분들에 터치를 넣어 뭉개줍니다. 결을 만들면 후는 1단계 머리카락 묘사처럼 바깥으로 갈수록 어두운 색으로 묘사를 해주며, 빛이 들어오는 방향에 하드라이트로 결을 한 번 더 표현해줍니다.

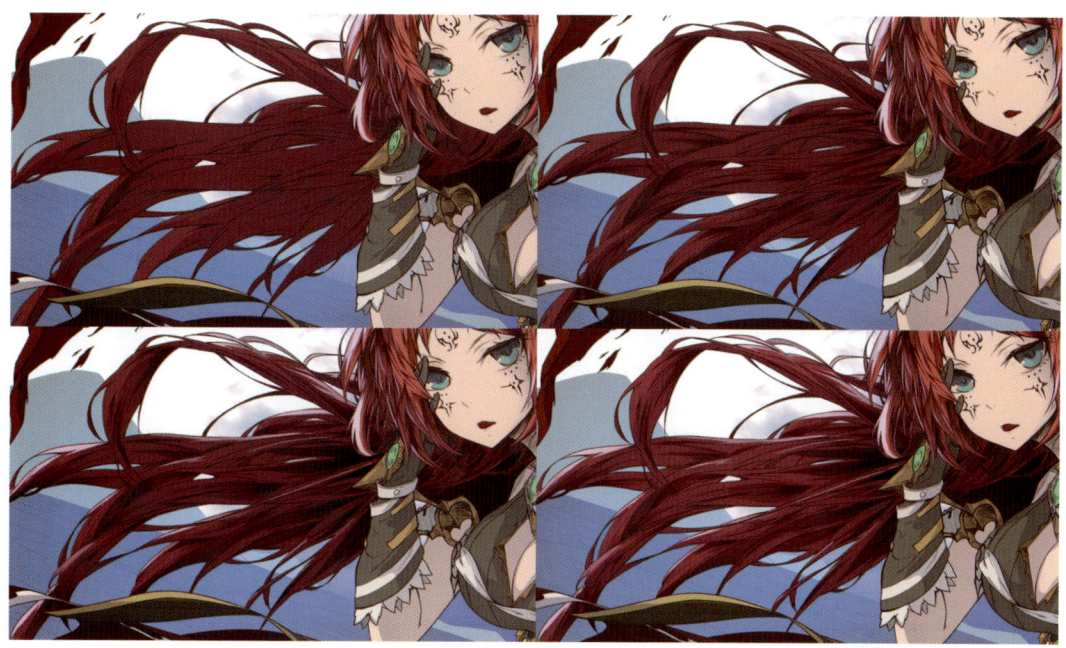

05 뒷머리는 머리카락 결의 중간마다 어두운색으로 그림자를 넣어 묘사를 해줍니다. 곱하기 레이어를 생성하여 한 번 더 어둡게 색을 넣어주며 하드 라이트 레이어로 보색을 넣어 밝은 부분을 같이 표현합니다. 곱하기를 사용하여 묘사하면 색이 탁해지기에 마지막으로 오버레이 레이어로 밝은 색을 넣어 마무리해줍니다.

06 묘사에 앞서 간단한 1차 묘사를 진행합니다. 곱하기 레이어로 명암을 나누면 경계가 선명하게 나오기에 필터의 흐림 효과를 사용해, 경계를 부드럽게 만들어 준 후 큰 주름과 보색을 넣어줍니다.

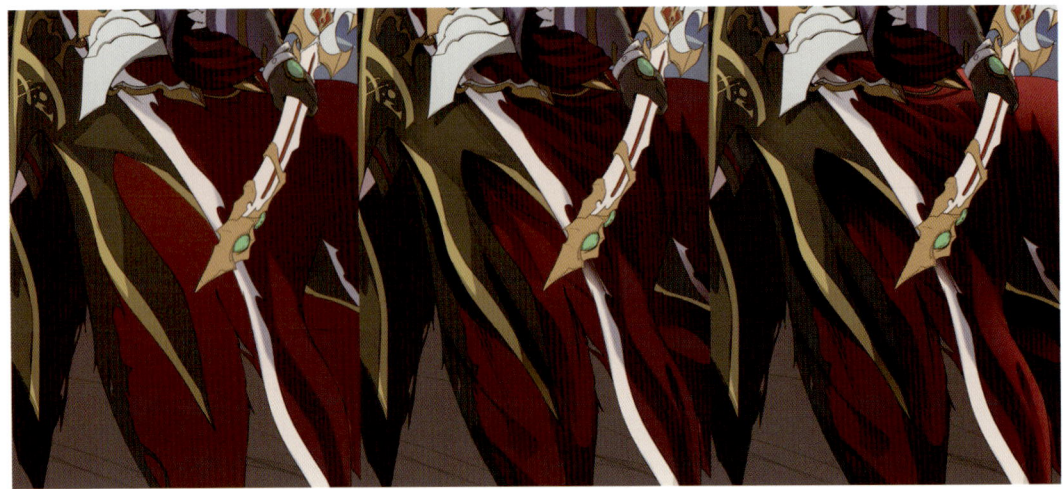

07 옷의 주름을 묘사할 때는 1단계 피드백의 내용이 발생할 수 있으니, 주름이 너무 많이 지게 묘사하는 것을 피해주고 의상의 결을 따라 크게 주름을 잡아줍니다. 묘사하면서 색이 어두워지는 것을 조심하며 오버레이 레이어로 색을 선명하게 만들어 칙칙한 느낌을 없애줍니다.

08 무기 역시 캐릭터 명암 넣는 방식과 마찬가지로 작업해줍니다.

실무 TCG 일러스트 제작 - 동세 변경 일러스트 / 일러스트레이터 소야 | 407

09
배경에 넣은 색상이 캐릭터의 진행에 의해 점점 묻히는 느낌이 들어 한 번 더 푸른색을 넣어 확실하게 배경과 캐릭터를 떨어뜨려줍니다.

10 마지막으로 이펙트를 넣어줍니다. 배경의 색과 반대되는 색상을 넣을 경우 이펙트의 색상이 너무 튀어버리게 되므로, 캐릭터의 색과 겹치지 않으면서 배경과 비슷한 색감으로 넣어줍니다. 이펙트까지 넣었으면 진행으로 검수를 받습니다.

동세 변경 일러스트
2단계
중간 피드백 대응

디렉터 피드백

1. 전체적으로 어두운 인상이니 진행하면서 1단계에 근접할 수 있도록 밝게 해주세요.

2. 아래쪽 보라색 이펙트는 조금 얇게 하고 투명도를 올려주어 아래쪽이 거의 비치지 않게 해주세요.
-> 투명하게 보여지는 부분이 터치가 덜 되어 보이는 감이 있습니다.

3. 전체적으로 호화로운 인상을 위해 어깨의 흰색 갑옷(3개로 겹쳐져 있는 것)과 허리의 갑옷(마찬가지로 3개로 겹쳐져 있는 것)의 색을 금색으로 변경하여 진행바랍니다.

4. 목과 팔 등 모든 에메랄드 보석 장식은 빨간색으로 변경하여 진행해주세요.
-> 약간 SF적인 느낌이 들어 보입니다. 적색으로 전투에 강한 인상을 남겨주세요.

01 색이 어둡다는 피드백을 반영하기 위해 모든 색상을 조절하여 조금씩 채도가 높아지도록 변경을 하였습니다. 레벨이나 곡선 창으로 색을 조절하지만, 너무 과하게 조절을 할 경우 형광색으로 색이 보여질 수 있으니 적당히 사용합니다.

02 1차 묘사를 한 부분을 한 번 더 묘사해줍니다. 묘사를 하기 전 상위 빛 레이어를 꺼두어 묘사 중 색이 엉키는 것을 방지합니다. 새로운 레이어를 생성하여 주름이 부드럽게 펴지도록 해줍니다.

팔 접합부의 접히는 부분을 따라 큰 부분의 주름을 그려주고, 접히지 않는 평평한 면은 얕은 주름을 넣어 자연스러운 질감을 보여줍니다. 가슴 부분은 볼륨감으로 주름이 많이 접히지 않게 해줍니다. 묘사 후 의상의 외각에 밝은 색으로 반사되는 빛 처리를 해줍니다.

03 옷에 문양이 들어가 있을 때 문양과 의상의 레이어는 분리시켜 묘사 진행 시 지저분해지지 않도록 합니다. 노란색의 문양이지만 금속이 아니기에 의상에서 흐르는 주름과 같은 방향으로 주름을 넣습니다. 옷과 금속이 가까이 붙어있는 디자인은 금속의 끝 부분에 의상이 눌려 주름이 생기는 형태로 디테일한 주름을 추가합니다.

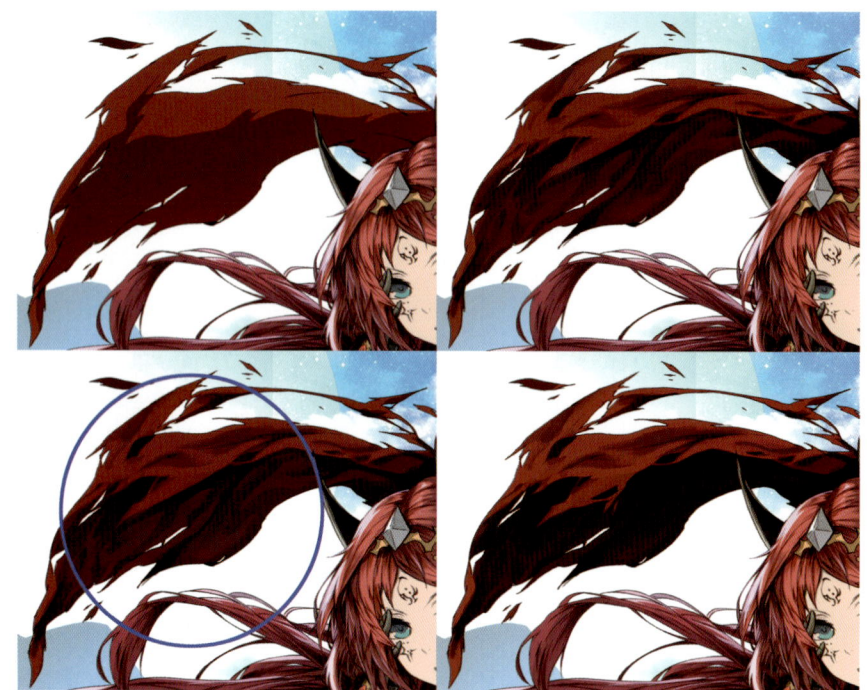

 새로운 레이어를 생성하여 주름을 묘사합니다. 찢어진 천의 흩날리는 묘사의 경우 일반 천의 길게 이어진 주름은 피합니다. 찢어져 형태가 일그러져있기에 엉키는 듯한 느낌으로 묘사해줍니다.

천의 어두운 부분과 밝은 부분의 차이가 크지 않아서 천이 접힌 느낌이 아니라 넓게 퍼진 느낌으로 보입니다. 곱하기 레이어를 사용하여 어두운 부분의 경계를 확실하게 나눈 후 밝은 부분에 오버레이 레이어로 채도를 높여 확실하게 구분되게 만듭니다.

05 피드백에 요청된 어깨와 허리 부분의 흰색 철을 금색으로 바꿔 묘사를 진행합니다. 금속의 경계 부분과 끝 부분을 어두운색으로 그라데이션을 넣어준 후 경계가 진하게 한 번 더 묘사를 해줍니다. 밝은 부분은 금속의 베이스 색을 남겨주며 흰색 계열로 그라데이션을 넣어 색의 강약을 확실하게 표현해 금속의 느낌을 내줍니다.

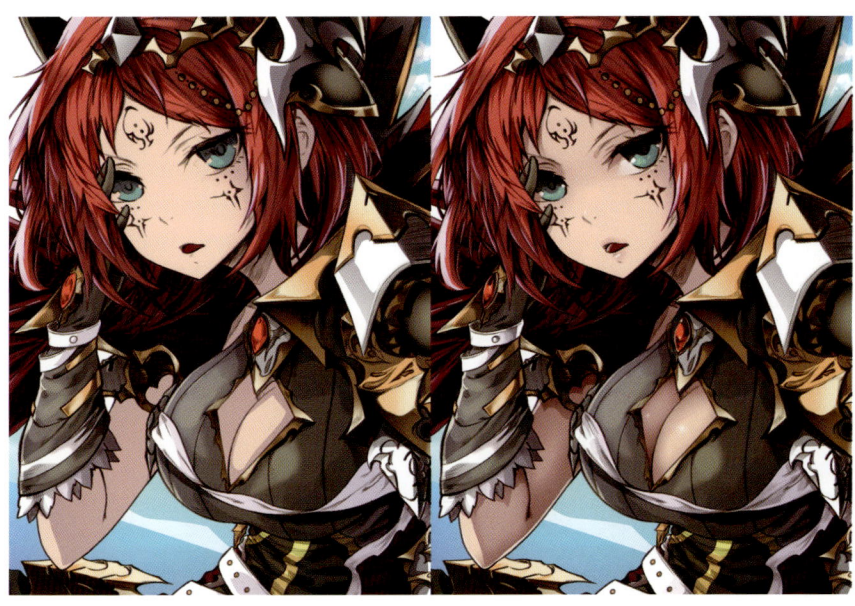

06 피부를 묘사합니다. 가슴의 경우 공을 그리는 것처럼 부드럽게 빛을 추가하고, 골이나 안쪽은 어두운 색으로 색이 빠지게 만들어줍니다. 매끈한 느낌을 주는 것이 좋기에 터치를 에어브러시를 사용해 부드럽게 처리합니다.

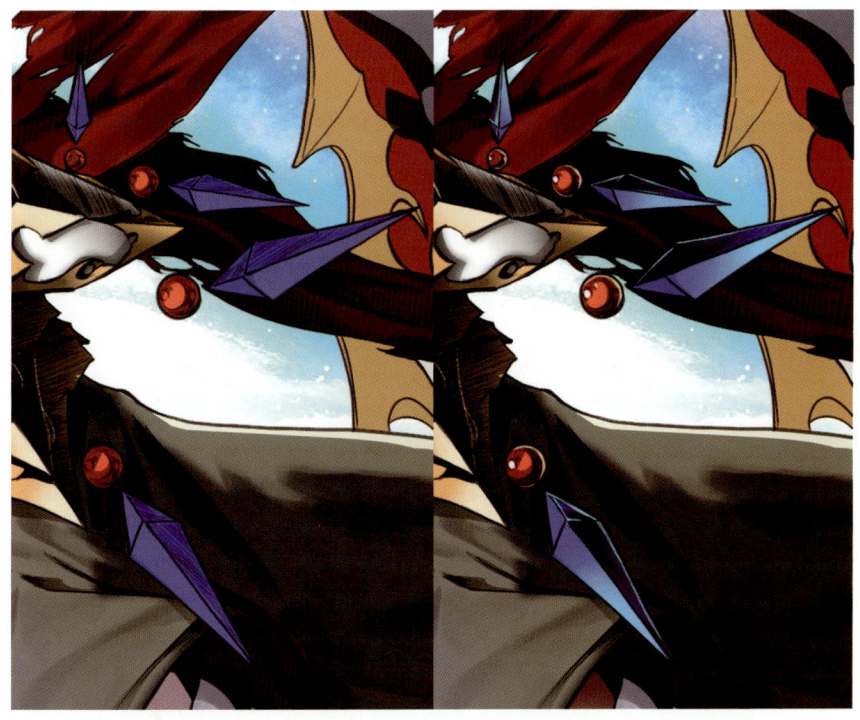

07 곱하기 레이어를 사용하여 빛이 들어오지 않는 쪽들을 형태에 따라 어둡게 만들어줍니다. 기본 색이 사라지는 것을 조심하며 어두운 부분의 외각에 반사광을 넣어 실루엣을 나타내줍니다.

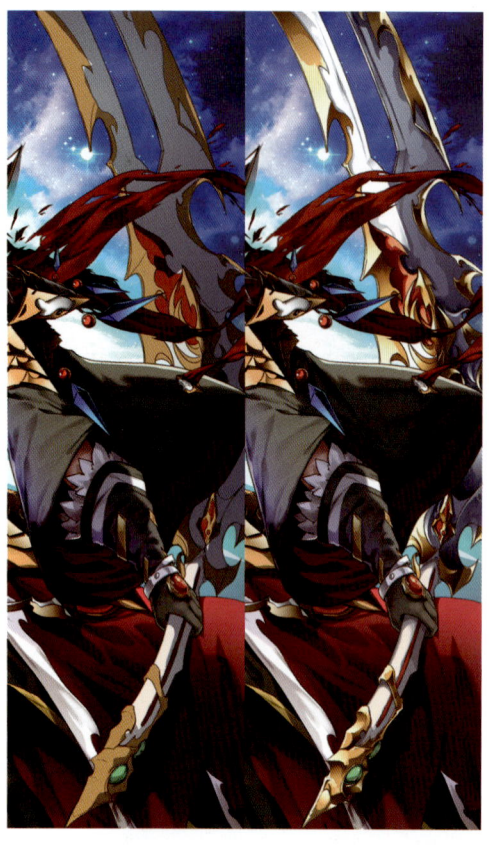

> **08** 요소가 잘 보이도록 그림자 지는걸 중앙 라인으로 바꾸었습니다. 칼 면 부분에서 넓게 퍼진 상태로 묘사가 들어가면 칼이 평평해 보일 수 있으며 칼 날의 형태가 어떻게 되어있는지 알아보기 힘들어질 수 있습니다. 따라서 그림자 라인을 절반으로 나누어 밝은 부분은 더욱 더 밝게 묘사해 각이 진 느낌으로 진행합니다.

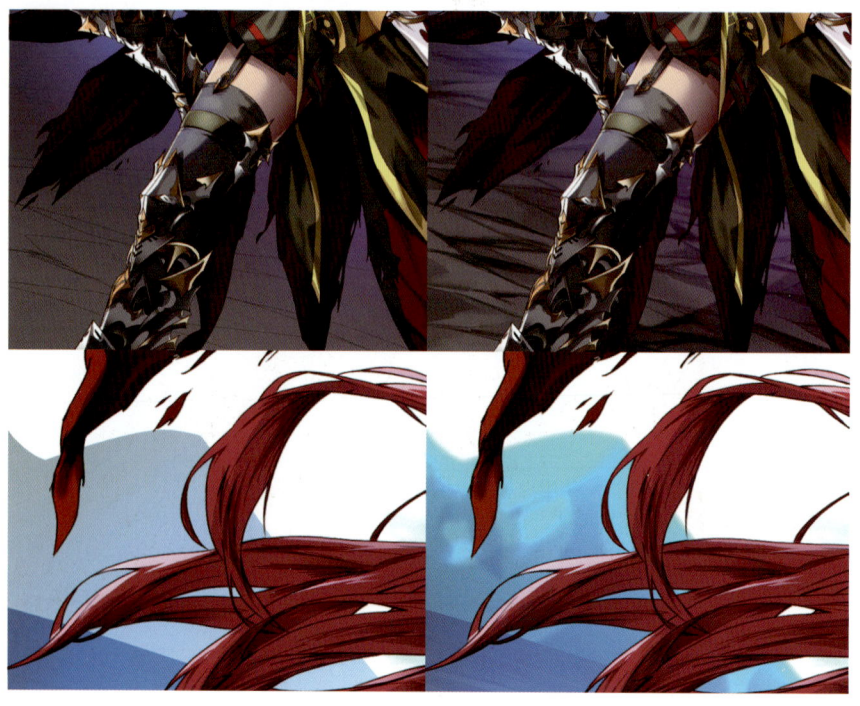

09 다리와 머리카락의 디테일은 1단계와 마찬가지의 방법으로 묘사해줍니다.

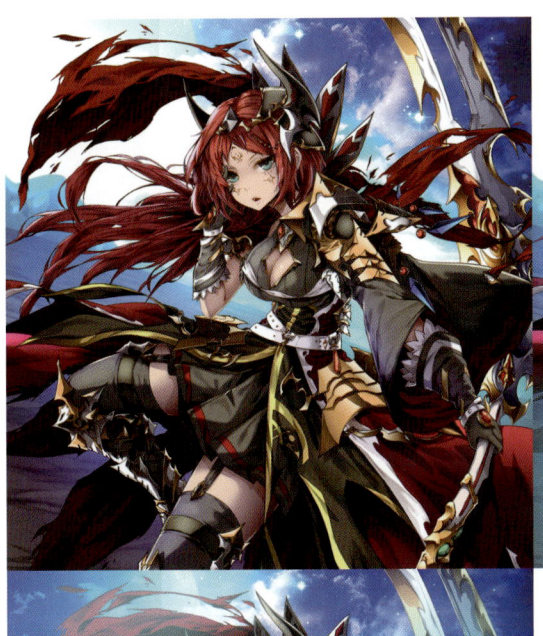
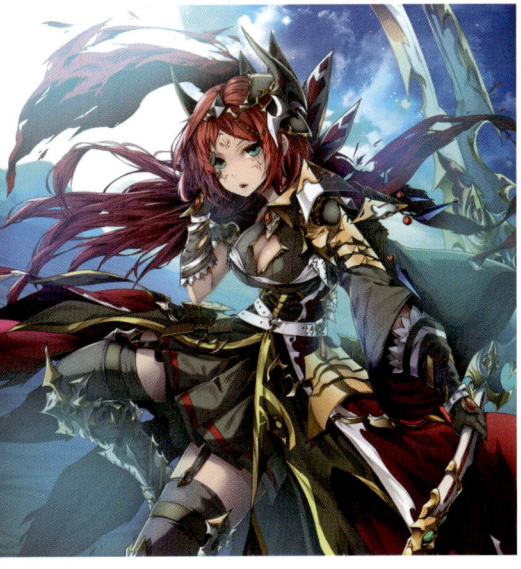

10

캐릭터의 묘사가 끝난 후 배경에 자연스럽게 녹아 들 도록 하드 라이트 레이어를 사용해 배경의 색과 비슷 한 하늘색으로 뒤로 빠지는 부분들에 터치를 넣습니 다. 너무 강하게 터치가 들어갈 경우 기존의 묘사가 다 묻힐 수 있으니 강하게 들어간 부분은 에어브러시 지우개로 약간씩 지워 색이 자연스럽게 들어가도록 조절합니다.

오버레이 레이어를 사용하여 채도가 너무 낮은 부분 들에 색상을 추가해줍니다.

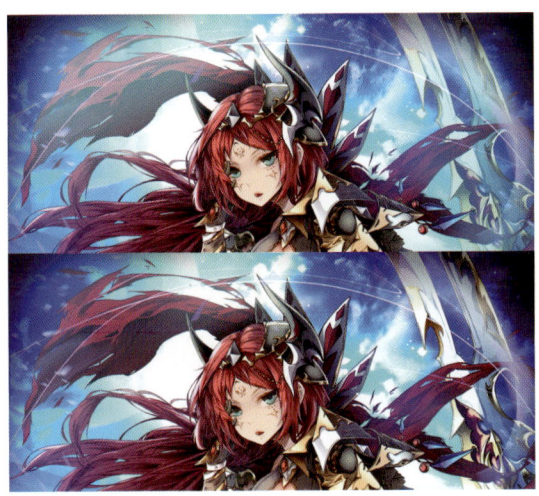

11

강하게 들어가는 부분은 확대하여 조금씩 섬세하게 지워주어 실루엣이 묻혀지지 않게 해줍니다. 일러스 트가 완성되었으므로 디렉터님에게 최종 검수를 요청합니다.

동세 변경 일러스트
2단계
최종 피드백 대응

디렉터 피드백

1. 캐릭터 머리카락과 눈동자의 채도를 조금 올려주세요. 눈동자의 색은 아주 약간만 푸른색으로 색조 변경을 해주어 형광색의 느낌이 들지 않게 주의 바랍니다.
-> 약간 캐릭터의 인상이 약해 보이니 조절 바랍니다.

2. 금속 장식에 닷지를 아주 약간만 추가해주세요.
-> 금속이 반짝이는 재질감이 나타나면 더 화려해 보일 것 같습니다.
그 외는 OK입니다. 수정 후 납품용 PSD 파일을 정리하여 제출해주세요.

01 피드백의 반영을 위해 머리카락이 너무 밝아져 형광색으로 넘어가지 않도록 주의하며 채도를 약간 올려준 후, 눈동자는 연두색 계열에서 하늘색 쪽으로 색조를 돌려줍니다.

마지막으로 색상 닷지를 사용하여 형태가 큰 금속에 밝은 색을 추가해 마무리 짓습니다.

실무 TCG 일러스트 제작 - 동세 변경 일러스트 / 일러스트레이터 소야 | 415

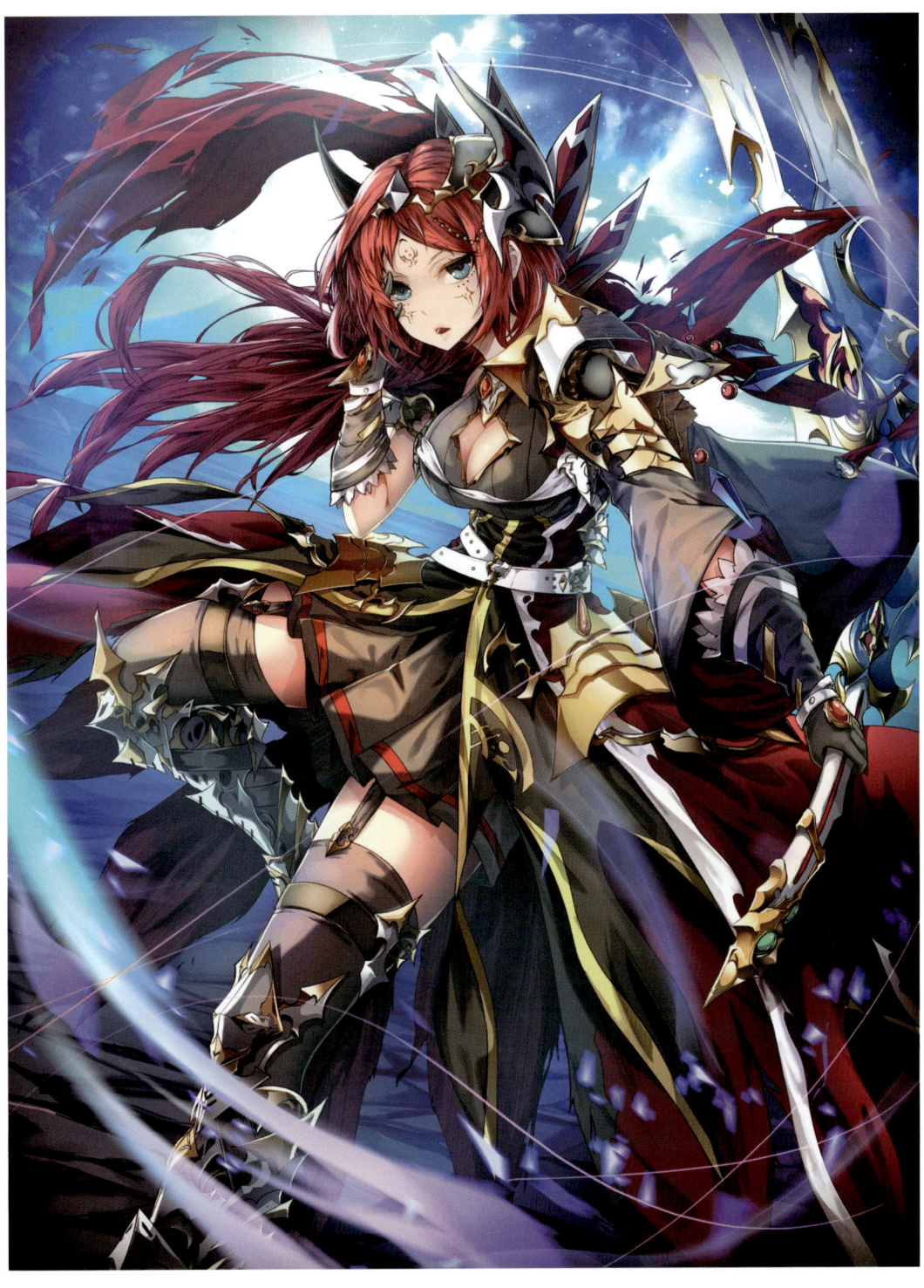

02 최종 완성된 일러스트입니다.

동세 변경 일러스트
납품하기

01

납품 시에는 이펙트, 캐릭터, 배경 순으로 레이어를 모아 폴더를 생성하여 정리하여 저장합니다.

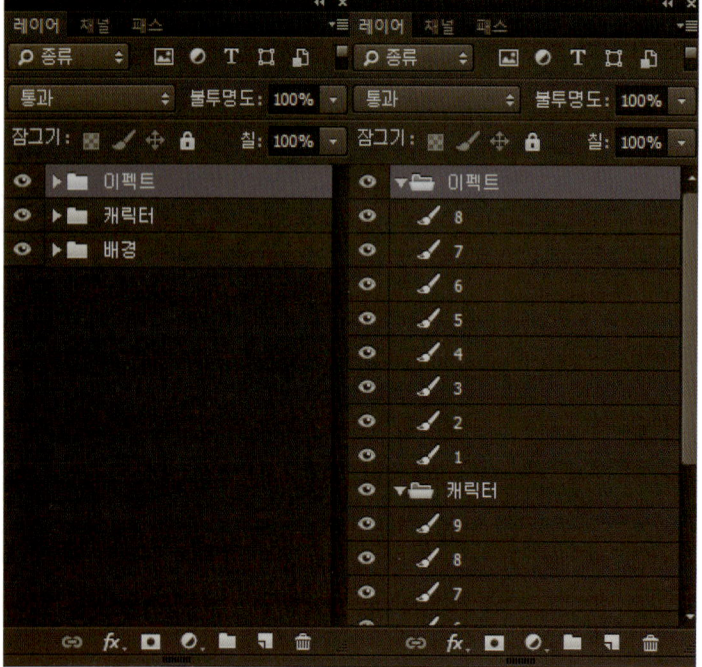

02

각 폴더를 열면 레이어의 순서를 알 수 있도록 숫자를 표기하여 납품합니다.

숫자를 표기해두면 회사에서 레이어의 변경이 있어도 숫자를 보고 순서를 알 수 있기에 납품 후 피드백과 문의를 줄일 수 있습니다.

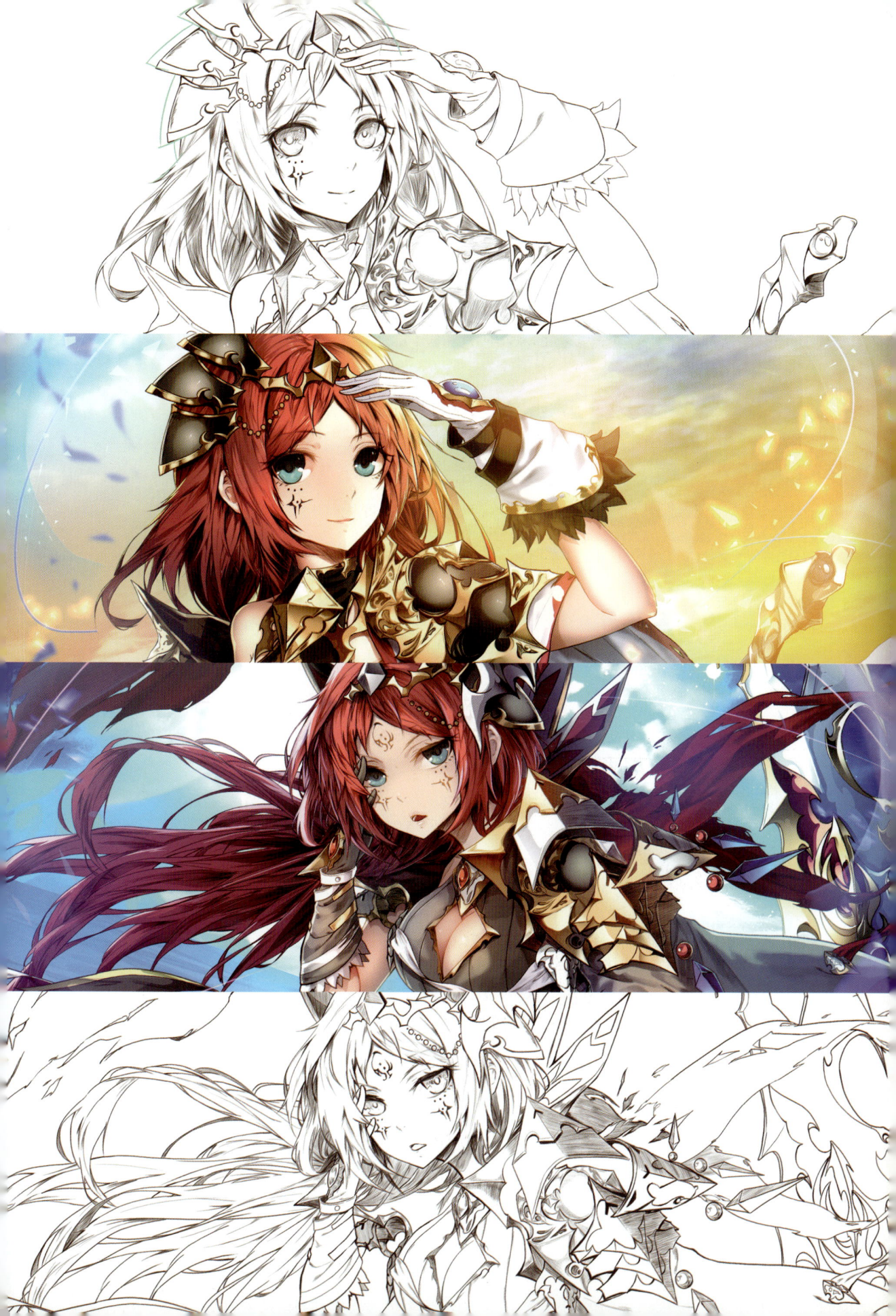

PART 5

일러스트레이터의 업무

일러스트레이터의 업무
회사 의뢰 수주하기
프리랜서의 계약서 보는 법과 작성 요령
프리랜서 일러스트레이터 세금

일러스트레이터의 업무

게임 일러스트레이터의 일

게임 일러스트레이터는 게임 내 기획되거나, 기획할 요소들을 시각적으로 보여주는 업무를 합니다. 판타지 세계에 존재하는 백마 탄 소드 마스터 기사, 고층 탑에 거주하는 대마법사, 엘프 종족의 궁수 등 실제로 존재하지 않는 캐릭터들을 캔버스에 표현하여 '존재한다면 이런 느낌'이라는 비주얼을 보여주는 역할을 합니다.

간단히 생각하면 글로 설명된 내용을 그림으로 그려내는 것이지만 기획자를 만족시키면서 유저의 시선을 사로잡는 세계관의 비주얼을 만들어내기란 쉽지 않습니다. 세계관의 분위기를 벗어나지 않는 선에서 최대의 퍼포먼스를 찾아 표현하기 위해 기본적인 드로잉과 표현력 뿐만 아니라 기획의 이해도, 캐릭터 디자인, 게임 트렌드 등 여러 지식을 쌓아야 합니다.

기획 이해

기획이 도착하면 일러스트레이터는 해당 기획의 의도를 최대한 파악해야 합니다. 캐릭터의 설정과 그려내야 될 일러스트의 퍼포먼스 요구도, 디자인이나 해당 게임의 세계관 이해, 진행되어야 되는 퀄리티와 레퍼런스의 파악이 중요합니다. 만약 클라이언트 입장이라면 일러스트레이터에게 보낸 기획서와 다른 캐릭터가 나온다면 당연히 곤란할 것입니다.

그래서 가장 처음으로 알아야 되는 요소가 캐릭터 설정인데, 설정은 업무가 아니더라도 기본적으로 파악해야 되는 내용입니다. 클라이언트가 원하는 그림을 그리기 위해선 캐릭터의 성별은 남자인지 여자인지 알아야 하고, 보여야 될 캐릭터의 헤어스타일 및 인체 특징과 기본 의상 양식과 나이, 캐릭터가 살아가고 있는 세계관을 이해해야 됩니다.

그 이후 그려내야 될 일러스트의 퍼포먼스를 파악해야 합니다. 설정된 캐릭터가 어떤 자세를 취하고 무슨 상황에 직면해 있는지, 어떤 앵글로 그려야 될지를 기획 단계에서 이해하고 실제 착수를 진행합니다.

마지막으로 착수되는 그림의 목표인 퀄리티와 레퍼런스의 이해입니다. 게임이 다양한 만큼 요구하는 화풍이나 등신대, 묘사의 정도가 다릅니다. 어떤 게임은 만화 스타일을 원하기도 하고, 어떤 게임은 반실사를 원하기도 합니다. 이 부분은 최초 기획 때 클라이언트와 협의하여 진행해야 되는데, 보통 일러스트레이터가 포트폴리오를 제시하거나, 클라이언트에서 원하는 레퍼런스 이미지를 제시합니다.

제작 착수 클라이언트 혹은 기획자와 제작할 캐릭터에 대한 협의가 끝났으면 일러스트를 제작 착수합니다. 같은 기획이라도 사람에 따라 이해하는 방법이 다르기 때문에 초안을 빠르게 제작하여 클라이언트에 확인을 받고 진행을 들어가는 것이 좋습니다. 초안을 제출하여 상호 확인을 받으면 완성 혹은 진행 중 수정해야 될 부분을 초반에 들을 수 있어 좋습니다.

초안 이후 피드백 수정을 진행하여 제출하거나 묘사를 조금 더 해서 제출합니다. 진행 단계 혹은 바리에이션 단계, 완성 단계에 이 과정을 반복하여 마지막 피드백을 받고 원본 파일을 납품합니다.

피드백 대응 회사마다 피드백과 리테이크의 방식이 다르기 때문에 제작 전 공정 부분도 협의해야 됩니다. 러프 단계 이후 중간 확인을 완성 단계에서만 받는 곳도 있고, 매 피드백마다 반영의 확인을 요구하는 회사도 있습니다. 만약 피드백에 대한 협의를 하지 않고 진행한다면 무리한 피드백으로 좋지 않은 업무가 될 수 있습니다.

필자의 경험으로는 절반 정도의 회사는 일러스트레이터의 크리에이티브 능력을 믿고 러프, 진행, 완성 단계에서만 확인을 하지만 나머지 절반 정도 회사는 상당히 까다로운 피드백을 제시하기도 합니다. 피드백의 종류로는 AD가 상주하는 곳은 대체로 기본적인 뎃생이나 투시, 디자인 등을 제시하지만, AD가 상주하지 않는 곳은 입맛에 맞추어 무리한 피드백을 주는 곳이 있습니다.

씁쓸하지만 무리한 피드백이 나와도 대부분의 일러스트레이터는 수용하여 수정을 착수합니다. 업무 계약서가 대부분 주관적으로 대응에 대한 부분을 서술해 놓기에 을의 입장에서는 다소 불리한 경우일 수밖에 없다고 봅니다. 이런 부분을 완화하기 위해서는 계약 전 어느 정도 명시하거나 여쭈어 보는 것이 좋다고 봅니다.

그 외 범위 내 피드백이라면 성심껏 대응을 해주는 것이 좋습니다. 게임 회사의 일러스트 피드백은 기본적으로 사용될 일러스트를 보다 좋은 일러스트로 만들기 위함으로 일러스트레이터의 공부라고 생각하고 수용하여 반영합니다. 자사에서 사용될 일러스트니 당연히 좋은 쪽으로 수정이 될 수 있게 제시해줄 것입니다.

작업 납품 피드백도 수용하고 클라이언트로부터 OK를 받으면 원본의 레이어를 정리하여 납품합니다. 경험으로는 99%의 회사가 PSD 포맷의 파일로 요청합니다. 포토샵이 아닌 툴을 사용한다면, 포토샵에서 레이어의 성질이 변하지 않는 툴을 사용해야 합니다. 그 외 1%는 벡터 방식의 AI 포맷을 요청했었습니다.

TCG 일러스트를 납품하면 레이어는 대부분의 회사가 '이펙트', '캐릭터', '배경'으로 나누어 달라고 요청합니다. 이벤트 페이지나 게임 내 스토리 진행 때에 캐릭터만 따로 사용할 수 있기에 대부분 납품으로 캐릭터는 깔끔하게 떼어낼 수 있도록 요청하는 편입니다. 가끔 일러스트로만 사용하는 곳은 레이어를 따지지 않기도 합니다.

일러스트레이터의 업무
회사 의뢰 수주하기

포트폴리오 게시 수주

프리랜서 일러스트레이터의 가장 대표적인 의뢰 수주 방식입니다. 웹이나 블로그, 카페 및 여러 사이트에 자신의 일러스트, 포트폴리오를 게시하여 의뢰를 수주합니다. 대부분은 유입 인원이 많은 사이트나 카페에 구인/구직 게시판을 통해 게시하거나 게임 전문 구인/구직 사이트에 게시합니다.

구인/구직 사이트는 유입 인원이 많기에 조회 수가 많아 노출이 잦습니다. 실력이 좋다면 불특정 다수에게 보여 입소문이 나게 되어 의뢰가 오는 경우가 많습니다. 정말 일러스트가 급한 회사의 경우 여러 사이트의 구직 게시판을 열람하고 기획에 맞는 화풍을 가진 일러스트레이터에게 연락을 하게 됩니다.

블로그와 개인 사이트를 통한 포트폴리오 게시도 많이 사용하는 방법 중 하나입니다. 보통 구직 사이트 게시와 함께 같이 사용하는데, 포트폴리오를 보기 편하도록 정렬해둡니다. 일러스트레이터의 입장에선 하나둘 수주를 원하지만, 회사 입장에서는 최소 수개에서 수십 개, 많게는 수백 개를 발주해야 되기 때문에 빠르게 그림만 볼 수 있도록 만들어두는 것이 유리합니다. 블로그와 개인 사이트는 상당히 오랫동안 게시해두어야 유입 층이 늘어난다는 단점이 있습니다.

필자의 경우 블로그, 개인 사이트와 회사 사이트, SNS와 사이트 모두 사용하고 있습니다. 각 사이트마다 유입 층이 다르기에 모두 오픈해두어 많은 사람들이 볼 수 있게 해두고, 그림만 볼 수 있도록 따로 카테고리를 만들어 정렬을 해두는 편입니다. 빠른 프리랜서를 희망한다면 포트폴리오 게시는 당장이라도 게시를 시작하여 관리하여 나가는 것이 좋다고 생각합니다.

회사 컨텍 수주

일러스트레이터가 직접 회사에 연락하여 수주받는 방식입니다. 직접 자신의 스타일을 필요로 하는 회사를 찾기란 굉장히 쉽지 않습니다. 하지만 상시 포트폴리오와 이력서 제출은 상당히 눈에 띌 수밖에 없기에 간간이 연락이 닿을 수 있습니다.

회사에 직접 컨텍은 대부분 사이트를 통한 구인 게시판을 이용합니다. 회사에서 공식적으로 포스팅을 업로드하기에 반드시 업무를 줄 일러스트레이터를 찾을 것으로 업무 발생 확률이 매우 높습니다. 치명적인 점으로는 대부분의 일러스트레이터가 이 방법을 선호하기에 경쟁률이 어마어마합니다. 직접 운영하는 회사에서 업무 일러스트가 필요해서 게시를 하는 경우가 있는데 거의 분 단위로 이력서가 오는 편이였습니다.

회사에서 업무를 확실히 수주받으려면 포트폴리오의 맞춤 구성이 중요합니다. 경력이 있는 일러스트레이터의 경우에는 포트폴리오와 이력 내용 몇 줄만 가지고도 쉽게 수주를 받을 수 있습니다. 하지만 신입 일러스트레이터는 상당히 어려울 수밖에 없습니다.

다른 일러스트레이터와 경쟁에서 수주를 받기 위해서는 확실히 눈에 띄는 내용이 중요한데, 눈에 띄기 위해 이런저런 내용을 많이 끼워 넣고 자기소개서와 함께 보내기보다는 심플하게 공모전 수상 이력 및 포트폴리오만 쉽게 볼 수 있도록 보내주는 것이 좋습니다. 예로 메일에 '수상 이력', '일러스트'만 첨부하고 추가로 웹 클라우드 다운로드 URL로 첨부하는 방법입니다. 일러스트의 구성은 자신을 가장 잘 어필할 수 있는 6~12장이 좋습니다.

가끔 블로그 주소로 보내주는 경우가 있지만, 효과적인 방법이라고는 할 수 없어 보입니다. 회사의 운영 방식상 한 명의 담당자가 수백 개의 포트폴리오를 검토하는 경우가 다반사입니다. 단발성 외주 이력 확인에 인력 및 비용을 투자하는 것은 비효율 적이기에 웬만큼 큰 회사가 아니라면 한 명이 수주에 대한 일러스트를 검수하고 보고한다고 보면 됩니다. 그런 이유로 비주얼 확인이 가능한 정도의 사이즈로 보고하기 편한 jpg 형식의 용량이 작은 파일과 단순한 폴더 구성으로 보내주고, 회사 별 메일마다 사용 업체가 다르므로 첨부가 안 될 때를 대비해 웹 클라우드 URL을 거는 것이 바람직합니다.

단순한 포트폴리오 제출은 단발성 외주에만 국한되는 것으로 장기 외주 업무와 정규직 지원에는 반드시 이력서와 자기소개서를 첨부해야 되니 혼동하지 않으셨으면 좋겠습니다.

에이전시 수주

TCG 일러스트 붐으로 프리랜서 시장이 커지면서 에이전시를 통한 수주도 많아졌습니다. 에이전시는 클라이언트 회사에서 많은 일을 발주받아 기획에 맞는 일러스트레이터를 직접 찾아 컨텍 주는 곳으로 대부분의 외주가 이 경우에 속합니다.

한국의 외주는 회사에서 직접 컨텍을 주는 경우가 많지만 대부분의 에이전시는 해외에서 업무를 받아 일러스트레이터에게 컨텍을 합니다. 에이전시는 번역 및 해외 계약 대행을 해주고 때로는 업무 조율과 참고 자료에 대한 서치의 보조를 해주기도 하며, AD가 상주하는 에이전시는 일러스트레이터의 원활한 업무 진행과 납품 퀄리티를 위한 피드백을 추가적으로 주기도 합니다. 가끔 펑크 난 업무를 마무리 짓기도 합니다.

대체로 에이전시는 대행 수수료를 받지만 개인이 아닌 회사에 지불을 청구하므로 일러스트레이터는 에이전시에서 제시하는 단가만 확인하고 계약을 진행하면 됩니다. 에이전시 특성상 쉬운 계약과 숙련된 외주 조율 진행으로 업무의 난이도는 오히려 클라이언트 직접 수주보다 쉬운 편입니다. 해외에서 오는 업무의 경우 국내의 일러스트레이터는 언어와 조율의 문제가 크기에 에이전시를 통한 수주도 좋습니다. 단, 말도 안 되는 금액을 제시하는 에이전시는 피해 주는 것이 좋습니다.

일러스트레이터의 업무
프리랜서의 계약서 보는 법과 작성 요령

계약서 보는 법

업무를 진행하기 전 가장 중요한 것은 업무 계약서의 작성입니다. 계약서는 회사와 프리랜서 작업자 간의 용역의 범위와 용역 비용, 계약 기간 등을 산정하는 중요한 문서입니다. 어떠한 분쟁이 발생했을 때 계약서 상 내용으로 처리하며, 상호 날인과 확인만 잘해둔다면 법적 효력을 지니고 있으므로 임금 미지급 문제 등을 빠르게 해결할 수 있기에 반드시 업무 착수 전 작성해야 되는 문서입니다.

정상적인 회사라면 포트폴리오 검수 후 일러스트레이터에게 연락하고 계약서 작성 전 업무의 범위와 단가를 알려줍니다. 이에 일러스트레이터가 승인하면 회사는 계약서를 우편이나 전자로 보내주고 일러스트레이터는 자필 서명이나 도장, 전자 서명을 하고 우편 혹은 메일로 회신합니다. 만약 회사에서 계약서의 작성을 꺼린다면 가능하면 업무를 진행하지 않는 것이 좋습니다. 혹시라도 분쟁이 발생했을 때 처리하는 기준을 구두나 텍스트 내용으로 진행해야 되기에 해결에 시간이 상당히 오래 걸립니다.

계약서를 보는 방법에 대한 이해를 돕기 위해 2015년~2016년 현재의 프리랜서 게임 일러스트레이터의 평균적인 계약서를 작성했습니다. 아래 계약서는 예시로 반드시 참고만 해주길 바라며, 회사와의 업무 시 각 내용을 잘 파악하여 불공정한 부분은 요청하여 정정하도록 합니다. 조항 또한 예시이므로 계약서마다 범위가 다르기에 회사와 계약 시 꼼꼼히 확인을 진행하도록 합니다.

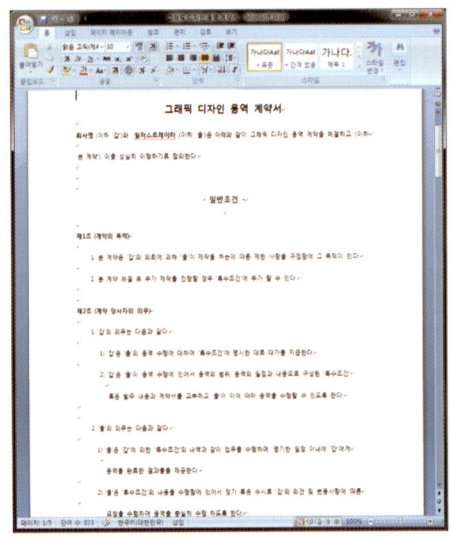

프리랜서의 계약서는 그래픽 디자인 용역 계약서로 계약서의 명칭은 회사와 프로젝트마다 변경될 수 있습니다. 상단에는 회사명과 착수 일러스트레이터의 본명이 들어가며, 어떤 계약을 체결할 것인지 명시되어 있습니다.

일반적인 계약서의 구성은 계약의 목적, 의무, 기간, 비용 및 범위, 지불 내용, 저작권, 납기, 손해 배상, 파기, 양도의 제한, 비밀유지, 분쟁, 마지막으로 효력의 발생으로 이루어집니다. 계약서의 각 구성은 계약 조항으로 표기되며 아래 조항의 범위가 정해져 있습니다.

제1조 (계약의 목적)
   1. 본 계약은 '갑'의 의뢰에 의해 '을'이 제작을 하는데 따른 제한 사항을 규정함에 그 목적이 있다.
   2. 본 계약 체결 후 추가 제작을 진행할 경우 '특수조건'에 추가할 수 있다.

제1조는 계약서를 작성하는 목적입니다. 1번 내용은 일러스트 제작에 대한 내용을 이 계약서에 정한다는 내용이고, 2번 내용은 추가 업무 시 간단히 '특수조건'이라는 계약서로 계약을 편히 이행한다는 뜻입니다.

제2조 (계약 당사자의 의무)
   1. '갑'의 의무는 다음과 같다.
     1) '갑'은 '을'의 용역 수행에 대하여 '특수조건'에 명시한 대로 대가를 지급한다.
     2) '갑'은 '을'이 용역 수행에 있어서 용역의 범위, 용역의 일정과 내용으로 구성된 '특수조건' 혹은 발주 내용과 계약서를 교부하고 '을'이 이에 따라 용역을 수행할 수 있도록 한다.

   2. '을'의 의무는 다음과 같다.
     1) '을'은 '갑'에 의한 '특수조건'의 내역과 같이 업무를 수행하며, 명기한 일정 이내에 '갑'에게 용역을 완료한 결과물을 제공한다.
     2) '을'은 '특수조건'의 내용을 수행함에 있어서 정기 혹은 수시로 '갑'의 의견 및 변동 사항에 따른 요청을 수렴하여 용역을 충실히 수행하도록 한다.
     3) '갑'과 '을'이 합의하여 명기한 일정을 연장하지 않은 경우 외에 기한을 준수하지 않는 것은 '본 계약'의 중대한 위반으로 간주한다.
     4) '을'은 용역의 계약과 발주 이후 정당한 사유 없이 용역을 중도 하차할 경우 '갑'에게 배상의 책임을 진다.

제2조는 계약을 진행하는 회사와 일러스트레이터의 필수 사항입니다. 1-1번은 제시한 외주 단가를 명시한 대로 지급한다는 내용이고, 1-2번은 외주의 캐릭터 설정서와 일정 등을 보내주어 일러스트를 제작할 수 있게 기본 틀을 제공한다는 내용입니다.

2-1번은 회사가 알려준 일정에 맞추어 진행과 완성을 해달라는 것이며, 2-2번은 일러스트를 그리는 중 회사에서 일러준 단계마다 확인을 받으라는 뜻입니다. 2-3번은 무단으로 일정에 늦다면 계약을 해지할 수 있다는 내용이며, 2-4번은 계약은 승인해두고 수행을 거절하거나 잠수하면 회사의 일정상, 재산상 손해가 발생하므로 배상을 해야 된다는 내용입니다.

계약 후 수행이 잘 안되거나 개인적으로 잠적하는 일러스트레이터가 간혹 있습니다. 회사에 일정에 대한 피해와 제때 일러스트 업데이트를 못하여 재산상 손해의 리스크를 불러올 수 있기에 명시된 내용입니다.

제3조 (계약기간)
   '본 계약'의 계약은 '갑'과 '을'의 날인이 완료된 날로부터 유효하며, 계약기간은 '본 계약'의 체결일로 부터 1년간으로 한다. 단, '본 계약'의 기간 만료 1개월 전까지 '갑' 또는 '을'이 '본 계약'을 계속하지 않는다는 취지의 서면을 통한 이의 제기가 없을 때는 '본 계약'은 동일한 조건으로 1년간 자동으로 연장되며, 이후에도 마찬가지로 한다.

기간에 대한 명시이며 계약서의 유효기간을 보여주는 부분입니다. 일러스트 제작에 대한 기간이 아니므로 계약서의 효력 기간이라고만 보면 됩니다. 계약서의 유효기간과 업무 수행의 발주는 서로 다른 것으로 이 부분을 승인하고 계약서를 썼다고 1년간 노예 생활을 해야 되는 것은 아닙니다.

제4조 (용역 비용 및 용역의 범위)
    일러스트 납품 시 건당 금 0만 원으로 정한다.
    범위가 없는 경우 '특수조건'에 따른다.
    '특수조건'을 작성하지 않는 경우 메일이나 우편의 서면을 통하여 진행한다.

용역은 일러스트 제작 업무로 보면 됩니다. 일러스트 납품 건당 가격이 얼마인지 명시되는 부분이며, 본 명시가 없다면 메일 혹은 서면, 특수조건의 추가 계약서 등으로 명시를 해둡니다. 금 0만 원은 예시이며 실제 금 0만 원에 계약하면 안됩니다.

제5조 (용역 대가 지불)
    1. '갑'은 '본 계약'에 따라 '을'의 용역 수행 완료에 따른 대가로 '을'에게 '특수조건'에 명기된 금액을 지급하도록 한다.
    '특수조건'을 작성하지 않는 경우 메일이나 우편의 서면을 통하여 진행한다.
    2. '갑'은 '을'에게 결과물을 제공받고 최종 검수 완료 후 익월의 마지막 영업일 경과 7일 이내에 사업 소득세 3.3% 제외 후 '을'의 계좌로 입금한다.

제5조는 외주를 수행하고 돈을 지불하는 부분에 대한 명시입니다. 1번은 앞서 제시된 대가를 지불한다는 내용이고 2번은 지불하는 날짜에 대한 설명입니다. 익월의 마지막 영업일 경과 7일 이내란 1월에 일러스트를 납품했다면 2월 말일 + 공휴일, 주말을 제외한 영업일 7일 이내에 지불한다는 내용입니다. 즉 1월 23일에 일러스트를 납품했다면 3월 9일까지 돈을 지불한다는 뜻이 됩니다.

사업 소득세란 원천세를 뜻하는 것으로 국내 거주자, 비거주자, 법인 등 소득을 지급하는 자가 지급하는 금액에 대해서 일정 세금을 의무적으로 제하는 부분입니다. 제한 원천세는 국세청과 지방에 원천세 3%, 지방세 0.3%를 납부합니다. 100만 원을 지급받는다고 명시되어 있으면 실제로 통장에는 96만 7천 원이 찍힌다고 보면 됩니다.

제6조 (납품 된 결과물의 저작권과 지적 재산권)
    1. '을'이 제작한 결과물의 국내/외 모든 저작권은 최종 제작물 완료 후 '갑'에게 귀속된다.
    2. '을'의 제작이 저작권의 침해가 의심되는 경우 '갑'의 판단하에 본 계약을 해지할 수 있다.
    3. '을'은 '갑'의 승인 없이 제작과 관련된 모든 내용을 외부에 공개할 수 없다.
    4. '을'의 제작물과 결과물에 대하여 사전에 '을'의 승인 없이 제작물을 '갑'이 변경 가능하며, 이에 대한

모든 권리는 '갑'에게 귀속된다.
5. '을'이 제공한 제작물, 결과물이 지적 소유권 관련 법 등을 위배하여 국내/외 제3자로부터 상대방이 배상 청구, 형사고소를 당한 경우에는 '을'은 자신의 책임과 비용으로 '갑'의 권리를 보호할 의무가 있다.

제6조는 상당히 중요한 부분입니다. 1번은 외주 비용을 받는 대가로 저작권을 회사에 넘겨준다는 내용이며, 2번은 일러스트레이터가 저작권을 위반한 그림을 그렸을 때 계약을 해지할 수 있다는 내용입니다. 업무 수행 완료 시 제작한 저작권이 회사에 귀속되게 되므로 일러스트레이터가 해당 그림으로 상업 활동을 할 수 없습니다.

3번은 제작한 그림을 회사의 허락 없이 다른 곳에 공개할 수 없다는 내용으로 공개를 허락받으면 가능하다는 뜻입니다. 다만 공개 승인을 해주는 곳이 그리 많지 않습니다.

4번은 납품된 일러스트를 회사에서 수정하여 사용할 수 있도록 해주는 부분입니다. 가끔 이 조항이 없는 경우엔 아주 작은 피드백조차 회사에서 일러스트레이터에게 요청합니다. 자신의 그림에 다른 사람이 수정을 가하는 것이 좋게 만은 느껴지지 않을 수 있지만 업무의 효율성을 위해 승인해주는 것이 좋습니다.

5번은 일러스트레이터가 다른 작가의 그림을 트레이싱하거나 중대한 표절 혹은 다른 작가의 그림을 가지고 제출을 했을 때 배상에 책임을 진다는 내용입니다.

제7조 (유지 보수 및 계약 이행상의 감독)
1. '을'은 '결과물'을 '갑'에게 제출한 날로부터 1개월간 해당 내역에 대해서 유지 보수를 해야 한다.
2. '을'의 '결과물'에 대하여 자체의 오류 등이 발생할 경우 '갑'은 '을'에게 무상 유지 보수를 요청할 수 있다.
3. '갑'은 '을'의 용역 수행 과정이나 계약 이행상황을 감독할 수 있다.
4. '을'은 '갑'에게 최종 결과물을 납입한 후 1년 내에 해당 최종 성과물에 타당한 하자가 발견되는 경우, 해당 최종 성과물을 무상으로 수정한다.

보통 일러스트 제작이 1개월이기에 1번 조항은 1개월간 유지 보수로 표기되어 있는 경우가 많습니다. 2번은 자체의 오류 시 무상 유지 보수인데, 예로 '마법사를 그려주세요'라는 설정을 받았는데 기사를 그리면 당연히 무상으로 수정해준다는 내용입니다.

3번은 회사의 그림 감독 권한으로 피드백을 줄 수 있다는 내용입니다.

4번은 계약 때 명시한 내용이나 하자가 발생하는 경우 무상 수정의 조건입니다. 예로 캐릭터, 배경 분리는 필수인데 하지 않은 경우 5개월이 지났을 때 요청해도 분리를 해주어야 되는 부분입니다. 필자의 경험으로는 이 부분 때문에 오류가 난 경우를 한차례도 본 적이 없어서 크게 신경 쓰지 않아도 됩니다. 대부분 제작이나 납품 시에 바로 하자의 수정을 요청합니다.

제8조 (납기)
　1. 납기일은 '특수조건'에 따른다.
　2. '을'이 납기를 정당한 사유로 인하여 지체되는 경우, 이를 즉시 '갑'에게 보고할 의무를 가진다.
　3. '특수조건'이 없을 경우 '갑'의 지시에 따른다.

업무 수행에 가장 중요한 납기입니다. 납기는 그림을 그려내야 되는 기간으로 계약 전 조율해야 됩니다. 병원 치료, 천재지변 등의 착수 불가능한 이유가 있다면 회사에 말하거나 진단서를 보내주면 모든 회사가 이해해 주는 편입니다.

제9조 (손해배상)
　'갑'과 '을'이 각각의 귀책사유로 인하여 상대방에게 손해를 끼쳤을 경우 배상의 책임을 진다.

회사나 일러스트레이터가 서로 본인 부주의로 손해를 끼치면 서로 피해본 만큼 배상을 해야 된다는 조항입니다. 예로 일러스트레이터가 납기를 늦거나, 회사가 피드백을 늦게 주어 마감이 잘 되지 않았다면 배상을 해야 합니다. 여러 경우가 있겠지만 이런 경우는 다음 작업의 납기를 더 빨리해주거나, 납기를 늘려주는 등 유연하게 처리됩니다. 다만 잦은 납기 지연은 중대한 귀책사유가 되므로 주의해야 됩니다.

제10조 (계약의 변경 및 파기)
　1. '본 계약'의 일부를 개정 또는 명시되지 아니한 사항에 대하여는 '갑'과 '을'의 합의하에 결정한다.
　2. '갑'과 '을'은 상대방이 본 계약을 수행할 능력이 없다고 인정되는 경우, 상대방에게 '본 계약'의 해제의 의사를 통지하고, 통지 일로부터 영업일 기준 14일 이내에 상대방이 이의를 제기하지 않을 경우 '본 계약'은 해지된다.
　3. '결과물'의 잦은 오류가 발행하여 '갑'이 수정과 보완을 요구하였으나 성실히 이행하지 아니하는 경우 ' 본 계약'을 해지할 수 있다.
　4. 당사자 일방이 지급불능, 법정관리신청 등으로 회사의 정상적인 운영이 어렵거나 또는 '본 계약'을 이행이 불가능하다고 판단되는 경우 '본 계약'을 해지할 수 있다.
　5. 기타 '본 계약'을 유지할 수 없는 중대한 사유가 발생한 경우 '본 계약'을 해지할 수 있다.

제10조는 계약 내용의 변경과 파기에 대한 내용입니다. 회사나 일러스트레이터가 법정 관리 신청으로 파산이나, 천재지변 등으로 업무가 불가능해지면 한 쪽이 해지를 통보하고 다른 쪽은 해지를 승인합니다. 혹은 해지를 통보했지만 14일 동안 연락이 없는 경우 일방적 해지를 할 수 있다는 내용입니다.

제11조 (양도의 제한 및 업무 위탁의 금지)
　'갑'과 '을'은 상대방의 사전 동의 없이는 '본 계약'의 지위 및 의무를 제 3자에게 양도, 위임하거나 담보 등의 목적으로 처분 및 위임할 수 없다.

승인 없이 업무를 다른 사람에게 넘겨주어선 안 된다는 내용입니다.

제12조 (비밀유지)
    '갑'과 '을'은 '본 계약'의 체결 및 이행으로 취득한 상대방의 업무상 비밀에 대하여 상대방의 사전동의가 없는 한 이를 제 3자에게 유출하거나 다른 목적에 사용하여서는 아니 된다. 본 조항을 위반하여 상대방의 권리 또는 이익을 침해할 경우, 피해 당사자는 상대방에 대하여 그에 상응하는 손해배상을 청구할 수 있다.

회사의 정보나 일러스트레이터의 정보를 외부에 발설할 수 없다는 내용입니다. 만약 정보 발설로 이득을 취하거나 손해를 끼쳤다면 배상을 청구할 수 있습니다. 예로 회사 의뢰로 작업하는 그림과 업무 내용, 단가와 기간, 설정서 등 허락 없이 발설하면 회사에서 손해배상을 청구할 수 있다는 뜻입니다.

제13조 (분쟁)
  1. '본 계약'으로 인하여 '갑'과 '을'간에 분쟁이 발생할 경우 우선적으로 상호 협의하여 해결한다.
  2. '본 계약'의 분쟁이 상호 협의로써 해결할 수 없는 경우 '갑'의 소재지의 지방법원을 관할 법원으로 한다.

분쟁이 발생한 경우 대체적으로 협의하여 처리하지만, 해결이 되지 않는 경우 갑이 있는 지방법원을 관할 법원으로 분쟁을 처리하라는 뜻입니다.

제14조 (효력의 발생)
    '본 계약'의 효력은 '갑'과 '을'이 본 계약서에 날인한 날로부터 발생한다.

2016년　0월　0일

계약서에 싸인한 날로부터 효력이 발생되는 부분으로 계약한 날짜를 씁니다.

'갑'
주소 : 회사 주소
상호 : 회사
사업자등록번호 : 000 - 00 - 00000
대표자 : 회사 (인)

'을'
주소 : 일러스트레이터 주소
주민등록번호 : 000000 - 0000000
이름 : 일러스트레이터 (인)

가장 마지막에 적히는 부분으로 계약 당사자의 정보를 씁니다. 회사인 경우 회사 주소, 상호, 사업자등록번호, 대표자 이름과 서명이 들어가고, 개인의 경우 주소와 주민등록번호, 이름과 서명이 들어갑니다.

위 내용으로 기본적인 계약서를 보는 방법을 알아두고 불공정한 계약을 피하도록 쓰도록 합니다.

계약서 작성 요령

용역 계약서 간인, 날인 가이드

1페이지

계약서는 총 2부 입니다.
2부를 옆으로 나란히 하면 페이지마다 도장이 겹쳐집니다.
도장 아래부분에 서명 혹은 도장을 해주시면 됩니다. (간인)

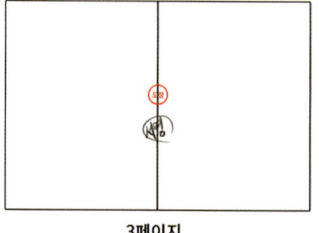

3페이지

4페이지에 주소, 주민등록번호, 이름을 기입 후 (인) 에 서명 혹은 도장을 해주시면 됩니다.
계약일자는 편의상 11월 1일로 작성하였습니다.

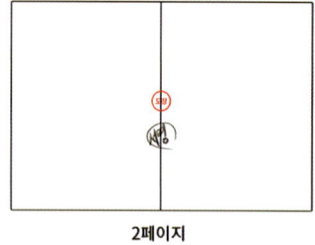

2페이지

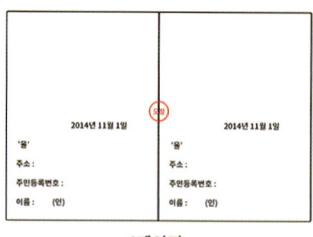

4페이지

계약서는 작성 시 2부를 받습니다. 1부는 회사의 보관용, 1부는 일러스트레이터의 보관용입니다. 서명은 가장 마지막 장에도 하지만 두 계약서가 하나의 계약서임을 증명하는 간인을 해야 합니다. 신입 일러스트레이터는 이 부분을 혼동해서 계약서만 몇 번 우편으로 부치는 경우가 많습니다.

계약서를 나란히 놓고 중앙에 도장이나 서명을 겹쳐지도록 간인을 합니다. 모든 페이지에 간인을 한 뒤 가장 마지막에 서명하고 빠트린 부분이 없는지 확인하고 회사에 우편을 보냅니다. 회사에서도 간인하여 1부를 최종적으로 일러스트레이터에게 보내줍니다. 회사의 간인이 되어있다면 일러스트레이터는 1부만 회사에 보내주면 됩니다.

그 외 계약서류

이 외에도 일러스트레이터가 작성해야 되는 것으로 발주서와 청구서가 존재합니다.

발주서는 회사에서 작성하여 일러스트레이터에게 보내주는데, 업무의 이름과 단가, 납품 기한 등 명시되어 있습니다. 워드 형태로 문서로 주는 경우와 메일 텍스트로 보내주는 경우가 있습니다. 발주 내용이 적힌 발주서나 메일이 도착하면 착수한다는 글을 회신하여 보내주면 됩니다. 이 부분이 앞서 쓴 계약서와는 다른 특수조건이 됩니다.

청구서는 일러스트레이터가 작성해야 됩니다. 보통 회사에서 양식을 주며 양식에 계좌 번호와 작업 내용을 입력하여 보냅니다. 기본적으로 워드에 작성하지만 많은 곳에서 출력에 자주 쓰이는 PDF 확장자를 요구합니다. 현재는 간소화를 하는 곳이 많아 청구서 작성 없이 진행하는 곳도 많습니다. 혹은 회사에서 작성해주므로 최초 계약 때 물어보는 것이 바람직합니다.

해외 거래의 경우 외국어로 된 계약서를 받기에 번역을 거쳐야 합니다. 기본적인 기입은 영어로 하며 일본 등 조세 협약이 되어있는 곳은 조세 협약 계약서를 요청하여 선납 세금의 감면을 받을 수도 있습니다.

일러스트레이터의 업무

프리랜서 일러스트레이터 세금

프리랜서 일러스트레이터는 돈을 지급받을 때 회사에서 내는 3.3%의 원천세를 기본으로 납부하며, 매년 5월 직전 년도의 종합소득세를 신고해야 합니다. 종합소득세는 신고하지 아니한 경우 통장에 들어온 돈이 정해진 누적 금액 이상이 되면 여러 가산세와 함께 폭탄 세금을 맞을 수도 있습니다.

많은 프리랜서 일러스트레이터가 세금에 대한 내용을 잘 몰라 가산세와 함께 많은 세금 폭탄을 맞게 되어 곤란한 경우가 많습니다. 현명한 프리랜서라면 미리 정보를 알아두고 대비해두는 것이 좋겠습니다.

아래 기본적인 세금의 개념을 서술해두었지만 자세한 내용은 세무사의 상담을 받아보는 것이 좋으니 개념 참고로 이용해주길 바랍니다.

원천소득세
원천세란 국내 거주자, 비거주자, 법인 등 소득을 지급하는 자가 지급하는 금액에 대해서 일정 세금을 의무적으로 제하는 부분입니다. 제한 원천세는 국세청과 지방에 원천세 3%, 지방세 0.3%를 납부합니다.

종합소득세
종합소득세란 소득자가 매년 5월 국세청에 의무적으로 소득을 보고한 뒤 소득분에 대해 세금을 계산하여 납부해야 되는 세금입니다. 매년 소득이 600만 원 이하인 경우 소득을 신고할 의무가 없으나, 600만 원 초과인 경우 의무적으로 신고해야 합니다.

종합소득세는 필요 경비와 본인 공제, 배우자 공제, 표준 공제 등을 제외하고 과세 표준이 도출되면 선납 세금인 원천세를 제하여 산출 세금이 0원 이하라면 세금의 환급을, 0원 이상이라면 세금의 추가 납부를 진행해야 됩니다.

***소득자** : 일을 해서 돈을 받은 사람
***소득분** : 받은 돈
***~공제** : 본인, 배우자 등 부양하는 인원이 많아질수록 과세 표준에서 기본적으로 제외해주는 금액
***과세표준** : 경비와 공제를 모두 제한 소득 금액, 과세표준의 금액으로 세금의 세율을 결정
***세율** : 세금의 비율
***경비** : 해당 일을 함에 있어서 필요한 돈, 예로 운전기사->기름값, 학원->학원 사무실 임대료 등
***선납 세금** : 먼저 낸 세금 (기납부 세액)
***산출 세금** : 과세표준을 도출하여 결정된 세금
***환급** : 낸 세금을 돌려받는 것
***가산세** : 세금을 내지 않거나 누락했을 때 수수료가 붙는 것

일러스트레이터의 업무 | 433

홈택스 (https://www.hometax.go.kr)

종합소득세의 신고는 매년 5월 국세청 사이트인 홈택스 (https://www.hometax.go.kr)와 오프라인 지방 관할 세무서, 세무사 사무실 대행, 신고서 수기 작성 후 우편 제출로 할 수 있습니다.

홈택스

홈택스로 온라인으로 종합소득세를 신고할 수 있습니다. 단순 경비율이 적용되는 업종 코드의 프리랜서라면 홈택스를 이용하여 스스로 납부하는 방법도 어렵지 않습니다. 만약 일정 소득 금액 이상으로 기준 경비율 대상자나, 간편장부 대상자, 복식 부기 대상자가 되면 세무사 사무실의 도움을 받는 것을 추천합니다.

홈택스 사이트에 접속하여 신고/납부를 통해 종합소득세를 신고할 수 있습니다. 현재는 메뉴얼이 대폭 개편되어서 단순 경비율 대상자라면 처음 해봐도 쉽게 할 수 있도록 되어있습니다.

*__업종 코드__ : 직업별로 세율이 다름. 그것을 쉽게 구분하기 위한 번호

단순 경비율

업종에 따라 다르지만 업종마다 명시한 금액 이하를 버는 경우 간편하게 신고할 수 있도록 단순한 퍼센트로 경비를 인정해주는 경비율입니다.

2015년도 귀속 업종코드 940909의 경우 단순 경비율은 일반율 64.1%, 자가율 49.7%로 한 해의 수입 금액이 2천만 원인 경우 각종 공제 외 64.1%인 1282만원을 경비로 인정해주는 것입니다.

-> 단순 계산 방법 예시
외주 수입금액 2000만 원 - 단순 경비율 일반율 공제 1282만 원 - 본인 공제 150만 원 - 표준 공제 60만 원 = 과세표준 508만 원 - 과세 표준 금액별 종합소득세율 = 산출세액 - 기납부 세액 = 납부해야 될 세금

위 경우 508만 원에 대해서만 세금을 부과합니다. 1200만 원 이하의 과세 표준은 세율이 6%이므로 산출 세액으로 30만 4800원이 산출됩니다. 여기에서 기납부 세액인 원천세를 빼주면 납부해야 될 확정 세금이 결정됩니다.

한 해 외주 수입 금액 2000만 원의 경우 원천세는 약 70만 원을 납부했기 때문에 기납부 세액

을 빼주면 약 40만 원을 환급받을 수 있습니다.

-> 계산 식
산출 세액 약 30만 원 - 기납부 세액 70만 원 = -40만 원 (마이너스는 환급)

단순 경비율은 대부분 프리랜서 첫해에만 적용되거나 소득 금액이 계속 적으로 적은 경우만 적용됩니다. 일정 금액 이상을 벌어 단순 경비율 대상자에서 벗어나게 되면 계산은 다르게 됩니다. 소득 금액이 일정 금액 이상이 되면 소득 금액 별로 기준 경비율 대상자, 간편장부 대상자, 복식 부기 대상자로 나뉘게 됩니다.

기준 경비율

2015년도 귀속 업종 코드 940909의 경우 기준 경비율은 31.1%입니다. 제외해주는 경비율이 상당히 낮기 때문에 세금이 대폭 상승하게 됩니다.

첫해에 3500만 원을 번 단순 경비율 대상자와 이듬해에 3500만 원을 번 기준 경비율 대상자의 세금을 비교해보겠습니다. 지금은 예시이지만 보통 3500만 원 벌면 기준 경비율 대상자입니다.

-> 수입 금액 3500만 원의 단순 경비율 대상자
외주 수입 금액 3500만 원 - 단순 경비율 약 2243만 원 - 본인 공제 150만 원 - 표준 공제 60만 원 = 과세 표준 1047만 원 = 산출 세액 약 62만 원 - 기납부 세액 약 120만 원 =-58만 원 환급
-> 수입 금액 3500만 원의 기준 경비율 대상자
외주 수입 금액 3500만 원 - 기준 경비율 약 1088만 원 - 본인 공제 150만 원 - 표준 공제 60만 원 = 과세 표준 2202만 원 = 산출 세액 약 222만 원 - 기납부 세액 120만 원 = 102만 원 추가 납부

같은 수입 금액이지만 단순 경비율과 기준 경비율의 신고 세금 차이가 160만 원이 납니다. 소득 금액이 높을수록 반비례하게 더 많은 세금이 발생하며 간편장부 대상자와 복식 부기 대상자로 통보받은 경우 많게는 위의 배수의 세금을 내게 됩니다.

2015년귀속 종합소득세율

과세표준	세율	누진공제
1,200만원 이하	6%	-
1,200만원 초과 ~ 4,600만원 이하	15%	108만원
4,600만원 초과 ~ 8,800만원 이하	24%	522만원
8,800만원 초과 ~ 15,000만원 이하	35%	1,490만원
15,000만원 초과	38%	1,940만원

과세표준 금액별 세율

소득 금액마다 세율이 있습니다. 자신의 과세표준에 세율을 곱한 뒤 누진 공제액을 빼주면 산출 세액을 어림잡아 볼 수 있습니다.

간편장부 대상자와 복식 부기 대상자로 통보 받은 경우 엄청난 세금이 예상되기에 절세를 위해서 반드시 세무서에 상담을 받을 것을 추천합니다. 이외 사업자등록을 한 프리랜서와 소득 금액이 큰 프리랜서의 관한 경우도 기입할 내용도 아주 많아지고 상당히 변수가 많으므로 이 경우도 세무서의 상담을 받길 바랍니다.

세금 납부

홈택스나 오프라인 세무서에서 종합소득세 신고를 마치면 바로 산출 세액을 알려줍니다. 산출된 세액이 추가 납부라면 온라인 납부나 가까운 은행에 납부 영수증을 들고 가서 납부하면 됩니다.

종합소득세 신고를 하지 않으면 세무서 당국에서 조사하여 산출 세액에서 매일 0.03%의 이자가 붙어 1년에 약 10%의 추가 세금을 납부해야 합니다.

*위 내용은 2015년도 귀속 내용을 토대로 작성하였으며 매년 세금의 세율과 업종 코드별 공제율이 변경됩니다. 업종 코드 940909는 참고 용도로만 사용하길 바랍니다.

*그 외 국민 의무가입인 국민연금보험과 국민의료보험이 있습니다. 소득 1년 이후 지로로 통보되므로 꼭 확인하길 바랍니다.

내일의 디자인
더 나은 디자인

D·J·I BOOKS
DESIGN STUDIO
- 디제이아이 북스 디자인 스튜디오 -

BOOK·CHARACTER·GOODS·ADVERTISEMENT
GRAPHIC·MARKETING·BRAND CONSULTING

FACEBOOK.COM/DJIDESIGN

Book · Character · Goods · Advertisement · Graphic · Marketing · Brand consulting

D·J·I
BOOKS
DESIGN
STUDIO

facebook.com/djidesign

네오아카데미는 TCG 일러스트 작법서 저자가
2016년 설립한 새로운 온라인 일러스트레이터 아카데미입니다.

네오아카데미
2D ILLUSTRATION ONLINE ACADEMY

 © 2013-2016 EIGHTSTUDIO X NEOGAMEART All rights reserved.
'ILLUSTRATION PROJECT COMPANY'

http://cafe.naver.com/neoaca

TCG TRADING CARD GAME
일러스트 작법서 기본편

저자협의
인지생략

1판 1쇄 인쇄 2016년 4월 15일 **1판 1쇄 발행** 2016년 4월 20일
1판 6쇄 인쇄 2019년 5월 15일 **1판 6쇄 발행** 2019년 5월 20일

지 은 이 노진·이민규
발 행 인 이미옥
발 행 처 디지털북스
정   가 28,000원
등 록 일 1999년 9월 3일
등록번호 220-90-18139
주   소 (03979) 서울 마포구 성미산로 23길 72 (연남동)
전화번호 (02)447-3157~8
팩스번호 (02)447-3159

ISBN 978-89-6088-181-5 (13000)
D-16-06
Copyright © 2019 Digital Books Publishing Co., Ltd